한국 고전문학의 시각

인문사회과학총서 70

韓國 古典文學의 視角

장효현

고려대학교출판부
KOREA UNIVERSITY PRESS

책머리에

《徐有英 文學의 硏究》(1988)와 《韓國古典小說史硏究》(2002)에 이어 세 번째의 연구서를 내게 되었다. 고전시가로부터 고전서사문학과 국문학 학술사에 걸친 글들을 수록하면서 책의 이름을 《韓國 古典文學의 視角》이라 하였다. 고전문학을 향한 나의 시각이 담긴 글과, 국문학자들의 연구의 시각을 내 나름으로 평가한 글이 이 책에 함께 들어 있다.

제1부에 실린 글들은 古典詩歌에 대한 나의 오랜 관심을 반영하고 있다. 현대시의 창작과 비평에 뜻을 두고 국문과를 지망했던 나는, 대학에서 전공과목을 공부하면서 고전문학 특히 고전시가에 흥미를 갖게 되었다. 그리하여 〈고려가요에 나타난 민중의식〉으로 대학 졸업논문을 작성했고, 대학원에 진학할 때에도 그러한 관심은 이어졌다. 대학원 첫 학기에 〈옥루몽〉에 매료되면서 내 평생의 전공은 고전소설로 결정되었지만, 우리 고전시가의 아름다운 抒情性과 은연한 社會性은 늘 깊이 탐구해 보고 싶은 대상이었다.

제2부, 3부, 4부에 실린 것은 傳說과 寓言으로부터 長篇小說에 이르기까지 주로 古典敍事文學에 관한 글들이다. 이 글들은 대부분 《한국고전소설사연구》를 간행한 이후에 쓰여진 것이다. 내게 남은 얼마간의 硏究의 시간을, 미루어 두었던 몇 가지 과제에 집중해야겠다는 생각을 이즈음 하고 있다. 그렇기에 蘊蓄을 더 기다리지 않고 이 책에 담게 되었다.

제5부는 國文學 學術史에 관한 글들이다. 이능화와 안확의 國學으로부터 빚을 진 우리의 국문학 연구는 김태준, 조윤제, 구자균 등의 초창기

국문학자에 의해 起耕이 시작되어 이제 괄목할 경지에 이르렀다. 현재와 미래를 전망함에 있어, 과거의 것, 처음의 것을 돌아보아 정리함은 꼭 필요한 작업일 것이다.

멀리 1981년의 것으로부터 최근의 것까지 망라되어 있는 글들을 編次를 짜 배열하였다. 예전에 쓰여진 글들을 다시 보면서, 문맥이 어색하거나 誤譯, 誤植이 있는 곳들을 다듬고 고치었다. 연구하시는 분들께 이 책에 실린 글이 참고의 대상이 되었으면 한다.

이즈음 학교를 출퇴근하는 길에 꽤 멀리 川邊을 따라 걷고 있다. 물가에는 수양버들과 雜木이 자연스레 자라나 있고, 그사이로 맑은 냇물이 햇살을 반사시키며 흘러간다. 들오리 두세 마리가 어울려 물장난을 치고, 왜가리는 물 속에 다리를 잠근 채 두리번거린다. 세상은 갈수록 복잡해지지만, 아름다운 천변 풍경을 보노라면 마음은 그지없이 평안해진다. 어릴 적 시골 냇가의 추억도 떠오르고, 또 내가 장차 돌아갈 하나님 나라의 평화로운 情景도 떠오른다.

문학의 창작이 좋아서, 문학작품과 그것을 산출해 낸 작가와 시대에 대한 탐구가 흥미로워서, 국문과에 몸담아 온 지 어느덧 35년이 되었다. 문학과 함께 해 온 지난 세월들, 존중해 주며 격려해 주며 지내는 선배 동료와 제자들, 신앙 안에서 하나 되어 살아가는 평화로운 가정, 냇가의 아름다운 정경을 누릴 수 있는 주위 환경…….

내게 許與된 이 모든 것들이 너무도 감사하다. 세상에 조금이라도 有益이 되는 존재로서, 남은 생애를 살고 싶은 마음이다.

2010년 9월 毅訥軒에서

차례

제3부

제4부

제5부

제 1 부

〈履霜曲〉 語釋의 再考

〈履霜曲〉의 生成에 관한 고찰

조선 후기 竹枝詞 연구

《樂府》 註解本의 의의

〈履霜曲〉 語釋의 再考

머리말

高麗 俗謠에 대한 지금까지의 학문적 논의는 크게 다음의 세 방향에서 이루어졌다고 할 수 있다.

첫째, 語釋의 연구
둘째, 形態 구명을 통해 고려가요의 系譜를 밝히려는 작업
셋째, 내용의 분석

이 가운데 어석의 연구는, 작품 분석을 위한 필수적인 기초 작업이기는 하지만, 자료의 빈곤과 아울러 후대에 정착될 수밖에 없었던 시간적 간격이라는 이유로 해서 매우 어려운 작업이 될 수밖에 없다. 따라서 양주동의 《麗謠箋注》 이래 어석을 취급한 다수의 저서[1]와 논문이 발표되면서 많은 語句가 쟁점으로 부각되었고, 그중 일부는 현재에도 定說이 확립되지 못한 채

로 남아 있다. 〈履霜曲〉의 경우, 《여요전주》에서 크게 벗어나는 어석의 시도는 이제껏 없었으며, 기존 어석에서 쟁점으로 부각된 부분은 '서린 석석사리'와 '깃둔'[2]의 두 구절 정도이다.

필자가 충분한 학문적 기반을 갖추지 못한 상태에서 굳이 〈이상곡〉의 어석을 재고찰하고자 시도하는 것은, 새로운 어석의 가능성을 提高시킴으로써 기존 어석에서 논의가 부족했던, 또 지나치게 看過했던 문제들을 논의의 대상에나마 올려보고자 하는 희망에서이다.

특히 중점적으로 다루려는 문제는 '다롱디우셔 마득사리 마득너즈세 너우지'가 과연 餘音일 것인가 하는 疑問과 그 어석의 가능성이다. 쟁쟁한 선학들이 간과할 만큼 문헌의 용례를 찾기 힘들고 따라서 그 결과가 여전히 불확실한 상태를 벗어나지 못하리라는 점은 일단 수긍하지만, 文證의 획득이 불가능하다는 이유만으로 實辭일 가능성을 배제하는 것은 옳지 못하다고 생각된다.

이런 점에서 서재극의 언급은 示唆하는 바가 크다.

> 최근에 동경대학본 《百聯抄解》의 釋을 조사하다가 '아톨 미(未)'와 '여즈막 편(片)'에 접하여 일찍이 보지 못했던 語形임을 알고서 심중 꽤 아연함을 느낀 적이 있다. 이런 사실은 아직도 우리가 접하지 못한 어휘가 무진장하게 많이 있음을 암시하는 것이라고 생각된다. 또 이 책에서 '凉風起'를 '간다온

---

1 金台俊, 《高麗歌詞》, 학예사, 1939 ; 梁柱東, 《麗謠箋注》, 을유문화사, 1947 ; 池憲英, 《鄕歌麗謠新釋》, 정음사, 1947 ; 金亨奎, 《古歌註釋》, 백영사, 1955 ; 金根洙, 《校註麗謠》, 1965 ; 朴炳采, 《高麗歌謠의 語釋연구》, 선명문화사, 1968 ; 全圭泰, 《論註高麗歌謠》, 정음사, 1968 ; 崔長洙, 《古詩歌解說》, 세운문화사, 1979.

2 양주동은 '그'와 '잇둔'의 합성으로 보아 '그따위'의 뜻으로, 박병채는 대명사 '그(彼)'와 '잇둔'의 합성으로 보아 '그이는, 그이야'의 뜻으로 보았다. 필자의 소견으로는 곡 전체에서 '님'을 지칭하는 어구는 '잠짜간 내님', '내 님 두숩고', '아소 님하'와 같이 모두 '님'으로 통일되어 있고 대명사로 쓰인 예는 없음으로 비추어, '그따위'로 보는 것이 타당하리라 생각된다.

ᄇᆞ르미 닐오'란 文釋을 하고 있음을 보는데, 이는 15세기의 '간다ᄫᆞᆫ 〔…〕' 임을 알 수 있다. 〔…〕 이제는 '간다ᄫᆞᆫ 도리'가 '간동한 도리'나 '분수스러운 도리'가 아닌 '시원한 도리'로 해석되어야 할 것이다. 〔…〕 이와 같이 볼 때 아직도 우리 주변에는 잘못 해석되고 있는 고어가 많이 있음을 새삼 느낀다.[3]

본론에 들어가기에 앞서 《樂章歌詞》 소재 〈이상곡〉의 전문을 인용하면 다음과 같다.

비 오다가 개야 아 눈 하 디신 나래
서린 석석사리 조본 곱도신 길헤
다롱디우셔 마득사리 마득너즈세[4]
너우지 잠ᄯᅡ간 내니믈 너겨
깃ᄃᆞᆫ 열명길헤 자라 오리잇가
ᄌᆞᆼᄌᆞᆼ 霹靂 生 陷墮無間
고대셔 싀여딜 내모미
ᄌᆞᆼ 霹靂 아 生 陷墮無間
고대셔 싀여딜 내모미
내님 두ᄉᆞᆸ고 년뫼ᄅᆞᆯ 거로리
이러쳐 뎌러쳐
이러쳐 뎌러쳐 期約이잇가
아소 님하
ᄒᆞᆫᄃᆡ 녀젓 期約이이다

3 서재극, 〈麗謠 해석에 따른 몇 가지 문제〉, 《국어국문학》, 64, 국어국문학회, 1974, pp.166–167.

4 이 구절의 표기를 양주동·전규태는 '마득너즈세'로, 김형규·박병채는 '마두너즈세'로 적고 있다. 원전을 상고하면 육안으로는 '두'로 보이는 字體가 다른 구절의 'ㅜ' 모음과는 다르며 매우 어설픈 것을 발견할 수 있다. 오히려 '마득사리'의 '득'자와 비교해 보면, 받침 'ㄱ'에서의 橫劃이 목판의 刓缺로 인해 없어진 것임을 알 수 있다. 따라서 그 원문은 '마득너즈세'로 보아야 할 것이다.

1. '서린 석석사리'의 재고

이 구절은 양주동의 어석 '서리어 있는 藪林'[5]이 이제까지의 통설이었으며, 박병채의 설[6]도 이와 同軌의 것이라 할 수 있다. 그러나 양주동은 "〈아마 藪林의 뜻〉이라 注記하였으나 문헌의 실례를 찾지 못하였다"[7]고 하여 스스로도 의문을 제기하고 있다.

이런 점에서 남광우가 제시한 설은 매우 색다르며 또한 示唆的이다. 남광우는 '서린'을 '서리(霜)는'으로 보면서 그 이유로 첫째, 〈이상곡〉에 서리(霜)가 등장해야 할 가능성, 둘째, 고래로 '雪上加霜'이란 말이 있는 것처럼 눈 온 위에 서리가 덮인다는 점을 들고 있으며, '석석사리'는 〈鄭石歌〉의 '삭삭기'처럼 "버석버석하는 눈 위에 다시 서리가 덮여 얼어붙은 위를 걷는 발자욱소리를 상징한 것"일지도 모른다는 설을 조심스럽게 제시하고 있다.[8]

'서린 석석사리'에 대한 필자의 어석은 남 교수의 설에 바탕하고 있다.

1) 서린 : '서리(霜)'(명사) + '-ㄴ'(조사)

로 본다. 그 이유로는,

첫째, 〈이상곡〉의 곡명이 시사하는 바와 같이, 가사 중에 '서리'(霜)가

---

5 "서린 : '서리'(蟠, 盤)의 連體形. 석석사리 : 미상. 아마 '藪林'의 뜻. 경주지방 현행 방언은 灌木의 枝幹이 얼크러진 藪林을 '석석사리'라 함." 양주동, 《여요전주》, 을유문화사, 1957, p.350.

6 "서린 : '서리(蟠)'의 관형사형. 석석사리 : '석석'은 '섭섭', 즉 '섭'(薪)의 중복, ㅂ>ㄱ으로 開口音化한 변형. '사리'는 명사 아래 붙는 접미사." 박병채, 《고려가요의 어석연구》, 이우출판사, 1980, p.288.

7 양주동, 〈古歌箋剳疑〉, 《國學硏究論攷》, 을유문화사, 1962, p.125.

8 남광우, 〈고려가요 註釋上의 문제점에 관하여〉, 한국언어문학회 편, 《고려 시대의 언어와 문학》, 형설출판사, 1975, p.63.

등장할 가능성이 짙다는 점이다. 나머지 고려속요 13곡의 곡명을 일람하여 보면 首句 혹은 곡 중의 가사로써 題한 것이 11수에 달하며,[9] 그 외 지명 · 인명으로써 題한 것이 〈井邑詞〉, 〈鄭瓜亭曲〉의 2곡이다.

둘째, '雪上加霜'이란 관용구가 환란이 겹치는 경우를 빗댈 때 사용되어 온 것처럼 실제로 눈 위에 다시 서리가 덮이는 것이니, 《傳燈錄》에 '雪上更加霜'[10]이란 용례가 보이며, 《雜錄》에 '冰雪間淸霜'[11]이란 용례가 보인다. '눈 하 디신 나래 서린 석석사리'의 그러한 해석 가능성에 한 방증이 될 것이다.

셋째, 동사 '서리다'(蟠)의 관형사형으로 본 것이 기존의 통설인바, 그렇다면 '눈 하 디신 나래', '조븐 곱도신 길헤'에서처럼 존칭보조어간 '시'가 개입되어 '서리신'의 형태가 되었어야 하지 않겠는가 하는 점이다. 이처럼 동사 '디다'와 '곱돌다'에 존칭보조어간 '시'가 개입된 것은 자연현상에의 畏敬에서 비롯된 언어습관에 따른 것인데, 물론 '비 오다가'의 경우에는 존칭보조어간 '시'가 개입되지 않았지만, 관형사형으로 쓰인 '디신'과 '곱도신'에 공히 존칭보조어간 '시'가 쓰인 용례로 보아서, '서리

---

9 西京別曲 : 西京이 아즐가 西京이 셔울히 마르는
青山別曲 : 살어리 살어리랏다 青山에 살어리랏다
雙花店 : 雙花店에 雙花 사라 가고신딘
鄭石歌 : 딩아돌하 當今에 계샹이다
가시리 : 가시리 가시리잇고
思母曲 : 아소님하 어마님ᄀᆞ티 괴시리 업세라
動動 : 아으 動動다리
處容歌 : 新羅盛代昭盛代 天下大平羅侯德 處容아바
維鳩曲 : 비두로기 새ᄂᆞᆫ
相杵歌 : 듥긔동 방해나 디히 히얘
滿殿春別詞 : 西窓을 여러ᄒᆞ니 桃花ㅣ 발ᄒᆞ두다. 桃花ᄂᆞᆫ 시름업시 笑春風ᄒᆞᄂᆞ다

10 《最新大字源》, 弘字출판사, 1962, pp.364-864에서 재인용.

11 《大東韻府群玉》, 신문관, 1914, 卷之六 陽部 霜條 p.59에서 재인용.

신'의 형태가 아닌 '서린'으로 쓰였음은 동사 '서리다'의 관형사형이 아닌, '서리(霜)'(동사) + '-ㄴ'(조사)일 가능성의 한 방증이 될 것이다.

넷째, '서리(霜)'(명사) + '-ㄴ'(조사)로 볼 경우에 '-ㄴ'형의 조사가 쓰이는 합당성의 문제인바, '-ㄴ'형의 조사는 다른 同類와의 비교 구별을 짓기 위해 그 체언에 제한을 갖게 하는 조사이다.[12] 그 용례를 살펴보면,

> ᄒᆞ녀ᄀᆞ론 분별ᄒᆞ시고 ᄒᆞ녀ᄀᆞ론 깃거 〈釋譜 6:3〉
> 須達인 舍利佛 위ᄒᆞ야 노픈 座 ᄆᆡᆼᄀᆞ니 〈釋譜 6:28〉
> 圓覺 몯ᄒᆞᄂᆞ닌 凡夫ㅣ오 〈圓, 序, 5〉
> 절로 가며 절로 오ᄂᆞ닌 집우희 져비오 〈初杜解 7:3〉
> 長生인 不肖ᄒᆞᆯᄊᆡ 〈月釋 1:41〉

위의 인용례 '須達이 + ㄴ', '몯ᄒᆞᄂᆞ니 + ㄴ', '오ᄂᆞ니 + ㄴ', '長生이 + ㄴ'에서 보듯, 체언의 발음이 모음 중에서도 특히 'ㅣ' 모음으로 끝난 경우에 '-ㄴ'형의 조사가 붙게 됨을 알 수 있다.

'-ᄂᆞᆫ/-는'은 開音節로 끝난 명사 밑에만 붙는데 '-ㄴ'과는 동일한 환경에서 동일한 기능을 갖게 되며, '-ᄋᆞᆫ/-은'은 자음으로 끝난 명사 밑에서 '-ㄴ'에 'ᄋᆞ/으'가 삽입된 형태이다.

2) 석석 : ㉠ 自動詞 '석석하다'(버석버석하다)의 語幹, ㉡ 부사. '바삭바삭', '푸석푸석', '서걱서걱'의 의미를 지닌 擬態語, 擬聲語

로 추정한다.

이는 〈鄭石歌〉에서의 '삭삭기 셰몰애 별헤'의 '삭삭'과 같은 의미이면

---

12 유창돈, 《이조국어사연구》, 선명문화사, 1973, pp.243-244. 유창돈은 '-ㄴ'형의 조사를 '보조토'의 '相異' 用法이라고 보았다.

서 음상이 對蹠(antipodes)하는 '석석'으로 보는 견해이다. '삭삭기'에 대하여 양주동은 "현행어 '바삭바삭, 팔삭팔삭'(乾燥貌, 細塵貌) 등의 '삭'을 중첩하야 名詞添尾語 'ㅣ'를 加한 形"[13]으로, 박병채는 "'바삭바삭하다(乾燥貌)'를 '삭삭ᄒᆞ다'로도 사용되는 예로 보아 '삭삭'에 名詞形成接尾辭 '기'를 첨부"[14]한 형으로 보았다. 문헌 용례로서

삭삭ᄒᆞᆫ 뼈ᄉᆞᆺ : 脆骨 〈老乞大諺解下 34〉

을 찾을 수 있다.

3) 사리 : 副詞化接尾語

로 본다.

'어렵사리', '쉽사리'의 '-사리'〔sari〕
'괜시리'의 '-시리'〔siri〕
'급작스리'의 '-스리'〔siri〕
'공연스레', '이상스레'의 '-스레'〔sire〕

의 형태에서 볼 수 있는 것처럼, 용언의 어간 및 체언에 연결되어 基語를 副詞化시켜 주는 접미어로 추정한다. 이상의 형태는 名詞나 詞源的 語根에 첨가되어 形容詞로 轉成시켜 주는 접미어 '-스럽다'와, 形容詞의 語幹이나 그 詞源的 語根에 첨가되어 그 의미를 다소 변화시켜 주는 접미어 '-스름하다', '-으스름하다'의 형태로부터 다소간 변화되어 부사화의 기능을 담당하는 접미어로 사용되고 있는 것으로 여겨진다.

---

13 양주동, 《여요전주》, p.337.
14 박병채, 《고려가요의 어석연구》, p.260.

2. '다롱디우셔 마득사리 마득너즈세 너우지'의 재고

(1) 餘音으로 볼 수 없는 이유

이제까지 이 구절은 양주동의 語釋[15] 이래로 아무런 반론 없이 여음으로 인식되어 왔다. 그러나 양주동 스스로도 "마득사리 마득너즈세 너우지 : 〈아마 梵語 眞言의 諧謔的 擬語〉라 注記하였으나 문헌의 실례를 찾지 못했다"[16]고 하여 분명치 못한 어석임을 밝히고 있다.

이 구절이 여음으로 인식된 근거는 다음의 두 가지 점에 있는 것 같다.

첫째, '다롱디우셔'의 '다롱디'가 〈정읍사〉에서의 '다롱다리', 〈西京別曲〉에서의 '다링디리', 〈三城大王〉에서의 '다롱다리'와 音價가 같다는 점.

둘째, '마득사리'와 '마득너즈세', '너즈세'와 '너우지'의 같은 음이 반복됨으로써 押韻의 효과를 지니게 된다는 점.

그러나 다른 고려속요의 여음과 비교해 보면 〈이상곡〉의 이 구절은 두 가지 점에서 그 차이가 두드러진다.

첫째, 고려속요에 나타나는 여음들의 일반적 특징의 하나는 그 反復性이다. 이는 음악적 효과를 거두는 한 방법이었던 것 같다. 이 반복성에서 벗어나는 노래로는 〈이상곡〉, 〈思母曲〉의 두 곡이 있을 뿐이다. 〈사모곡〉의 경우를 살펴보면,

> 호민도 놀히어신마ᄅᆞᄂᆞᆫ
> 낟ᄀᆞ티 들리도 어ᄡᅳ새라
> 아바님도 어ᅀᅵ어신마ᄅᆞᄂᆞᆫ

15 "다롱디우셔 : 樂音에 擬한 辭說. 마득사리 마득너즈세 너우지 : 長短을 맞추기 위한 辭說. 아마 梵語 眞言의 諧謔的 擬語. ※ 첫새벽 눈 만히 온 藪林中을 지나가는 무서운 기분을 내기 위하야 眞言을 誦呪하는 양 諧謔的으로 부르는 辭說." 양주동, 《여요전주》, pp.350-351.

16 양주동, 〈古歌箋箚疑〉, p.125.

위 덩더둥셩
어마님ᄀᆞ티 괴시리 어뻬라
아소 님하
어마님ᄀᆞ티 괴시리 어뻬라[17]

여음 '위 덩더둥셩'은 특수하게 還入의 양식[18]에 의한 '아소 님하'의 구절을 부르기 위한 樂調上의 필요에 의해 삽입된 것으로 생각된다. 마치 〈이상곡〉에서

이러쳐 뎌러쳐
이러쳐 뎌러쳐 期約이잇가
아소 님하
ᄒᆞᆫᄃᆡ 녀졋 期約이이다

'이러쳐 뎌러쳐'의 反復句가 樂調上의 필요에 의해 삽입된 것과 같은 사례라고 생각된다.

'다롱디우셔 마득사리 마득너즈세 너우지'와 같은 長句의 여음이 홀로 가사 중에 삽입된 경우는 다른 어떤 고려속요에서도 발견할 수가 없다.

둘째, 〈이상곡〉의 이 구절과 다른 고려속요의 여음과는 그 사용된 音韻에 있어서 크게 차이가 난다. 그 음운상의 비교를 위해 麗謠에 삽입된 여음만을 열거하면 다음과 같다.

·〈井邑詞〉 어긔야 어강됴리 아으 다롱디리
·〈動動〉 아으 動動다리
·〈西京別曲〉 아즐가

---

17 인용 歌詞는 《時用鄕樂譜》 소재의 歌詞.
18 "還入은 '되도라든다'는 말로 보통 '도드리'라고도 하는데 反復이라는 뜻이다." 장사훈, 《한국음악사》, 한국국악학회, 1974, p.44.

위 두어렁셩 두어렁셩 다링디리

·〈青山別曲〉 얄리얄리야라셩 얄라리얄라

·〈雙花店〉 다로러거디러

더러둥셩 다리러디러 다리러디러 다로러거디러 다로러

위 위 다로러거디러 다로러

·〈思母曲〉 위 덩더둥셩

·〈가시리〉 나는

위 증즐가 大平盛代

·〈이상곡〉 다롱디우셔 마득사리 마득너즈세 너우지

〈이상곡〉의 이 구절은

初聲에 있어서 : ㅇ(모음), ㄴ, ㄷ, ㄹ, ㅁ, ㅅ, ㅈ

終聲에 있어서 : ㆁ, ㄱ

이 쓰여지고 있는바,

첫째, 初聲에서 〈이상곡〉의 경우처럼 다양한 음이 사용된 예는 어느 고려속요에서도 찾아볼 수 없다.

둘째, 다른 고려속요에서 쓰인 終聲으로는 오직 共鳴音(樂音 : soronants)인 軟口蓋鼻音 'ㆁ'〔ŋ〕과 流音 'ㄹ'〔l〕이 있을 뿐, 障碍音(obstruents)인 軟口蓋破裂音 'ㄱ'〔k〕처럼 鈍濁한 음이 쓰인 예는 찾아볼 수 없다.

여음의 성격을 "樂器의 소리에서 따온 것"[19]이거나, 혹은 "發聲의 단조로움으로 해서 唱曲에 편리한"[20] 음악적 효과를 거두기 위한 것으로 볼 때, '마득사리 마득너즈세' 같은 둔탁한 음운이 여음으로 쓰였으리라고는 생각하기 힘들다.

---

19 진동혁, 〈민요여음고〉, 《국어국문학》, 36, 국어국문학회, 1967, p.63.

20 황희영, 〈한국시가여음고〉, 《국어국문학》, 18, 국어국문학회, 1957, p.75.

(2) 分行의 재검토

해석 가능한 어구라는 전제로부터 출발해 보면, 그 行間은 종래의 통설과는 달리

비 오다가 개야 아 눈 하 디신 나래
서린 석석사리 조븐 곱도신 길헤
다롱디우셔 마득사리 마득너즈세
너우지 잠짜간 내니믈 너겨
깃둔 열명길헤 자라 오리잇가

로 나뉘어져야 한다. 그 이유로는 다음의 세 가지 점을 들 수 있다.

첫째, 漢字語句가 들어 있는 '죵죵 霹靂 生 陷墮無間 고대셔 싀여딜 내 모미'를 제외하고 보면, 모든 행이 11, 12, 13字數를 이루고 있는 반면, '다롱디우셔 마득사리 마득너즈세 너우지'는 17자, '잠짜간 내니믈 너겨'는 8자라는 급격한 차이를 보인다.

둘째, 이처럼 행을 나누고 보면, '나래'(날에), '길헤'(길에), '너즈세'(너즛에)의 형태, 즉 1, 2, 3행의 末尾의 助詞가 모두 '-에'(處格)의 형태를 띠게 되어, 세 행이 모두 님의 자러 오기 어려운 거친 상황을 나타내는 부분이 될 수 있다. 다음의 어석을 통해 그 같은 사실이 뒷받침될 것이다.

셋째, '다롱디우셔 마득사리 마득너즈세'의 文型과 유사한 용례를 〈處容歌〉에서 찾을 수 있다.

滿頭揷花 계오샤 기울어신 머리예
壽命長願ᄒᆞ샤 넙거신 니마해
〔…〕
아으 界面 도ᄅᆞ샤 넙거신 바래

의 열일곱 행은 모두 '○○하샤 ○○○ ○○에'의 典型을 이루고 있다.

〈처용가〉의 이 구절들은 처용의 形容을 설명하는 부분이다. 〈이상곡〉의 처음 세 행은 님이 자러 올 수 없는 거친 상황을 설명하는 부분이니, 표현 방식이 相似함으로부터 그 같은 가능성을 뒷받침할 수 있다.

(3) 각 語句의 어석

해석 가능한 어구일지 모른다는 몇 가지 傍證을 토대로 어석을 시도하고자 하나, 문헌 용례의 絶滅은 큰 障碍일 수밖에 없다. 따라서 가능한 類推의 방법을 통해 古語의 原形에로의 접근을 꾀해 보고자 한다.

1) 다롱디우셔 : 다롱디(語幹) + 우(使動形化補助語幹) + 시(尊稱補助語幹) + 어(連結語尾)

㉠ 다롱디 : '다롱디다'라는 어휘를 전하는 바의 고어에서나 현대어에서 찾기는 힘들다. 다만 현대어 '아롱지다'로부터 유추해 볼 가능성이 있다.

'아롱지다'는 무늬가 현란하게 어우러진 모양을 나타내는 형용사이며, '아롱다롱'은 점이나 줄이 여기저기 고르지 않게 아롱진 모양을 나타내는 부사이다. '아롱다롱'과 같은 類音疊語의 예로서 '울긋불긋', '얼룩덜룩', '얼숭덜숭', '어슷비슷' 등을 들 수 있다. 〈정과정곡〉에서 보이는 '난 이슷ᄒᆞ요이다'가 현대어에선 '비슷하다'의 형태만이 통용되고 있는 경우처럼, 古語에서 '다롱지다'라는 어휘가 존재했을 가능성을 상정해 볼 수 있겠다. 《投壺雅歌譜》에 전하는 〈阿弄曲〉의 가사를 보면,

> 月阿高高的上來些 遠遠的照著時羅
> 漁磯魚堪釣里 阿弄多弄日日尼[21]

21 지헌영, 〈정읍사연구〉, 《아세아연구》, 7, 고려대학교 아세아문제연구소, 1961,

'아롱다롱'의 언어습관이 長久하였음을 알 수 있다.

㉡ 우 : 고어에서 동사뿐만 아니라 형용사까지도 使動化하는 보조어간으로서 '뵈', '우', '이우' 등이 사용되었다. '우'가 사용된 예를 몇 개 들어 보면,

· 없다　　　업시우다 〈月釋 18:71〉〈重杜解 20:15〉
· 비리다(腥)　비리우다 〈初杜解 23:55〉
· 뷔다(空)　　뷔우다 〈南明上 6〉〈重杜解 1:13〉
· 흐리다(濁)　흐리우다 〈月釋 1:16〉[22]

이상의 경우처럼 형용사 '다롱디다'의 어간 '다롱디'에 使動形化補助語幹 '우'가 결합된 것으로 본다.

㉢ 시 : 이것을 존칭보조어간으로 보는 것은, 〈이상곡〉 가사 중의 1, 2행에서 '디신', '곱도신'에 존칭보조어간 '시'가 사용된 것처럼 3행의 '다롱디우셔'에서도 사용될 수 있으리라는 가능성에 근거한다.

㉣ 어 : 부사형 연결어미로 본다. '시(존칭보조어간) + 어(부사형 연결어미)'의 용례를 麗謠에서 찾아보면, 〈動動〉 가사 중의

뫼셔 : 뫼(어간 : 陪·侍의 뜻) + 시(존칭보조어간) + 어(부사형 연결어미)[23]

이상의 결과로써, '다롱디우셔'는 '어우러지게 하시어'의 뜻이 될 것이다.

2) 마득사리 : 제3행의 '마득사리'는 제2행의 '석석사리'와 對應하는 — 동일한 용법으로 쓰인—것으로 보인다.

---

p.144 재인용.

22 남광우, 〈사동 · 피동형의 역사적 고찰〉, 《국어학논문집》, 春潮社, 1969, pp.20-21.

23 박병채, 《고려가요의 어석연구》, p.105.

㉠ 마득 : '마득'의 語形에 대한 類推는 集·聚·皆의 의미를 지닌 語根 '몯', '묻', '맏'으로부터 출발해야 할 것이다. 먼저 고어, 현대어, 방언에서 '몯', '묻', '맏'으로부터 파생된 어휘들을 계통별로 살펴보면 다음과 같다.

▪ **語根 '몯'의 파생형**

고어에서 명사 '몯'(모임 : 會)
동사 '몯다'(모이다 : 集·聚)
'모도다'(모으다)
부사 '모다'(모두 : 皆)
관형사 '모든'(모든 : 皆)
현대어에서 부사 '모두'
'모닥'(접두어, –불)
'모다기'(접두어, –ㅅ매, –욕)
'모도록'
방언에서 동사 '모두쿠다'(모으다)

▪ **語根 '묻'의 파생형**

고어에서 명사 '무둑'(무더기 : 堆)
'무들기'(무더기 : 垤)
'무디'(무더기 : 堆·聚)
부사 '무둑무둑'
현대어에서 명사 '무더기'

▪ **語根 '맏'의 파생형**

고어에서 조사 '마당'(마다 : 皆)
현대어에서 조사 '마다'
방언에서 조사 '마닥'(마다 : 전남 방언)24

24 이상의 어휘는, 남광우, 《고어사전》, 일조각, 1980 ; 이희승, 《국어대서전》, 민중서

이상의 용례에서 특히 留意의 대상이 되는 어휘는 고어의 명사형 '무둑', '무들기', 현대어의 '무더기', 부사어 '모닥', '모다기', 방언의 동사형 '모두쿠다', 조사형 '마닥' 등이다. 이들은 모두 어근 '몯', '묻', '맏'에 '모음 + 받침 ㄱ'이 결합한 형태를 보여 주는 것들이다. 이처럼 '어근 + 모음 + 받침 ㄱ'의 형태가 되어 체언이나 용언의 어간으로 형성된 어휘로는 '나즉', '가득', '가막' 등을 들 수 있다.

현재로선 하나의 가정일 수밖에 없지만, '몯', '묻', '맏'의 공통어근으로서 'ᄆᆞᆮ'의 형태가 존재했다면 어형 '마득'의 도출은 더욱 용이해질 것이다. 국어사에서 'ᄋᆞ' 음이 '아', '오', '으' 등으로 변화되면서 소실되었음은 이미 주지의 사실이다. '마득'의 어형을 설명하기 위한 하나의 예로서,

· ᄀᆞᄃᆞ기 (부사 : 充滿)
ᄀᆞᄃᆞᆨ하다 — ᄀᆞ득하다 — 가득하다

· ᄂᆞᄌᆞ기 (부사 : 低) ┬ ᄂᆞᄌᆞᆨ하다 — ᄂᆞ즉하다 — 나직하다
└ ᄂᆞ직하다 — 나직하다

를 들 수 있다.

· ᄀᆞᄃᆞᆨ — ᄀᆞ득 ┬ 가득
└ 그득

· ᄂᆞᄌᆞᆨ ┬ ᄂᆞ즉 — 나즉
└ ᄂᆞ직 — 나직

의 변천 양상을 고려하여

림, 1979 ; 최학근, 《방언사전》, 현문사, 1978에서 取用.

· ᄆᆞᄃᆞᆨ ┬ 마ᄃᆞᆨ ┬ 마득
　　　　│　　　　└ 마닥
　　　　└ 모ᄃᆞᆨ — 모닥('모닥'과 音相이 對蹠하는 형태로서의 '무덕', '무둑')

의 단계를 도출해 볼 수 있겠다.

이상의 논증이 용인된다면, '마득'은 集·聚·皆의 의미를 지닌 부사형으로 볼 수 있을 것이다.

㉡ 사리 : '석석사리'의 경우처럼 基語 '마득'에 결합되어 부사화시켜 주는 副詞化接尾語로 본다.

3) 마득너즈세 : 마득(부사형 접두어) + 너즛(명사) + 에(處格助詞)

㉠ 마득 : '마득사리'의 경우에서처럼 '集·聚·皆'의 의미를 지닌 부사형. 여기서는 '너즛'의 앞에 첨부되어 接頭語로 쓰인 것으로 본다.

㉡ 너즛 : 명사 '너즛'은 '너'(荒雜·陋醜의 뜻을 지닌 접두어) + '즛'(容貌의 뜻을 지닌 명사 古形)의 합성형으로 본다. 현대어에서 '너-'의 용례를 살펴보면 荒雜·陋醜의 뜻을 지닌 접두어 '너'의 형이 존재함을 알 수 있다.

너겁 : 괸힌 물 위에 떠 몰려 있는 지푸라기, 잎사귀 등.
너덜 : 돌이 많이 흩어져 덮인 비탈.
너리 : 잇몸이 헐어 헤지는 병.
너부러기 : 난잡하게 늘어진 물건.
너설 : 험한 바위나 돌 따위가 삐죽삐죽 내밀어 있는 곳.
너스래미 : 물건에 딸린 군나래미.
너스레 = 너슬개 : 흙구덩이나 그릇의 아구리 또는 바닥에 이리저리 걸쳐 놓은 막대기.
너울 : 뜨거운 볕에 쬐어 시들어 늘어진 풀이나 나뭇잎.
너출 : 길게 벋어 나가 너절너절하게 늘어진 줄기25

고어 '즛'의 용례를 몇 가지 들어 보면 다음과 같다.

종종 ᄃᆞ란 즈ᅀᅵ 즈믄 머리 므싀여ᄫᅩ며 〈月釋 10:97〉
즛 모 : 貌 즛 용 : 容 〈訓蒙上 24, 類合下 1〉
그 즈시 일만 가지라 〈地藏解上 11〉[26]

이상의 논의에 따라 '마득너즈세'는 '온통 너저분한 모습에'의 뜻이 될 것이다.

4) 너우지 : 부사, '너붓이'의 뜻으로 본다.

'너우지'의 어형은 현대어 '너붓이'로부터 유추하여

· 너ᄫᅮ시 ┬ 너우시 — 너우지
         └ 너부시 — 너붓이

의 변천 양상을 가정해 볼 수 있다. 이의 근거로는

첫째, 중세 국어에서 'ㅸ'과 'ㅂ', 'ㅸ'과 'ㅇ'이 混在했다는 점이다. 그 예를 들어 보면

글ᄫᅡᆯ 〈龍歌 26장〉 : 글발 〈現行方言〉 : 글왈 〈釋譜序 4〉
눉두ᄫᅦ 〈蒙法 2〉 : 눈두베 〈松廣寺板 蒙法 2〉 : 눉두에 〈四解下 20〉
더ᄫᅥ : 더워 (표준어) : 더버 (현 경상도 방언)
스가ᄫᅩᆯ 〈龍歌 35장〉 : 스ᄀᆞ올 〈三綱蘁勝推印〉
이ᄫᅮᆺ 〈七大萬法 21〉 : 이웃 〈初杜解 9:15〉[27]

---

25 이상의 어휘는 이희승, 《국어대사전》에서 인용.
26 남광우, 《고어사전》, p.440.

둘째, 너우시〔nəusi〕 〉 너우지〔nəuzi〕의 단계는 오롯이〔orosi〕 〉 오로지〔orozi〕의 단계로부터 그 동질성을 유추해 볼 수 있다. 고어에서 '오롯이'의 용례를 보면,

그 本은 오롯이 誠홈애 이시니 : 本專在乎誠事 〈常解 13〉

'너우지'와 비근한 용례로서 고어 '너운너운',[28] 현대어 '너웃너웃'(부사 : 뉘엿뉘엿) 등의 어휘를 찾을 수 있다.

현대어 '너붓이'의 뜻은

1. 천천히 내리는 모양.
2. 사뿐이 앉거나 엎드리는 모양[29]

이니, 이상의 논의에 의하여 '너우지 잠짜간 내니믈 너겨'의 해석은 '살며시 잠을 빼앗아간 내 님을 생각하여'가 될 것이다.

3. '종 霹靂 아 生 陷墮無間'의 재고

이 구절은 양주동의 《麗謠箋注》 이래 한결같이 그 原文을 소개함에 있어 오류를 범하고 있다. 여러 語釋書에 인용된 歌詞를 보면, 그 반복되는 구절을 동일하게 '종종 霹靂 生 陷墮無間'이라 적고 있다. 그러나 원문을 詳考하면 앞구절과 뒷구절이 서로 다름을 알 수 있다.

---

27 남광우, 〈ㅸ · ㅿ 논고〉, 《국어학논문집》, 春潮社, 1969, pp.68-85.

28 소내 ᄒᆞᆫ ᄧᅡᆨ 신 잡고 너운너운 ᄒᆞ오ᅀᆞ 가시거늘 〈南明上 52〉
너운너운 오ᄂᆞᆫ 구룸 氣運이 묻겁고 : 霏霏雲氣重 〈杜解 9 : 37〉

29 이희승, 《국어대사전》.

죵죵 霹靂 生 陷墮無間
고대셔 싀여딜 내모미
죵 霹靂 아 生 陷墮無間
고대셔 싀여딜 내모미

양주동의 '죵죵'에 대한 어석 "'種種'의 音記, '때때로'의 뜻"[30]은 정설로 굳어져 있다. 그러나 그 해석에 있어 '種種'의 音寫가 아닌 '終'의 음사일 가능성이 커 보인다. 그 이유로는 다음의 두 가지 점을 들 수 있다.

첫째, 앞구절에서는 '죵죵'으로 표기되어 있지만, 뒷구절에서는 '죵' 한 글자로만 표기되었다는 점. 현대어에서도 '때때로'의 뜻으로 '종종'이 쓰이고 있지만, '죵' 한 글자만으로는 '때때로'의 뜻이 되기 힘들다. '終'의 음사라면 '終終'이란 쓰임이 가능할까 하는 의문이 제기될 수 있지만, 뜻이 이루어지지 않는 축약보다는 오히려 강조의 뜻으로 중첩될 가능성이 짙다고 생각된다.

둘째, 해석상의 문제로서, 죄를 범했을 때 벼락을 맞아 地獄에 떨어지는 것은 決定的인 瞬間에 마침내 벼락을 맞는 것이지, 때때로 벼락을 맞는 것은 아니다. 양주동의 어석대로라면 '때때로', '자주자주' 벼락을 맞아 지옥에 떨어지는 것이니 상식적으로 그 의미를 납득하기 어렵다.

따라서 '죵'은 '終'의 音寫로 봄이 타당할 듯 하며, 그 뜻은 '마침내 벼락을 맞아 無間地獄에 떨어져 곧장 죽어 없어질 내 몸이'가 될 것이다.

30 "種種은 '갖가지'의 義이나, '때로, 자조자조'의 義로도 쓰인다." 양주동, 《여요전주》, p.352.

맺음말

이제껏 語釋上의 논의대상에서 소외되었던 〈이상곡〉에서의 문제점, 특히 餘音으로 간주되어 왔던 '다롱디우셔 마득사리 마득너즈세 너우지'의 實辭일 가능성과 그 어석을 중심으로 〈이상곡〉의 어석을 새롭게 조명해 보고자 하였다. 이상의 論旨를 바탕으로 〈이상곡〉 全文을 現代譯함으로써 결론에 대신하고자 한다.

> 비가 오다가 날이 개고 또 눈이 많이 내리신 날에
> 서리(霜)는 버석버석 좁은 굽어 도신 길에
> 어우러져 모이어 온통 너저분한 모습에
> 살며시 잠 빼앗아 간 내 님을 그리워하여도
> 그 같은 새벽길에 자러 오시겠습니까?
> 마침내 벼락이 쳐 無間地獄에 떨어져
> 곧 죽어 없어질 내 몸이
> 내 님 두옵고서 다른 님을 섬기겠습니까?
> 이러하자는 저러하자는 (어찌하자는) 期約이겠습니까?
> 아아, 님이시여.
> 함께 지내자는 期約뿐이옵니다.

—《어문논집》 22집, 민족어문학회, 1981.

〈履霜曲〉의 生成에 관한 고찰

머리말

〈履霜曲〉은 고려속요 가운데에서 비교적 소홀히 취급되어 온 작품이다. 때로는 '淫辭'로 때로는 '순연한 相思의 노래'로 취급되면서 대체로 다른 작품과 함께 일반적 거론의 대상에 오르는 정도였을 뿐, 그 문학적 평가는 극히 최근에 와서야 비로소 제 자리를 얻게 되었다.[1] 필자는 앞서 〈이상곡〉의 語釋을 새롭게 고찰한 바 있는데,[2] 본고에서는 연속작업으로 〈이상곡〉의 生成의 문제를 다루기로 한다. 이와 아울러 詩歌史의 맥락 속에서 〈이상곡〉의 형태적 특성을 새롭게 파악하는 작업이 필요할 것이다.[3]

---

1 이임수, 〈이상곡에 대한 문학적 접근〉, 《어문학》, 41, 민족어문학회, 1981 ; 조동일, 《한국문학통사》 2, 지식산업사, 1983, pp.144-145.

2 장효현, 〈이상곡 어석의 재고〉, 《어문논집》, 22, 민족어문학회, 1981.

3 〈鄭瓜亭曲〉을 10구체 향가의 형식을 이어받은 잔존형으로 보면서 〈이상곡〉을 〈정과정곡〉

1. 瓶窩 李衡祥의 기록과 논의의 단서

지금껏 〈이상곡〉의 생성에 관하여 어떤 示唆를 던져 줄 만한 문헌은 나타난 바 없었다. 〈이상곡〉의 가사가 실려 전하는 문헌인 《樂章歌詞》,[4] 《樂學便考》,[5] 《大樂後譜》[6]에도 가사만이 실려 있을 뿐이며,[7] 고려 俗樂에 관한 중요 문헌인 《高麗史》 樂志나 《樂學軌範》에도 〈이상곡〉에 관한한 일체의 기록은 보이지 않는다. 다만 《世宗實錄》, 《成宗實錄》, 《經國大典》 등에 〈이상곡〉이 조선에서 계속 鄕樂呈才에 채용되면서 改撰되었다는 기록이 있음으로 해서[8] 그것이 고려 때부터 俗謠로, 또 향악정재

과 형태적인 면에서 동일시하려는 경향이 기존의 논의에서 지배적이었으나, 필자는 견해를 달리하며 오히려 〈이상곡〉을 時調·歌辭 생성의 전 단계 형태로 보아 중시한다.

4 《樂章歌詞》의 이본은, 《樂章歌詞》로 지칭되어 온 장서각본, 《俗樂歌詞》로 지칭되는 김지용이 소개한 일본 京都大 河合文庫 소장본, 《雅俗歌詞》로 지칭되는 박준규가 발굴한 尹泳善 소장본의 세 종류가 있다. 그 撰成年代와 撰者에 대해서는 '中宗年間의 朴浚'설이 지배적이었고, 이를 부정한 여러 異說이 있으나, '孝宗 - 肅宗 연간, 찬자미상'의 박준규의 설을 필자는 지지한다. 박준규, 〈雅俗歌詞 연구 — 樂章歌詞 및 俗樂歌詞와의 비교를 중심으로〉, 《호남문화연구》, 7, 전남대, 1975.

5 李衡祥 저, 권영철 해제, 《樂學便考》, 형설출판사, 1976, 영인본.

6 徐命膺 撰, 英祖 35년(1759) 撰成, 국립국악원, 1979, 영인본. 악보에 가사가 적혀 있는 자료여서 〈이상곡〉의 음악적 성격을 규명하는 데 더없이 소중하다.

7 이들 세 기록 간에는 표기상의 미세한 차이가 있는데, 시대적으로 앞서는 점, 표기상의 착오가 없는 점 때문에 《樂章歌詞》의 것이 善本이 될 것이다.

《樂章歌詞》	《樂學便考》	《대악후보》
석석사리		석식사리
다롱디우셔	다롱미우셔	다롱디리우셔
마득너즈세	마두너즈세	마득넌즈세
열명길헤		열명길허
자라오리잇가	자리오리잇가	
녀졋期約이이다	여뎟期이어다	녀졋期約이다

8 《世宗實錄》, 권116, 29년, 丁卯 6월 : 乙丑 〔…〕 又定俗樂, 以 桓桓曲 亹亹曲 維皇曲

의 俗樂歌詞로 존재했음을 알려 줄 뿐이었다. 그런데 〈이상곡〉의 작자를 蔡洪哲로 기록한 문헌이 근래 학계에 소개됨으로써 〈이상곡〉의 생성에 관한 문제는 새로운 국면으로 접어들었다. 그것은 甁窩 李衡祥에 의한 다음과 같은 기록이다.

> 중국의 바깥인 朝鮮은 풍토가 스스로 달라, 편협한 땅에 方言이 이미 薄하여, 비록 李奎報와 崔岦의 해박함으로도 오히려 樂府에는 조예가 없었으니 하물며 그 以下이겠는가. 晋人이 七絃琴을 고구려에 보내 第二國相 王山岳이 그 제도를 고쳐 六絃으로 만들었고, 그 후 克宗(신라의 음악가. 貴金에게서 거문고의 秘曲을 전수받은 安長의 둘째 아들 — 필자 주)이 平調·羽調·界面調를 만들어 六絃에 올렸으며, 고려의 侍中 蔡洪哲이 〈清平樂〉·〈水龍吟〉·〈金殿樂〉·〈履霜曲〉·〈五冠山〉·〈紫霞洞〉을 지었고, 鄭叙가 〈鄭瓜亭曲〉을 지었고, 尹淮가 〈致和平〉을 지었고, 鄭麟趾가 〈滿殿春〉·〈醉豊亭〉을 지었으니, 이것이 이른바 東方樂府이되 雅樂을 지었다고는 듣지 못하였다. 과거 世宗朝에 朴堧이 명성이 있었는데 늘 집에서 앉으나 누우나 가슴에 손을 모아 金錫聲을 만들고 입술에서 휘파람을 불어선 律呂聲을 지어 1년간 쌓아 이루니, 세종이 중히 여겨 雅樂을 짓게 해 官이 一品에 이르렀다. 사람들이 모두 "때를 타고 났다"고 일컬었다.9

維天曲 靖東方曲 獻天壽 折花 萬葉熾瑤圖唯子 小抛毬樂 步虛子破子 清平樂 五雲開瑞朝 衆仙會 白鶴子 班賀舞 水龍吟 無㝵 動動 井邑 眞勺 履霜曲 鳳凰吟 滿殿春 等曲, 爲時用俗樂, 有譜一卷.

《成宗實錄》, 권240, 21년 庚戌 5월 : 壬申 〔…〕 先是, 命西河君任元濬, 武靈君柳子光, 判尹魚世謙, 大司成成俔, 刪改雙花曲履霜曲北殿歌中淫褻之辭, 至是, 元濬等撰進. 傳曰, 令掌樂院, 肄習.

《經國大典》, 권3, 禮典, 取才樂工條 : 鄕樂, 三眞勺譜 與民樂令 與民樂慢 眞勺四機 履霜曲 洛陽春 五冠山 紫霞洞 動動 保太平一聲 定大業一聲 進饌樂 豊安曲前引子後引子 靖東方 鳳凰吟三機 翰林別曲 還宮樂 致和平三機 維皇曲 北殿 滿殿春 醉豊亭 井邑二機 鄭瓜亭三機 獻仙桃 金殿樂 納氏歌 儒林歌 橫殺門 聖壽無疆 步虛子.

9 李衡祥, 《甁窩先生文集》, 권8, 〈答擧子問目〉, 〈我東亦有雅樂歟〉(《甁窩全集》, 한국

이 기록에 대해서는 그간 엄정한 문헌 비판 없이 그 중요성을 인정하고 들어가는 견해와,[10] 甁窩의 기록이 지니는 撞着을 근거로 전연 부정하는 견해[11]가 대립했으며, 전래의 가요를 채홍철이 약간 수정했으리라는 절충적 견해[12]도 제시되었다. 그러나 이들 논의는 어느 것도 미진한 상태를 벗지 못하는 것이었다. 보다 엄정한 문헌 비판과 실증적 천착을 통해 眞僞를 가려야 할 것이며, 그러고도 진위가 분명치 않을 때에 비로소 유보항에 놓음으로써 후일의 새로운 문헌 출현을 기다려야 할 것이다.

따라서 이 글에서의 논의는 두 갈래로 진행된다. 채홍철에 대한 추적을 통해 〈이상곡〉 창작의 가능성을 최대한 提高시켜 볼 것이며, 한편 甁窩의 기록에 대한 문헌비판적 검증을 통해 그 신뢰도를 가늠해 볼 것이다. 甁窩의 기록이 갖는 부분적 결함이 분명함에도 불구하고 이를 수행하는 것은, 부분적 기록이 잘못되었다고 해서 다른 기록마저도 모두 잘못되었다고 단정 지을 수는 없기 때문이다. 고려속요의 生成·流轉

정신문화연구원, 1980, p.150) : 赤縣之外, 風土自別, 偏狹之地, 方音已薄, 雖以李相國崔簡易之博洽, 猶不詣樂府, 況其下者乎. 晉人, 以七絃琴, 送高句麗, 第二相王山岳增損其制, 作六絃, 其後克宗作平調羽調界面調, 被之六絃. 高麗侍中蔡洪哲作 淸平樂 水龍吟 金殿樂 履霜曲 五冠山 紫霞洞, 鄭敍作 鄭瓜亭, 翰林諸儒作 翰林別曲, 我國鄭道傳作 與民樂 洛陽春 步虛子 豊安曲 靖東方曲 倡義詞 鳳凰吟, 尹淮作 致和平, 鄭麟趾作 滿殿春 醉豊亭, 此所爲東方樂府, 而雅樂則無聞. 昔在世宗朝朴堧爲名者, 每堂座臥, 手於心胸中之間, 作戞聲, 形嘯於口吻之中, 爲律呂聲, 積一年乃成, 世宗深別倚重, 使作雅樂, 官至 一品, 人皆曰, 應時而生. 이 기록은 권영철에 의해 비로소 학계에 소개되었다. 권영철, 〈樂學便考 해제〉, 앞의 책, pp.7-8.

10 권영철, 〈樂學便考 해제〉, 위의 책, p.18 ; 김선풍, 〈고려가요의 형태적 고찰〉, 《고려시대의 가요문학》, 새문사, 1982, pp.II-37.

11 강전섭, 〈필사본 樂學便考에 대한 管見〉, 《장암지헌영선생고희기념논총》, 1980, pp.250-252 ; 이임수, 앞의 논문, pp.120-122.

12 김학성, 〈고려가요의 작자층과 수용자층〉, 《한국학보》, 31, 일지사, 1983, p.212.

·受容·定着 등의 문제를 밝혀 줄 문헌 자체가 零星하여 단편적 기록마저도 소중한 형편인 데다가, 더욱이 瓶窩는 음악에 대한 관심과 조예가 남달리 깊어 광범위한 음악 이론을 펴기까지 한 인물이므로,[13] 지금은 佚失되었으나 혹시 瓶窩 나름으로 근거한 문헌이 있었을지도 모르는 일이기에 심화된 논의는 요청되는 과제이다.

〈이상곡〉의 곡조가 채홍철 작인 〈紫霞洞〉 곡조의 일부를 사용한 것이라는 사실은 《대악후보》를 통해 이미 구명되어 있다.[14] 그러나 이 이유만으로 〈이상곡〉을 채홍철 작으로 기록했다고는 보이지 않기에 가사 그 자체가 채홍철에 의해 지어졌을 蓋然性에 대하여, 기존 해석의 선입관으로부터의 과감한 탈피와 旋回를 통해 가능한 한의 탐색을 시도해 보기로 한다.

2. 蔡洪哲 所作의 가능성에 대한 검토

논의의 편의상 필자가 재고찰한 바의 어석을 토대로 〈이상곡〉의 全文을 현대역하면 다음과 같다.[15]

> 비가 오다가 날이 개고 또 눈이 많이 내리신 날에
> 서리(霜)는 버석버석 좁은 굽어 도신 길에
> 어우러져 모이어 온통 너저분한 모습에
> 살며시 잠 빼앗아 간 내 님을 그리워하여도

13 자세한 논의는, 권영철, 《瓶窩 李衡祥 연구》, 한국연구원, 1978.

14 장사훈, 《한국음악사》, 한국국악학회, 1970, p.54.

15 加點 부분이 語釋이 새롭게 이루어진 부분이다. 장효현, 〈이상곡 어석의 재고〉 참조.

그 같은 새벽길에 자러 오시겠습니까?
마침내 벼락이 쳐 無間地獄에 떨어져
곧 죽어 없어질 내 몸이
내 님 두옵고서 다른 님을 섬기겠습니까?
이러하자는 저러하자는(어찌하자는) 期約이겠습니까?
아아, 님이시여.
함께 지내자는 期約뿐이옵니다.

〈이상곡〉은 그 표면적 의미로 보면 '단순한 相思의 노래'이다. 님과 이별해 있는 話者가 오직 '내 님과의 邂逅와 同樂'을 염원할 뿐 다른 사람과의 通情이나 그러한 상상조차도 거부하는, 貞節意識이 강렬히 나타난 노래이다.16 그런데 바로 그런 이유 때문에 〈이상곡〉은 〈鄭瓜亭曲〉처럼 '신하가 임금을 念慕하는 노래'로서의 重意를 지닐 수 있다. 작자 鄭叙가 毅宗을 그리워하며 부른 노래라는 由來가 분명하기에 '戀主之詞'로 膾炙되어 온 〈鄭瓜亭曲〉이, 그 표면적 의미만으로 보면 '순연한 相思의 노래'에 다름 아닌 것과 마찬가지의 경우이다.

〈履霜曲〉의 생성을 채홍철 소작이라는 각도에서 접근할 때, 그 실마리를 제공하는 것은 채홍철이 流配時에 지었고 후에 俗樂歌詞로 채용되어 《高麗史》 樂志에 수록된 노래인 〈冬栢木〉이다.

忠肅王朝에 蔡洪哲이 죄를 지어 먼 섬으로 유배를 감에, 德陵(忠宣王 — 필자 주)을 생각하며 이 노래를 지었다. 왕이 그것을 듣고는 그날로 부르셨다

---

16 다음 저서에서는 〈履霜曲〉을 淫辭로 보고 있으나, 이는 〈이상곡〉의 詞意로 보아 전혀 타당치 않다. 김기동, 《국문학개론》, 정연사, 1969, p.93 ; 장덕순, 《한국문학사》, 동화문화사, 1975, p.121 ; 정병욱 · 이어령, 《고전의 바다》, 현암사, 1977, p.142 ; 이인복, 《한국문학에 나타난 죽음意識의 史的 연구》, 열화당, 1979, p.111.

고 한다. 혹은 예부터 이 노래가 있었는데 채홍철이 이것을 가지고 加正함으로써 자신의 뜻을 비유했다고도 한다.[17]

〈冬栢木〉은 이처럼 채홍철이 유배지에서 임금을 사모하여 지은 '戀主之詞'였다. 채홍철이 유배를 간 것은 忠肅王 8년(1320) 4월의 일이다. 충숙왕에게 미움을 샀기에 유배를 갔는데, 그 이유는 前王으로서 현재는 元나라에 체류하면서 傳旨遙拜政治라는 방식으로 국내 정치에 간여하는 忠宣王의 徒黨이 蔡洪哲·權漢功 등이었기 때문이다.

〈冬栢木〉의 유래에서 흥미로운 것은 채홍철이 德陵, 즉 忠宣王을 그리며 이 노래를 불렀다는 점이다.[18] 자기를 유배시킨 충숙왕에 대한 미움과 자기를 총애한 충선왕에 대한 念慕가 그 내용이었던 셈이다. 예부터 있던 노래에 약간의 加正을 해서 자신의 뜻을 비유했다고 했는데, 이 옛 노래는 鄕歌인 信忠 소작의 〈宮庭栢〉[19]이 아닌가 싶다.

만약 〈이상곡〉이 채홍철의 작이라면, 그 지어진 시기나 동기, 가사 내용의 의미는 〈冬栢木〉과 같을 것으로 여겨진다. '履霜'이라는 말 자체는 "서리가 내렸을 때 군자가 그것을 밟는다는 것은 반드시 悽愴한 마음이 있는 것이지 그 추위를 말함은 아니다"[20]라고 한 《禮記》의 기록에서

---

17 《高麗史》, 志, 권25, 樂 2, 俗樂條 : 忠肅王朝, 蔡洪哲, 以罪流遠島, 思德陵, 作此歌. 王聞之, 卽日召還. 或曰, 古有此歌, 洪哲就加正焉, 以寓己意.

18 김학성, 앞의 논문, p.212에는 '德陵'을 '忠肅王'으로 註記해 놓았는데 이는 잘못이다. 《高麗史》, 世家, 권34, 忠宣王 2 : 忠肅王 〔…〕 十二年 五月 辛酉, 王(忠宣王 — 필자 주)薨于燕邸, 在位五年, 壽五十一. 〔…〕 十一月, 葬于德陵, 忠惠王五年, 元賜忠宣."

19 孝成王이 등용의 약속을 저버린 것을 怨望하여 信忠이 노래를 지어 栢樹에 붙이니 나무가 말라 죽었고 이를 알게 된 왕이 그를 불러 爵祿을 내렸다는 유래의 노래로서 《삼국유사》 권5, 信忠掛冠 條에 실려 있다. 흔히 〈怨歌〉로 지칭되는데 《增補文獻備考》에는 그 명칭이 〈宮庭栢〉으로 되어 있다.

20 《事文類聚》, 前集, 권4, 天道部, 霜條에서 재인용 : 霜露旣降, 君子履之, 必有悽愴之心, 非其寒之謂也.

보듯, '悽愴之心'의 緊切한 상징이다. 周나라 宣王 때 사람 尹伯奇가 계모의 흉계로 집에서 쫓겨나 그 悽愴之心을 노래한 거문고곡 〈履霜操〉가 마침 예부터 있어 고려속요 〈履霜曲〉의 詞意와 由來에 참고적 전망을 시사해 준다.

> 〈履霜操〉라는 곡은 尹吉甫의 아들 伯奇가 지은 것이다. 伯奇가 죄 없이 계모의 참소로 쫓겨나 연잎을 따 모아 옷으로 삼고 楟花를 따 연명하였다. 새벽 서리를 밟으며 쫓겨난 것을 괴로워했다. 이에 거문고를 끌어 타며 이 곡을 짓고는 마침내 강에 투신해 죽었다.[21]

는 유래와 함께 시가 실려 있는데, 韓愈가 이를 擬仿해 지은 同名의 四言詩와 함께 인용해 그 의미를 吟味해 보기로 한다.

履朝霜兮採晨寒	아침 서리를 밟으며 새벽 추위를 쐽니다.
考不明其心兮聽讒言	아버님 마음 밝지 못해 讒言을 들으셔
孤恩別離兮摧肺肝	홀로 恩愛와 떨어져선 肺肝을 두들깁니다.
何辜皇天兮遭斯愆	무슨 허물을 하늘에 지었기에 이 苦楚를 만나는가.
痛殁不同兮恩有偏	괴로움과 죽음이 같지 않으니 恩愛엔 치우침이 있거늘
誰說顧兮知我冤	그 누가 내 寃을 알아 말해 주리오.

父兮兒寒	아버님이여, 저는 춥습니다.
母兮兒飢	어머님이여, 저는 배고픕니다.

---

21 郭茂倩,《樂府詩集》, 권57, 琴曲歌辭 1, 臺灣中華書局, 1970 : 履霜操, 尹吉甫之子伯奇所作也. 伯奇無罪, 爲後母讒而見逐, 乃集芰荷以爲衣, 採楟花以爲食, 晨朝履霜, 自傷見放. 於是, 援琴鼓之, 而作此操曲, 終投河而死.

兒罪當笞　저의 죄는 매로써 충분커늘
逐兒何爲　쫓아냄은 어째서입니까.
兒在中野　이 몸은 벌판 가운데에서
以宿以處　자고 또 머뭅니다.
四無人聲　사방에 사람의 소리 들리지 않으니
誰與兒語　누구와 더불어 이야기하겠습니까.
兒寒何衣　추위에 떨지만 무슨 옷이 있으며
兒飢何食　굶주리지만 무슨 먹을 것이 있겠습니까.
兒行於野　저는 들판을 걸으며
履霜以足　서리를 밟을 뿐이옵니다.
母生衆兒　어머니는 여러 아일 낳아
有母憐之　그들을 사랑하건만
獨無母憐　나는 홀로 어머니 사랑을 입지 못하니
兒寧不悲　이 몸 어찌 슬프지 않으리이까.

전자가 尹伯奇의 것이고, 후자가 韓愈의 것이다. 〈履霜操〉는 계모의 미움을 사 벌판으로 쫓겨난 尹伯奇가 그 悽愴한 마음과 어머니 사랑에의 그리움을 '履霜'으로 상징해 읊은 것이다. 그렇듯 〈履霜曲〉은 충숙왕의 미움을 사 유배지로 쫓겨난 채홍철이 그 悽愴한 마음과 前王 충선왕에의 戀慕를 '履霜'으로 상징해 읊은 노래로 볼 만한 가능성이 충분하다. 이 경우 〈이상곡〉 가사 가운데 '내님 두숩고 년뫼롤 거로리'에서의 '내님'은 자기를 총애했던 충선왕을, '년 뫼'는 자기를 미워해 쫓아낸 충숙왕을 각각 비유한 것으로 해석할 수 있다.

이러한 가정이 용인된다면, 그 저작 시기는 충숙왕 8년(1320) 겨울이 된다. 蔡洪哲·權漢功 등은 충숙왕 8년 4월에 海島에 定配되었으나[22] 섬에는 들어가지 않고 洪州(지금의 충남 洪城) 지방에 상당 기간 머물면서 이루 기록할 수 없을 만큼 民弊를 끼쳤다고 하는데, 그들이 유배에서 풀려나게 된 것은 채홍철의 아들 蔡河中이 元帝의 赦命을 가지고 와서 그들을 불렀기 때문이라고 한다.[23] 기록상 채하중이 元에서 高麗에 들어온 것은 채홍철이 유배 간 지 1년 후인 충숙왕 9년(1321) 7월의 일이었다.[24] 그리고 한 달 후 채홍철 · 권한공 등은 충숙왕에 대한 원한 때문에 閔漬 · 李瑚 등과 합세해 瀋王 暠를 추대하고 충숙왕을 제거하고자 도모하게 된다.[25] 채홍철의 유배 기간이 충숙왕 8년 4월부터 9년 7월까지였으므로 그해 겨울이 〈이상곡〉의 저작 시기가 될 것이다. 〈冬栢木〉에서의 '겨울', 〈履霜曲〉에서의 '눈 · 비 · 서리'로 보아 그 절기는 겨울로 봄이 타당할 터이기 때문이다.

이제 채홍철의 생애와 그의 학문 및 음악성에 대한 전체적 모습을 조감함으로써 지금까지의 논의를 조금 더 심화시키기로 하자.

채홍철은 平康縣 출신으로 字는 無悶, 號는 中庵. 고려 元宗 3년(1262)에 출생하여 忠惠王 復位 元年(1340)에 卒하였다.

忠烈王朝(1274-1303 재위)에 文科에 급제하여 膺善府 錄事에 補任되고 차차 옮겨 通禮門 祇候를 거쳐 長興府使를 지내다가 사임하였다. 이후

---

22 《高麗史》, 世家, 권35, 충숙왕 2 : 八年 〔…〕 夏四月 〔…〕 壬申 〔…〕 杖權漢功蔡洪哲, 流于遠島.

23 《高麗史》, 列傳, 권38, 姦臣 1, 權漢功條 : 漢功洪哲光逢等, 不入海島, 皆聚洪州界, 擾民間, 不可勝記. 未幾洪哲子前正尹河中, 偕元使金家奴來, 自元以帝命, 赦漢功洪哲而召之.

24 《高麗史》, 世家, 권35, 충숙왕 2 : 九年 〔…〕 秋七月, 丙申朔, 帝遣蔡河中, 賜安妃滿殿香, 且求織紋苧布.

25 《高麗史》, 世家, 권35, 충숙왕 2 : 八月 〔…〕 丙戌, 前贊成事權漢功等, 欲請立瀋王暠, 會百官慈雲寺, 上書中書省. 己丑, 漢功等, 復會慈雲寺, 署呈省書, 未半天忽大雨雹. 九月, 乙未朔, 漢功等, 又招百官, 署名, 忽震電以雹, 大如李梅.
《高麗史》, 列傳, 권38, 姦臣 1, 權漢功條 : 後漢功洪哲光逢等, 怨王, 乃邀驪興君閔漬永陽君李瑚等, 欲請立瀋王暠, 會百官慈雲寺, 上書中書省.

14년간 閑居하면서 스스로 호를 中庵居士라 칭하여 불교의 禪旨 및 거문고와 책, 藥劑를 다루는 것으로써 날을 보냈다. 충선왕(1308-1313 재위)이 본디 채홍철의 명망을 아는지라 즉위하자 그를 크게 쓰고자 하여 司醫副正을 제수받고, 3년(1310)에는 密直副使에 올랐으며, 5년(1312)에는 元나라 賀聖節로 파견되었다.

충선왕의 뒤를 이어 즉위한 충숙왕(1313-1330, 복위 1332-1339 재위)은 즉위 원년에 經界와 量田과 賦役을 바르게 하고자 하여 이에 知密直事 채홍철은 五道巡訪計定使가 되었으며, 2년에는 僉議評理에 오르고 다시 三司使·贊成事에 올랐다. 채홍철의 성품이 貪心이 있고 私利를 채움을 즐겨 民田을 많이 취하여 드디어 鉅富가 되니, 왕이 비록 그 하는 바를 바르게 여기지는 않았으나 충선왕의 총애를 입고 있고 또 권한공·崔誠之와 더불어 친한 때문에 감히 밝히지 못하다가, 5년에 이를 밝히려 臺官을 나누어 보냈으나 규탄하는 자가 없었다 한다. 7년에는 重大匡 平康君에 봉해졌으며, 아들 채하중이 元에서 벼슬하여 秩이 五品이었으므로 그 恩으로써 채홍철은 '奉議大夫太常禮儀院判官 驍騎尉 大興縣子'를 제수받기까지 한다.[26]

충숙왕 8년에 채홍철은 유배를 가게 된다. 퇴위 후 元의 燕京에 머물면서 傳旨遙拜政治라는 방식으로 국내의 政事에 간여해 온 충선왕이 元帝에 의해 吐蕃으로 유배 가게 되자, 늘 그것에 불만이었던 충숙왕은 좌우 宦官의 諫에 힘입어 드디어 충선왕의 政輩인 권한공·李光逢

26 ① 李穀, 〈有元奉議大夫太常禮儀院判官驍騎尉大興縣子高麗純誠輔翊贊化功臣三重大匡右文館大提學領藝文館順天君蔡公墓誌銘〉, 《稼亭集》, 권11(《高麗名賢集》, 권3, 성균관대 대동문화연구원, 1973, 영인본, pp.69-70). ②《高麗史》, 列傳, 권21, 채홍철조. ③《高麗史》, 世家, 권34, 충선왕 2. ④《高麗史》, 世家, 권35, 충숙왕 2의 기록을 종합한 것인데, 번잡하므로 원문 인용은 생략한다.

등과 함께 채홍철을 巡軍獄에 가두었고, 金恂·白元恒·尹碩·全英甫·李仁吉 등을 시켜 권한공·이광봉 등과 함께 채홍철을 遠島에 유배시켰다.[27] 그러나 이들은 海島에는 들어가지 않고 洪州지방에 모여 있다가, 채홍철의 아들 채하중이 元帝에게 그 사면을 청하여 풀려나게 된다.[28] 이 때문에 채홍철·권한공·이광봉 등은 충숙왕에게 怨을 품어 閔漬·李瑚 등과 더불어 충선왕의 조카인 瀋王 暠를 옹립하고자 도모하였다.[29]

이후 충숙왕 복위 원년(1332)에는 다시 贊成事에 올랐으며,[30] 5년에는 知貢擧가 되고,[31] 후에 順天君에 봉해지고 三重大匡으로 榮進하였으며, 純誠輔翊贊化功臣의 號를 받게 되었다.[32] 충혜왕 복위 원년(1340) 正月 癸亥日에 생애를 마치었다.[33]

채홍철이 지닌 면모 중에 주목되는 것은 그가 특히 文章과 音樂, 각종 技藝에 精巧했다는 점[34]이다. 그의 작품으로서 가장 膾炙되어 온 것이

27 《高麗史》, 列傳, 권38, 姦臣 1, 權漢功條 : 初忠宣在元, 凡國家事, 遙傳旨以行, 漢功與誠之李光逢等, 扈從京邸, 招權納賄, 親戚故舊, 濫授朱紫, 忠肅頗懷不平, 及帝流忠宣于吐蕃, 王下漢功光逢及金廷美蔡洪哲裴廷芝, 于巡軍. 〔…〕 命三司使金恂, 密直使白元恒, 密直副使尹碩, 全英甫, 大護軍李仁吉, 與監察讞部官, 杖漢功洪哲光逢廷芝, 流遠島.

28 《高麗史》, 列傳, 권38, 姦臣 1, 權漢功條 : 漢功洪哲光逢等, 不入海島, 皆聚洪州界, 擾民間, 不可勝記. 未幾洪哲子前正尹河中, 偕元使金家奴來, 自元以帝命, 赦漢功洪哲而召之.

29 《高麗史》, 世家, 권35, 충숙왕 2 : 八月 〔…〕 丙戌, 前贊成事權漢功等, 欲請立瀋王暠, 會百官慈雲寺, 上書中書省. 己丑, 漢功等, 復會慈雲寺, 署呈省書, 未半天忽大雨雹. 九月, 乙未朔, 漢功等, 又招百官, 署名, 忽震電以雹, 大如李梅.

《高麗史》, 列傳, 권38, 姦臣 1, 權漢功條 : 後漢功洪哲光逢等, 怨王, 乃邀驪興君閔漬永陽君李瑚等, 欲請立瀋王暠, 會百官慈雲寺, 上書中書省.

30 《高麗史》, 世家, 권35, 忠肅王 2 : 後元年 〔…〕 春二月 〔…〕 甲子 〔…〕 王以蔡洪哲林仲沇爲贊成事.

31 《高麗史》, 志, 권27, 選擧 1 : 忠肅王, 後五年正月, 蔡洪哲知貢擧.

32 《高麗史》, 列傳, 권21, 채홍철조 : 改封順天君, 進三重大匡, 賜純誠輔翊贊化功臣號.

33 《高麗史》, 世家, 권36, 忠惠王 : 後元年, 春正月癸亥, 順天君蔡洪哲卒.

〈紫霞洞〉인데 이는 그의 작 〈冬栢木〉과 함께 宮中의 俗樂歌詞로 사용되어 조선조에까지 이어졌으며, 그 악보가 《大樂後譜》에 수록되어 現傳한다.

> 채홍철이 紫霞洞에 거처하여 그 堂에 현판하기를 '中和'라 하였다. 매일 耆老들을 맞아들여 환대함을 극진히 하고야 파하였는데 이 노래를 지어 家婢로 하여금 부르게 하였다. 詞는 모두 仙語로서 대개 紫霞의 神仙이 中和堂의 耆老會 열림을 듣고 와 이 가사를 부르는 것에 假託한 것이다.[35]

이런 유래와 함께 《高麗史》 樂志에는 漢文으로 된 詞가 실려 있는데 末尾에 "云云 俚語"로 기록되어 있어 당시엔 우리말 가사가 후속되었음을 알게 해 준다. 永嘉君 權溥 이하 國老 八人을 맞이해 詩會인 '耆英會'를 조직해 문장과 음악으로 娛遊했다고도 한다.[36] 그의 문집인 《中庵集》이 현전하지 않아 그 문학세계의 전체적 모습을 조망하긴 어렵고 다만 〈福州映湖樓〉·〈月影臺〉·〈答寄權奏事漢功〉의 시편이 《東文選》에 수록되어 남아 있다.

채홍철이 문장과 음악으로 당시에 풍미했음을 단편적 기록만으로도 窺知해 볼 수 있겠지만 특히 주목되는 것은 그의 所作인 〈紫霞洞〉·〈冬栢木〉의 두 곡이 궁중의 속악가사로 채용되어 《高麗史》 樂志 俗樂條에

---

34 《高麗史》, 列傳, 권21, 채홍철조 : 以浮屠禪旨, 琴書劑和, 爲日用. 〔…〕 爲人精巧於文章技藝.

35 ①《高麗史》, 志, 권25, 樂 2, 俗樂條 : 洪哲居紫霞洞, 扁其堂曰中和, 日邀耆老, 極懽乃罷, 作此歌, 令家婢歌之, 詞皆仙語, 盖托紫霞之仙, 聞耆老會中和堂, 來歌此詞也. ②《新增東國輿地勝覽》, 권4, 開城府 下, 山川條. ③《東國通鑑》, 권44, 충혜왕 2, 忠惠元年條. ④《經國大典註解》, 後集, 註解 下, 禮典, 取才樂工條. 이 네 문헌에 각각 동일한 내용의 기록이 전한다.

36 《高麗史》, 列傳, 권21, 채홍철조 : 時邀永嘉君權溥以下國老八人, 爲耆英會.

수록되었다는 사실이다. 고려 속악으로 수록된 31편 가운데 작자의 면모가 분명한 것은 鄭叙〔睿宗代(1105-1122)-明宗代(1170-1197) 생존〕의 〈鄭瓜亭曲〉, 高宗朝(1213-1259 재위) 翰林諸儒 작인 〈翰林別曲〉, 奇轍(?-1356)의 〈叢石亭〉에 불과하다. 따라서 채홍철의 개인 창작이 2편 수록됐음은 문장과 음악으로 고려 왕실에 끼친 그의 비중이 대단했음을 시사해 주는 것이다.

《高麗史》 악지엔 언급조차 없는 많은 고려의 속악가사가 《樂學軌範》·《樂章歌詞》·《時用鄕樂譜》에 수록되어 전하고 있으며 〈履霜曲〉도 이 가운데의 하나에 속한다. 만약 〈履霜曲〉이 채홍철의 작이라면, 그가 지은 〈紫霞洞〉·〈冬栢木〉과 함께 궁중의 속악가사로 채용되어 쓰였으되 《高麗史》 악지 기록에서 탈락함으로써, 이후의 문헌에도 그 所成의 배경에 대한 언급이 전무한 채 단지 樂譜 소재의 歌詞만이 현존케 된 것으로 보아야 되겠다.

3. 문헌 비판에 의한 검증

이 글에서의 논의는 《甁窩先生文集》에서의 기록이 그 단서가 된 것이었다. 그런데 〈履霜曲〉이 채홍철 작일 가능성에 대한 지금까지의 검토가 객관성을 얻기 위해서는 甁窩의 기록의 신뢰성 여부가 가려져야 될 것이다. 먼저 채홍철 작이라고 한 6곡 가운데, 〈履霜曲〉과 채홍철 작이 분명한 〈紫霞洞〉을 제외한 나머지 4곡의 작자 문제를 고찰한 후, 그 밖의 기록에 대하여도 검토하기로 한다.

(1) 〈五冠山〉의 작자 문제

《高麗史》 악지에는 〈오관산〉에 대하여 다음과 같이 기록되어 있다.

> 효자 文忠이 지은 것이다. 文忠은 五冠山 아래에 살았는데 어머니를 모심에 효성이 지극하였다. 그 사는 곳이 서울(開城)로부터 30리 거리였으나 어머니 봉양을 위해 祿仕에 나아갔고, 아침에 나가고 저녁에 돌아 와 昏定晨省을 조금도 소홀히 하지 않았다. 어머니의 늙음을 탄식하여 이 노래를 지었다. 李齊賢이 詩를 지어 解하기를,
>
> | | |
> |---|---|
> | 木頭雕作小唐雞 | 나무를 깎아 새긴 조그만 수탉을 |
> | 筯子拈來壁上棲 | 젓가락으로 집어다 벽 위에 놓았네, |
> | 此鳥膠膠報時節 | 이 닭이 꼬끼오 때를 아뢰면 |
> | 慈顏始似日平西 | 어머님 그제사 돌아가시옵소서. |
>
> 라 했다.[37]

《高麗史》 악지의 이 기록에 의하면 그 작자는 文忠이다. 그런데 《高麗史》 列傳에도 文忠에 대한 기록은 자세하지 않다.[38] 〈五冠山〉이 채홍철의 작품이라고 할 때의 가능성은 瓶窩의 기록 자체가 착오이거나 〈五冠山曲〉의 악곡의 지은이가 채홍철이거나의 두 가지이다. 그 가사의 지은이가 文忠인 것은 기록상 확실하고 그것이 오랫동안 民謠로서 流轉

---

37 《高麗史》, 志, 권25, 樂 2, 俗樂條 : 五冠山, 孝子文忠所作也. 忠居五冠山下, 事母至孝, 其居距京都三十里, 爲養祿仕, 朝出暮歸, 定省不少衰, 嘆其母老, 作是歌. 李齊賢作詩解之曰, 木頭雕作小唐雞, 筯子拈來壁上棲, 此鳥膠膠報時節, 慈顏始似日平西.

38 열전 孝友條에 실린 인물 가운데 "가장 연대가 오래된 효자로서 늦잡아도 文宗(1046-1083 재위) 전 사람일 것"으로 추정한 견해가 있다. 서수생, 〈益齋 小樂府의 연구〉, 국어국문학회 편, 《고려가요연구》, 정음사, 1979, p.208.

되다가 어느 시기에 俗樂歌詞로 채용된 것인 만큼, 채홍철의 개입이 있었다면 宮中樂으로 편입되는 과정에서의 개편 혹은 정비단계였을 것이다.

〈五冠山〉 가사 자체가 문충 작이 아닌 채홍철 작이라고 볼 수 없음은 《高麗史》 악지와 열전의 기록만으로도 분명하지만 다음 이유에서도 뚜렷하다. 李齊賢(1287-1367)이 《益齋亂藁》 小樂府에서 〈五冠山〉의 解詩를 싣고 있는바, 그 대상이 된 노래들은 오랫동안 민간에서 유전되어 오던 民謠(당시의 표현으론 '別曲')[39] 였으며 그 所成年代 추정이 가능한 〈鄭瓜亭曲〉의 경우도 毅宗 5년(1151)-毅宗 24년(1170)[40]으로서 이제현 당대로부터 1세기 가량을 遡上하고 있다. 소악부의 撰成연대를 忠惠王 3년(1342) 전후로 볼 때,[41] 거의 동시대의 인물인 채홍철(1262-1340)의 노래를 소악부에 실었다고는 볼 수 없다. 또한 채홍철·권한공 등이 충숙왕을 내쫓고 瀋王暠를 추대하려 하였으나 실패하고, 또 吳潛·柳淸臣 등 과거에 충선왕의 심복이었다가 충숙왕에게 미움을 삼으로써 瀋王黨이 된 무리들은 元의 中書省에 上書하여 高麗國號를 없애고 征東行省을 두고자 할 때 이제현이 《中庸》 九經章의 綏遠人義를 부연하여 그 不可함을 논척했던 史實[42]로 볼 때 채홍철과 이제현의 사이가 순탄치 않았을 것이기 때문에, 채홍철 소작을 이제현이 漢譯하여 소악부에 실었을 가능성은 희박

---

39 이제현, 《益齋亂藁》, 권4, 小樂府序 : 昨見郭翀龍, 言及庵欲和小樂府, 以其事一而語重, 故未也. 僕謂劉賓客作竹枝詞, 皆夔峽間男女相悅之辭, 東坡則二妃屈子懷王項羽事, 綴爲長歌, 夫豈襲前人乎. 及庵取別曲感於意者, 翻爲新詞, 可也.

40 여러 설이 있으나 서수생의 설을 따른다. 위의 논문, p.219.

41 위의 논문, p.188.

42 《高麗史》, 列傳, 권23, 이제현조 : 柳淸臣吳潛, 上書都省, 請立省本國比內地, 齊賢爲書, 上都堂曰, 中庸曰, 凡爲天下國家有九經, 所以行之者一也. 이 시기의 권력암투에 관한 자세한 논의는, 황운룡, 《高麗 閥族에 관한 연구》, 친학사, 1978, pp.179-210.

하다.

따라서, 기존의 文忠 소작의 가사에 곡이 부연된 민요 〈五冠山〉이 궁중 속악으로 채용될 때 채홍철이 그 改編에 개입했을 가능성을 상정할 수 있으며, 그 이외의 가능성은 상정하기 어렵다.

(2) 〈金殿樂〉·〈淸平樂〉·〈水龍吟〉의 작자 문제

먼저 《高麗史》 악지 唐樂條에 전하는 곡명을 살펴보면

- 呈才 — 獻仙桃 · 壽延長 · 五羊山 · 抛毬樂 · 蓮花臺
- 詞樂 — 惜奴嬌·萬年歡·憶吹簫·洛陽春·月華淸·轉花枝·感皇恩·醉太平·夏雲峰·醉蓬萊·黃河淸·還宮樂·淸平樂·荔子丹·水龍吟·傾杯樂·太平年·金殿樂·安平樂·愛月夜眠遲·惜花春早起·帝臺春·千秋歲·風中柳·漢宮春·花心動·雨淋鈴·行香子·雨中花·迎春樂·浪淘沙·御街行·西江月·遊月宮·少年遊·桂枝香·慶金枝·百寶粧·滿朝歡·天下樂·感恩多·臨江仙·解佩

이상 呈才의 다섯 大曲과 43調의 名目을 볼 수 있다. 그런데 우리나라에서 唐樂이라 하면, 당나라에서의 음악뿐만 아니라 宋에서 들어온 敎坊樂과 《高麗史》 악지에 전하는 허다한 宋代의 詞樂까지를 통칭한 것이었으니,[43] 上記의 詞들은 사실은 대체로 宋의 詞樂이었다. 이러한 詞의 작자를 밝히는 작업이 그간 李瀷 · 內藤虎次郞 · 車柱環 · 李明九 등에 의해 진행되어[44] 15수의 작자 8명이 밝혀진 바 있다.

---

43 장사훈, 《한국음악사》, 한국국악학회, 1970, p.39.

44 이명구, 《고려가요의 연구》, 신아사, 1974, pp.167-172.

· 柳永 — 轉花枝 · 夏雲峰 · 醉蓬萊 · 傾杯樂 · 雨淋鈴 · 浪淘沙 · 御街行 · 臨江仙
· 李甲 — 帝臺春
· 趙企 — 感皇恩
· 蘇軾 — 金殿樂 (2수 중 後 1수)
· 晏殊 — 少年遊
· 晁端禮 — 黃河淸
· 阮逸女 — 花心動 (2수 중 後 1수)
· 歐陽脩 — 洛陽春

이상 작자가 밝혀진 詞들을 보면, 작자의 대부분이 北宋 때의 일류급 시인이며 詞의 主題 면에서 볼 때에도《高麗史》樂志 소재의 詞는 다분히 北宋 詞의 계통 내지는 색채를 띠고 있다. 그러나 작자가 밝혀진 詞는 불과 15수이며 여전히 상당수가 작자 미상인 상태이다. 특히 〈金殿樂〉·〈淸平樂〉·〈水龍吟〉에 대한 이명구의 언급에서 보면, 이들이 宋의 詞樂과는 또 다른 특이한 것임을 알 수 있다.

> 〈金殿樂〉은《敎坊記》(崔令欽 撰)에 그 題가 보이는 것으로 역시 詞의 調名은 아닌 것으로 보이는데 그러한 曲名을 따다가 詞만 그 곡명 下에 넣은 것으로 보이며 〔…〕45

> 〈淸平樂〉에 대해서《詞律》(淸 萬樹 撰, 淸 杜文欄 校)은 李白 作인 46자 一例만 들었고《詞律拾遺》(淸 徐本立 撰)는 46자 · 47자의 두 예를 보이고 있다. 이 역시 그리 흔한 調는 아닌 것으로 생각된다. 더욱이 麗志의 이것은 56자로 되어 있어 어느 특이한 一體를 보이는 것으로 생각되는데 중국측 문헌에는 이 體에 대해서는 아무런 언급이 없다.46

45 위의 책, pp.161-163.

〈水龍吟〉〔…〕 역시 麗志에서만 볼 수 있는 특이한 〈水龍吟〉의 한 體를 보인다.[47]

이명구는 그의 논문 결론에서, "麗志의 詞는 그 대부분이 현재로서는 무명씨의 작으로 처리할 수밖에 없다. 물론 그들 무명씨의 작에는 중국에서 제작된 것도 있겠고 또 이 땅에서 이 땅 사람들 손에 제작된 것도 있을 것이다"[48]라고 하여 이들 詞가 고려인에 의해 제작되었을 가능성을 신중히 제시하고 있다.

앞에서 이미 채홍철이 音律에 정통했으며 개인 창작이 드문 《高麗史》 樂志 俗樂條에 그의 所作이 2편이나 수록된 사실을 주목한 바 있는데, 宴樂이 풍미하던 忠烈王代에 처음 登第해 이후 忠宣王·忠肅王代에 걸쳐 오랜 기간 권력의 자리에 있었던 채홍철이 宋의 詞樂을 擬仿해 이러한 詞를 지어 궁중의 宴樂에 쓰도록 했을 가능성은 충분히 있다. 물론 瓶窩의 기록 외에 攷據가 될 만한 文證이 더 이상은 없기에 이 역시 단정할 단계는 되지 못한다.

(3) 여타 기록에서의 작자 문제

《瓶窩先生文集》의 기록에서 문제가 되는 부분은 '鄭道傳 作 與民樂·洛陽春·步虛子·豊安曲·靖東方曲·倡義詞·鳳凰吟', '尹淮 作 致和平', '鄭麟趾 作 滿殿春·醉豊亭'의 기록이다. 조선 초기의 樂章·歌詞[49]에 대한 것이다.

---

46 위의 책, pp.161-163.
47 위의 책, pp.161-163.
48 위의 책, p.196.
49 樂章과 歌詞의 차이에 대해서는, 최정여, 〈樂章·歌詞攷〉, 《한국시가연구(백강서수생박사환갑기념논총)》, 형설출판사, 1981.

그런데 瓶窩 자신에 의한 조금 다른 기록이 《芝嶺錄》과 《樂學便考》에 있으므로 이들을 먼저 언급하기로 한다. 《芝嶺錄》 권6, '樂府' 聖代風樂 條에는,

· 鄭道傳 작 — 納氏歌 · 靖東方曲 · 與民樂
· 尹淮 작 — 滿殿春
· 李賢輔 작 — 漁父詞
· 未知其誰 작 — 新都歌 · 五倫歌 · 華山別曲 · 霜臺別曲 · 宴兄弟曲

의 기록이 있는데,50 이는 《樂學便考》에서의 기록과 완전히 일치한다. 《芝嶺錄》과 《樂學便考》의 두 기록에서 흥미로운 점은, 〈與民樂〉의 작자가 정도전으로, 〈滿殿春〉의 작자가 윤회로 기록된 점과, 작자가 밝혀진 〈新都歌〉(정도전 작), 〈華山別曲〉(卞季良 작), 〈霜臺別曲〉(權近 작)이 작자 미상으로 처리된 점이다. 이에 대한 필자의 견해를 개진하면 다음과 같다.

첫째, 〈與民樂〉의 작자가 정도전으로 기록된 것에 대한 견해이다. 흔히 〈與民樂〉과 〈龍飛御天歌〉를 동일시하기도 하지만, 〈與民樂〉은 上七章 下三章의 十章으로 구성된, 〈龍飛御天歌〉의 首章 · 二章 · 三章 · 四章 · 卒章의 한문 가사를 얹어 부르는 曲名이다.51 〈龍飛御天歌〉의 완성이 우여곡절 끝에 세종 29년(1447) 2월에 이루어졌지만, 그 始源이 이미 開國 초기 太祖 때에 있었을 가능성은 다분하다. 조선 개국의 功臣으로서 그 創業의 덕을 노래한 樂章을 여러 편 지었던 鄭道傳에 의해 한문으로 된 首章 · 二章 · 三章 · 四章 · 卒章의 초보적 형태가 이루어지고,

50 권영철, 《瓶窩 李衡祥 연구》, 한국연구원, 1978, pp.120-121 참조.
51 장사훈, 앞의 책, pp.75-79.

이것이 世宗代에 부연되었을 가능성이 짙다. 실제로《樂學便考》에는 '我朝俗樂章' 條에 "與民樂 鄭道傳 作"이라 하여 한문 가사가 실려 있고, 다시 '歌詞' 條에는 "龍飛御天歌 鄭麟趾 撰"의 125章의 한문 가사가 따로 수록되어 있는데[52] 이러한 가능성을 뒷받침해 주는 한 증좌가 될 것이다.

둘째, 〈滿殿春〉의 작자가 尹淮로 기록된 것에 대한 견해이다. 瓶窩 李衡祥이 언급한 이 〈滿殿春〉이, 별도로 전해져 왔다 하여 '別詞'라는 말이 붙은 "어름우희 댓닙자리 보와 〔…〕"의 고려속요 〈滿殿春〉이 아님이 확실하다. 그것은 尹淮에게 改撰을 명하여 이름을 〈鳳凰吟〉이라고 붙인, 世宗 때 使臣 慰宴에 연주되었고《世宗實錄》樂譜 권146에 전하는 "山河千里國에 佳氣鬱葱葱ᄒᆞ샷다 〔…〕"의 〈滿殿春〉을 말하는 것이다.[53] 그런데《樂學便考》에는 別詞인 고려속요 〈滿殿春〉의 가사를 '我朝俗樂章' 條에 "尹淮 撰"이라고 하여 수록하는 착오를 범하고 있기도 하다.

셋째, 작자가 밝혀진 〈新都歌〉(정도전 작), 〈華山別曲〉(卞季良 작), 〈霜臺別曲〉(權近 작)이《芝嶺錄》과《樂學便考》에 작자 미상으로 처리된 것에 대한 견해이다. 〈新都歌〉·〈華山別曲〉·〈霜臺別曲〉이 모두 작자 미상으로 처리된 것은 瓶窩 李衡祥이 참고한 原籍 자체에 이에 대한 작자 기록이 없기 때문인 듯하다.《樂學便考》의 대본이 된 것으로 "肅宗朝 당시 樂院에서 간행한 樂書"[54]를 권영철이 가정한 것에 대해, "《樂學便考》 중의 국문 표기 작품은《樂章歌詞》 중의 '歌詞上'에 수록된 작품들의 한

52 권영철 해제,《樂學便考》, 형설출판사, 1976, pp.356, 390-398.

53 자세한 논의는, 장사훈, 〈滿殿春 形式考〉, 국어국문학회 편,《고려가요연구》, 정음사, 1979.

54 권영철, 〈樂學便考 해제〉,《樂學便考》, 형설출판사, 1976, pp.22-25.

轉寫本일 따름이며, 이형상이 참고하였던 樂院所 간행의 樂書는 宗廟樂章도 포함·수록되어 간행된 俗樂歌詞集으로 仁祖朝에 樂院에서 刊布된 歌集, 즉《樂章歌詞》의 한 異本으로서 樂章이 필사·첨보되어 있지 않은 金智勇 교수 발굴의《俗樂歌詞》(京都大 河合文庫本)가 바로 그것일 것"[55]이라는 내용의 적절한 반론이 강전섭에 의해 제기되어 있는바, 바로《樂章歌詞》중의 '歌詞上' 소재의 〈新都歌〉·〈華山別曲〉·〈霜臺別曲〉에 작자 표기가 없었기 때문에, 이를 참고한 이형상의 기록이 이 같은 결과를 낳았으리라고 본다.

다시금《瓶窩先生文集》의 문제되는 기록으로 되돌아가 보자. 〈與民樂〉이 정도전 작으로 된 문제에 대해서는 그 가능성에 대한 필자의 견해가 제시되었고, 〈靖東方曲〉은 정도전 작이 분명하므로 옳다. 또한 〈步虛子〉·〈豊安曲〉·〈倡義詞〉·〈醉豊亨〉은 작자 미상인 상태이기에, 〈洛陽春〉도 문맥상 歐陽脩 작의 宋 詞가 아닌 조선 초기에 創業을 頌祝하기 위해 새로이 지어진 것이 혹시 있어 이를 지칭하는 것일 수도 있겠기에, 병와 이형상의 기록을 신뢰해 볼 가능성의 여지가 있다. 그런데,《瓶窩先生文集》의 이 기록에 대한 신뢰도를 크게 감소시켜 주는 것은, 정인지 작의 〈致和平〉은 윤회로, 윤회 개찬의 〈鳳凰吟〉 즉 〈滿殿春〉은 정도전 작, 정인지 작으로 각각 誤記하고 있는 점이다.

맺음말

이 글은 〈履霜曲〉이 蔡洪哲 作이라는 瓶窩 李衡祥의 기록을 논의의

55 강전섭, 〈필사본 樂學便考에 대한 管見〉,《장암지헌영선생고희기념논총》, 1980, p.248.

단서로 삼아 진행되었다. 〈이상곡〉의 곡조가 채홍철 작의 〈紫霞洞〉 곡조의 일부를 사용한 것임은 이미 밝혀졌지만, 곡뿐 아니라 가사까지도 채홍철이 지었을 가능성에 대해 추적해 본 것이 이 글의 所任이었다.

아직 단정 지을 단계는 물론 아니지만 만약 〈履霜曲〉이 채홍철 작이라고 할 때, 그 저작 시기는 유배 중이던 忠肅王 8년(1320) 겨울이 된다. 洪州 지방에서 머물 당시 자기를 미워해 쫓아낸 忠肅王에의 怨望과 자기를 총애하던 忠宣王에의 念慕를 교차시켜 일종의 '戀主之詞'로서 〈冬栢木〉과 함께 지은 것으로 볼 수 있겠다. 채홍철은 문장과 음악에 뛰어났고 특히 《高麗史》 樂志 俗樂 條에 개인 창작으로는 드물게 〈紫霞洞〉·〈冬栢木〉의 두 곡이 수록되어 있을 정도로 궁중음악에 영향을 끼친 인물이기에, 비록 〈이상곡〉이 《高麗史》 樂志 기록에서 탈락함으로써 이후의 문헌기록이 全無하고 오직 瓶窩의 기록만이 있을 뿐이긴 하지만, 〈이상곡〉 가사의 작자일 만한 개연성은 충분하다.

아울러 〈五冠山〉·〈金殿樂〉·〈淸平樂〉·〈水龍吟〉도 瓶窩는 채홍철 작으로 기록해 놓았는데, 〈金殿樂〉·〈淸平樂〉·〈水龍吟〉은 宋의 詞樂과는 그 가사가 완연히 달라 고려인의 所作일 가능성이 크기에 채홍철 소작설이 부정될 수 있는 것만은 아니다. 그러나 〈五冠山〉의 가사는 文忠의 작이 분명하여, 그것이 오랫동안 民謠로 유전되다가 후에 궁중의 俗樂으로 채용되면서 그 악곡의 개편·정비 과정에 혹 채홍철이 개입했을 가능성은 있겠으나, 그 이외의 가능성은 상정하기 어렵다.

그런데 《瓶窩先生文集》의 기록의 신뢰도를 감소시키는 것은 무엇보다도 〈致和平〉·〈鳳凰吟〉·〈滿殿春〉의 작자 기록이 잘못되어 있는 점이다. 바로 이런 문제점과, 또 瓶窩의 기록 이외에는 攷據할 만한 문헌이 달리 발견되지 않은 점이, 이 기록이 소중한 것임에도 불구하고 단정 지을 典據로서 작용 못하는 심각한 이유이다. 따라서 본고에서의 결론은 유보항에 놓인다.

그럼에도 이러한 논의가 무익하지 않았다고 여겨지는 것은, 워낙 고려속요의 生成·流轉·受容·定着의 과정을 밝혀 줄 문헌기록이 零星한 형편에서, 이러한 단편적인 기록이나마 집요하게 추적할 때에 비로소 그 제대로의 면모는 점차 명확한 윤곽을 드러낼 터이기 때문이다.

—《국어국문학》, 92호, 국어국문학회, 1984.

조선 후기 竹枝詞 연구

머리말

조선 후기에 竹枝詞는 거듭 지어져 하나의 역사적 장르로 성립되었다. 〈日東竹枝詞〉가 지어진 것으로부터 〈海東竹枝詞〉에 이르기까지의 기간은 우리의 역사가 치열한 自己更新과 挫折을 겪어 낸 격동의 기간이었다. 자체의 역량으로 近代化를 수행키 위한 개혁의 움직임과 反動的 體制溫存이 공존하면서 이 두 상이한 志向은 완강히 拮抗하고 있었다.

조선 후기 문학에서의 뚜렷한 변모, 이른바 近代意識의 성장이 문학에 나타나고 있다는 사실을 기쁘게 받아들이면서 이 시기의 문학에 대한 접근 시각은 대체로 고정되었다. 이 글에서는 조선 후기에 거듭 지어진 竹枝詞를 고찰의 대상으로 삼되, 시각의 다원성을 유지하도록 유념하였다. 단순히 素材史에 머물지 않고 소재가 장르를 결정 짓게 되는 모습과 장르적 특징의 변모의 모습을 살핌으로써, 문학 담당층이 대변한 이 시기의 精神史의 줄기까지도 밝혀낼 수 있을 것이다.

죽지사는 漢詩史 상의 큰 전환이라 할 '朝鮮風'·'朝鮮詩'에의 자각과 관련된다. 만주족에 의한 淸의 건국과 임병양란의 충격으로 인한 동아시아적 보편주의의 균열, 주자학적 세계관·가치관이 발휘했던 응집력의 이완, 基層社會의 역사적 역량의 현저한 증대 등과 같은 변화의 기류를 타고, 17세기 후반의 심각한 만네리즘의 타개라는 절실한 詩史的 요구의 충동이 구체화된 것이 이른바 '朝鮮風'·'朝鮮詩'에의 자각인데,[1] 죽지사는 그 한 내용을 차지한다. 그러나, 거듭 여러 사람에 의해 지어지면서 죽지사가 늘 동일한 世界像을 유지했다고는 볼 수 없다. 먼저 죽지사 개별 작품을 통관하면서, 드러나는 세계상과 작가의식을 살피기로 한다. 그 전통은 두 줄기로 나누어 파악해 보았다. 이로부터 얻어진 이해를 바탕으로 죽지사의 장르적 의의 및 한계를 다루기로 한다. 죽지사의 개념은 장르적 특징과의 관련을 고려해 이 부분에서 상론된다.

1. 삶의 現場性과 '風人之旨'

죽지사는 "民間土俗의 자잘한 일들(土俗瑣事)을 읊은 七言絶句의 聯作詩"로 정의될 수 있다.[2] 그런데 다만 민간의 풍물들, 혹은 民衆의 일상적 삶의 조각조각을 객관적으로 紀事하는 데 그치는가? 죽지사라는 장

1 이동환, 〈조선 후기 한시에 있어서 民謠趣向의 대두〉, 《한국한문학연구》, 3·4합집, 한국한문학회, 1979, pp.34-36.

2 男女相思之情을 읊은 七言絶句도 흔히 '죽지사'로 題해졌다. 이 글에서는 조선 후기에 거듭 나타난 '土俗瑣事를 읊은 七言絶句의 聯作詩'로서의 죽지사에 논의를 한정한다. 죽지사의 장르 문제에 대해서는 2장에서 상론된다.

르 자체가 "시인의 자의식을 민요적 집단정서 속에서 용해시키지도 못하게 하고, 현실에 대한 철저한 인식으로 발전시키지도 못하게"[3] 하는가 하는 것이 논의를 촉구하는 쟁점이다. 만약 이상의 물음에 뚜렷한 반론이 제기될 수 없다면, 변화하는 조선 후기의 歷史的 召命에 죽지사는 아무런 몫도 수행하지 못하는 것이 될 터이기 때문이다.

> 전에 보여 주신 〈金官竹枝詞〉 6장은 말은 친근하면서도 興은 심원해, 깊이 '風人의 旨趣(風人之旨)'을 얻었다고 하겠소. 다만 뜻을 세움이 너무 곧고 바르며, 글귀를 다듬는 것이 너무 정제되어서, '竹枝의 신묘한 이치(神理)'를 缺한 듯하오. 대개 죽지사는 唐의 劉禹錫에서 시작됐으니 유우석이 夜郎(지금의 貴州省 石阡縣 西南 — 필자 주)에 유배 갔을 때 풍속이 매우 비루하여 巫鬼를 즐겨 섬기며 매양 祭祀 때 '竹枝'를 노래 부르며 管絃에 올리니, 그 소리에 의지해 〈죽지사〉를 지었소. 그 후 계속 이를 계승한 것이 끝이 없었으되 모두 '애처로워 기릴 만한 뜻(悽斷可念之意)'를 잃지 않았으니, 그렇지 않다면 죽지사라 할 수 없겠소. 가령 물을 隔하여 神에게 제사 지낼 때 쇠북과 篥(竹管악기 — 필자 주)을 슬피 울려 때마다 한 번씩 들었다면, 듣지 못했을 때라도 일찍이 神이 아득히 降臨하리니, 이런 것을 바로 죽지의 신묘한 이치라고 하는 것이오. 尤侗의 〈外國竹枝詞〉 같은 것에 이르러서는 오직 사실을 서술하기만을 취하고 음절에 합하는 것만을 바라니 이는 당치 않다 하겠소.[4]

---

3 심경호, 〈海東樂府體 연구〉, 서울대학교 석사학위논문, p.29.

4 李學逵, 《洛下生藁》(日本 天理大圖書館 소장본), 冊5, 因樹屋集(1815), 簡牘 3 : 向示金官竹枝詞六章, 言近興遠, 深得風人之旨. 但立意太正經, 鍊句太齊整, 殊欠竹枝神理. 蓋此詞, 始於唐劉賓客禹錫, 禹錫謫夜郎, 風俗陋甚, 喜祀巫鬼, 每祀歌竹枝, 被之鼓吹, 卽倚其聲, 爲竹枝詞. 後來繼起嗣響者, 何限, 而擧不失一段悽斷可念之意, 不爾不謂之竹枝也. 假如隔水祀神, 銅鼓悲篥, 時時一聞, 縱不聞時, 未嘗不神往眇眇, 此之謂竹枝神理也. 至如尤展成外國竹枝詞, 惟取叙實, 冀合音節, 則似不當.

이는 洛下生 李學逵(1770-1834)의 편지 가운데 한 부분이다. 이 글은 죽지사의 규범에 대한 핵심적인 몇 가지 단서를 시사해 준다. 친근한 표현을 쓰되 심원한 감동을 거둬 '風人의 旨趣(風人之旨)'[5]가 담겨 있어야 한다. 너무 곧고 바른 立意와 정제된 鍊句는 오히려 참다운 효능을 떨어뜨린다. '애처로워 기릴 만한 뜻(悽斷可念之意)'을 통해 완벽한 감동을 이끌어내는 것이 필요하다. 단순히 사실을 서술하고 음절에 합하는 데에만 머무른다면 이는 죽지사의 본령에 어긋난다.

종합컨대 죽지사에 요구되는 규범은, 土俗瑣事를 친근한 표현을 통해 나타내되, 그것이 단순한 사실의 기록에 머물지 않고 '悽斷可念之意'를 지녀, 좀더 절실한 감동을 거둘 수 있는 '風人之旨'를 획득해야 한다는 것이다.

李學逵는 조선 후기 소외된 지식층의 한 典型이라고 할 만한 인물이다. 탁월한 文才로 일찍부터 正祖의 知遇를 입었으면서도 바로 그러한 재능과 南人系라는 출신가계 때문에 정치 세계의 희생물이 되었다. 辛酉邪獄(1801) 때 도당으로 지목돼 丁若鏞(1762-1836) 등과 마찬가지로 유배되어 24년이라는 긴 세월을 유배지에서 보낸 불우한 인물이었다. 처음에는 綾州(지금의 전라남도 和順)로 유배되었다가 곧 黃嗣永사건으로 인해 재차 압송되어 국문을 받고는 金官(지금의 경상남도 金海)으로 유배지가 변경되어 그곳에서 24년을 보냈다.[6] 〈금관죽지사〉 20수는 이 유배생활 중인 1808년에 지은 것이다.[7]

---

5 이 경우의 風人은 《詩經》 國風에서 그 어원이 비롯되어 詩人의 典範으로 상정된, "上以風化下, 下以風刺上, 主文而譎諫, 言之者無罪, 聞之者足以戒, 故曰風"(《毛詩》 大序)의 풀이에서 나타나는 바와 같이, 風化(=敎化)와 風刺(=諷刺)를 수행하는 존재로서의 風人을 가리키는 것이라 하겠다.

6 백원철, 〈洛下生 李學逵의 생애와 문학〉, 《한국한문학연구》, 6, 한국한문학회, 1982, pp.99-107.

金官簾子竹絲縷	金官의 발은 대로 곱게 짠 것인데
借問京華有此不	묻노니 서울에도 이런 게 있습디까?
四面鉤欄恰施設	네 귀퉁이 난간에 둘러치면
內東軒上淡如秋	內東軒은 가을처럼 서늘할 것을. 〈其4〉

題材로 취해진 것은 대쪽으로 발을 만드는 金海의 풍속인데, 시에는 단순한 風物紀事만이 아니라 世態에 대한 풍자가 담겨 있다. 文面 뒤에는 官의 수탈과 民의 핍박이라는 조선 후기 사회의 부정적 정황이 깔려 있다.

> 이 고장에서는 수놓은 발이 만들어지는데, 6-7년 사이에 풍속이 더욱 공교해져서 대쪽 자르기를 고슴도치 털처럼 가늘게 하고 물감 들이기도 아주 곱게 하여, 몹시 가늘고 보드라운 실을 써서 여러 가지 꽃무늬를 짠다. 성안 사람들은 세 칸짜리 좁은 집에 살건만 다 치우고 발을 쳐서 가리니, 시원하고 신선하여 특별한 흥취가 있다. 내가 전에 〈금관죽지사〉 30여 장을 지었는데 그 가운데 "金官簾子竹絲縷, 借問京華有此不, 四面鉤欄恰施設, 內東軒上淡如秋"라 했었다. 內東軒은 관아의 본채를 말한다. 그러나 관에 바치는 것은 모두 거칠고 성근 것뿐이고 수놓은 것은 없다. 胥吏들이 수놓은 것에 대해선 감추곤 말하지 않는데, 그것은 수령이 알고 나면 후에 갖은 폐가 미칠 것을 걱정해서이다.[8]

7 천리대본 전10책《낙하생고》에는 1802-1811년의 저술이 빠져 있다. 백원철 선생이 이 기간의 저술까지 포함된 완질을 찾아냈는데 본고에서 다룬 〈금관죽지사〉 자료는 백원철 선생이 제공해 주신 것이다. 厚意에 감사드린다.

8 이학규,《낙하생고》, 冊5, 簡牘 10 : 此鄕出織紋簾子, 六七年間, 俗尙愉巧, 削竹僅如豪豬毛, 染色悉亦輕嫖, 用極細絨線, 織成各種花樣. 城裏之人, 苟有三間蝸室, 動消一張遮掩, 湛然虛凉, 別有奇趣. 僕嘗作金官竹枝詞三十餘章, 有曰, 金官簾子竹絲縷, 借問京華有此不, 四面鉤欄恰施設, 內東軒上淡如秋. 內東軒指府堂也. 然, 府堂所供, 悉犅疎無織紋, 胥屬諱言織紋, 惟恐官長知之, 日後貽弊至多也.

民과 胥吏는 다 같이 지배받는 존재이고, 수령은 지배하는 존재이다. 그런데 民은 대부분 세 칸짜리 좁은 집에 살면서도 정작 上品의 발을 둘러치건만, 수령이 알면 징수의 폐가 있을까 두려워 아예 거친 것만을 바친다. 따라서 强者의 우위에 의한 弱者와의 대립은 실상은 강자의 우매한 손해와 약자의 得意然으로 뒤바뀌게 된다. “네 귀퉁이 난간에 둘러치면 내동헌은 가을처럼 서늘할 것을.” 시인은 歪曲을 표현 무기로 씀으로써 逆轉을 통해 진실을 드러낸다.

이학규는 전체적으로 많은 紀俗詩를 남기고 있다.[9] 삶의 구체적인 현장에서 취재한 소재들은 이학규의 뛰어난 형상화에 힘입어 생동감을 얻게 된다. 그의 형상화의 妙訣은 서정적 자아가 민중적 집단정서에 깊이 浸潤함으로써 이미 보편적 공감대를 확보한 데에 있다. 方言을 대거 詩語化한 표현,[10] 민중의 여러 다양한 群像들을 등장시키는 제재 선택이 그 표징적 증거가 된다.

伽倻琴伎市東塵	가야금 구경거리 저자에서 벌어지니
若箇旨師指法神	저 樂師를 가리켜 法神이라고들 하네.
合奏花郞小腰鼓	화랭이 장구소리에 한데 어울려
靈山一拍愁思人	靈山調 한 곡조 심금을 울려 주네. 〈其3〉

(原註 : “俗呼巫之壻爲花郞”, “今俗搊彈有靈山調”)

大巫結束似男童	大巫의 옷 졸라맨 꼴은 사내아이 같은데

9 이학규의 시세계는 심경호에 의해 깊이 있게 다루어졌다. 심경호는 이학규에게 있어서 서정자아의 변모를 ‘고립 = 사물화 → 사물화에의 저항 = 자율성 확보 → 자율성 포기 → 정치성 획득 = 집단자아에의 동화 → 실패’의 순차로 파악했다(심경호, 〈서정자아의 근대적 변모와 그 한계 — 낙하생 이학규의 한시를 중심으로〉, 《한국학보》, 25, 일지사, 1981).

10 백원철, 앞의 논문, pp.134-135.

小褎長裾不肯紅	짧은 소매 긴 옷자락에 붉은 빛 아른대네.
腰鼓銅鉦合徐奏	장구소리, 징소리 천천히 울리고
第三席次大丁東	저쪽에선 한바탕 방울소리 요란하네. 〈其24〉

先農壇上雨雲濃	先農壇 위로는 먹장구름 자욱한데
木刻畊牛雙畵龍	木刻한 소, 雙龍 그림 앞세우고서
粉面兒郎倒騎好	분칠한 아이는 물구나무 잘도 서
斜陽鼓吹過南峰	저녁 무렵 풍악 울리며 南峰을 지나간다. 〈其26〉

上廳行首老銅釵	上廳 行首기생의 낡은 구리 비녀
撇却皮鞵蹋草鞵	떨어져 버린 가죽 唐鞵 대신 짚신을 신고,
但願季來作村意	소원은 오직 "철 지나면 마을사람 뜻에 맞춰서
煮茶漉酒過生涯	차 끓이고 술 거르며 여생을 보내고저." 〈其29〉

무당·사당패·풍각장이·굿중패·歌妓·官屬妓生 등 가장 낮은 신분의 民衆 群像이 제재로 등장한다. 그런데 서정적 자아는 그 군상들과의 객관적 거리를 허용하지 않고 있다. 每首에서 그들의 모습은 애잔한 이학규의 감상의 포용 속에 용해되어 들어온다. 시장·魚市·투전판·風神祭·祈雨祭·神農祭 등등 모든 소재는 이렇게 해서 생동감을 획득한다.

山有花傳嶺外歌	산유화 노랫소리 嶺 넘어 불려지니
遺音不斷洛東波	그 소리 낙동강 물결 따라 끊이지 않네.
鴉頭十五唱歌女	나이는 열다섯, 노래 부르는 少女여.
月落楓江愁奈何	달 지는 단풍 든 강가에서 근심을 어이할꼬. 〈其2〉

〈산유화〉 노랫가락과 낙동강 물결과 어린 少女의 근심이 어울림으로 해서 이 한 수는 애처로운 정조에 휩싸여 있다. 특히 〈산유화곡〉은 이학

규에게 있어 憂愁를 환기·심화시켜 주는 절실한 모티프다.

> 〈산유화〉는 낙동강 어느 마을 낭자의 작이다. 옛날에 한 낭자가 시어머니와 남편에게 핍박받아 물에 빠져 죽으니 마을 사람들이 그를 슬퍼해 물가에 나아가면 한결같이 그 노래를 불렀다. 가사는 일정치가 않은데 사무치게 애처로웠다. 지금 남쪽 士女들이 늘 바람결에 달을 대해 슬피 노래하면 그 소리는 나무수풀을 떨게 한다. 辛酉年 여름에 내가 綾城府에 귀양 와 있을 때 저녁에 비는 내리는데 어디선가 이 노래가 들려오매 슬픈 감회가 치밀어 올랐다. 그 뜻을 풀어 五言律詩로 읊어 伯津(사촌 李明逵의 號)에게 준다. 무릇 4章이다.[11]

이 밖에 이학규는 〈嶺南樂府〉에도 '산유화'를 제재로 한 편의 시를 싣고 있다. 香娘이라는 여인이 포악한 남편과 시어머니에게 핍박받고 오갈 데 없어 끝내는 〈산유화〉란 민요에 슬픈 가사를 얹어 부르고 낙동강에 빠져 죽었다는 것이 〈산유화곡〉에 얽힌 배경 전설인데, 아마도 동일한 모티프의 수용으로선 그 유례를 찾기 어려울 정도로, 많은 사대부 문인들에게서 이 이야기는 詩化되거나 기록·소설화되었다.[12] 그런 만큼, 이야기와 가사와 노래가 하나의 構造體를 이룬 香娘 모티프는 더할

11 이학규,《낙하생고》, 冊1, 竹樹集(1801),〈夜聞隣人唱山有花有懷寄伯律〉: 山有花, 爲洛東里娘作也. 昔有里娘, 因不見答於姑夫, 投江水而死, 里人哀之, 出水濱, 聯袂踏歌. 其詞不一, 纏綿悽惻. 今南土士女, 每臨風對月, 抵節哀吟, 聲振林樾. 辛酉夏, 餘在綾城府, 雨夕, 聞隣人歌此詞, 愴然興懷, 述其意, 賦五律, 寄伯律, 凡四章.

12 김기동,〈향랑전(三韓拾遺)의 연구〉,《국어국문학》, 25, 국어국문학회, 1962 ; 이가원,〈산유화소고〉,《아세아연구》, 18, 고려대학교 아세아문제연구소, 1964 ; 이동환,〈조선 후기 한시에 있어서 民謠趣向의 대두〉,《한국한문학연구》, 3·4합집, 한국한문학회, 1979, pp.43-46 ; 박옥빈,〈향랑고사의 문학적 연변〉, 성균관대학교 석사학위논문, 1982 ; 김영숙,〈산유화가의 양상과 변모〉,《민족문화논총》, 2·3합집, 영남대학교 민족문화연구원, 1982.

나위 없는 공감의 보편율로 성립된다. 폐쇄적인 사회구조―가족제도의 희생물이라고 볼 수 있는 향랑은 핍박받는 가장 비극적인 인물로서의 典型으로 되었고, 민중적 집단정서의 한 표상으로 되었다. 간혹 사대부에게 보이는바, 儒教的 德目으로 향랑을 해석·粉飾하는 식의 접근이 아니라, 이학규에게 향랑 모티프가 보다 절실할 수 있는 것은, 그 자신의 불우낙척한 체험을 통해서 얻어진 민중적 집단정서에의 침윤 때문이다.

이학규는 죽지사의 규범으로서, 친근한 표현으로 심원한 감동을 거둬 '風人之旨'를 획득해야 된다고 했다. 그러기 위해서는 '悽斷可念之意'가 담겨 있어야 한다고 했는데, 바로 이 '悽斷可念之意'를 민중적 집단정서에의 침윤을 통해 이학규는 바르게 나타낼 수 있었다.

丁若鏞이 연작 사언시 〈田間紀事〉(1809년 작)를 보내 준 데 대한 응답의 성격을 지닌 〈己庚紀事〉(1809-1810년 작)를 지을 당시의 이학규의 辯에서 보면, 정약용의 시가 획득한, 그리고 이학규가 강조한 '風人之旨'의 성격이 다시금 드러난다.

> 籜翁 당신은 오늘의 詞伯이오. 시에 '風人之旨'가 있소. 杜甫가 늙고 머물 집이 없게 된 후에도 이런 작품이 없었으니 때문에 그 시를 내게 보내 주셨구려. 내 생각에 己巳年(1809)의 가뭄은 호남이나 영남이 같은데, 택옹 당신은 불우낙척한 속에서도 오히려 그 저술이 뛰어나 남들로 하여금 생각케 하고, 느끼게 하고, 懲創할 만큼 성과가 있으니, 當代의 州縣의 수령들로 하여금 각기 하나씩 베껴 귀감 삼게 한다면 이 백성들의 삶이 거의 좀 나아질 것이오. 내 있는 곳을 돌아보아도 嶺外는 天菑와 民瘼이 대개 그곳과 같다고 여겨지는데, 다만 마음을 볶으며 탄식만을 하고 뜻을 가지고도 입을 다물어 天菑와 民瘼의 놀랍고 슬프며 각각 懲創할 수 있는 것이 모두 감추어져 전하지 못한다면 이는 可惜한 일이겠소.[13]

정약용과 이학규의 교류는 각기 영남과 호남으로 갈려진 配所에서 서신을 통해 지속되었는데, 비슷한 삶의 궤적을 밟은 두 소외된 지식인이 민중과 아픔을 함께 나누는, 그리하여 그것을 문학으로 형상화시켜 나아가는, 그 형상화에 '風人之旨'를 규범으로 삼는 저간의 모습이 명료하다.[14]

〈田間紀事〉에 비하면 〈耽津樂府〉[15](1802년 작)는 그 긴박감에 있어 훨씬 못 미치지만, 열화와 같은 감정의 노출에서보다 오히려 시골마을의 일상적 삶의 파노라마 속에서 감동은 더 밀도 있게 거두어질 수 있다. 두 수만을 예로 든다.

陂澤漫漫不養魚	연못은 드넓어도 고기 하나 안 기르니
兒童愼莫種芙蕖	아이들도 삼가서 연꽃일랑 심지 마라.
豈惟蓮子輸官裡	蓮實 열리면 관가에 바칠 뿐만 아니라
兼怕官人暇日漁	官人들 일 없는 날 낚시할까 두렵구나.

〈耽津農歌 其8〉[16]

---

13 이학규,《낙하생고》, 冊3, 匏花屋集(1812),〈己庚紀事集序〉: 籜翁, 今之詞伯也. 詩有風人之旨. 老杜垂老, 無家之後, 無此作也, 仍以其詩付余. 余惟己巳之旱, 湖嶺惟均, 而籜翁於憂癲鬱悒之中, 猶其著述卓卓, 可以思, 可以興, 可以懲創, 而有爲, 使當世之莅州縣者, 各鈔一本, 用爲龜鑑, 則斯民其庶幾矣. 顧余所處止, 亦惟嶺外, 則天菑民瘼, 蓋略同焉, 獨擣心永嘆, 齎志泯默, 使天菑民瘼, 可警可怵可勸可懲者, 悉泯而不傳, 爲可惜也.

14 정약용의 문학론에 대해서는, 김흥규,〈다산의 시의식과 시경론〉,《민족문화연구》, 14, 고려대학교 민족문화연구원, 1979, pp.4-11.

15 〈탐진어가〉 10수,〈탐진촌요〉 20수,〈탐진농가〉 8수를 합하여 칭한 것으로 당대에 이미 쓰여 왔다. 정약용,《여유당전서》, 권1,〈寄二兒〉(경인문화사 영인본, p.441) : 耽津樂府, 汝何爲讚譽如是耶. 父子之間無讚譽 ; 이학규,〈嶺南樂府〉(규장각본), 序 : 向見苜上丁籜翁, 流寓湖南六七年, 作爲耽津樂府十數章.

16 정약용,《여유당전서》, 권1, pp.74-75. 번역은 송재소 번역본(《다산시선》, 창작과비평사, 1981)을 참조, 가필한 것이다.

荊棘何年一路開	가시밭에 길 하나가 어느 해에 생겼을까.
黃茅苦竹似珠雷	누런 잔디 참대는 꽃처럼 아름답다.
刑房小吏傳呼及	刑房의 衙前들 급히 부르며 떠드니
知是京城謫客來	서울서 또 한 사람 귀양 온 걸 알겠구나.

〈耽津村謠 其12〉[17]

앞의 시에는 官과 民의 대립이 民의 모습을 취한 서정적 자아의 逆說에 힘입어 날카롭게 드러나 있다. '드넓은 연못 속의 연꽃과 그 속에 뛰어노는 고기'의 평화로운 농촌 이미지와, 官의 수탈과 官人들의 傲遊가 두렵고 미워 고기도 기르지 않고 연꽃도 심지 않는 농촌의 현장과 정신의 황폐함은 엄청난 거리를 지니면서 대조되어 逆說의 효과를 고양시킨다. 뒤의 시는 丁若鏞 자신의 모습이 투영된 시니시즘(Cynicism)이다. '귀양 오는 선비의 모습'과 '刑房 衙前들의 수선스러움', '아름다운 黃茅·苦竹'과 '荊棘'은 대립과 重喩를 거쳐 결국은 서정적 자아의 소외에로 되돌아온다.

〈耽津樂府〉는 짙은 서정성을 동반하는 객관적 배경물과 그 가운데에서 포착되는 인간사의 자잘한 삽화들이 함께 배치되어 있다. 때로는 서정적 자아가 그 民의 모습을 띠기도 하고 觀照者가 되기도 하지만, 그 삶의 터전에 소속되어 체험한 사실들인 까닭에 어느덧 보편적 공감을 확보하게 된다. 〈田間紀事〉에서 보여 주는 것 같은 통렬함은 아직 체험·刻印되기 이전이므로 나타나지 않지만 오히려 '風人之旨'는 획득되었다. 〈탐진악부〉를 본 당시의 서울의 사대부들이 "기이한 재주를 가졌다. 그 기이한 재주가 상서롭지 못한 걸 쓰는 원인이다. 입에 담기 마땅치 않다"[18]고 비난한 이유

---

17 위의 책.

18 이학규, 〈영남악부〉, 서 : 流傳京賢薦紳家, 或訾之曰, 是誠有異才. 有異才所以爲不

가 거기 있다.

이학규와 정약용의 竹枝詞는 동일한 含意를 갖는다. 봉건반동과 개혁의 상이한 지향이 완강히 맞물린 조선 후기의 역사적 상황 속에 '士'의 규범적 가치관으로 볼 때 '眞空에 뜬 존재'가 되어 버린 소외된 지식인의 典型으로서, 그들의 서정적 자아는 動搖를 경험하게 된다. 서정적 자아가 표현되는 것은 세계 속에서의 객체화, 즉 가치 있는 대상의 확보와 문학적 장르의 媒介라는 二重의 객관물을 통한 것이다. 그런데 그것이 용이하지 못할 때, 시인은 관습적 장르에 기대거나 또는 새로운 문학을 실험하는 수밖에 없다. 바로 이러한 지점에서 제출되는 것이 竹枝詞의 受容이다. 죽지사는 물론 관습적 장르이지만 한편으론 새로운 문학일 수도 있다. 土俗瑣事를 읊음으로써 당대의 지평 속에서 의미 있는 대상을 포착하고, 다양한 삶의 부분들을 聯作의 형태를 취함으로써 유기적으로 연결하여, 전체의 관계망을 형상화할 수 있기 때문이다. 게다가 민중적 집단정서에의 침윤을 통해 '風人之旨'의 획득까지를 성취할 수 있을 때 죽지사는 삶의 새로운 국면을 그려내는 우월한 서정장르로서 위치를 확보할 수 있을 것이다. 그러나 문학사에서 그것은 충분히 실현되지 못하였다. 시간적 계기로써 설명되기보다는, 죽지사 장르를 공유했으되 상이한 작가의식을 보여 준 경우로써 이는 설명될 수 있다. 申緯翰·申光洙·趙秀三의 경우를 보자.

詳. 不當泚之牙頰也.

2. 삶의 周邊性과 無定向

石北 申光洙(1712-1775)의 〈關西樂府〉(1774년 작, 〈關西竹枝詞〉[19]란 명칭으로도 불렸다)는 平壤을 중심으로 한 관서 지방의 繁華駘宕한 官邊風情을 읊은 것이다. 평양감사로 부임하는 蔡濟恭(1720-1799)에게 餞別詩로 준 것인 만큼 평양감사의 일상사가 줄거리를 이루게 되고, 따라서 이학규·정약용의 죽지사와는 판이한 世界像과 作家意識을 보여 준다.

虯髯客是蓋蘇文	虯髯客이라 불린 연개소문이
句引東來大國軍	대국의 군사를 동쪽으로 꾀어들였네.
留與高麗學士話	이 일이 고려 때 학사님께 전해져
玄花白羽笑唐君	'玄花白羽'란 구절로 唐 太宗을 비웃었네. 〈其22〉
布政門前浿水淸	布政門 앞 대동강물 맑고 깨끗해
政如淸水使家聲	政事도 그 물처럼 맑다고들 한다.
于今道內淸無事	지금에 道內는 맑아 일이 없으니
銀貨盆紬莫近營	銀貨와 비단동이는 감영에 얼씬 마라. 〈其33〉
京上歌兒進宴時	서울의 노랫기생 進宴 드릴 때
主人皆是狹斜兒	주인들은 모두 다 한량들이라.
唐衣盡佩珊瑚穗	唐制 옷에 빨간 珊瑚가지를 차고
西路身裝値萬金[20]	평양길 몸치장에 만금이나 들었다네. 〈其42〉

---

19 이덕무, 《청장관전서》, 권34, 〈淸脾錄〉, 3 : 申寧越光洙號石北, 少以詩歌, 擅名場屋, 嘗作關西竹枝詞一百八首, 極其繁華駘宕之狀.

20 신광수, 《석북집》(규장각본), 권10, 〈관서악부〉. 번역은 신석초 역을 참조, 가필하였다(《石北詩選·紫霞詩選》, 대양서적, 1978).

스스로 자임한 것[21]처럼 〈關西樂府〉 108수에 담겨진 제재는 퍽 다양하다. 그러나 가치 지향의 면에서 볼 때 제재들이 주목에 값할 만큼의 세계상을 구성하고 있지는 못하다. 예시한 세 수는 108수 전부를 거론할 수 없다는 한계 때문에 부득이 가려낸 것은 아니며, 오히려 이 세 수만으로도 〈관서악부〉가 드러내는 세계상의 전모는 충분히 파악된다.

〈關西伯四時行樂詞〉라고 부를 수도 있으리라고 스스로 그 성격을 규정한 바와 같이, 평양감사를 중심으로 벌어지는 行樂의 風情이 전편에 걸쳐 중점적으로 묘사된다. 42수 하나만을 예거하였지만, 그 염미·질탕한 情調의 범람은 唯美的·頹廢的 세계상을 형성하는 데에까지 이른다. 33수에서처럼, 태평과 안녕으로 충만한, 일체의 갈등이나 대립도 보이지 않는 조화로운 세계가 〈관서악부〉의 근거이자 규범이다. 때로 史蹟趾와 관련된 說話의 세계가 受容되기도 하지만, 거기엔 치열한 역사의식도 현실감각도 담겨 있지 못하다. 조화로운 세계의 터전 위에서 단지 추억의 대상으로 떠오르는 歷史는 풍화된 古蹟처럼 존재한다. 22수는(野史이든 說話化된 것이든간에) 歷史를 제재로 한 몇 안 되는 것 중의 한 편이고, 그 가운데에서도 비교적 意識의 치열함이 강조된 것으로 여겨져 예거했다. 그러나 역사의식은 매우 흐릿한 자취로 존재할 뿐이다. 외세와의 거친 투쟁의 역사적 사실은 구체적 현실체험의 정서로 이월되어 받아들여지는 것이 아니라, 安市城 싸움에서 楊萬春의 화살에 맞아 눈을 잃었던 唐 太宗을 비웃어 "그대는 아는가. 눈이 화살에 떨어진 것을"(那知玄花落白羽)이라 읊은 牧隱 李穡의 시구를 인용하는 것에 머문다.

---

21 위의 책, 〈관서악부〉, 서 : 凡西都之形勝謠俗, 歷代興替, 忠孝節俠, 神仙寺刹, 邊塞軍旅, 樓臺船舫, 以至女樂游衍之事, 靡不備述.

〈관서악부〉가 耽美的 抒情의 충만함[22]에 머물고, 보다 현실적 문맥을 획득하는 데에까지 이를 수 없었던 것은 어째서일까? 申光洙는 管絃歌詞에 올라 靑樓에서 크게 유행되었던 〈關山戎馬〉로 더욱 유명하다. 科文에 뛰어난 것으로 명성이 있었으나 번번이 科擧에 실패하다가 50세에 겨우 寧陵參奉을 제수받고, 61세에야 耆老科에서의 장원급제를 통해 비로소 중앙 관직에 나아갈 정도로 박한 관운을 겪었다. 그는 이학규·정약용과는 같은 南人系로서, 仁祖反正(1623)과 庚申大黜陟(1680)에 의해 실권·몰락한 소외된 지식인의 한 사람이었다. 정약용의 부친 丁載遠과도 왕래가 있었고 이학규의 외조부인 李用休(1708-1782), 외삼촌인 李家煥(1742-1801)과도 교유가 있었다. 그러나 생애 자체도 그러하지만, 詩人意識 역시 이학규·정약용과는 완연히 다르다. 끊임없이 宦路를 동경·지향했으며, 정채하고 섬세한 文章家로서 자족했다. 그에게 있어 민중의 삶은 단지 '守分'을 당위로 하는 화해로움의 터전 위에서 포착된다. 대표적인 작품인 五言古詩 〈臘月九日行〉 같은 경우[23] 벌열층의 사치와 피지배층의 乞食凍死가 대조되지만 날카로운 비판으로 심화되기는커녕 "나를 너희들에 비하여 보니, 그래도 몸이 편한 것임을 새삼 느낀다(持我今比汝, 又覺體曠逸)"는 식의 自己省察에 그치고 만다.

신광수는 조선 후기 문학계의 두 조류인 實學派와 古文派의 중간적 위치에 놓인 인물이라는 평가가 있지만,[24] 意識志向에 있어서도 중간적이었다. 이학규·정약용처럼 소외된 지식인이긴 했으나, 끊임없이 기존 질서에의 追隨를 念慕한 주변인으로 존재한 채 비판적 지식인이 될 수 없었던 신광수의 입장은 〈관서악부〉에 반영되었다. 宮中瑣事를

22 이가원, 〈석북문학연구〉, 《동방학지》, 4, 연세대학교 동방학연구소, 1958, pp.32-38.
23 이경수, 〈석북시연구〉, 서울대학교 석사학위논문, 1978, pp.54-60.
24 이가원, 《韓國名人小傳》, 일지사, 1975, p.88.

읊는 데 사용되어 온 화려하고 섬세한 "宮詞體를 본떠 짓는다"[25] 하고 "가다가 섬세한 말이 閭巷間의 俚俗에 섞여 거의 風雅가 없고 경박한 가락을 면치 못한 것도 같다"[26]는 우려를 스스로 표명한 데에서 작가의 意識은 이미 예견되었다.

신광수와는 여러 모로 다른 삶의 궤적을 그렸던, 그러나 기존의 체제를 追隨했으면서도 결국은 도태되어 극도의 고독 속에 함몰되었던, 소외된 지식인의 또 다른 전형으로서 靑泉 申維翰(1681-1752)이 있다. 이 글에서 다룰 죽지사 가운데 가장 이른 시기에 지어진 〈日東竹枝詞〉가 그의 작인데, 1747년 그의 나이 67세 때에 지은 것이다. 당시 大司成으로 있던 洪啓禧(1703-1771)를 正使로 해 일본에 사절단이 파견될 때 通信副使에 임명된 承旨 南泰耆(1699-1763)가 신유한에게 紀行詩를 청하고 이에 응해 지어 준 것이 〈일동죽지사〉 34수이다. 신유한이 製述官 겸 典翰의 직함을 띠고 사절단의 일원으로 일본에 갔던 것이 1719-1720년의 일이므로 이미 그로부터 30년이 지난 후의 回顧에 의해 이루어진 것이다. 신유한이 관직생활을 한 것은 1717년부터 1734년까지인데, 그는 이 시기에 국내외적으로 文名을 날렸음에도 불구하고 庶孼이라는 이유 때문에 관직은 보잘것없어 기껏해야 從四品인 奉常寺 僉正에 머물렀다.[27] 관직을 청산하고 은거에 들어간 1735년부터 많은 저작을 남기고는 있는데, 그 문학세계는 '현실에 대한 체념과 비관', '自然과의 和合의 추구'로 특징지어지며, 특히 伽倻山으로 寓居地를 옮겨서는 '伽倻樵叟'

25 신광수, 《석북집》, 권10, 〈관서악부〉, 서 : 遂依王建宮詞體, 蘸藥汁戲筆, 作關西樂府.

26 위의 글 : 而往往纖微之語, 雜以閭巷俚俗, 幾於風雅掃也. 恐不免輕薄之誚.

27 속설과는 달리 서얼이 아닐지도 모른다는 의문이 제기된 바 있다(김영숙, 〈신유한 한시 연구〉, 영남대 석사학위논문, 1981, pp.11-12). 신유한의 생애와 문학은 김영숙에 의해 비로소 깊이 있게 연구되었는데 〈日東竹枝詞〉는 다루어지지 않았다.

란 호를 쓰면서 고립된 삶을 이루고 불교적·도교적인 문학세계를 추구하게 된다.

신유한에게 있어 한창 得意의 젊은 시절의 日本紀行은 두고두고 잊기 어려운 추억이었을 것이고, 따라서 30년이 지난 후에 지어진 〈일동죽지사〉의 세계는 의외로 생생하고 신선하다. 〈일동죽지사〉 34수의 이해는 그의 기행일기 〈海游錄〉이 없으면 거의 곤란하다. 每首의 順次는 기행의 旅程과 일치한다. 26수까지는 처음 떠나는 뱃길에서부터 天皇을 알현하고 귀로에 접어들기까지의 낯선 異國의 자연과 그로부터의 감상을, 27수부터는 日本 고유의 風俗과 物産을 읊고 있다.

錦帆南過水宗高	錦帆 헤쳐 가는 바닷길 물굽이[28] 높고
蠻浦燈竿簇百艘	일본 땅 浦口엔 거룻배 가득.
綠頂斑衫音似鳥	상고머리 斑衫에 새처럼 재재거리며
齊言韓使好冠袍	한결같이 "조선 사신 衣冠은 참 멋있네요." 〈其1〉

蕭條鼓角西山寺	북소리 은은한 西山寺[29]의 밤
冷壁愁靑壓夢燈	서늘함에 선 잠 깨 등불을 켜고
杉煮一盆諸白酒	스키야키[30] 한 대접에 諸白酒[31] 곁들여

28 "대범 물고개(水宗)란 것은 따로 있는 것이 아니라 큰 바다 가운데의 파도가 묶여져 서는 곳이 바로 한계가 되는데 험하기 때문에 이름지어진 것이다." 성낙훈 역, 〈海游錄〉, 상, 《海行摠載》, I, 민족문화추진회, 1974, p.399.

29 6월 27일 대마도에서 묵은 公館 이름. "이 나라 풍속은 현판이 없고 공관을 모두 寺라 칭하였다. 이 집이 官府의 서쪽에 있는데 산에 의지하여 지었으므로 西山寺라고 부른다는 것이다." 위의 책, p.399.

30 "饌品은 杉煮로서 아름답다 하는데, 魚肉·채소 백 가지 물건을 섞어서 술과 장을 타서 매우 달인 것인데, 우리나라의 잡탕 등속과 같은 것이다. (…) 왜인의 方言에 杉木을 勝技라 하므로 俗에 이 음식을 勝技冶技라 하니, 야기는 굽는다는 말의 訛音이다." 성낙훈 역, 〈해유록〉, 하, 聞見雜錄, 《해행총재》, II, 민족문화추진회, 1974,

小詩孤和以酊僧　　짧은 詩로 以酊菴[32] 스님과 홀로 화답하네.〈其3〉

福崗十里博多津　　후쿠오카[33]에서 십릿길 博多津 나루.[34]
新羅一箇古忠臣　　신라 때의 한 사람 옛 충신과
圃老遺芬何處問　　圃隱이 남긴 자취 어디에서 물을까.
帆外幽篁月半輪　　배 저쪽 깊은 대숲엔 반달 휘영청.〈其5〉

黃金船舶紫綾帷　　황금빛 거룻배에 붉은 비단 휘장
大坂繁華弟一奇　　오사카가 번화하기론 제일간다네.
二十四橋紅橘林　　스물네 개 다리는 紅橘林 속에 있고
家家珠箔鎖名姬　　娼樓마다 구슬발 속엔 미인이 담뿍.〈其8〉

蠻音虫篆豈能文　　오랑캐의 말과 글이 어찌 文이리오.
抹殺蓬萊海上雲　　봉래산 바닷구름도 없애 버린 지경이니.
白石芳洲今在否　　白石과 芳洲는 지금도 살아 있는가.
翩翩詩札定超羣[35]　　得意한 詩札은 무리 중에 뛰어났었지.〈其32〉

예시한 다섯 수를 통해〈일동죽지사〉의 전체적인 세계상은 대체로 드러나는 셈이다. 모든 것은 흥미로운 관심의 대상이고, 때문에 아름다운 素描로 옮겨진다. 서정적 자아는 일체의 갈등도 대립도 필요하지 않게

---

pp.40-41.

31 "술은 諸白酒를 上品으로 삼는데 백미 누룩을 가지고 백미밥에 조화하여 만드는 것이므로 제백이라 한다." 위의 책, p.40.

32 대마도 公府로부터 5리쯤 떨어진 암자.《해행총재》, I, p.404.

33 筑前州의 太守가 있는 곳. 8월 1일 藍島에 도착했는데 福崗은 남도에서 50리의 거리이다. 위의 책, p.430.

34 "福崗 십리 밖에 博多津이 있는데, 이곳은 신라 충신 朴堤上이 忠義에 죽은 곳이고, 포은선생 鄭夢周가 사신 갔다가 억류되었던 데도 또한 여기다." 위의 책, p.431.

35 신유한,《靑泉集》(규장각본), 권2.

된다. 새롭게 경험하는 세계는 너그럽고 조화로운 모습으로만 존재할 뿐이다. 예시한 제1수, 3수, 8수도 그런 점에서 동일하며, 예시되지 않은 대부분의 것이 이에서 벗어나지 않는다.

제5수는 약간의 설명이 요청된다. 전체의 34수 중 우리의 歷史事實과 연결되는 것은, 壬亂의 장본인 豊臣秀吉과 간접적으로 연결된 제6수와 제17수를 제외하면 오직 이 제5수뿐이다. 신라 때의 뛰어난 鄕官인 朴堤上은 볼모로 잡혀간 왕의 두 아들을 구한 충신이었다. 그는 고구려에 볼모가 된 奈勿王의 큰아들 卜好를 구해 내고 다음에는 일본에 볼모가 된 왕의 작은아들 未斯欣을 신라로 도망가게 한 후에 倭王에게 죽임을 당하였는데 그의 처가 致述嶺에 올라 멀리 보며 매일 기다리다가 望夫石이 되었다는 傳說이 있다.[36] 험한 바다 건너 博多津에 이른 使臣의 입장에서 이곳에 머물렀었다는 아득한 역사의 인물 박제상은 감격적인 情緖의 대상으로 촉발되어 온다. 81행에 달하는 長短句 〈哀博多津〉[37]은 이렇게 해서 이루어졌다. 그러나 〈일동죽지사〉 제5수는 〈애박다진〉에서와 같은 격렬하고 애절한 정서를 담을 수 없었다. 七言絶句라는 형식적 제약 때문이기도 하지만, 그보다도 〈일동죽지사〉 전체의 낭만적 분위기 때문이었다.

異國趣向의 흥겨움과 함께 〈일동죽지사〉는 文化的 自尊의 시인의식이 엿보인다. 전편에 걸친 것이지만 특히 제32수는 그 표징적 면모를 갖추고 있다. 여기에서 白石과 芳洲는 각각 新井白石(1657-1725)과 雨森芳洲(1668-1755)를 가리킨다. 신유한은 〈海游錄〉에서 거듭 이들을 언급하고 그 시에 대해 좋게 평가하고 있는데, 여기에는 물론 倭人을 야만시하는

36 김부식, 《三國史記》, 권45, 列傳 5, 朴堤上 ; 일연, 《三國遺事》, 권1, 紀異 2, 奈勿王 金堤上.

37 《海行摠載》, I, pp. 435-438.

夷狄觀이 엄연히 전제된 것이다.[38]

신유한의 〈일동죽지사〉는 土俗瑣事를 생생하게 읊음으로써 형상화에 성공하고 있다. 그러나 당대의 삶과 의식을 문제적인 시각에서 제기하는 것과는 멀어져 있다. 특정한 문화적 상황을 체험한 것이 一回的인 感傷性으로 고정된다면, 보편적인 공감의 폭 또한 일회적인 데에 갇히게 될 뿐이다.

異國의 風物을 읊은 죽지사로는 〈일동죽지사〉 외에 秋齋 趙秀三(1762-1849)의 〈外夷竹枝詞〉(1795년 작), 嘉梧 李裕元(1814-1888)의 〈異域竹枝詞〉가 있다. 이 둘은 모두 실제적 체험과 동떨어진 관념적 읊조림이라는 데에 이미 한계가 전제된다. 조수삼은 《方輿勝略》을 보고,[39] 이유원은 《職貢圖解》를 보고[40] 얻은 견문으로써 죽지사를 짓는다고 했다. 〈외이죽지사〉는 '海中諸國' 9수, '日本雜詠' 12수를 포함해 82개국에 걸쳐 읊은 총 133수로 이루어져 있고,[41] 〈이역죽지사〉는 30국을 읊은 30수로 이루어져 있다. 각국의 위치·내력·풍물들을 서술한 산문 기록과 그 내용을

---

38 신유한과 일본 시인들과의 문학적 교류에 대해서는 다음 논문이 참고가 된다. 김태준, 〈유교적 문명성과 문학적 교양에 대하여— 신유한의 일본일기 해유록을 중심으로〉, 《비교문학 및 비교문화》, 2, 한국비교문학회, 1978 ; 최박광, 〈朝·日간 한문학 교류에 대하여 — 청천 신유한을 중심으로〉, 《한국한문학연구》, 5, 한국한문학회, 1981 ; 최박광, 〈18세기 일본 漢詩壇 — 신유한 문집에서〉, 《일본학》, 2, 동국대학교 일본학연구소, 1982 ; 최박광, 〈青泉 申維翰 と日本〉, 《논문집》, 6, 건국대학교 교육연구소, 1983 ; 최박광, 〈한일간의 한문학 교류 — 청천 신유한과 新井白石〉, 《논문집》, 1, 명지대학교 전통문화연구소, 1983.

39 조수삼, 《秋齋集》, 권7, 寶晋齋, 1939(민족문화사 영인본, 권4), 〈外夷竹枝詞〉, 序 : 余近得新安程百二氏所撰方輿勝略, 枚列函夏, 包括寰區, 歷歷如在目前. 就其外異列傳, 冥蒐遠求, 核擧無遺.

40 이유원, 《林下筆記》, 권39, 〈異域竹枝詞〉, 序 : 淸, 職貢圖解, 在外國人物, 乾隆時輯也. 海外夷人, 當時職貢, 異於海國圖志之數. 然, 因其所載而錄之.

41 〈외이죽지사〉서에는 "83국, 122장"이라고 했다. 아마 '일본잡영'의 12수는 1장으로, 〈외이죽지사〉 속의 일본과는 별도의 國으로 계산한 듯하다.

詩化한 두 부분으로 이루어져 있는 점에서 두 편의 형식은 같다. 그러나 산문 기록의 다채로움이나 시의 형상화 모두에 있어서 이유원의 것은 조수삼의 것에 훨씬 못 미친다.[42] 표본적인 예로 양편에서 모두 다룬 '琉球國'의 경우를 보자.

> 琉球는 海島인데 그 땅이 일본과 조선에 가깝다. 隋煬帝 때에 비로소 중국과 교통했다. 明永樂帝 때 처음 中山·山南·山北의 三王을 통일해 琉球王이 되었고, 왕자 및 제후의 자제들이 중국에 入學하도록 허락되었다. 嘉靖 初에 국왕 尙淸이 表를 올려 封해 주길 청했는데 지금까지 尙氏가 왕위를 잇고 매년 朝貢을 바친다. 그 땅은 매우 따뜻하고 비옥하다. 그들 습속에 오래 전부터 女巫를 女君이라 부르며 왕 이하 모두들 받든다. 뱃사람들은 天妃神을 받드는데, 참새와 나비를 그 神이라 믿는다. 가령 배가 풍랑을 만났을 때 배 꼭대기에서 모두들 天妃를 부르면, 그때 한 참새가 돛대 위에 날아 앉은즉 바람이 멈추고, 다시 수만의 나비가 입에 진흙을 물고 와 배의 뚫린 곳을 메워 준다고 믿는다. 그 궁궐은 산기슭에 짚으로 지어졌다. 사람들은 모두 바람막이 수건을 쓰고, 가는 겹옷, 긴 치마를 입어 발을 가린다. 지금은 점차 중국 풍속에 물들어 賦는 弁制를 쓰고 刑은 五典을 이용한즉 의관·문물이 볼 만하다. 그 언어는 하늘을 '甸尼'라 하고 땅을 '只尼'라 하고 해를 '非祿'이라 하고 달을 '都及'이라 한다. 산천으론 黿鼉섬과 古米山이 유명하다. 전설에 옛날 中山의 왕이 亂을 만나 天妃神을 부르니 쌀이 변해 모래가 되고 물이 변해 소금 맛이 나게 돼 적을 쫓았다 한다. 物産으론 소·양·노새·말은 없고 鬪鏤樹[43]와 木布,[44] 金荊榴 등이 있다.

42 때문에 "樂府의 본색이 미약하다"라고 평가되었다. 李家源,《韓國漢文學史》, 民衆書館, 1961, p.321.

43 鬪鏤 : 나무 이름. 유구국에 많이 있는 나무로, 귤처럼 생기고 잎이 무성하며 가지가 가늘어 아래로 드리워진다고 한다.

44 木布 : 布木.

細褶長裙織羽衣　가는 겹옷 긴 치마의 羽衣를 입고
山顚宮闕女君歸　산꼭대기 궁궐로 女君이 돌아간다.
螺炊不用沈香火　피리 소리 그치고 향불에 잠겨
鏤樹金荊許大圍　鬪鏤나무, 金荊榴나무로 둘러싸인다.

船上新泥蝶翅粘　배 위의 진흙은 나비가 물어 오고
滿江風浪雀飛占　온 강에 풍랑 일 때 참새가 날아온다.
鼅鼊嶼外天妃降　鼅鼊섬 밖으로 天妃神이 내려옴이니
米變如沙水變鹽[45]　쌀은 변해 모래 되고 물은 변해 소금 됐다.

이 나라는 동남쪽 바다 가운데에 있는데, 처음엔 三王이 있어 모두 성이 尙氏였다. 풍속이 文을 숭상하였다. 기후는 늘 따뜻하여 곡식이 무성했다. 官의 등급은 금은 비녀로써 구분했다. 누런 비단을 사용하며 바리를 접어 머리에 쓰고 느슨한 옷에 큰 허리띠를 두른다. 부인들은 긴 치마를 입어 발을 가린다. 民家의 여자들은 손에 花鳥形의 刺字를 하기도 한다.

三王姓尙以文雅　三王의 성은 尙氏. 文으로써 아름답다.
黥手勤農災海溽　刺字한 손으로 농사를 짓는다. 더운 바닷가에서.
大帶圈冠衣覆足　허리엔 큰 띠, 머리엔 바리冠, 옷은 발을 덮는다.
高官等級金銀簪[46]　고관의 등급은 금은 비녀로 표시한다.

---

45 조수삼,〈外夷竹枝詞〉: 琉球, 海島, 地近日本朝鮮. 隋煬帝時, 始通中國. 明永樂中, 始通中山山南山北三王, 爲琉球王, 許王子及陪臣子弟入學. 嘉靖初, 國王尙淸上表請封, 至今尙氏繼世, 歲歲入貢. 其地, 甚煖目肥饒. 其俗, 舊信巫, 號女巫爲女君, 王以下拜迎之. 舟人崇奉天妃神, 以黃雀蝴蝶爲神. 使遇風浪, 頂祝齊呼天妃, 有一雀立桅上, 則風止, 復有蝶數萬, 以泥塞舡漏處. 其宮闕依山笘芽. 人皆著折風巾, 被細褶長裙以淹足. 今則漸染華風, 賦用幷制, 刑用五典, 衣冠文物亦可觀. 其語天爲甸尼, 地爲只尼, 日爲非祿, 月爲都及. 山川則鼅鼊嶼古米山. 相傳, 古中山王遇亂, 呼天妃, 則米變爲沙, 水如鹽味, 賊遂退云爾. 物産無牛羊驢馬, 有鬪鏤樹木布金荊榴.

46 이유원,〈異域竹枝詞〉: 國居東南海中, 初有三王, 皆以尙爲姓. 其俗尙文. 其候常溫, 穀蔬

앞의 시가 조수삼의 것이고, 뒤의 시가 이유원의 것이다. 폐쇄적인 華夷之分의 세계관에 갇혀 있던, 따라서, '中華'와 '小中華 朝鮮'의 관계로서만 세계를 인식하던 것으로부터의 開放, 그 認識의 擴大라는 점에서, 이 두 편은 그 나름의 素材史的 의미를 갖는다.[47]

그러나 兩者가 동일한 몫을 차지하는 것은 아니다. 이유원은 安東金氏의 勢道를 배경으로 해 高宗 초엔 좌의정에까지 이르고 大院君이 집권하자 그와 반목하여 좌천되었다가 1873년 대원군이 실각하고 나서는 영의정에 올라 대원군 공격의 선봉이 되었으며, 적극적으로 開港을 주장해 守舊派의 공격대상이 되기도 했지만 1882년 全權大臣으로서 濟物浦條約에 조인했던 인물이다.[48] 근대사의 가장 치열한 격동의 시기에 보여 준 그의 定向은 긍정적인 것이 못 된다. 이유원에게서의 認識의 開放性은 燕巖 朴趾源, 茶山 丁若鏞, 秋齋 趙秀三의 시대보다 한 세대 후의 전반적 견문의 확대라는 문화적 상황을 반영하는 것일 뿐 그만의 특징이랄 수 없다. 더구나 그의 시가 갖는 형상화의 미숙으로 볼 때, 〈異域竹枝詞〉는 단순히 그의 博覽趣向의 산물로서 조수삼의 경우와는 현저히 다름을 알 수 있다.

점성가는 말하기를 "별 중의 큰 것은 地球의 백 배 · 십 배나 된다"고 하나,

盛. 官級以金銀簪等差. 用黃綾絹, 摺圈爲冠, 寬衣大帶. 夫人衣長覆足, 民女以墨黥手, 爲花鳥形.

47 尤侗(1618-1704)의 〈外國竹枝詞〉는 꽤 널리 문인사회에 알려졌던 모양이다. ① 李學逵,《洛下生藁》, 冊5, 因樹屋集(1815), 簡牘 3 : 至如尤展成外國竹枝詞, 惟取叙實, 冀合音節, 則似不當. ② 尹喜求,〈海東竹枝序〉, "泠齋懷古, 止於二十一都而已. 尤展成, 況非吾邦人, 自應耳食也. ③ 柳得恭,〈二十一都懷古詩〉, 고구려, 제5수 自註의 "下句麗, 後漢書, 王莽更命高句麗王, 爲下句麗侯, 尤侗外國竹枝詞, 高句麗降下句麗" 등에서 보이는 것처럼, 그로부터의 영향관계도 상정해 볼 수 있겠다.

48《한국인명대사전》, 신구문화사, 1980, p.695.

이제 바라보면 다만 빛나는 하나의 점일 뿐이다. 만약 사람으로 하여금 그 별 있는 자리에서 내려 보게끔 하면 역시 지구는 하나의 바둑돌·탄환 크기에 불과할 것이다. 〔…〕 지구상에서 그 땅을 차지하고 있는 나라 또한 일일이 셀 수 없이 많은즉 이른바 바둑돌·탄환만 한 것이 실제론 엄청난 크기여서 떠올려 형용키조차 어렵다.49

일찍이 燕巖 朴趾源(1737-1605)을 비롯한 일단의 실학자들에게서 두드러졌던, '天圓地方說'에 근거한 華夷之分의 名分論的 世界觀의 고정관념에서 벗어나, '地圓說', '地轉說'에 입각해 세계 각국을 多元的·相對的으로 인식·파악하려는 세계관의 전환50의 동일한 한 모습을 조수삼은 보여 준다. 使行의 일원으로 여섯 번이나 중국을 왕래했던, 더구나 탁월한 천재성의 소유자였던 조수삼의 世界認識은 대단히 개방적이고 선진적이었음이 시사되는데, 이러한 세계인식의 바탕 위에서 〈外夷竹枝詞〉는 지어졌다고 하겠다. 그렇다면 조수삼의 이러한 세계인식은 과연 그의 삶의 定向으로 구체화되어 나타나는가.

認識과 實踐의 중간에서 모호하게 방황하는 周邊人의 모습을 우리는 대하게 된다. 그의 또다른 죽지사체 작품인 〈紀異〉의 서문에서 보면,

일찍 자수성가하여 사방을 돌아다니고 세상을 두루 겪으면서 견문이 더욱 넓어져 가슴 속을 보면 藏書家에게 책이 즐비한 것과도 같았다. 〔…〕 그러

---

49 趙秀三, 〈外夷竹枝詞〉, 序 : 星家言, 星之大, 百十倍地, 而今仰觀, 特晢晢一點已. 使人在星處俯視之, 亦應一棋子彈丸而止耳. 〔…〕 國於地食其土者, 又不可一一數也, 則所謂棋子彈丸者, 其大固不可以髣髴形容也.

50 강재언, 〈조선 實學에 있어서의 北學思想〉, 《思想》, 東京, 岩波書店, 1969(재수록 : 강재언, 《근대한국사상사연구》, 한울, 1983. pp.21-22) ; 이동환, 〈연암의 思想과 小說〉, 소재영 外篇, 《고전문학을 찾아서》, 문학과지성사, 1976, pp.219-220.

> 나(가슴 속에 쌓인 견문을 기록해) 책이 이루어지더라도 堯·舜·周公·孔子의 道에 조금이라도 보탬이 없고 稗官野語에 들 것인즉 차라리 짓지 않느니만 못하다고 생각해 실행치 못했었다. 〔…〕 드디어 손주애에게 붓을 잡히고 베개에 기대어 紀異詩를 짓고 사람마다 小傳으로써 合하니 약간 편이 이루어졌다. 일이 혹 남의 是非나 나라의 政令에 저촉될 것은 하나도 싣지 않았다. 비단 언급하기 싫어서가 아니라 이미 기억에서 사라진 것이다. 〔…〕 무릇 나와 같은 사람들이 이것을 보고 늙어 망령됨을 연민하여, "怪力亂神을 우리 孔子께선 말하진 말라 하셨는데" 하고 책망하지 않으면 크게 다행일까 한다.[51]

조수삼의 현실 대응은 소극적인 자세로 나타난다. "남의 是非나 나라의 政令에 저촉될 것은 하나도 싣지 않는다"고 했다. 〈青湖稗史〉라는 野史에서 소재를 얻어 竹枝調를 본떠 지었다고[52] 한 〈高麗宮詞〉 序에서도 "詞가 비루하고 格이 낮아 周官의 採集엔 걸맞지 않을 것이다"[53]고 했다. 세계가 문제적이라는 것을 인식하고 있으면서도, 대결을 통해 극복하려 하거나 완벽히 도피하거나 하지 않고 그 세계에 안주함으로써 서정적 자아는 불안한 진동만을 거듭한다. 〈기이〉에서 취급된 異人들, 세계의 문제성 때문에 특이한 삶의 행적을 지니게 되는 문제적 인물들의 일화가 서사적 골격을 획득하지 못하고, 조수삼의 손에서 단지

---

51 조수삼, 《秋齋集》, 권7. 〈紀異〉, 序 : 及未長而自家, 又浪遊四方, 閱歷世, 故, 聞見益廣, 點檢胸中, 如藏書家, 卷冊纍纍, 部類秩秩. 〔…〕 然, 顧坐於懶漫, 又意以謂, 書成而無少補於堯舜周孔之道, 同歸乎稗官野語也, 則毋寧不作之爲可, 因循未果矣. 〔…〕 遂令兒孫把筆, 倚枕作紀異詩, 人有小傳, 合爲若干篇. 而事或關於人之是非國之政令, 一不及焉. 非徒不欲言也, 亦已忘故也. 〔…〕 凡我同人, 覽之而憫其老悖, 不曰, 怪力亂神, 吾夫子不語云, 則誠厚幸也.

52 조수삼, 《추재집》, 권7, 〈高麗宮詞〉, 序 : 余於勝國事, 未有聞知者, 偶得青湖稗史, 遂有一二要領焉. 擬竹枝調作高麗宮詞二十二首.

51 위의 글 : 詞陋格卑, 不合周官之採, 漫藏巾衍, 以資閒時遣悶云爾.

抒情詩의 부차적 설명으로 머물게 되는 것도 이 때문이다. 〈외이죽지사〉에서 詩는 '기록물로서의 산문'에 종속되면서도 남게 되고, 〈기이〉에서 詩는 '산문의 敍事化'를 억제하면서 버티게 된다.

梅下 崔永年(1856-?)[54]의 〈海東竹枝詞〉(1921년 작)[55]는 조선 후기에 지어진 일련의 죽지사 가운데 마지막 작품이다. 國文文學이 우리의 近代文學으로 성립된 이후임을 감안할 때 그 문학사적 의의는 이미 상실되었다고 하겠으나, 죽지사에 요구되는 규범을 그 장르의 소멸 직전에 응결해 이룬 隆起라 할 만하며, 죽지사의 이해를 위한 여러 示唆를 제공해 주는 점에서 소중하다.

> 근년에 서거한 梅下 崔永年은 최후의 胥吏詩人이라 할 사람이니, 積善洞에 文藝俱樂部를 조직하여 委巷詩人이 盛會하였거니와 벌써 이곳에는 兩班詩人도 參加賡和하여 결코 흉으로 여기지 않았다.[56]

최영년은 詩에 능했고 二絃琴을 잘 탔으며 그가 지은 〈採貧猶樂曲〉은 세간에서 이름을 얻었다고 하나, 같은 庶流 신분인 委巷詩人 車佐一(1753-1809)의 문집 《四名子詩集》에 자신의 怫鬱한 心懷를 序文으로 부친[57] 데서 보면, 그 또한 불안한 定向을 보여 주는 소외된 지식인의 한 사람이다. 그의 회심작 〈해동죽지사〉는 560여 수에 달하는 장편으로,

---

54 1925년 奬學社에서 발간된 《해동죽지》 序에서 尹喜求는 당시 최영년의 나이가 70세라 했다. 구자균은 1947년에 발간된 《조선평민문학사》에서 "근년에 서거했다"고만 밝히고 있다.

55 宋淳夔, 〈海東竹枝記言〉: 勇山又曰, 君見山人所作海東竹枝否. 往在辛酉之歲, 余自南來, 見烟雨匏花之屋, 寓興輒寫.

56 구자균, 《조선평민문학사》(초판 1947), 민족문화사 영인본, 1982, p.254.

57 최영년, 〈四名子詩集序〉, 《四名子集》.

상편에 歷代奇聞, 중편에 俗樂遊戱·名節風俗·飮食名産, 하편에 樓臺亭閣·殿廟祠墓·壇所祀享에 관한 것을 실었는데, 흔히 詠史樂府의 소재로 읊어졌던 모든 역사적 故事와 당대의 민간풍물이 모두 소재로 등장함으로써 기존의 죽지사가 집대성된 듯한 느낌이 든다.

> 선배 작가들에게서 이미 효시가 있었던 것이다. 그러나 休翁 沈光世의 樂府는 傳紀를 곧게 폈을 뿐이고, 泠齋 柳得恭의 懷古詩는 二十一都에 머물렀으며, 尤侗은 하물며 우리나라 사람이 아니면서 귀동냥으로 읊었을 뿐이니, 山人(梅下山人 崔永年 — 필자 주)의 作은 거의 유례가 없을 듯하다. 〔…〕 독자들이 장차 이로부터 모여들어서는 말하기를 "風人이로다. 記事에 正實을 얻었도다.(원문의 南董은 춘추 시대의 良史인 南史와 董狐를 가리킨다. 記事에 得實을 얻었음을 칭찬할 때의 비유 — 필자 주) 〈虞初新志〉, 〈諸皐記〉(《酉陽雜俎》의 篇名 — 필자 주)의 뜻이 있도다. 王建의 〈宮詞〉, 王象之의 〈輿地紀勝〉과 방불하다"고들 감탄할 것이다.58

제자에 의한 서술이라 諠揚의 느낌이 있다. 다만 우리의 관심을 끄는 것은 죽지사로서의 규범이 여기에 와서 재확인될 뿐만 아니라 보다 확장된 관점을 보여 준다는 점이다. 그것은 土俗瑣事를 읊는다는 조선 후기 죽지사 일반의 내용적 규범을 포함해, ① 風人之旨의 획득, ② 詠史樂府 및 宮詞 등 詠史詩의 전통 계승, ③ 敍事性으로 요약된다. 그러나 前代로부터의 규범의 긍정적 계승과 확장은 바람직한 것이지만 이미 시기적으로 그 문학사적 의의를 상실한 때문에 한계가 있으며, "늙고

---

58 尹喜求, 〈海東竹枝序〉: 先輩作者, 盖嘗有嚆失焉. 然, 休翁樂府, 直衍傳紀而檃括之耳. 泠齋懷古, 止於二十一都而已. 尤展成, 況非吾邦人, 自應耳食也. 然則, 山人之作, 殆未曾有歟. 〔…〕 讀者, 將自此衆矣. 其將謂, 風人乎. 南董乎. 虞初諸皐之志乎. 仲初之宮詞, 象之輿地乎.

병들어 쓸쓸한 가운데 한번 뱉은 잠꼬대일 뿐이니 어찌 大方의 안목에 보일 수 있을 것이며, 제 집도 못 짓는 비둘기의 拙함을 드러낸다면 一世의 비방을 자초할 것이다. 만약 다시 (책으로 출간하자고) 말하면 태워 없애리라"59고 하는 (비록 겸양의 어법을 취한 것이긴 하지만) 의도의 소극성에서도 그 한계가 드러난다.

지금까지의 논의를 통해, 죽지사가 지녀야 할 바른 규범이 이학규·정약용에 의해 실현되었을 뿐, 제대로 계승돼 나아가지 못한 모습을 볼 수 있었다. 이제 장르적 특징과 변모가 갖는 의의와 한계를 앞서의 논의와 긴밀히 연관시키면서 진단해 보기로 하자.

3. 竹枝詞의 장르적 의의와 한계

竹枝詞는 넓은 의미의 樂府에 포함된다. 郭茂倩은 樂府를 다시 12범주로 나누고 있는데,60 그 가운데 죽지사는 '近代曲辭'에 소속된다. "近代曲은 또한 雜曲인데 그것이 隋·唐代에 나타났기 때문에 近代曲이라 칭한다"61는 설명은 民歌에서 채취해 시인이 歌詞를 얹었다는 특징62을

59 宋淳夔, 〈海東竹枝紀言〉: 山人失驚曰, 老病懡㦬中, 一套夢囈語耳. 奚足掛大方之眼目, 而鳩拙百露, 使之招謗於一世耶. 若再言必焚之.

60 "效廟歌辭, 燕射歌辭, 鼓吹歌辭, 横吹歌辭, 相和歌辭, 清商歌辭, 舞曲歌辭, 琴曲歌辭, 雜曲歌辭, 近代曲辭, 雜歌謠辭, 新樂府辭." 郭茂倩, 《樂府詩集》, 臺灣中華書局, 1970.

61 郭茂倩, 위의 책, 권79, 近代曲辭, 序: 近代曲者, 亦雜曲也. 以其出於隋唐之世, 故曰, 近代曲也.

62 Hans H. Frankel은 구비·기록문학 간의 차이, 儀式歌와 民歌와의 분별, 지역적 차이, 시대적 차이의 네 가지를 고려해 악부를 다섯 유형, 즉 ①漢代의 儀式歌, ②南朝의 儀式歌, ③漢代의 民歌, ④南北朝의 民歌, ⑤(죽지사가 귀속될) 시인들에 의한 악부풍 가요로 나누었

지시하는 것이다. 본래 漢 武帝(B.C.122-B.C.117) 때에 창설된 上林樂府라는 御歌所의 명칭에서 비롯되어, 民歌에서 채취해 管絃에 올려 노래 부를 수 있었던 協律된 詩를 일괄 '樂府'라 칭하였는데 그 개념의 內包는 시대에 따라 달라져 왔다.[63] 樂府라는 명칭은 우리나라에 들어와서도 시대에 따라 혹은 개인에 따라 서로 다른 내포를 지녔지만, 대체로 '民歌風을 띤 것'을 가리켰던 점에서 공통된다. 〈耽津樂府〉, 〈關西樂府〉처럼 죽지사를 '樂府'라고 題한 것은 죽지사가 이러한 악부 개념에 포함됐기 때문이다.[64]

죽지사의 특징은 대략 다음과 같이 요약된다.[65]

다(Hans, H. Frankel, Yüeh-fü Poetry, Cyril Birch ed., *Studies in Chinese Literary Genres*, University of California Press, 1974, pp.71-72). '入樂'과 '仿效' 여부를 중시해 나눈 羅根澤의 분류는 악부의 전체적 성격을 이해하는 데 보다 효과적이다(羅根澤, 《樂府文學史》, 臺北, 文史哲出版社, 1981, p.11).

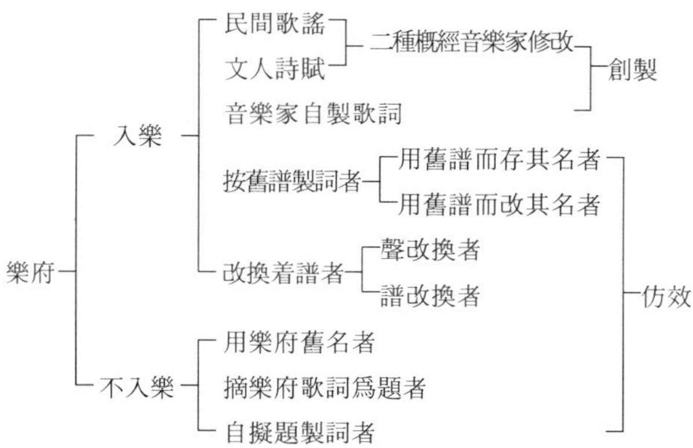

63 樂府觀의 변천에 대한 자세한 논의는, 심경호, 〈海東樂府體 연구〉, pp.7-12 참조.

64 우리나라에서 '樂府'라 題해진 한시의 유형은, 詞를 가리키는 관습적 용례 이외에도, ① 小樂府, ② 擬古樂府, ③ 죽지사, ④ 雜歌謠, ⑤ 해동악부의 다섯 가지로 나눌 수 있다. 위의 논문, pp.17-34.

65 ①《中國古典文學大辭典》, 臺北, 常春樹書房, 1979, p.232 : 竹枝詞, 樂府近代曲名. 本巴渝(今四川東部)一帶民家, 唐代詩人劉禹錫, 根據民家, 改作新詞, 歌咏三峽風

①唐의 劉禹錫(772-842)[66]이 巴渝 일대의 民歌를 채집해 新詞를 얹은 것인데 屈原(B.C. 약 343-290)의 〈楚辭 九歌〉를 본떴다.

②後人이 이를 계승해 土俗瑣事와 男女相思之情을 읊은 것을 흔히 '竹枝詞'라 했다.

③ 이후 詞牌의 명칭이 되기도 했다.

④ 형식은 七言絶句이다.

⑤ 文辭는 通俗, 音調는 輕快, 내용은 때로 哀怨한 것이 있다.

유우석이 仿製한 〈죽지사〉 9수는 和聲을 써서 다음과 같이 구성될 것이다.

山桃紅花(竹枝) 滿上頭(女兒)
蜀江春水(竹枝) 拍山流(女兒)
花紅易衰(竹枝) 似郎意(女兒)
水流無限(竹枝) 似儂愁(女兒) 〈其2〉[67]

이후 土俗瑣事와 男女相思之情을 읊은 民歌風의 七言絶句詩를 흔히 '竹枝詞'라 題하게 됐고 그 전통은 중국과 우리나라에서 면면히 이어졌다.[68] 특히 조선 후기에 '칠언절구의 聯作'이라는 형식적 규범과 '土俗瑣

光和南女戀情, 盛行於世也. 此後, 各代詩人寫竹枝詞的很多, 用以歌, 咏當地的特有風俗和男女相思之情. 形式都是七言絶句, 文辭通俗, 音調輕快, 間有哀怨之作, 後來也用作詞調名. ②《中文大辭典》, 臺北, 中國文化學院出版部, 1973, 권6, p.1820 : 竹枝, 樂府名, 亦名巴渝詞. 唐劉禹錫謫朗州時, 以俚歌鄙陋, 依騷人九歌, 作竹枝新辭九章. 後人仿其體, 詠土俗瑣事, 亦多謂之竹枝詞. 後乃轉作詞牌名, 因其體本於樂府之竹枝也 〔…〕竹枝詞, 謂專詠民間瑣事之七絶詩, 本唐劉禹錫依巴渝民家剪製之詩體.

66 譚正璧 편, 《中國文學家大辭典》, 上海, 上海書店, 1981. 중국 문학가의 연표는 모두 이에 의거한다. 그런데 유우석의 生歿年은 790-860년이라는 기록도 있다(澤田總淸源, 《中國韻文史》, 王鶴儀 編譯, 臺北, 商務印書館, 1979, p.305).

67 柳晟俊, 〈唐 民歌의 發生과 結構攷〉, 《중국학보》, 20, 중국학회, 1979, p.9.

事를 읊는다'는 내용적 규범을 따르는 일련의 죽지사가 지어짐으로써 前代로부터의 전통은 새롭게 계승·재정립되었다.

그러면 왜 조선 후기에 이르러 土俗瑣事를 읊은 聯作의 죽지사 작품이 거듭 나타나게 되었을까. 역사적·문화적 변화의 추이에서 원인은 찾아진다.[69] 中人·胥吏層이 사대부문화의 영역을 잠식, 그 문화를 공유하게 되고, 平民·賤民이 국문문학을 향유하게 되는 文學擔當層의 변화와, 天機·自然·個性의 발현을 중시하고, '朝鮮風'·'朝鮮詩'의 강조에서 보이듯 그 소재를 自國의 것에서 찾으려는 文學觀의 변화, 그리고 敍事化·卑俗化를 지향하는 문학작품상의 변화가 이 시기 문학상의 주요한 흐름이었다. 이 변화의 흐름 속에 나타난 효과적인 하나의 장르가 죽지사다. 한편으론, '聯作'이라는 형식과 '土俗瑣事의 吟詠'이라는 내용의 규범 때문에 새로운 시대의 문학적 요청에 부합되면서도, 또 한편으론 오래도록 士의 문학 도구였던 칠언절구의 근체시 형식을 그대로 계승하고 있기 때문이다.

죽지사는 詠史樂府 및 宮詞와 밀접하게 관련된다. 궁사는 唐의 王建(약 751-835)에서 비롯된 것으로 '宮中瑣事를 읊은 칠언절구의 聯作詩'를 가리키며, 요구되는 이념적 규범은 '史官이 미처 모르는 바를 알리는 것[70](善言史氏之所不知)'이다. 죽지사와는 그 소재가 '궁중'과 '토속'이

---

68 중국의 경우 白居易·李涉·孫光憲·倪瓚 등의 〈죽지사〉, 顧瑛의 〈西湖竹枝詞〉, 尤同의 〈外國竹枝詞〉 등이 있고, 우리나라의 경우 土俗瑣事를 다룬 일련의 죽지사와 함께 許蘭雪軒·姜只在堂·成媛·南公轍 등의 시인이 男女相思의 情을 읊은 칠언절구를 〈죽지사〉라 題한 것이 있다. 널리 찾는다면 많은 수가 확인될 것이다. 시인에 의해 악부풍으로 지어진 것뿐만 아니라 애절한 民歌 그 자체를 통상적으로 '竹枝'라 칭하기도 했다. 十二歌詞 중에도 〈죽지사〉(일명 〈乾坤歌〉)가 있는데, 그 가사는 陶菴 李縡의 〈代李太白魂誦竹枝詞〉의 시구가 후대에 부연되어 곡이 붙여진 것이다.

69 이동환, 〈조선 후기 한시에 있어서 民謠趣向의 대두〉, 《한국한문학연구》, 3·4합집, 한국한문학회, 1979, pp.34-36.

라는 차이가 있을 뿐이다. 영사악부는 雜言, 五言, 七言으로 된 것 등 句法도 다양하며 韻法 또한 다양하지만, 自國의 歷史事實에서 소재를 취한다는 공통의 내용적 규범을 갖추고 있다. 이 세 역사적 장르는 모두 聯作의 장편이라는 점, 敍事化[71]를 지향한다는 점에서 공통된다. 당대의 문학담당층-수용층에게 이 세 장르는 공통자질을 갖춘 유사한 역사적 장르로 인식되었던 것 같은데, 위의 두 가지 점이 그 근거로 지적될 수 있다. 신광수의 〈關西樂府〉는 일명 〈關西竹枝詞〉로도 불렸는데 자신은 '王建의 宮詞體를 본뜬다'고 했고, 조수삼은 〈高麗宮詞〉를 지으면서 '竹枝調를 본뜬다'고 했다. 유득공의 詠史樂府 〈二十一都懷古詩〉를 潘庭均은 "竹枝·詠史·宮詞의 諸體의 뛰어남이 있다"[72]고 칭찬한 바도 있다. 〈해동죽지사〉 역시 詠史樂府와 宮詞·竹枝詞가 포괄되어 있다.[73]

죽지사는 聯作 형태를 취하기 때문에 每首는 단일한 부분으로 나뉘어 존재하게 된다. 그러나 전연 동떨어진 별개로서가 아니라 전체라는

---

70 楊維楨, 〈李庯宮詞序〉, 《元代文學批評資料彙編》, 下集, 臺北, 成文出版社, 1978, p.611 : 大曆詩人後, 評者取長籍王建, 而建之宮詞非籍可能也. 宮掖之事, 豈外人所能道哉. 建雖有春坊, 才非其老, 瑠宗氏出入禁闥, 知史氏之所不知, 則亦不能顯美于是. 本朝宮詞, 自石田公而次, 亡慮數十家, 詞之風格, 不下建者多, 而求其善言史氏之所不知, 則寡矣. 東美李庯仲常爲宮詞四十首, 流布縉紳間, 不特風格似建, 間有言史氏之所弗知.

71 '單一話者(시인 자신 혹은 작중화자)에 의한 직접적 표출(吟詠·瞑想·談話)'이 抒情장르의 규범인데, 만약 작중 화자가 어떤 '사건(event)'에 대해서 이야기를 하려 하면 敍事化를 지향하게 된다. R. Scholes & R. Kellog, *The Nature of Narrative*, Oxford University Press, New York, 1979, p.4.

72 유득공, 〈二十一都懷古詩〉, 自序 : 是歲, 懋官次修入燕, 手抄一本, 寄潘香祖庶常及見, 潘書大加嗟賞, 以爲兼竹枝詠史宮詞諸體之勝.

73 素材에 있어서 그러하며, 門弟의 評에서도 그에 대한 인식이 나타난다. 尹喜求, 〈海東竹枝序〉 : 先輩作者, 盖嘗有嚆失焉. 然, 休翁樂府, 直衍傳紀而櫽括之耳. 泠齋懷古, 止於二十一都而已. 尤展成, 況非吾邦人, 自應耳食也. 然則, 山人之作, 殆未曾有歟 〔…〕 讀者, 將自此衆矣. 其將謂, 風人乎. 南董乎. 虞初諸皐之志乎. 仲初之宮詞, 象之輿地乎.

有機的 관계 속에 존재하게 되므로, 長短句·長篇古詩에 비하여는 약하다 할지라도 敍事化를 지향한다. 그런데 이런 有機的 全體性이 부분으로 해체되는 것이 〈外夷竹枝詞〉, 〈紀異〉, 〈異域竹枝詞〉, 〈海東竹枝詞〉 등에 이르러서이다. 이제껏 每首가 연속체로서 順次的인 竝立을 취하여 그 유기적 전체성을 과시하던 것이, 이에 이르러서는 '제목-산문서술-시'의 개별적 각 편으로 나뉘어 존재하게 된다. 특히 〈외이죽지사〉에서 詩는 '기록물로서의 산문'에 의해 오히려 종속되는데 〈기이〉에서 詩가 산문의 서사화를 억제하는 것과 비교된다. 따라서 詩는 '사실'과 '허구'의 산문 사이에서 그 양자에 각기 종속되면서 불안한 채로 존립한다. 죽지사가 이념적 규범을 제대로 계승치 못하게 되면서 그 존립의의를 상실하는 것과 개별화를 통한 敍事化의 止揚은 일정하게 관련된다. 土俗瑣事가 이미 현장에 뿌리내린 삶의 대상으로서가 아니라 다만 博覽趣向의 대상이 되면서, 부분은 개별화된 상태로서 족할 뿐 그 유기적 전체성은 의미를 잃었다.

맺음말

이 글은 조선 후기 죽지사를 다룸에 있어, 스스로 史的 變貌를 수행하는 하나의 胴體로서 파악하는 방식을 지양하고, 다만 전체적인 조망의 터전에서 작가의식의 유별화에 초점을 두어 진행하였다. 그 이유는 近代로 이행되어 올수록 서민의식이 성장하는 것이라면 그에 대응될 만큼 苛烈한 자기성찰과 현실비판의 울림이 증대되어야 할 것이라는 피상적인 기대와, 죽지사 작품의 시간적인 順次와는 합치되지 않기 때문이며, 또한 〈日東竹枝詞〉가 지어진 1747년부터 〈海東竹枝詞〉가 지어진

1921년까지의 시간적 간격 속에서 그 자체 형식상의 별다른 변화를 드러내지 않기 때문이다. 지금까지 논의한 바를 요약함으로써 결론에 대신하고자 한다.

조선 후기에 이르러 "民間土俗의 자잘한 일들을 읊은 七言絶句의 聯作詩"로 정의될 수 있는 竹枝詞가 여러 시인들에 의해 거듭 지어짐으로써 죽지사는 하나의 역사적 장르로 성립되었다. 작품에 드러난 世界像과 作家意識에 비추어 그 전통은 둘로 나누어진다.

죽지사의 규범으로서, 친근한 표현과 민중적 집단정서에의 침윤으로 얻어진 심원한 감동의 구현을 통해 궁극적으로는 '風人之旨'를 획득해야 함이 제시되었고, 그 이념과 실천에 있어 합치된 것이 李學逵와 丁若鏞이었다. 당대 사회의 모순에 의해 희생된 소외된 지식인으로서, 오랜 유배생활 중 민중의 삶의 현장을 직접 체험함으로써 이는 가능할 수 있었다. 삶의 현장에서 얻어진 문제의식을 은닉하지 않고 그것을 구현하고자 했으되, 객관적 거리를 유지하며 현실을 비난한 것이 아니라, 민중적 집단정서에 깊이 가라앉은 속에서 문학적 형상화를 이루어냄으로써 죽지사의 규범은 실현되었고, 죽지사의 역사적·문학적 召命도 비로소 살아날 수 있었다.

그러나 죽지사의 바람직한 규범은 이학규와 정약용에 국한된 一回的인 것이었다. 이들보다 다소 앞선 시대의 인물인 申維翰과 申光洙, 동시대의 인물인 趙秀三, 훨씬 후대의 인물인 李裕元·崔永年 등에게서 죽지사 장르는 수용되었으나 이학규·정약용에게서와 같은 성취는 이루어지지 않았다. 이유원을 제외하면 이들은 모두 소외된 지식인이라는 공통점을 지닌다. 신광수는 이학규·정약용과는 黨派·戚族·學問에 있어서 맥을 같이하며 신유한·조수삼·최영년은 모두 庶流의 委巷詩人이었다. 충분히 당대의 삶에 대한 문제의식을 제기하고 그 극복의 노력이 기대됨 직하지만 그들의 삶이나 의식의 지향은 소극적이었다. 신유한·신광수·조수삼·이유원에게 있어 민간의 瑣事는 개인적 편차가 있긴 하지만 다만 흥미와 읊조림의 대상이었다. 近代化가 他意에 의해 저지당하고 심지어 식민통치의 굴욕을 감당하게 된 상황하에서 지어진 최영년의 작품은 앞서 있어 온 죽지사의 전통을 이어받아 집대성한 감이 있다. 그러나 이미 漢文學은 문학사적 의의를 상실한 뒤였고 작자 자신의 의도도 소극적이라는 한계를 지닌다.

죽지사는 넓은 의미의 樂府에 포함된다. 당의 유우석이 巴渝 일대의 民歌를 채집해 新詞를 얹은 데서 기원하며, 그 후 土俗瑣事나 男女相思之情을 읊은 民歌風의 한시를 흔히 '죽지사'라 題하여 왔다. 이러한 전통은 조선 후기의 역사적·문화적 변화의 추세에 자극되어 '土俗瑣事를 읊는다'는 내용적 규범과 '七言絶句의 聯作'이라는 형식적 규범을 따르는 일련의 죽지사가 지어짐으로써 새롭게 계승·재정립되었다. 기존의 문학도구로서의 칠언절구를 유지하면서도, '土俗瑣事를 연작으로 읊는다'는 것은 이 시대의 문학적 요청에 부합하는 것이었으므로 죽지사는 매우 효과적인 장르였던 셈이다. 죽지사와 詠史樂府 및 宮詞는 모두 연작의 장편이라는 점, 敍事化를 지향하는 점 때문에 실제 장르에 있어서나 담당층의 인식에 있어서 相互浸透的이었다. 연작 형태를 취해 부분이 유기적 전체의 관계 속에 존재하게 됨으로써 서사화를 지향하였던 죽지사는 후대로 올수록 부분으로 해체되어 서사화의 지향을 멈춘다. 죽지사가 이념적 규범을 제대로 계승치 못하게 되면서 그 의의를 상실하는 것과, 개별화에 의한 유기적 전체성의 약화는 일정하게 관련된다.

이상의 논의로부터 우리는 조선 후기에 이르러 하나의 역사적 장르로 성립한 죽지사가 올바른 규범을 계승시키지 못하고 소멸해 가는 모습을 전체적 조망의 터전 위에서 살펴보았다. 近代로의 移行期에 나타났던 여러 상이한 지향의 拮抗的 대립이 결국 좌절로 마무리되는 것이 精神史의 왜곡된 전개에 깊이 관련 있음이 시사되었다. 그러나 본고는 죽지사 장르를 향유했던 시인들 개인의 시세계의 복잡다기한 변모 과정 속에서 죽지사의 위상을 논하는 데에까지는 이르지 못하였다. 또한 '죽지사'라 題하지 않은 竹枝詞體 작품들 및 紀俗詩와의 폭넓은 비교 검토도 앞으로의 과제이다.

—《한국학보》, 34집, 일지사, 1984.

《樂府》註解本의 의의

1.《樂府》註解本의 의의

《樂府》의 주해본이 간행되었다.[1] 이는 고려대학교 도서관 소장의《樂府》 상·하 2권의 책을 주해한 것이다. 이 책은 여러 가지 측면에서 學界로부터 높은 평가를 받기에 충분한 업적이 아닌가 한다. 이 글에서는 이 책이 지니고 있는 전반적 성격과 그것이 갖는 학술사적 의의에 대하여 간략히 짚어 보고자 한다.

고려대 소장본《악부》는 1930-1934년에 李用基에 의해 편찬된 것으로서, 그 안에 歌辭 174편, 雜歌 66편, 民謠 137편, 時調 1,036편, 唱歌 3편, 漢詩文 17편, 小說 3편, 기타 18편, 도합 1,458편이 수록되어 있는, 수록 작품의 다양성이나 분량에서 볼 때에 단연 으뜸가는 조선조의 문학작품집이다. 이《악부》의 所傳 경위에 대하여는 上冊 첫 장에 적혀

1 鄭在皓·金興圭·田耕旭,《주해 악부》, 고려대학교 민족문화연구원, 1992.

있는, 당시 보성전문학교 도서관장이었던 孫晋泰의 添記[2]를 통해 알 수 있다.

> 이 樂府 2冊은 李用基氏 所著로 氏는 號를 韋觀이라 하고 원래 京城 태생으로 晩年에는 社稷洞에 거주하였다. 自少로 風流를 좋아하야 소위 오입장이로 일생을 시종한 사람이며, 4, 5년 전 70여 세의 고령으로 별세하였는데, 이 책은 氏가 생전에 鷺山 李殷相君에게 전한 氏의 藏書 중 일부로 鷺山은 다시 이것을 普專 도서관에 藏케 한 것이다. 李氏는 평생에 노래를 좋아하야 이것의 날로 散亡하여 감을 개탄하든 나머지 홀로 뜻을 세우고 조선의 가요를 후세 영원히 기록에 전하고저 혹은 記憶을 혹은 見聞을 열심으로 책에 올리어 드디어 이 책을 이룬 것이다. 〔…〕 氏는 생애가 넉넉지 못하였으므로 스스로 쓰고 스스로 쪽지를 오려 붙이고 하야 이 모양의 누덕이 책이 된 것이나 識者는 이 점을 더욱 귀중히 생각하시리라.

1933-1934년경에 70여 세로 타계한 이용기에 의해 편찬된 유일본 필사본의 이 《악부》가 이은상에게, 그리고 다시 보성전문학교 도서관에 기증됨으로써 그 생명이 보전된 것임을 알 수 있다.

도서관에 오랫동안 보관되어 있던 이 책이 비로소 학계에 소개된 것은 朴晟義 교수에 의해서였다.[3] 《악부》의 전체적 體裁와 編者, 수록내용 등을 자세히 소개한 이 논문에 의해 국문학 자료로서의 《악부》의 문헌적 가치가 비로소 드러나게 되었다.

그런데 이 《악부》의 성격을 보다 면밀히 검토하여 詩歌集 자료로서의 위상을 분명히 한 것은 임기중 교수이다. 그는 《악부》를 대상으로 이를 다른 시가집인 《歌集》 및 《雅樂部歌集》과 상호 비교하여 이들이 모두

---

2 1938년 기록.

3 박성의, 〈악부 연구〉, 《고려대 60주년 기념논문집》, 1955.

李王職雅樂部 소장의 어떤 원본(4책으로 추정)으로부터 필사됐을 가능성을 지적하면서, 이들을 영인하여 학계에 소개하였다.[4] 임기중 교수의 고증에 의해《악부》가 유일본이라는 의의는 감해졌지만, 그 원본으로 추정되는《이왕직아악부가집》이 아직 발견되지 않고 있고, 또《악부》에만 수록되어 있는 작품이 대단한 분량이어서《악부》의 문헌적 가치는 더욱 명확해졌다고 할 수 있다.

그런데, 이《악부》는 편자 이용기가 수시로 수집한 작품들을 그때그때 필사하여 모으고 오려 붙인 것이어서 난삽하고 읽기 어려운 점이 있으며, 영인본 또한 편자가 임의로 확대하고 축소하여 영인한 것이어서 독자들이 이를 쉽게 대하기에 어려운 점이 적지 않았다. 이런 점에서 이번에 간행된《주해 악부》가 지니는 의의는 각별하다고 할 수 있다. 난삽한 필사본의 상태를 현대 활자로 정리해 준 점은 더 말할 것 없거니와, 주석과 색인 작업에 있어서《주해 악부》의 의의는 두드러진다. 학계에서 처음으로 주석이 이루어진 작품이 적지 않고, 주석이 매우 상세하며, 誤字까지도 면밀한 주석을 통해 바로잡고 있는 점 등이 그것이다. 특히 권말의 '작품 제목 색인', '시조 초장 색인'과 아울러 덧붙어 있는 '어휘 색인'은 이용자의 편의를 고려함과 함께, 앞으로의 연구의 진전을 위한, 상당한 노력이 수반된 적절한 배려라고 여겨진다.

이용기의 정리 편찬으로부터 시작되어, 이은상을 거쳐 고려대학교 도서관에 보존되고 이후 박성의 교수의 소개, 임기중 교수의 고증과 영인, 그리고 지금의 이 주해 작업에 이르는 경위를 되짚어 보노라면, 귀중한 문학유산이 歷史의 時空을 넘어 생명을 이어가고 제 모습을 얻어가는 道程을 흔연히 볼 수 있다. 이 주해본을 통해 여러 부면의 국문학

4 김동욱 · 임기중 공편,《樂府 · 歌集 · 雅樂部歌集》, 태학사, 1982.

연구가 한층 진전을 더해 갈 것이 기대된다.

2. 이 時代 國文學 硏究의 所任

우리 국문학 연구가 학문적 체계를 갖추기 시작한 것을 安廓의《조선문학사》(1922)로부터 기산한다면 이제 70년의 세월을 헤아리게 된다. 그간에 국문학 연구는 꾸준한 자료 발굴과 해석의 축적을 이루며 발전을 거두어 왔다. 국문학 연구 초창기에 이루어진 선구적인 업적들, 이를테면 김태준의《조선소설사》와《조선한문학사》, 김재철의《조선연극사》, 정노식의《조선창극사》, 조윤제의《조선시가사강》, 손진태의《조선민족설화의 연구》, 고정옥의《조선민요연구》와 같은 저서들은, 학술사적 차원에서 未踏의 경지를 개척했다는 점에서뿐 아니라, 식민지 지배를 받고 있던 현실 속에서 民族文化의 遺産을 끌어안고 그것에 형체를 만들어 간 覺醒된 精神의 산물이라는 점에서 값진 선구적 성과들이었다.

식민지에서 해방된 이후, 국문학 연구는 훨씬 자유로운 상태에서 보다 조직적으로 국문학 각 분야에 걸친 성과를 쌓아 올 수 있었다. 대체로 보아 50년대에는 고전시가에, 60년대에는 고전소설에, 70년대에는 구비문학에, 그리고 80년대에는 한문학에 관심이 쏠렸고, 이로 인해 국문학의 각 분야는 이제 어느 정도 고른 축적을 이룰 수 있게 되었다. 연구방법론에서 볼 때 초기에 실증주의적, 문헌학적 연구에 경도된 감이 있다면, 60-70년대에는 서구의 문학연구방법이 많이 원용되어 新批評이나 構造主義의 방법으로 작품의 구조를 분석하거나, 심리학적 방법으로 작가나 등장인물의 성격을 분석한 연구가 나오기도 했으며, 구비문학 연구에 神話批評의 방법이 이용되기도 하였다. 구비문학·한문학에로 관심이 확장되면서 우리 문학의 전통 속에서 문학이론을 찾는 시도가 활발했으며, 문학과 사회의 관계가 긴밀한 것으로 인식되면서 文學社會學이나 受容美學의 방법이 다루어지기도 하였다.

자료와 방법론의 면에서 두루 많은 발전을 이루어 온 국문학 연구의 道程을 돌이켜 보면서, 그러나 여전히 이 시대 국문학 연구에서 가장 요청되는 과제가 무엇인가를 생각해 볼 때, 긴요하게 제기되는 것은 역시 '基礎的인 作業의 필요성'이이 아닌가 여겨진다. 기초적인 작업이라 하면, ① 作家에 관한 자료나 작품의 異本에 대한 考證 및 문헌 정리의 작업, ② 작품과 문헌의 註釋書의 발간, ③ 각 분야의 세밀한 領域에로까지 분화된 辭典 및 事典類의 편찬 등이 이에 해당될 것이다.

우선, 작가에 관한 자료나 작품의 이본에 대한 고증 및 문헌 정리의 작업은 학계의 일각에서 그 노력이 꾸준히 이어지고 있고, 때로 괄목할 성과가 보고되고 있기도 하지만, 이에 대한 연구자들의 관심과 노력이 조금 더 경주되어야 할 것으로 생각된다. 근자에 임형택 교수가 《溪西野談》의 작자인 李羲平의 後孫家가 분당 지역에 살고 있다는 소식을 듣고 찾아갔으나, 이미 신도시 건설로 인해 그 후손들이 뿔뿔이 흩어지고 말아 문헌이나 구전의 채록이 허사가 되었다며, 몇 년만 일찍 알아서 찾아 갔어도 어떤 소득이 있지 않았을까 하는 아쉬움을 피력하는 것을 들었다. 또 최근 정양완·심경호 교수는 圓嶠 李匡師의 후손가를 탐문해 답사를 하면서 두루마리 필사본에 적힌 24회 분량의 〈옥루몽〉 한문본을 발견하였는데, 상세한 문면 비교 검토가 이루어져야 확실한 결론을 내릴 수 있을 것이지만, 〈옥루몽〉 한문 필사본으로서는 이것이 처음 학계에 보고되는 것이어서 〈옥루몽〉 한문 원작설을 뒷받침해 줄 중요한 자료가 될 것이 아닌가 기대된다. 시간의 흐름에 따라 이러한 자료의 散失은 더 가속화될 것인 만큼, 작가에 관한 자료나 작품의 이본에 대한 고증 및 문헌 정리의 작업에 연구자들의 관심과 노력이 확대되어야 할 것으로 생각된다.

작품과 문헌의 註釋書의 발간이 얼마나 긴요한 것인가 하는 것도 贅言을 필요로 하지 않을 것이다. 면밀한 주석서가 이루어지고 나면 뒤를 잇는 연구자들은 훨씬 시간을 절약하여 보다 많은 성과를 쌓아갈 수 있기 때문이다. 가장 높은 평가를 받고 있는 작가 燕巖 朴趾源의 경우를 보더라도 우리 학계에 그 번역본으로는《熱河日記》,《燕巖·文無子小說選》, 그 밖의 약간의 산문 자료가 있을 뿐이다. 박지원에 대한 연구논문이 기백 편에 달하는 상황에 비추어볼 때, 이들 거개 논문의 심도에 의문이 제기될 수 있는 문제이며, 학계 스스로의 성찰이 필요한 문제라고 생각된다. 일본의 경우 일찍이 岩波書店에서 50년대에 기획된《일본고전문학대계》100권을 위시하여 朝日新聞社의《일본고전전집》108권, 新潮社의《일본고전집성》82권 등 여러 차례에 걸쳐 고전문학 집성의 역주 작업이 이루어진 것을 볼 수 있다. 일찍이 고려 후기의 문인 崔瀣(1287-1840)는 자신이 元나라에 유학하여 있을 때에, 그곳 문인으로부터 東方의 문학의 정수를 모은 選集이 있거든 알려 달라는 청을 받고서 그러한 선집이 없음을 부끄럽게 여겨, 그때부터 선집의 작업에 착수해 그 후 귀국해 오랜 시간을 들여《東人之文》을 편찬한 바 있었다. 그 후 조선 성종대에 이르러서는 徐居正(1420-1488) 등 21인의 纂集官이 참여하여, 이《동인지문》으로부터 도움을 크게 입으면서 그 외의 많은 개인 문집과 문헌을 참조하여 모두 156권에 달하는 선집《東文選》을 편찬한 바 있었다. 이《동문선》이 편찬 당시까지의 문학유산의 정수를 망라한 것으로 후대에 평가되고 그리하여 참조의 전범이 되었음은 물론, 그 후 滅失된 많은 문헌의 漏闕을 기워 주는 史料의 寶庫로서 그 존재가치를 뚜렷이 하고 있음은 주지의 사실이다. 곧 문명의 대전환기를 맞이하게 될, 그리하여 고전의 뿌리를 온전히 더듬어낼 수 있는 이 마지막 시대에, 우리의 고전을 정리하여 동시대인들과 그 薰香을 함께 나누고 우리의 후대에 그것을 남겨 주려는 文獻充備의 높은 理想의 실현이 절실히 기다려지는 것이다.

각 분야의 세밀한 領域에로까지 분화된 辭典 및 事典類의 편찬이 절실히 요망된다는 것 또한 연구자의 공통된 견해일 것이다. 하나의 예로서, 우리 문학의 대표적 고전인 〈춘향전〉의 여러 이본에 나오는 주요 어휘로부터 인명, 지명, 물명 등을 망라한 《춘향전사전》이 간행된다면 앞으로의 춘향전 연구를 한 단계 끌어올릴 큰 성과가 될 것이다. 나아가 《판소리사전》, 《영웅소설사전》, 《우화소설사전》 같은 것이 이루어지면 장차 이들을 망라한 《고전소설용어사전》도 가능할 것이다. 그러나 우리 학계는 같은 동양권의 중국, 일본과 비교할 때에도 이러한 辭典 및 事典類의 편찬이 크게 뒤져 있음을 절감하게 된다. 국어국문학의 전 영역을 포괄하는 《국어국문학사전》의 경우를 보더라도 20여 년 전 신구문화사에서 간행된 것으로부터 크게 진전된 것을 아직 갖고 있지 못한 것이 우리의 현실인데, 단적인 예로서 이 사전에는 '정약용' 항목도 빠져 있는 실정이다. 근년에 한국정신문화연구원에서 10여 년간의 준비 과정을 거쳐 《민족문화대백과사전》이 간행되어 국문학 분야에 대한 정리도 상당량 이루어졌으나 민족문화의 각 분야가 망라되어 있는 점에서, 국문학의 고유 영역에 대한 집성을 갖지 못하고 있는 것에 아쉬움을 느끼게 되는 것이다. 《주해 악부》도 권말에 '어휘 색인'을 덧붙임으로써 작은 사전의 역할을 겸하고 있거니와, 《주해 악부》의 의의는 앞서 언급한 내용에서 나아가, 이러한 '기초적인 작업의 필요성'에 부응하고 있다는 점에서 더욱 소중한 성과로 평가받을 수 있을 것이다.

—《세계의 문학》, 71호, 민음사, 1994.

제2부

傳說과 祭儀

形成期 古典小說의 전개와 寓言文學

〈崔陟傳〉의 작품세계와 창작 기반

燕巖 朴趾源의 선비意識

漢文小說과 漢文學 연구의 步幅

傳說과 祭儀

머리말

神이 스스로 人間을 구분해 지상에서 살게 한 그 이후부터 인간은 늘 뛰어넘을 수 없는 한계를 지녀 왔다. 따라서 인간은 욕망을 소유하면서도 욕망의 충족이 이루어지지 않는 갈등의 상태를 항상 공유한다.

고대로부터 현재에 이르기까지 지속적으로 이행된 殘存物로서의 祭儀樣式[1]은 인간의 능력으로는 불가해한 이러한 갈등을 초자연적인 靈驗의 힘을 빌려 해소하려 한 삶의 한 방식이며 문화현상의 하나이다.

민간신앙으로서의 祭儀[2]는 祓禳·辟邪·除厄하는 의미(exorcism)와, 풍요와 안녕을 發願하는 의미(prayer for fertility)의 이중 기능을 지니고 있

---

1 儀式(ritual)에 해당하는 폭넓은 의미로도 祭儀라는 용어가 사용된다. 이 글에서의 祭儀는 祭祀儀式(religious ritual)의 협의적 개념이다.

2 이는 유교의 祭禮, 도교의 醮祭 등과는 성격이 다르다. 이후 祭儀라 칭하는 것은 이 민간신앙으로서의 祭儀를 뜻한다.

다. 이러한은 祭儀는 매우 광범하고도 다양한 양상을 띤 채로 민간에 유포되어 나타났다. 堂굿, 巫堂굿, 部落祭 등의 집단적 제의와 告祀, 致誠 등의 개인적 제의는 除厄과 發願의 관념을 가장 구체적으로 행동화시킨 것이다. 한편 冬至의 팥죽고사, 대보름의 부럼까기, 正月 上元의 까마귀祭 등은 '辟邪'를 의미하는 상징적인 민간습속으로서, 용알뜨기, 고시래 행위 등은 풍요를 발원하는 '豫祝'의 민간습속으로서, 모두 除厄과 發願이라는 제의의 기능을 지닌다.

이 글에서는 祭儀와 관련되는 傳說에 주목하여 그 양상과 기능에 대해 살펴보기로 한다.

1. 傳說에 나타난 祭儀動機

傳說은 神話나 民譚과는 달리, 그것이 實話로 인식된다든가, 證據物이 존재한다든가, 지역적인 범위를 지닌다든가 하는 특성을 지닌다. 특히 祭儀와 관련된 전설의 경우, 그 지역에 특수한 유래와 증거물이 존재하여, 그것이 계속적으로 전승될 수 있는 바탕을 마련해 준다.

그 전설의 내용은 보편적으로 제의의 동기에 대하여, 또 제의가 지속적으로 행해져야 할 당위성에 대하여 설명하고 있다. 전설에 나타나는 제의동기는 다음의 몇 가지 양상으로 파악된다.

(1) 怨靈의 慰撫

이는 제의와 관련된 전설에서 가장 보편적인 예로서, 그 삽화(episode)를 정리하면 다음과 같다.

① 恨을 품고 죽은 怨靈이 있다.

② 재앙이 닥쳤다.

③ 怨鬼가 되어 현몽한다.

④ 怨靈의 지시대로 遺骨을 찾아 안치한다.

⑤ 그 이후론 무사하고 복을 받았다.

⑥ 이제까지 제사를 지낸다.

이 삽화 중 ②가 등장하지 않는 전설도 존재하는데, 그것은 이 유형의 제의동기에 큰 차이를 초래한다. 재앙이 없음으로 해서 보다 심한 갈등의 상태는 나타나지 않기 때문에 제의동기는 除厄의 필요성에서가 아닌 단순한 發願의 의미만을 지닌다. 이 차이는 제의동기를 大別하는 데 있어 각별한 典據가 된다.

이 유형의 특수한 변이형으로서 〈江陵 安仁津 海娘堂〉에 얽힌 전설이 있다.

① 恨을 품고 죽은 怨靈이 있다.

② 재앙이 닥쳤다.

③ 怨鬼가 되어 현몽한다.

④ 怨鬼의 요구대로 怨靈을 위해 祠堂을 짓고 男根을 걸었다.

⑤ 그 후 고기가 잘 잡혔다.

⑥ 이제까지 제사를 지낸다.

이 해랑당 전설은 상기의 두 유형과는 또다른 특성을 지닌다. 위의 경우는 怨靈에게 安息處를 찾아주는 것으로써 갈등이 해소되지만, 해랑당 전설의 경우 원령은 스스로 자기에 대한 '섬김'을 환기시키며 현실적인 만족까지도 요구한다. 재앙을 내리는 일차적인 강제성과, '사당을 짓고 남근을 걸라'는 요구의 이차적인 강제성으로 해서 祭儀는 지속적으로 행해질 수밖에 없게 된다.

현실적으로는 海難의 방지와 豊漁의 기원이라는 기능을 지닌 祭儀에 이러한 강제성을 떤 傳說이 附會되는 것은, 제의만으로는 충족되지 않는 현실적 고난의 이유로서 '致誠의 소홀'을 내세우려는 일종의 防禦機制로 보인다.

(2) 섬김(奉祀)에 대한 喚起

이 유형은 제의동기에 대한 가장 단순하면서도 극단적인 강제성을 보여 준다.

① 한 奇人이 있다.
② 섬기지 않으므로 재앙을 내린다.
③ 그 奇人을 奉安하여 섬기게 된다.
④ 이제까지 제사를 지낸다.

제주도의 〈돌祭(豚祭)〉, 〈燈臺峰〉에 얽힌 전설 등이 이에 해당한다.

(3) 報恩

개인이나 마을의 재앙을 除하여 준 존재에 대한 보답으로 제사를 지내고 섬긴다는 유형의 由來談으로서, 정월 상원의 〈까마귀祭〉에 얽힌 전설, 〈진도할망〉, 〈北漢山 露積峰 미륵할미〉, 제주도의 〈영동대왕〉·〈百中祭〉·〈龍王祭〉에 얽힌 전설 등이 이에 해당된다.

(4) 祖靈崇拜

한 집안이나 한 마을의 守護神인 先祖에 대한 숭배로부터 祭儀由來를 설명하는 경우로, 江陵 端午祭의 城隍神인 〈泛日國師〉, 吾臺山 內城隍神인 〈滄海力士〉, 제주도의 〈영동할망〉 전설 등이 이에 해당한다.

그 섬기는 대상의 靈驗性을 주고 강조하고 있으며, 이런 점에서 神話의 특성에 접근한다.

祭儀의 由來를 설명하는 전설의 경우, 그것은 대체로 제의의 당위성을 강조하는 說明說話의 성격을 지닌다. 그러나 이러한 전설의 형성과정에 개입된 民間思考는 그것을 조금씩 다른 각도에서 인식하고 있음을 보여 주며, 그것은 민간에 존재하는 各異한 世界認識이라고 얘기해 볼 수 있다.

위에서 추출한 祭儀由來의 여러 유형은 다시 재앙에서 비롯된 경우와 그렇지 않은 경우로 大別된다. 특히 재앙을 除하여 준 報恩에서 비롯된 경우는 先驗的인 재앙으로부터의 免厄을 위한 제의와는 지극히 대조적이다. 여기에서 드러나는 민간사고는 畏敬·恐怖의 대상인 超自然에 대한 인식의 '遮斷과 開放의 양면성'을 동시에 보여 주는 것이라 할 수 있다. 초자연으로부터 피해받고 있다는 意識과 은혜를 입고 있다는 意識의 이 相衝的 意識의 공존은 풍요와 안녕을 항상 제공해 주지는 못하는 超自然의 可變性 때문에 불가피하다.

제의와 관련된 전설의 유래에서 상이한 인식태도가 파악된다 하더라도, 그 제의의 수행은 결국 용납되지 못하는 초자연에 대한 '타협의 수단'으로 동원됨이 사실이다.

'타협으로서의 제의'와 비교될 수 있는 제의양상의 검토는 民間思考의 폭을 검증하는 데 효과적인 것으로 여겨진다. 이를 위해 祭儀構造를 지닌 民間習俗을 살펴보기로 하자.

2. 民間習俗에 나타난 祭儀構造

상징적 제의구조를 지닌 민간습속은 다양하고도 광범위한 양상으로 散布되어 있으며, 이는 上記한 제의의 성격 검토에 매우 示唆的인 典據를 제공해 준다. 祭禮儀式으로서의 具體化는 이루어지지 않고 있으면서도 祭儀構造로서의 속성과 기능을 이 민간습속은 보여 준다.

冬至 〈팥죽告祀〉에는 다음과 같은 由來談이 전해진다.

① 共工氏가 不肖한 자식을 두었다.
② 그 자식은 죽어 疫鬼가 되었다.
③ 그 역귀가 팥죽을 무서워하므로 팥죽을 쑤어 집 주위에 뿌린다.

이러한 유래담은 오히려 오래도록 행해져 온 〈팥죽告祀〉에 대한 附會일 가능성이 많다. 여기서 나타나는 '팥죽을 뿌리는' 供犧의 동기는 除厄을 위한 의미만 내포한다는 점이 주목된다. 疫鬼에 대한 慰撫가 배제되어 있고 그 역귀에 대한 인식 또한 부정적이다. 앞에서 언급한 전설에서의 제의동기와는 그런 점에서 相異하다. 제의가 지니는 呪術의 효과의 면에서 볼 때, 앞에서 언급한 전설에서의 제 유형이 厄禍나 풍요의 主宰者에 대한 奉祀를 통해 타협의 노력을 기울이는 '소극적 呪術'인 데 반해, 이 경우는 疫鬼가 두려워하는 팥죽을 뿌림으로써 역귀와의 타협이 아닌 역귀의 制御를 도모하는 '적극적 呪術'이라고 말할 수 있다.

이와 동일한 예화로서 〈나귀소리〉에 얽힌 民譚이 있다.

① 江陵에 怪氣가 들었다.

② 이 괴기는 나귀소리를 싫어한다.

③ 나귀가 없는 집은 박을 긁어 대신했다.

이 경우에도 '박소리'의 呪言과 '박을 긁는' 行爲의 동기는 除厄을 위한 의미만을 지닌다.

이처럼 厄을 물리치기 위한 적극적 呪術로서의 祭儀 성격을 띤 習俗의 하나로 '제웅'(芻靈) 습속이 있다. 짚이나 헝겊으로 '제웅'을 만들어 사람의 옷을 입히고 제웅의 머리 속에는 銅錢을 집어넣어 姓名, 출생의 干支를 적어서 정월 십사일 저녁에 길에 버려 厄을 막는다. 이 경우에 제웅은 '供犧'로서 바쳐지는 동시에 厄을 짊어지고 버려지는 '代贖'의 역할을 띤다.

이상의 민간습속들은 除厄과 發願의 祭儀기능을 지니면서도, 그 供犧와 呪言은 厄과의 타협이 아닌, 厄의 적극적 驅逐·制御를 위한 것이라는 특성을 갖는다.

민간에 널리 유포되어 있는 '고시래' 행위는 祭儀構造를 보여 주는 표본적인 習俗의 하나이다. 들이나 산에서 식사를 할 때 첫 숟가락을 떠 던지며 '고시래'라고 외치는 이 습속은 하나의 완벽한 제의구조를 지닌다. '고시래'라는 외침의 呪言과 '첫 숟가락의 음식을 바치는' 供犧와 음식을 던지는 行爲가 모여 상징적인 제의구조가 형성된다.

〈고시래〉에 얽힌 민담으로 채록된 두 이야기의 삽화를 정리하면 다음과 같다.

① 高氏姓을 지닌 下女가 복숭아를 먹고 아들을 낳아 桃孫이라 이름 지었다.

② 아들이 자라 中國에 가 天文地理를 배웠다.

③ 어머니가 죽자, 아들이 돌아와 어머니를 金堤 萬頃平野에 安葬했다.

④ 그 후론 농사가 안 되었다.

⑤ 한 농부가 高氏의 墓를 治山했는데 그 농부의 농사는 잘 되었다.

⑥ 모든 사람이 高氏의 묘를 치산했으며, 다른 지방에선 대신 '고시래' 행위를 하기 시작했다.

① 옛날 송제마을 부처바위 속에 성진도사가 살았다.

② 地理風水에 능통했다.

③ 자손 없이도 어머니의 묘가 제사를 받게끔 들판 돌무지 밑에 어머니를 安葬했다.

④ 그 후론 농사가 안 되었다.

⑤ 그 이유가 성진도사 어머니의 묘 때문인 줄 알고 사람들이 고시래 행위를 하기 시작했다.

⑥ 그 후론 농사가 잘 되었다.

이 〈고시래〉 民譚의 경우도 民間語源的인 說明說話의 성격을 지니고 있다. 고시래 습속 자체가 呪言과 供犧와 呪術行爲의 완벽한 제의구조를 지니고 있고, 또 凶作에 대한 防止와 豊作에의 祈願이라는 제의의 기능을 수행하고 있기 때문에, 〈고시래〉 민담은 민담으로서는 드물게 제의의 유래를 보여 준다. 傳說이 지역적인 범위에 국한되어 部落祭나 堂祭와 같은 地域祭儀의 유래를 설명해 주는 반면, 이 〈고시래〉 傳承은 전국적인 분포를 띤 상징적인 제의구조라는 점이 특이하다. 그 제의동기는 앞에서 살펴본 전설의 제 유형 가운데 (1) '怨靈의 慰撫'의 유형에 접근한다.

농사가 안 되는 災殃의 先驗的 喚起로 해서, '고시래'라는 상징적 제의 행위는 부단히 계속될 수밖에 없는 당위성을 지닌다. 현실적으로 凶作의 가능성은 늘 존재하고 있고 豊作에의 기원 또한 항상 존재하기 때문이다.

'고시래 행위를 않고 식사를 하면 반드시 체하거나 병에 걸린다'는 금기가 이 '고시래' 습속에는 附隨되는데, 이는 凶作과 身厄이라는 二重의 강제성을 설정하여 祭儀의 當爲를 보다 강조하려는 효과를 띤다. '고시래' 傳承은 이런 점에서 팥죽告祀나 제웅 習俗 등과 구별되며, 오히려 上記의 祭儀 유래담으로서의 傳說과 同型이다.

맺음말

인간이 바라는 풍요나 안녕의 期待値와 그 기대치를 충족시켜 주지 못하는 현실의 乖離. 그것은 인간의 한계를 벗어나는 葛藤의 상황이다. 民間思考는 이 같은 갈등의 원인을 超自然的인 것에 돌림으로써 慰安받고자 한다. 그리하여 설정하는 것이 怨靈의 作戱 또는 祖靈崇拜의 소홀이다. 怨靈과 祖靈 등의 '厄과 福의 主宰者'를 설정하고, 祭祀, 告祀, 致誠을 베풀어 그들을 歆饗시킴으로써 갈등을 해소하고자 한다. 그 갈등은 물론 凶作, 凶漁, 身厄과 같은 삶의 가장 기본적인 문제에로 집중된다.

傳說의 내용에서 드러나는 祭儀動機의 제 측면은 '厄과 福의 주재자'로서의 超自然에 대한 민간사고의 서로 다른 인식태도를 보여 준다. 그것은 때로 가해자로 때로 은혜자로 인식되며, 이 서로 다른 인식의 공존은 영원히 해결될 수 없는 갈등의 상황과 병렬관계에 선다. 民間習俗은 보다 적극적인 辟邪의 의미에 집중되며, 이런 점에서 厄과의 타협을 도모하는

祭儀와는 다른 성격을 지닌다.

不可解한 갈등의 해소를 위한 방편으로 祭儀가 마련되고 유지되어 온 것처럼, 인간이 超自然이라는 한계를 뛰어넘지 못하는 한, 祭儀는 殘存하는 하나의 文化現象으로서 지속적으로 傳承反復될 것이 분명하다.[3]

■ **참고자료 : 고시래[4]**

예전에 高씨 성을 지닌 처녀가 어느 대갓집에서 하녀살이를 하고 있었다. 워낙 얼굴이 못생기어 누구 하나 거들떠보지도 않는지라 아예 시집갈 생각은 염두에도 못 두고 혼기가 지났다. 그러던 중 이상하게도 어느 때부터인가 태기가 있기 시작하고, 배가 불러 오자 주인마님이 앞에 불러 세우고 그 까닭을 물었다. 그러나 이 처녀는 남자란 가까이 한 적도 없으려니와 거들떠보아 주지도 않는다고 하면서 자기도 무슨 영문인지 모르겠노라 대답할 뿐이었다.

주인은 그래도 이상하지 않느냐고 추궁을 하였다. 그러고 보니 이상한 일은 있었다. 지난겨울 추운 날, 시내로 빨래를 갔었는데 물 위로 떠 오는 복숭아가 있어 철 아닌 과일이 웬일인가 하고 호기심에 그냥 먹은 적이 있었다. 그러고 보니 그 후부터 배가 부르기 시작한 것 같다고 말했다.

이러한 정도로 더 따져 묻지도 못하다가 드디어 열 달 만에 해산을 하였는

3 이 글에서 자료로 참고한 주요 문헌은 다음과 같다. 손진태, 《한국민족설화의 연구》, 을유문화사, 1947 ; 장덕순, 《설화문학개설》, 선명문화사, 1974 ; 성기열, 《한국구비전승의 연구》, 일조각, 1976 ; 여영택, 《울릉도의 전설 · 민담》, 정음문고, 1967 ; 진성기, 《남국의 신화》, 아림출판사, 1965 ; 진성기, 《남국의 전설》, 일지사, 1970 ; 최임규, 《강원도지방 설화의 연구》, 고려대학교 교육대학원 석사학위논문, 1976.

4 1967년 1월 9일 9시 30분 경기도 楊平郡 西宗面 汶湖里 栗坪 鄭達成씨(남자, 58세, 농업)〔성기열, 《한국구비전승의 연구》, 일조각, 1976. pp.3-5 재인용〕.

데 사내아이를 낳았다. 주인은 아비 없이 태어났으되, 복숭아를 먹고 밴 아이이니 성을 '桃'라 하고 이름을 '孫'이라 지어 주었다.

아이는 자라면서 영리하고 총명하여 주인집 아이들이 공부하는 곁에서 어깨너머로 배운 글이 그들보다도 훨씬 나았다. 이에 주인집 아이들은 桃孫을 시기하고 미워하면서 아비 없는 자식이라고 짓궂게 굴었다. 이에 桃孫은 그 까닭을 어머니에게 물었더니 어머니는 그제야 그간의 이야기를 모두 자세히 들려주었다.

이야기를 듣고 난 桃孫은 이런 나라에는 못 살겠으니 중국으로 건너가 마음껏 공부하겠노라 하고 어머니 곁을 떠나 중국으로 건너가 버렸다. 중국에 건너가 도술이 높은 선생을 만난 桃孫은 열심히 공부하니 얼마 아니 가서 上通天文 下達地理하는 처지가 되었고 선생은 더욱 귀여워하였다. 하루는 선생이 천기를 보고 하는 말이 "너의 모친이 돌아가셨으니 어서 가 장사를 모시고 오라. 장지는 梅花落地形을 지닌 곳으로 하라" 하였다. 곧 귀국하여 보니 과연 모친 高씨는 세상을 떠났는지라, 모친의 시체를 메고 그 선생이 일러 준 곳을 찾아 헤맸으나 찾지 못하고 우선 가매장을 하고는 다시 중국으로 갔다. 선생은 "梅花落地形이란 平原을 뜻함이라" 하고 다시 일러주어 그제야 허둥지둥 귀국하여 이곳저곳 헤매다가 드디어 金堤의 萬頃平野로 결정하고 그곳에 자기 모친을 安葬하였다.

그해부터 이 金堤 平野에는 벼농사가 잘 안 되었다. 병들고 시들고 이상야릇한 병이었다. 논밭으로 나온 농사꾼들은 어쩔 줄을 모르고 서성대기만 하였다. 그러던 중 어느 농부의 눈에 논 가운데 있는 산소가, 그것도 풀이 무성한 無主塚 같은 산소가 눈에 띄었다.

"자라라는 벼는 안 자라고 저 산소의 풀은 왜 저리 우거졌는가? 에라 그 주인도 없는 산소 벌초나 해 주자."

하고는 낫을 들고 가 깨끗이 벌초를 해 주었다.

그 이튿날이 되자, 산소의 벌초를 해 준 농부의 논벼는 병기가 가시고 다시 푸르러지기 시작하였다. 이 이야기가 퍼지자 너도나도 달려들어 그 桃孫母의 산소에 몰려들어 치산을 해 주노라 법석이었고, 그런 일을 한 농부의 논은 영락없이 벼가 잘 되었다. 그 후로는 해마다 돌아가며 이 桃孫母의 산소를 돌보게 되었다. 그리고는 다시 金堤 平野에 凶年이라고는 오지 않았다.

이러한 이야기가 전국적으로 퍼지자 그 산소와 멀리 떨어진 지방의 농부들은 자기 고장에서 그대로 대신할 수 있는 방법으로 들일을 하다가 들밥을 먹을 때에는 그 첫 순갈을 떠 "高씨네" 하고 던지며 桃孫母에 대한 대접을 한 뒤에야 먹는 풍습이 생기게 되었다.

"그래야 농사가 잘 된단다." 이 '高씨네'는 다시 '高시네'로, 다시 '高시레' 또는 '高시래'로 바뀌어 오늘날에는 우리 나라 어디를 가나 들밥을 먹을 때는 반드시 이 '고시래'라는 말과 함께 먼저 첫 순갈을 虛空에 던지는 풍습을 볼 수가 있다.

—《고대신문》 881호, 고려대학교, 1981. 3. 31.

形成期 古典小說의 전개와 寓言文學

머리말

寓言이라는 용어가 과거에 사용된 것을 보면, 때로는 넓은 문맥에 걸쳐 단순하게 寓意를 뜻하기도 하고, 때로는 修辭方式으로서의 寓喩(allegory)를 뜻하기도 하고, 때로는 공통의 특성을 지니는 일군의 작품을 묶어 지칭하는 즉 하나의 장르(Genre)를 가리키기도 하였다.

크로체(Benedetto Croce, 1866~1952)처럼 개개의 작품만을 인정할 뿐 장르의 존재를 부정하는 장르無用論을 따르는 것이 아니라, 학문의 체계성을 지향하는 장르實在論을 지지하는 입장일 때에, '比喩寄託을 담은 短形의 이야기'[1]로서의 우언을 상정하여 그를 敍事文學의 한 하위장르로

1 寓言의 성격에 대하여 劉征과 汪惠敏의 의견을 참고하면, 劉征은 ① 한 개의 이야기로 구성되거나, 혹은 일정한 이야기구조를 지닐 것(要構成一個故事, 或者具略一定的故事情節), ② 그 이야기는 虛構的일 것(這故事要是虛構的), ③ 그 이야기는 比喩의 성격이 있을 것(這故事要是比喩性的), ④ 그 比喩는 비교적 깊은 寓意를 지닐

서 위치 짓는 것은, 우언의 含意에 대한 다소의 넘나듦은 있더라도, 대부분의 연구자들에게 공감을 얻고 있는 듯하다. 우언이 서사문학 내의 여타의 하위장르와 어떻게 관계를 맺고 있는지, 그 역사적 轉變은 어떠한지에 대한 검토도 산발적으로 이루어지고 있으나, 보다 정연한 설명이 요청되는 시점이다.

주지하듯이 寓言의 연원은《莊子》〈寓言篇〉에서 찾을 수 있고, 춘추전국 시대에 산문 시대가 열리면서《韓非子》,《呂氏春秋》,《戰國策》등 諸子百家의 저작 중에 다양한 寓言이 등장하였다. 정치제도·경제관계·사회조직 등 모든 면에 걸쳐 심각한 동요가 있던 이 시기에, 직설적인 담화를 피하고 假託의 수법을 통해 자신의 사상과 의도를 전하려는 사회적·도덕적·문학적 욕구가 다양한 寓言의 문학을 낳게 되었고, 이후 동양의 한문문명권 전역에 걸쳐 지속적으로 문학적 산출이 있었음을 확인할 수 있다.

이 글에서는 한국 고전서사문학의 중심적 장르로서 발달해 나온 고전소설의 사적 전개 과정에 寓言의 기여가 어떠했는지, 특히 고전소설이 본격적으로 형성된 15-16세기의 상황을 살펴보고자 한다.

것(這比喻要有較深的寓意), 汪惠敏은 ① 性質 : 短小精悍的 故事, ② 結構 : 完整的 故事性 結構, ③ 技巧 : 隱喩的 方式, ④ 文體 : 散文體 書寫, ⑤ 題材 : 虛構性的 題材, ⑥ 功效 : 敎訓 啓示 諷刺的 正面效果. 劉征, 序,《寓林折枝》, 북경출판사, 1984 ; 汪惠敏, 〈先秦寓言的 考察〉,《문학평론》, 5집, 대만, 1978, p.7.

1. 한국 서사문학에 있어 寓言의 형성과 전개

우리 문학사에서 寓言의 연원이 되는 작품은 〈龜兎之說〉과 〈花王戒〉이다. 寓言은 구비서사문학인 民譚을 수용해 나타난 '說話 계통'과, 작가가 지어낸 '創作 계통'으로 나뉜다고 볼 수 있는데, 우리 문학사에 있어 설화 계통은 고구려의 先道解에 의한 〈龜兎之說〉, 창작 계통은 신라의 육두품 문인 薛聰에 의한 〈花王戒〉를 통해 그 초기의 양상을 살필 수 있다.

우리 문학사에서 寓言의 연원이 되는 〈龜兎之說〉과 〈花王戒〉의 경우를 보면, 寓言은 본질적으로 구체적 역사현실의 대응으로부터 벗어나지 않는다는 사실을 시사받는다. 또한 이들 두 이야기는 寓言이 사용되는 동기 및 목적에 대해서도 시사해 준다.

〈龜兎之說〉은 신라의 金春秋가 백제의 원수를 갚고자 고구려에 원병을 청하러 갔다가 오히려 寶藏王에게 사로잡혀 감옥에 갇히게 되었을 때 왕의 寵臣인 先道解에게 靑布 삼백 步를 뇌물로 주고 들은 이야기이다. 김춘추는 이 〈龜兎之說〉을 듣고 암시받은 바 있어, 거짓으로 보장왕이 요구하는 땅을 준다고 했다. 마침 신라군이 쳐들어온다는 첩자의 보고도 있고 해서 왕은 후하게 禮待해 김춘추를 돌려보낸다.[2] 〈구토지설〉에서 용왕과 자라는 보장왕에, 토끼는 김춘추에 대응되며, 기본적 의미는 강한 자의 무도함에는 약한 자 또한 거짓으로 대응할 수 있음을 보여 주는 것이다.

고구려의 신하인 先道解는 新羅人 김춘추에게 圖命의 길을 알려 주면서, 직설적 담화가 후일 자신에게 닥칠지도 모르는 禍를 피하기 위해

---

2 金富軾, 《三國史記》, 권 41, 列傳 1, 金庾信 上.

寓言의 수법을 사용하고 있다.

薛聰이 지은 〈花王戒〉는 간신을 총애하고 충신을 忽待하는 혼암한 君主를 빗댄 것으로서, 花王 모란은 神文王에, 白頭翁은 설총과 같은 충신에, 장미는 간신에 각각 대응되고 있다. 이 이야기는 처음 신문왕이 울적함을 달래고자 설총에게 '高談善謔'을 듣기 원해서 이루어진 것인데, 이야기를 모두 듣고 난 신문왕은 깊이 勸戒되어 "그대의 寓言은 진실로 깊은 뜻을 담고 있으니 청컨대 이를 글로 적어 두어 임금된 자의 경계로 일컫고자 한다"고 말하고 있다.[3] 이 역시 신하로서 왕에게 諷諫하는 자신의 뜻을 전하기 위해 직설적 담화를 피하면서 寓言의 수법을 사용했음을 보게 된다.

우언은 하나의 서사문학 장르로서 독자적으로 그 전통을 유지해 개별 작품을 산출하고 때로는 成俔의 〈浮休子談論〉,[4] 李光庭의 〈亡羊錄〉[5] 같은 우언 작품집을 내기도 하는 한편, 여타의 서사장르에 견인되어 변형된 모습을 보이거나, 여타의 서사장르와 복합하여 새로운 장르 형성에 기여하기도 한다.

문학사에 있어 하나의 역사적 장르(historical genre)는 기존 장르의 여러 특성들이 복합하거나 특수하게 발전하면서 형성되는데, 이 역사적 장르로부터 抽象될 수 있는, 즉 그 역사적 장르의 장르적 속성을 표상하는 樣式(mode)은, 한 시대의 역사적 장르가 소멸되더라도 殘存하여, 장르 복합을 통해 후대에 새로운 장르 형성에 기여하거나 혹은 후대의 여러 작품에 그 흔적을 남기게 된다.[6]

---

3 위의 책, 권 46, 列傳 6, 强首·崔致遠·薛聰 : 子之寓言誠有深志 請書之以謂王者之戒.

4 이종묵, 〈부휴자담론과 우언의 양식적 특성〉, 《고전문학연구》, 5, 한국고전문학회, 1990 ; 성현 지음, 이종묵 옮김, 《부휴자담론》, 홍익출판사, 2002.

5 김영, 《망양록 연구》, 집문당, 2003.

우언은 고려 후기의 假傳과 托傳, 16-17세기에 걸쳐 나타난 夢遊錄과 寓言소설, 18-19세기에 다양하게 산출된 動物寓話小說에 그 뚜렷한 흔적을 남기게 된다. 고려 후기 假傳과 托傳에서 傳과 寓言의 장르복합현상을 대할 수 있으며, 조선 시대 夢遊錄에서 傳奇와 寓言의 장르복합현상을 대할 수 있다.[7]

2. 假傳의 소설적 變異型 — 〈丁侍者傳〉

韓愈의 〈毛穎傳〉에서 그 기원을 찾을 수 있으며, 傳과 寓言의 장르복합현상으로도 설명할 수 있는 假傳 장르는, 우리 문학사에서 고려 후기에 그 뚜렷한 자취를 보여 주었다. 가전은 15세기 본격적인 소설의 대두에 앞서 고려 후기 문인들의 서사적 욕구를 대변해 준 장르였던 셈이다.

그런데, 고려 후기 假傳의 한 작품으로 거명되어 온 釋 息影庵[8]의 〈丁侍者傳〉은 여타의 가전 작품과는 달리, '家系—行蹟—評結'의 단

6 장르와 양식의 개념 및 장르史에 대한 이러한 견해는, Alastair Fowler, The Life and Death of Literary Forms, *New Directions in Literary History*, R. Cohen ed., Routledge & Kegan Paul, London, 1974.

7 장효현, 〈전기소설의 장르개념과 장르사의 문제〉, 《한국고전소설사연구》, 고려대학교출판부, 2002, pp.79-80.

8 석 식영암은 김현룡에 의해 忠宣王의 庶子인 德興君 譓(1300년경 출생)로 고증된 바 있으나, 이종문에 의해 의문이 제기되었고, 김건곤에 의해 南原 梁氏로서 法名이 淵鑑인 인물로 다시 고증되었다(김현룡, 〈석 식영암의 정체와 그의 문학〉, 《국어국문학》, 89, 국어국문학회, 1983 ; 이종문, 〈'식영암=덕흥군'설에 대한 재검토〉, 《한문교육연구》, 19, 한국한문교육학회, 2002 ; 김건곤, 〈석 식영암의 정체에 대한 재론〉, 《대동한문학》, 25, 대동한문학회, 2006).

계를 밝는 '傳'의 일반적 형식을 벗어나, 작품이 시작하면서 곧바로 狀況과 對話가 이어진다는 점에서 '小說'에 근접하는 발전된 모습을 보여 준다.

> 立冬날 새벽, 식영암이 庵子 안에서 벽에 기대어 조는데, 밖에서 어떤 이가 뜰에서 절하며 문안 여쭙는 소리가 들렸다. "새로 온 정시자가 뵙나이다." 괴이히 여겨 나가 보니 한 사람이 있는데, 형체가 가늘고 길며, 색은 검고 빛나며, 붉은 뿔은 높이 우뚝하여 싸울 듯하였고, 검은 눈은 불거져 나와 부릅뜬 듯한 것이, 기우뚱기우뚱하며 들어와 오뚝이 섰다.
>
> 식영암이 처음에는 두렵다가 이윽고 불러, "그대는 앞으로 오게. 우선 그대에게 물을 것이 있네. 먼저 그대는 왜 이름이 丁인가? 어디서 왔으며, 와서 무엇을 하려는가? 또 내가 평소에 그대 얼굴을 알지 못하는데, 그대가 侍者로 칭하니, 어찌 말이 없겠는가?"
>
> 말이 끝나지 않았는데, 丁은 마침내 깡충깡충 뛰어 나와, 말을 차분히 하면서 공손히 대답하였다. "옛날 처음에 있었던 聖人으로, 소의 머리를 한 자로 包犧라 하는 이는 아비이고, 뱀의 몸을 한 자로 女媧라 하는 이는 저의 어미입니다. 〔…〕 저는 명을 듣고 기뻐 뛰며 외다리로 왔사오니, 바라옵건대 장로께서는 용납하여 받아주십시오."[9]

가전이 흔히 시간적 배경은 주로 古代, 공간적 배경은 중국으로 하여,

---

9 《동문선》, VIII, 민족문화추진회, 1982, 원문, p.643 : 立冬日昧爽, 息影庵在菴中倚墻睡, 聞外有庭拜問訊聲, 云"新到丁侍者衆", 怪而出視之, 有人焉. 形纖而長, 色默而光, 赤角高撑若觝鬪, 玄睛挺露若瞑㫏, 彳亍而入, 孑孑而立. 息影庵始而瞿然, 頃而呼曰, "子來前, 始有問於子, 且子何名爲丁, 何自而來, 來何爲乎, 抑吾素不識子面, 子而稱侍者, 何以豈有說乎." 言未旣, 丁遂雀躍而進, 徐其辭而謹對曰, "古初有聖人, 其首牛者曰包犧, 吾考也. 其身蛇者曰女媧, 吾妣也. 〔…〕 吾聞命欣躍, 隻脚以來, 願長老容受."

그 외형·성질에 맞게 立傳 대상을 의인화하는 데 반해, 〈정시자전〉은 이처럼 立冬날 새벽이라는 시간과 庵子라는 공간의 현실적 배경을 명확하게 제시하고, 작자 식영암 자신이 이야기 속의 인물로 등장한다. '倚墻垂'라고 서술하여, 禪師로서 새벽에 참선하고 있어야 할 자신이 졸고 있었음을 하나의 서사적 환경으로 제시해 준다.[10]

〈정시자전〉은 問答으로 내용이 구성되어 있다. 식영암이 정시자에게 이름이 무엇이며 어디서 왔는가 등등을 물으니, 정시자는 부모의 내력, 자신의 모습에 대한 경위, 號·姓에 대한 설명, 타고난 직분 등에 대해서 이야기하고, 자신을 받아 달라고 한다. 그러자 식영암이 壯·勇·信·義·智·辯·仁·禮·正·明의 여러 덕을 갖춘 그의 '集斯衆美'를 칭송하고, 자신보다 덕이 더 높은 이를 侍者로 할 수는 없다고 하여 다른 데로 보낸다. 〈정시자전〉의 문답식 구조는 佛家에서 話頭를 제시하고 그것을 풀어나가는 禪問答의 형식과 비슷하다. 釋 慧諶의 〈氷道者傳〉, 〈竹尊者傳〉도 행적부가 문답 구조를 이루고 있는데, 이는 작자의 신분이 禪僧인 때문인 것으로 보인다.

가전이 주요 행적을 중심으로 하면서도 立傳 대상의 일대기 형식을 띤다면, 〈정시자전〉은 석 식영암이 정시자를 만나는 단일 사건으로 기술되어 있다. 또한 傳의 評結部가 일반적으로 '史臣曰', '太史公曰'로 시작되어 본문과는 독립적인 역할을 하며 작자의 서술의도를 드러낸다면, 〈정시자전〉에서는 평결이 본문의 문답 내용에 포함되어 있으며, 대신 평결의 자리에는 정시자를 전송하는 노래가 들어 있다.

10 이를 夢遊의 入夢으로 해석하는 연구자도 있으나, 覺夢 부분이 나타나지 않으므로 문면의 서술을 그대로 해석해야 할 듯하다.

이어 노래를 지어서 전송하였다. "丁이여. 성큼성큼 각암의 뜰로 가시오. 나는 박과 오이처럼 여기에 있으니, 그대 丁만 못하오."[11]

〈정시자전〉은 내용면에서 볼 때, 錫杖의 의인화를 통해 禪僧의 이상적인 품격을 제시하려 한 작품이라고 할 수 있으며 假傳의 일반적인 立傳 意圖와 부합한다. 그러나 〈정시자전〉은 가전의 일반적 격식에서 벗어나, 이처럼 소설에 근접하는 모습을 보여 준다.

3. 假傳을 응용한 寓言小說 —〈書齋夜會錄〉

15세기에 金時習(1435-1493)의 《金鰲新話》가 나타남으로써 小說의 본격적인 발전을 보게 되고, 16세기에 들어 다양한 작품들이 나타나는바, 15세기로부터 17세기 前半까지의 소설사의 작품들에서는 신라 이래의 유력한 서사장르인 傳奇와 寓言의 양식적 殘存과 기여를 확인할 수 있다.

그 가운데에서 申光漢(1484-1555)의 단편소설집 《企齋記異》에 들어 있는 〈書齋夜會錄〉은 가전의 소설적 변이형인 〈정시자전〉에서 한 걸음 더 나아간, 假傳을 응용한 寓言小說의 사례를 보여 준다. 短形의 서사산문장르인 우언이 그 構造的 舊殼(rigid structural carapace)을 넘어 소설로 발전한 것이다.[12]

---

11 위의 책, p.643 : 因爲歌而送之曰, "丁哉. 趨而之乎匿菴之庭, 予匏瓜於此, 不若汝丁."♣

12 Alastair Fowler, 앞의 논문, p.92 : The Genre, limited by its rigid structural carapace, eventually exhausts its evolutionary possibilities. But the equivalent mode, flexible, versatile, and susceptible to novel commixtures, may generate a compensating multitude of new generic forms.

〈書齋夜會錄〉은 작가 신광한의 내면의식을 잘 담아낸 작품이다. 가전을 응용하여 文房四友를 의인화해 등장시키면서 그들을 통해 작가 자신의 처지와 의식을 투영시키고 있다.

> 어떤 선비가 있었는데, 성명은 생략하여 적지 않는다. 옛 것을 좋아하고 뜻이 커 세상에서 배척을 받았다. 집은 비록 몹시 가난했으나 뜻은 활달하였다. 일찍이 達山村에 오두막을 지어 문을 닫아걸고 왕래를 끊고는 오로지 서책에서 즐거움을 찾았다.[13]

> "저는 高陽氏의 후손입니다. 집안에서 좋은 일을 많이 해서 복을 받아 대대로 높은 벼슬을 했습니다. 그러나 螢雪之功에 뜻을 두어, 화려한 생활을 끊겠다고 생각했습니다, 博學·審問·愼思·明辨의 가르침을 스승 삼고, 格物·致知·誠意·正心의 학문을 몸소 행했습니다. 우러러 하늘에 부끄럽지 않고 아래로 사람에게 부끄럽지 않으며, 거처함에 방 귀신에게 부끄럽지 않고, 잠자리에 들어서는 이부자리에 부끄럽지 않게 되고자 한 것이 여러 해 되었습니다. 〔…〕 궁벽한 땅에 뒤늦게 태어나서 외롭고 쓸쓸했지만, 마음은 옛 것을 사모할 줄 알았고 행실은 허물을 감추지 않았습니다. 여러 차례 죽을 뻔하고, 깊은 함정에서 겨우 빠져나왔는데, 친구들은 나를 저버리고, 집안사람들은 꾸짖었습니다. 困厄을 당함이 이와 같지만, 일찍이 원망하거나 근심하지 않았습니다."[14]

---

13 고려대학교 만송문고본(소재영,《기재기이연구》, 고려대학교 민족문화연구원, 1990, 부록, p.27) : 有一士夫, 略姓名不書. 好古落拓爲世所擯, 家雖窘罄, 意豁如也. 嘗構別墅于達山村, 杜門斷往還, 唯以書史自娛.

14 위의 책, pp.36-37 : "某乃高陽氏之後也, 家積善慶, 世襲貂蟬, 然而志存螢雪, 念絶綺紈, 師博審思辨之訓, 躬格致誠正之學, 自期仰不愧天, 俯不愧人, 居不愧奧, 寢不愧衾者, 有年矣. 〔…〕 地偏生晩, 踽踽涼涼, 心知慕古, 行不掩過, 濱於九死, 出於重坎, 賓朋相棄, 室人交讁, 厄窮如此, 曾不怨悶."

〈서재야회록〉에서 처음 주인공을 설명할 때 姓名을 기록하지 않고 있지만, 그가 작가 신광한 자신이라는 것은 충분히 짐작되며, 선비가 자신을 高陽氏의 후손이라고 소개하고 있는 대목에서 분명히 드러난다. 고양씨는 三皇五帝 중의 한 사람인 顓頊이지만, 신광한의 본관인 高靈의 옛 지명이 또한 高陽이기 때문이다.15

주인공은 "쓸쓸히 宋玉이 가을을 슬퍼하던 마음이 생겨나고, 아련히 李白이 달을 완상하던 감흥이 일어나는" 어느 날 밤에, 적막한 서재에 이웃이 적고(岑寂書齋少有隣) 술잔 멈추고서 달을 이야기할 상대가 없는(停盃誰與問氷輪), 세상과 단절되어 있는 상태에서 文房四友의 精靈들과 만난다. 처음 주인공은 緇衣者(벼루), 脫帽者(붓), 白衣者(종이), 黑衣者(먹) 네 사람의 대화하는 모습을 방관적으로 엿볼 따름이다. 네 사람이 한결같이 토로하는 것은 자신이 늙고 병들었다는 것이다. 이윽고 주인공과 네 정령이 마주하고 그들은 차례대로 자신의 내력을 얘기하는데, 그 표현수법은 전통적인 假傳의 그것이다. 처음으로 자신의 내력을 얘기하는 緇衣者는 다음과 같이 자신을 소개한다.

> "저는 堪坏氏의 후예입니다. 舜의 곁에 이름이 嚚라는 자가 있어 舜과 함께 河水 가에서 질그릇을 구웠습니다. 순이 황제 자리에 나아가자 드디어 성을 陶氏라 했는데, 이 사실이 虞典에 실리지는 않았습니다. 그 후대에 沮水와 漆水로부터 질그릇 굽는 굴에서 古公을 따르고 인하여 서쪽 땅에 일가를 이루었습니다. 武王이 紂를 정벌함에 이르러 함께 참여하여 泰誓를 들었고, 자손 중에 서쪽 땅을 떠나 魏나라 땅으로 옮겨 산 자가 성을 고쳐 瓦氏라 했습니다. 위나라가 망하자 비로소 드러나, 唐나라 貞元 무렵에 와씨 중에 李觀과 교제한 사람이 있었는데 장안에서 노닐다가 객사하니 이관이 예로

---

15 김인경, 〈기재기이 연구〉, 고려대학교 석사학위논문, 2004, p.25.

써 장사지내 주었고, 사람들이 오늘에 이르도록 영화롭게 생각하고 있습니다. 그러나 瓦氏는 지류이고 甄氏가 本宗입니다. 저의 실제 조상 甄이 비로소 탄생하던 날에 산모의 몸이 찢어지지도 않고 상처가 나지도 않았으며 손바닥에 '池'라는 글자가 있어, '池'로 이름을 삼았습니다. 저의 족보 계통과 성명은 이와 같으니, 어찌 감히 서로 숨겨 저를 알아주는 이를 속이겠습니까?"16

주인공과 마주한 그들의 언급 속에도 '세월의 흐름 속에 효용이 다하여 버려지는 존재'라는 자신에 대한 悔恨이 동일하게 담겨 있다.

"다만 이제는 늙어서 한 번 부서지니, 만사가 와열되었습니다. 비록 斯文에 약간의 공로가 있으나 누가 다시 기억해 주겠습니까?"17 (緇衣者)

"어려서부터 서적을 탐독했고, 부지런히 하며 세월을 보냈는데, 늙어서는 소갈병에 걸렸습니다. 비록 知己에 의탁하고 있으나, 豫讓이 몸에 옻칠을 한 것과 같은 보답을 해 드리기가 어렵습니다. 감히 어진 분께 의지하니, 늙어서 버림받았다는 탄식은 하지 않겠습니다."18 (黑衣者)

"비록 마음과 뜻을 힘껏 씻고 정신을 깨끗이 닦았으나, 본래 채색을 받을

16 위의 책, pp.38-39, "我堪坏氏之後. 方舜之側, 微有名器者, 與舜陶河濱. 及舜卽帝位, 遂姓陶氏, 事不載虞典. 其後世自沮漆, 從古公于陶穴, 因家西土. 至武王伐紂, 與聞泰誓, 子孫之去西土, 移居魏地者, 改姓瓦氏, 魏亡而始顯. 唐貞元間, 瓦氏有與李觀交者, 遊長安, 客死, 觀禮葬之, 人至今以爲榮. 然瓦氏支而甄氏宗也. 我實祖甄始生之日, 不拆不副, 有文在掌曰池, 以池爲名. 鄙人譜系姓名, 則如是, 安敢相諱以誣知己."

17 위의 책, p.39, "但今年老一敗, 萬事瓦裂, 縱有微勞於斯文, 誰復記取."

18 위의 책, p.40, "少耽書籍, 兀兀窮年, 暨乎晩節, 漸成消渴. 雖托知己, 難圖漆身之報. 敢依仁人, 不作老棄之歎."

자질이 아닙니다. 암암리에 경박하다는 참소를 입고 끝내 장 항아리를 덮었습니다."[19] (白衣者)

"이제 노둔해지고 젊었을 적의 뜻은 다 꺾였습니다. 짧은 머리에 관을 쓰지 않고 옆 사람들을 보기가 부끄럽습니다."[20] (脫帽者)

자신들의 家系의 내력과 현재의 불우한 처지를 토로하는 내용을 주인공에게 말하고 所懷를 담은 詩를 읊은 후 그들은 사라진다. 작자이기도 한 주인공은 이제 그들의 처지와 자신의 처지의 공감 속에 그들을 장례 지내 주고 祭文을 지어 위로한다.

〈서재야회록〉은 세상과 단절된 선비의 오롯한 벗이라 할 紙筆硯墨의 精靈을 등장시켜 그들의 형상 속에 작가 자신의 처지와 내면의식을 다각도로 투영시킨 寓言小說의 한 작품이다. 이 가운데에 응용되는 假傳의 수법은 작가 자신의 처지와 내면의식을 다각도로 투영시키는 효율적인 형상화의 한 도구로 기능하는 셈이다.

4. 演義體 寓言小說 — 〈愁城誌〉

天君이 다스리는 마음의 나라에 근심의 성(愁城)이 만들어지고 이를 麴襄장군(술)이 격파한다는 내용의 林悌(1549-1587)의 〈愁城誌〉는 假傳을 응용한 우언소설의 한 단계 발전한 양상을 보여 준다. 가전과 같은 列傳體도, 〈花史〉 같은 本紀體도 아닌, 演義體 우언소설의 새로운 모습

19 위의 책, p.42, "雖疏瀹心志, 澡雪精神, 本非受采之資, 暗蒙輕薄之讒, 終覆醬瓿."
20 위의 책, p.44, "如今老鈍, 夙志摧盡, 短髮脫帽, 羞見傍人."

을 거기에서 볼 수 있다. 그 줄거리를 정리해 보면 다음과 같다.

天君이 즉위하여 연호를 降衷으로 정하고 仁義禮智, 喜怒哀樂, 視聽言動을 잘 통섭하여 태평성대를 누리지만, 천군이 오직 文房四友를 벗하여 竹帛에 노닐고 古今을 읊조리니, 主人翁(敬)이 거듭 나아와 편중됨이 없이 中和를 이룰 것을 충간한다. 천군은 충간을 받아들여 復初로 연호를 고친다.

복초 원년에 哀公이 시름의 원인을 알지 못하겠다고 상소하니, 천군도 우울하여 意馬를 대령케 하여 팔방을 주유하려 하나, 주인옹이 만류한다. 屈原과 宋玉이 나타나 천군의 덕을 예찬하며 기거할 땅을 구하니, 천군은 이를 허락하고 築城을 도울 것을 명한다. 천군이 胸海가로 떠난 두 사람을 잊지 못하여 〈楚辭〉를 읊고 다른 일에는 관여하지 않는다. 천군이 축성을 관망할 때 거기에는 수만 가닥의 원통한 기운과 몇 천 겹의 시름이 쌓이고 忠臣義士나 억울하게 화를 당했던 사람들의 처절하고 낙백한 모습들만 오갈 뿐이었다. 그 성 이름을 愁城이라 하고, 그 안의 弔古臺에 천군이 좌정한다. 성 둘레의 네 문 — 忠義門, 壯烈門, 無辜門, 別離門 — 으로 원한을 품은 이들이 몰려드는데, 천군은 管城子(붓)에게 그 사연을 기록하도록 명한다. 각 문마다 충신의사들이 가득하여 관성자가 다 기록하지 못한 채로 천군에게 보고하자, 천군은 수심을 이기지 못하고 그해를 보낸다.

천군 2년 봄 이월에 주인옹이 麴襄장군(술)을 등용하여 수성을 파하도록 간한다. 천군이 孔方을 시켜 국양을 불러 三州대도독 驅愁대장군을 제수한다. 국양이 군사를 거느리고 수성에 이르러 격문을 보내니 성민이 모두 항복하려 하나, 굴원만이 항복을 않고 머리를 풀어헤치고 도망간다. 국양이 海口로부터 공격하니 성민이 문을 열고 항복하고, 천군은 국양을 치하하고 작위를 수여한다.

요약된 줄거리에서 보듯이, 〈수성지〉는 주요 인물들이 등장하여 엮어 가는 허구적 갈등의 상황과 사건으로 구성되어 있다. 〈수성지〉에 등장하는 주요 인물은 천군·주인옹·국양 등이다. 천군은 마음의 의인화로서 군주로 등장한다. 주인옹은 敬의 의인화로서 왕에게 충간을 감행하는 신하이다. 국양은 술의 의인화로서 수성을 격파하기 위해 주인옹이 천거한 장군이다.

〈수성지〉에서 의인화되는 인물들은 일반적으로 알려진 사물로서의 특성을 지니고는 있으나, 허구적 상황하에서의 역할에 더 비중이 두어진다. 일례로 국양(술)의 경우, 그의 내력이나 수성을 공격하는 행적은 假傳에서의 家系와 行蹟의 서술 수법을 본받고 있다.

> 이 사람은 본디 조상의 가계가 穀城에서 유래하여 麴生의 아들로서 이름은 襄이요, 자는 太和이온데, 아주 그 아비의 기풍을 지니고 있사옵니다. 그의 선조는 일찍이 屈原과 틈이 벌어진 일이 있었으며, 혹은 阮籍·阮咸 그리고 嵇康·劉伶 등으로 더불어 죽림의 교유를 맺기도 하였고, 혹은 白衣를 입고 도연명을 潯陽으로 방문하기도 하였사옵니다. 李白은 金龜로 전당을 잡힌 일이 있어 마침내 생사를 같이한 친구가 되었으며, 그 뒤로 이내 爵을 매매한 일 때문에 청백한 이름에 다소 누를 끼쳤으나, 역시 그의 본심은 아니었습니다. 지금 국양은 자못 淸虛를 숭상하고 浮義를 좋아하여 淸이 되었건 濁이 되었건 놓치는 바 없으며, 여자들을 자주 가까이 하지만, 그러나 尊俎에서 절충하는 도리가 있다 하옵니다.[21]

21 林悌 저, 신호열·임형택 공역, 《백호전집》, 창작과비평사, 1997, pp.698-699(번역), pp.971-972(원문) : 其漢係出穀城麴生之子, 名襄, 字太和, 深有乃父風味. 其先曾與屈原有隙, 或有以白衣, 訪元亮於潯陽者. 李白一金龜爲質, 卒與爲死生之交. 其後買爵事, 小累淸名, 而亦非其本心也. 今襄但尙淸虛好浮義, 於淸獨無所失, 多近婦人. 然有折衝棧之氣,

그러나, 고려 후기의 假傳 작품인 〈麴醇傳〉이나 〈麴先生傳〉에서처럼 술의 내력과 가치를 이야기하기 위해 등장하는 것이 아니다.

마음을 천군이라 칭하는 전통은 《荀子》〈天論〉에 처음 보이며, 〈수성지〉보다 10여 년 앞서 지어진 가전인 金宇顒(1540~1603)의 〈天君傳〉에서 이를 원용하였다. 〈천군전〉에서는 천군이 마음의 나라를 잘 다스리다가 公子 懈(게으름)와 公孫 傲(무례함)가 등장하여 太宰 敬과 百揆 義를 쫓아내 국가의 법도가 무너지고 도적에게 나라를 빼앗기나, 양심을 의미하는 공자 良의 깨우침에 의해 천군이 전열을 정비하여 다시 나라를 되찾게 된다. 〈천군전〉에서는 이처럼 存心養性의 중요성을 드러내는 성리학적 사유가 기저를 이룬다. 그러나 〈수성지〉는 이념의 표출에 머물지 않는다. 〈천군전〉이 작품의 주제를 직설적으로 노출하는 반면, 〈수성지〉에서는 사건의 전개를 통해 주제가 드러난다.

屈原·宋玉이나 네 門에 몰려드는 忠臣義士들은 모두 실제 역사 속의 인물 성격이 그대로 반영되어 있으며, 상당한 분량에 달하는 그들에 대한 설명을 통해, 작가는 천군과 더불어 '不義에 희생된 충신의사들의 義烈을 기리는 愁心'에 공감한다. 그런데 작품은 국양의 수성 격파를 통해 反轉되고 수심은 즐거움으로 바뀐다. 그럼에도 끝내 해소되지 못하는 존재는 항복을 거부하고 도망 간 것으로 그려지는 屈原이다.

> 격문을 읽는 소리가 성 안에 들리자, 성중에 가득 찬 사람들이 너나없이 항복할 마음을 가졌으나, 유독 굴원만은 항복을 않고 머리를 흩뜨린 채 달아났는데 어디로 갔는지 알 수가 없었다.22

---

22 위의 책, p.706, p.973 : 檄文到日, 早竪降旗, 使出納官, 厲聲讀檄, 聞於城中, 滿城之人, 皆有降心, 而獨屈原不屈, 披髮而走, 不知其處.

국양장군의 檄文에 의해 愁城에 가득 차 있던 사람들은 항복할 뜻을 보인다. 즉 불의가 도처에 행해지는 현실 속에서 절망했던 많은 역사 속의 인물들의 원망과 憤恨은 작품 속에서 술에 의해 해소된다고 볼 수 있다. 그럼에도 불구하고 유독 굴원은 항복을 거부한 채 달아난다. 굴원은 애초에 천군께 나아와 愁城의 축성을 호소했던 인물이다.

> "임금님의 높으신 의기를 듣자옵고 특별히 찾아와서 뵈옵는 바입니다. 천지가 아무리 넓다 하지만 저희들은 스스로 용납을 못하고 있거니와 지금 보온즉, 임금님의 心地가 자못 넓사오니 원컨대 磊磈의 한 모퉁이를 빌리어 성을 쌓고 거처하도록 하여 주옵소서. 임금님께서 용납해 주실는지요?"[23]

작품 속에서 굴원이 등장할 때의 상황을 보면, 굴원의 형상은 '나라를 근심하는 시름'과 '임금을 생각하는 눈물'로 표상된다.

> 그중에 앞서 걸어오는 사람은 안색이 초췌하고 형용이 비쩍 말랐는데, 切雲冠을 쓰고 긴 칼을 차고 연잎으로 만든 옷을 입고 椒蘭의 패물을 착용했으며 눈썹에는 나라를 근심하는 시름이 모였고 눈에는 임금을 생각하는 눈물이 괴었으니 이 사람이야말로 懷王의 운명에 통곡하고 上官大夫에게 원한이 맺혔던 그이가 아니겠는가?[24]

작가는 결국 작품 〈수성지〉를 통해 세 가지의 방향을 동시에 제시하는 셈

---

23 위의 책, p.683, p.969 : "聞君高義, 特來相訪, 但天雖寬, 而君輩自不能容焉. 今見君, 心地頗寬, 願借磊磈一隅, 築城爰處, 不知君肯容接否."

24 위의 책, p.682, pp.968-969 : 那先行的人, 顔色憔悴, 形容枯槁, 冠切雲帶, 長劍芰荷, 衣淑蘭佩眉瓚, 憂國之愁眼, 滿思君之淚, 無乃痛懷王而恨上官者耶? 尾來的人, 神凝秋水, 面如冠玉, 楚衣楚冠, 楚聲楚吟, 莫是一生唯事楚襄王者耶.

이다.

1. 不義가 도처에서 행해지는 역사현실에 대한 통분함.

2. 그 통분함을 술을 통해서라도 잊고 싶어하는 마음.

3. 그러나 술을 통해서도 결코 잊혀질 수 없는 屈原을 통해 표상되는 憤恨.

작가 임제가 그토록 절실하게 공감하는 "술을 통해서도 결코 잊혀질 수 없는 굴원을 통해 표상되는 憤恨"은 무엇인가? 이는 임제에 대한 심도 있는 별도의 작가론적 이해를 통해 도출할 문제이거니와, 〈수성지〉는 부분적으로는 前代의 가전의 수법을 응용하면서 역사 속의 인물들을 등장시키고 그 형상 속에 작가의 의식을 투영함으로써 깊은 寓意를 담고 있는 것이다.

〈수성지〉는 사건 전개에 있어 심각한 갈등과 극적 반전을 보여 주거니와, 수성을 격파하는 국양의 陣法과 檄文 등의 軍談의 外形은 이 시기에 유입되어 읽힌 〈삼국지연의〉의 영향을 느끼게 해 주기도 한다. 17세기 鄭泰齊(1612-1669)의 〈天君演義〉는 우의의 깊이에 있어서는 〈수성지〉와 비교하기 어려우나, 〈수성지〉에서 보인 이러한 연의체 우언소설의 수법을 보다 발전시킨 것이라 하겠다.

맺음말

寓言은 '比喩寄託을 담은 短形의 이야기'로서 서사문학의 한 하위장르로 볼 수 있다. 문학사에 있어 하나의 역사적 장르(historical genre)는 기존 장르의 여러 특성들이 복합하거나 특수하게 발전하면서 형성되는데, 이 역사적 장르로부터 抽象될 수 있는, 즉 그 역사적 장르의 장르적 속성을 표상하는 樣式(mode)은, 한 시대의 역사적 장르가 소멸되더라도 殘存하여, 장르 복합을 통해 후대에 새로운 장르 형성에 기여하거나 혹은 후대의 여러 작품에 그 흔적을 남기게 된다.

우리 문학사에서 寓言의 연원이 되는 작품은 〈龜兎之說〉과 〈花王戒〉이다. 우언은 이후 하나의 서사문학 장르로서 독자적으로 그 전통을 유지해 개별 작품을 산출하고 때로는 우언 작품집을 내기도 하는 한편, 여타의 서사장르에 견인되어 변형된 모습을 보이거나, 여타의 서사장르와 복합하여 새로운 장르 형성에 기여하기도 하였다.

傳과 寓言의 장르복합현상으로도 설명할 수 있는 假傳 장르는, 우리 문학사에서 고려 후기에 그 뚜렷한 자취를 보여 주었다. 그런데, 釋 息影庵의 〈丁侍者傳〉은 여타의 가전 작품과는 달리, '家系—行蹟—評結'의 단계를 밟는 '傳'의 일반적 형식을 벗어나, 작품이 시작하면서 곧바로 狀況과 對話가 이어진다는 점에서 '小說'에 근접하는 모습을 보여 준다. 〈정시자전〉은 석 식영암이 정시자를 만나는 단일 사건으로 기술되어 있으며, 평결이 본문의 문답 내용에 포함되어 있고 평결의 자리에 정시자를 전송하는 노래가 들어 있는 점에서도 가전으로부터 변이된 모습을 보여 준다.

申光漢의 〈書齋夜會錄〉은 가전을 응용한 우언소설의 사례를 보여 준다. 〈서재야회록〉에서 작가 자신이기도 한 주인공은 세상과 단절되어 있는 상태에서 文房四友의 精靈들과 만난다. 처음에는 대화하는 모습을 엿보다가 주인공과 네 정령이 마주하고 그들은 차례대로 자신의 내력을 얘기하는데, 그 표현 수법은 전통적인 假傳의 그것이다. 주인공과 마주한 그들의 언급 속에는 '세월의 흐름 속에 효용이 다하여 버려지는 존재'라는 자신에 대한 悔恨이 담겨 있다. 작자이기도 한 주인공은 그들의 처지와 자신의 처지에 공감한다. 〈서재야회록〉은 정령을 등장시켜 그 형상 속에 작가 자신의 처지와 내면의식을 투영시킨 작품인데, 이에 응용되는 가전의 수법은 효율적인 형상화의 한 도구로 기능하는 셈이다.

天君이 다스리는 마음의 나라에 근심의 성(愁城)이 만들어지고 이를 麴襄장군(술)이 격파한다는 내용의 林悌의 〈愁城誌〉는 假傳을 응용한 우언소설의 한 단계 발전한 양상을 보여 준다. 〈수성지〉에서 의인화되는 인물들은 일반적으로 알려진 사물로서의 특성을 지니고는 있으나, 허구적 상황하에서의 역할에 더 비중이 두어진다. 〈수성지〉보다 10여 년 앞서 지어진 가전인 金宇顒의 〈天君傳〉에서는 存心養性의 중요성을 드러내는 성리학적 사유가 기저를 이루지만, 〈수성지〉는 이념의 표출에 머물지 않고 사건의 전개를 통해 주제가 드러난다. 작가는 〈수성지〉를 통해, 불의가 도처에서 행해지는 역사현실에 대한 통분함, 그 통분함을 술을 통해서라도 잊고 싶어 하는 마음, 그러나 술을 통해서도 결코 잊혀질 수 없는 굴원을 통해 표상되는 憤恨을 동시에 제시한다. 부분적으로는 前代의 가전의 수법을 응용하면서 역사 속의 인물들을 등장시키고 그 형상 속에 작가의 의식을 투영함으로써 깊은 寓意를 담은 〈수성지〉는 演義體 우언소설의 수법을 보이는데, 이는 17세기 鄭泰齊(1612-1669)의 〈天君演義〉에서 보다 발전된 양상으로 나타난다.

고전소설의 형성기인 15-16세기에 소설은 前代의 서사 장르인 傳奇

와 寓言으로부터 상당한 빚을 지게 된다. 이 글에서는 고전소설 형성기의 작품 속에 관통하는 우언의 기여에 대한 하나의 흐름을 살펴보았다. 우언이 기여한 또 다른 하나의 큰 흐름은 夢遊錄 유형에서 찾을 수 있는 바, 이는 별도의 고찰이 필요할 것이다.

―《고소설연구》, 20집, 한국고소설학회, 2005.

〈崔陟傳〉의 작품세계와 창작 기반

머리말

1621년에 지어진 〈최척전〉은 우리 소설사의 새로운 경지를 연 大作이라 할 만하다. 16세기 말 17세기 초의 시기에 동아시아의 각국이 얽히는 戰亂을 시간적 배경으로 하면서, 주인공 최척과 옥영이 이어가는 간절한 사랑, 家族이 온통 흩어지는 離散과 기적과 같은 邂逅를 섬세하게 그리고 있는 〈최척전〉은 이제까지 소설사에서 볼 수 없었던 새로운 것이었다.

그동안 협소한 時空間 속에서 일회적이고 단선적인 스토리를 드러냈던 소설의 세계는, 이제 〈최척전〉을 통해 광활한 時空間 속에 펼쳐지는 파란만장한 줄거리를 보여 주게 되었고, 〈최척전〉에서 나타난 이러한 동력은 그 이후 소설사에 長篇小說의 시대를 열어 주었다.

작가 趙緯韓(1567-1649)이 작품의 끝부분에, 남원의 周浦에 살고 있을 때에 최척의 방문을 받고 그의 이야기를 들어 적는다고 기록하고 있고,[1] 최척이라는 인물은 당시에 실존했던 것으로 최근 연구에서 확인되었으나,[2] 〈최척전〉의 내용은 그 대부분이 조위한의 실제적 경험 위에 문학적 상상력이 투영되어 허구적으로 창조된 것이다.

이 글에서는 〈최척전〉의 작품세계를 일별한 후, 조위한의 체험이 〈최척전〉에 어떻게 투영되었는가 하는 문제에 대하여 현실체험과 독서체험의 두 가지 측면에서 살펴보고자 한다.

1. 〈최척전〉의 작품세계

(1) 슬기롭고 적극적인 여성 玉英

〈최척전〉은 주인공 최척과 옥영의 사랑 이야기를 바탕으로 하면서, 戰亂으로 인한 가족의 離散과 기적적인 재회를 그린 소설이다.

〈최척전〉에서 가장 뚜렷하게 부각되는 인물은 여주인공 옥영이다. 옥영은 슬기롭고 적극적인 여성으로서, 자기가 먼저 최척에게 사랑을 고백할 정도로 대담하다.

최척은 어려서 어머니를 여의고 아버지 崔淑과 함께 남원의 만복사 근처에 살고 있었는데, 최척이 鄭上舍의 집에 가서 글공부를 할 때에, 옥영이 구혼의 뜻을 담은 쪽지를 최척에게 보낸다. 옥영은 어머니 심씨와 함께 친척인 정상사의 집에서 피난살이를 하고 있던 터였다.

> 최척이 정상사의 집에서 공부를 할 때마다, 나이는 17, 8세 정도 되며 얼굴

---

1 서울대 일사문고본 〈최척전〉: 余流寓南原之周浦, 陟時來訪余, 道其事如此, 請記其顚末, 無使湮沒, 不獲已, 略擧其槪, 天啓元年辛酉閏二月日, 素翁題.

2 양승민, 〈최척전의 창작동인과 소통과정〉, 《고소설연구》, 9, 한국고소설학회, 2000.

은 그린 듯 아름다웠고 머릿결은 漆黑 같은 어떤 계집아이가 창 밑에 숨어 책 읽는 소리를 몰래 엿듣곤 하였다. 하루는 상사가 식사를 하기 위해 내당으로 들어가고 최척이 홀로 앉아서 책을 읽고 있는데, 갑자기 조그만 종이쪽지 하나가 창틈으로 들어왔다. 최척이 주워서 읽어 보니, 곧 〈摽有梅〉의 마지막 장이 씌어 있었다. 최척은 이 글을 본 뒤부터 정신이 날아갈 듯 황홀하였다.[3]

이에 최척이 아버지를 통해 구혼을 하지만, 심씨는 최척이 가난하다 하여 거절한다. 그러나 옥영은 어머니 심씨를 적극적으로 설득한다.

"청컨대, 최생으로 마음을 정하시어 저의 소원을 이루어 주십시오. 이것은 처녀가 제 입으로 할 말은 아니지만, 제 일생과 관련된 일입니다. 그런데 어떻게 부끄러움을 꺼려하여 침묵을 지킨 채 말을 하지 않고 있다가, 마침내 용렬한 사람에게 시집가서 일생을 그르쳐 버릴 수 있겠습니까? 이미 깨어진 시루는 다시 완전하게 하기 어려우며, 물을 들인 실은 다시 희게 할 수 없듯이, 일이란 한번 그르치면 噬臍莫及[4]입니다."[5]

결국 9월에 혼례를 치르기로 약속하지만, 최척이 호남의 의병장 邊士貞의 막하로 뽑혀 가게 되어 혼례를 치르지 못하자, 부유한 집안의 梁生

---

3 조위한, 〈최척전〉, 박희병 교석, 《한국한문소설교합구해》, 소명출판, 2005, p.422 : 每講學之時, 輒有丫鬟, 年可十七八, 眉眼如畵, 髮黑如漆, 隱伏于窓壁間, 潛聽焉. 一日, 上舍方食不出, 陟獨坐誦書, 忽然窓隙中, 投一小紙, 取而視之, 乃書摽有梅末章. 陟心魂飛越.

4 배꼽을 물어뜯으려 하여도 입이 닿지 않는다는 뜻으로, 후회해도 이미 소용없음을 비유한 말.

5 《한국한문소설교합구해》, p.426 : "請決嫁之. 此非處子所當自言之事, 而機關甚重, 豈嫌於處子羞澁之態. 潛默不言, 而竟致嫁得庸奴, 壞了一生, 則已破之甑, 難以再完, 旣染之絲, 不可復素, 啜泣何及? 噬臍莫追."

이 구혼하여 심씨의 허락을 받는다. 옥영은 자살을 기도함으로써 이를 물리치고, 의병장의 허락을 얻어 집으로 돌아온 최척과 혼례를 치른다.

두 사람은 丈六金佛6의 現夢에 힘입어 아들 夢釋을 낳고 행복하게 살아간다. 서로를 知音으로 여기는 두 사람의 관계는 다음의 唱和詩가 잘 보여 준다.

王子吹簫月欲低	王子晉이 피리를 부니 달도 내려와 들으려 하는데
碧天如海露凄凄	바다처럼 푸른 하늘엔 이슬이 서늘하네.
會須共御青鸞去	때마침 날아가는 푸른 난새를 함께 타고서도
蓬島烟霞路不迷	안개와 노을이 가득하여 蓬島 가는 길 찾을 수 없네.

瑤臺縹緲曉雲紅	아득한 요대엔 새벽 구름이 떠다니고
吹徹鸞簫曲未終	맑은 鸞簫의 곡조는 끊이지 않네.
餘響滿空山月落	餘響 공중에 울려 퍼짐에 달은 떨어지려 하고
一庭花影動香風	뜰에 드리운 꽃 그림자는 향기로운 바람에 날리네.

(2) 戰亂으로 인한 가족 離散과 재회

〈최척전〉에서 주목되는 것은 전란으로 인해 가족이 붙들려 가거나 뿔뿔이 흩어지게 된 상황에 대한 사실적인 묘사이다.

1597년 8월에 남원이 倭寇에게 함락되자 최척은 가족을 이끌고 지리산 鷰谷寺로 피란을 간다. 최척이 구례로 식량을 구하러 간 사이, 왜구가 연곡사로 쳐들어와 재물을 약탈하고 많은 사람들을 죽이거나 붙잡아 간다. 왜구가 물러간 뒤 연곡사로 돌아온 최척은 가족을 찾아 섬진강 일대를 헤매지만 끝내 찾지 못한다. 낙담한 그는 명나라 장수 余有文을

---

6 1장 6척의 금으로 만든 불상. 석가의 키가 1장 6척이라는 전설에서 유래하였다.

만나 그에게 의탁하여 중국으로 들어가 절강성 소흥부에서 살아간다. 그리고 최숙과 심씨는 왜구의 포로로 붙들려 가다가 겨우 도망쳐 연곡사로 달아나는데, 그곳에서 惠正 스님에게 구출된 손자 몽석을 만나 함께 남원의 옛집으로 돌아간다.

한편, 남장을 하고 있던 옥영은 왜병인 頓于에게 붙들려 일본으로 끌려간다. 그는 옥영을 남자로 알고 배에 태워 부엌일을 시키며 함께 장사를 다닌다.

중국으로 간 최척은 여유문이 죽자, 朱佑라는 사람을 만나 함께 배를 타고 차를 팔면서 떠돌다가 1600년 봄에 安南, 즉 越南에 이른다. 이때 일본인 상선 10여 척도 안남에 정박해 있었는데, 밤에 문득 일본인 상선에서 염불하는 소리가 들려 최척은 쓸쓸한 마음에 피리를 꺼내 분다. 귀에 익은 가락을 들은 옥영은 자기 남편이 근처의 배에 있음을 직감하고는 남편과 자기 둘만이 아는 시를 읊조린다. 최척은 그 시를 듣고는 넋이 나간 듯이 있다가, 주위 사람들에게 사연을 이야기하고, 이튿날 아침에 일본인 배를 찾아가 극적으로 재회한다.

> 옥영은 자기를 찾는 사람의 목소리를 듣고는 황망하게 뛰어나와 최척을 보았다. 두 사람은 서로 마주 바라보고는 놀라서 소리를 지르며 끌어안고 백사장을 뒹굴었다. 목이 메고 기가 막혀 마음을 안정할 수가 없었으며, 말도 할 수 없었다. 눈에서는 눈물이 다하자 피가 흘러내렸다.7

최척과 옥영은 중국 杭州에 정착하여 살아가면서, 장육금불의 현몽과 함께 둘째 아들 夢禪을 낳는다. 몽선은 장성하여 이웃의 紅桃라는

---

7 《한국한문소설교합구해》, p.436 : 及聞此言, 惶忙失措, 顚倒下船, 二人相見, 驚呼抱持, 宛轉沙中, 聲絶氣塞, 口不能言, 淚盡繼血.

처녀와 결혼을 하게 된다. 홍도의 아버지 陳偉慶은 정유재란 때에 조선에 출군했다가 돌아오지 않았는데, 홍도는 아버지가 조선에서 돌아가신 것으로 알고 장차 조선에 가서 시신을 찾아 모시고 돌아와 장례를 지내는 것이 소원이었기에, 몽선과의 혼인을 원한 것이었다.

(3) 戰亂으로 인한 또 한 번의 가족 離散과 재회

1618년에 後金의 누르하치가 遼陽을 침범하자, 명나라의 요동정벌이 시작된다. 喬遊擊[8] 휘하의 吳世英이 최척을 書記로 차출하여 부득이 전쟁에 참여하나, 후금의 포로가 된다. 이때 姜弘立의 군사로 전쟁에 참여했던 맏아들 몽석도 오랑캐의 포로가 되어 최척과 함께 감금된다. 최척과 몽석은 뒤늦게 부자지간이라는 것을 알고 통곡하는데, 포로를 감시하는 늙은 오랑캐 병사가 그들을 풀어 준다. 그 병사는 자신도 조선 사람이었는데 벼슬아치의 학정을 피해 오랑캐 땅에 살게 되었다는 것이다.

최척과 몽석은 고국으로 돌아오던 도중 등창이 심하게 났는데, 恩津 땅에 이르러, 신분을 숨기고 도망 다니던 중국인을 만나 그가 놓아 주는 침을 맞고 낫는다. 그 은혜를 갚으려고 중국인을 데리고 남원에 왔는데, 알고 보니 그는 홍도의 부친인 진위경이었다. 최척은 남원에서 부친과 장모를 모시고 몽석과 함께 살아가며, 진위경은 그 이웃에 살도록 한다.

한편 중국에 남아 있던 옥영은 관군이 함몰되었다는 소식을 듣고 낙심하기도 하지만, 최척이 살아남았다면 조선으로 갔을 것으로 생각하고 배를 마련하여 몽선과 홍도를 데리고 조선을 향해 떠난다. 아들 몽선의 만류를 무릅쓰고 조선행을 결정하는 옥영의 비장한 결의가 눈길을 끈다.

---

8 喬一琦를 가리킨다. '遊擊'은 무관 벼슬. 명나라의 무신으로 後金 군대와 싸우다 패하여 자살했다.

> “오랑캐 추장의 소굴이 조선의 국경에서 4, 5일 정도 걸어갈 거리밖에 되지 않는다. 만약 네 아버지가 살아 계시다면 그 형세로 보아 반드시 본국으로 돌아갔을 것이다. 어찌 수만 리 길을 걸어 우리를 찾아오겠는가? 내가 본국으로 찾아가야겠다. 만약 네 아버지가 전사하셨다면, 내가 몸소 昌州로 가서 시신을 찾고 넋을 거두어, 고향으로 돌아가 선산에 장사를 지내 사막에서 굶주리며 떠도는 신세를 면하게 해 드려야 내 책임을 다하는 것이다. 〔…〕 너는 모름지기 배를 한 척 사고 양식을 준비해라. 이곳에서 조선까지는 수로로 불과 2, 3천 리밖에 되지 않는다. 천지신명이 돌보시어 혹 순풍을 만나게 된다면 채 열흘도 못되어 우리나라에 당도할 수 있을 것이다. 나는 이미 마음을 정했느니라.”[9]

옥영은 아들과 며느리에게 조선과 일본의 말을 가르치고, 해적의 습격에 대비해 조선과 일본의 옷을 준비한다. 항해하는 도중 중국인과 일본인의 배를 만나 위기를 슬기롭게 넘기지만, 한 섬에 표착해 있을 때 중국 배가 한 척 이르러 옥영 일행의 배를 빼앗아 간다. 낙담한 채 지내던 며칠 후, 조선인의 돛단배가 한 척 섬에 이르러 옥영 일행은 구출된다. 그 배가 옥영 일행을 순천에 내려 주니, 5, 6일을 걸어 남원에 도착한다. 때는 1620년 4월이다. 남원에서 마침내 온 가족과 상봉하게 된다. 이후 최척과 옥영은 아버지와 장모를 모시고, 자식과 며느리들을 잘 보살피며 서문 밖 옛집에서 행복하게 살아간다.

〈최척전〉에는 이처럼 戰亂으로 인해 가족이 붙들려 가거나 뿔뿔이

---

9 《한국한문소설교합구해》, pp. 443-444 : “奴酋窟穴, 距朝鮮地界, 纔四五日程, 汝父雖生, 其勢必走本國, 安能冒涉數萬里程, 來尋妻孥哉? 我當求於本國, 苟死矣, 親往昌州境上, 招得旅魂, 葬於先壟之側, 使免長餒於沙漠之外, 則吾責塞矣. 〔…〕 汝其雇船舂粮! 此去朝鮮, 水路僅二三千里, 天地顧佑, 倘得便風, 未滿旬朔, 當到彼岸, 吾計決矣.”

흩어지게 된 상황이 구체적으로 그려져 있다. 당시의 전란으로 일반 백성이 겪은 가장 큰 고통과 슬픔은 가족의 離散이었을 것이다. 임진왜란 당시에는 수만 명의 사람들이, 그것도 주로 노약자나 부녀들이 포로로 붙잡혀 갔으며, 정묘호란이나 병자호란 때에도 수많은 사람들이 포로로 끌려갔다. 당시의 역사적 현실에서 가장 절실했던 문제가 〈최척전〉에 잘 그려져 있는 것이다. 전란이 거듭 이어지는 현실을 배경으로 하면서, 이별과 慘禍로 얼룩진 삶을 되돌려 비록 허구의 세계에서나마 기이한 만남을 이루는 것으로 엮은, 당대인들의 希願이 반영된 작품이 〈최척전〉이라고 할 것이다.

2. 〈최척전〉의 창작과 전승

趙緯韓의 〈최척전〉은 서울대 일사문고본의 끝부분에, 남원의 周浦에 살고 있을 때에 최척의 방문을 받고 그의 이야기를 들어 적는다는 기록이 있기도 하고, 최척이라는 인물은 당시에 실존했던 것으로 밝혀졌으나, 〈최척전〉의 내용은 대부분 조위한의 경험과 문학적 상상력이 투영되어 허구적으로 창조된 것이다.

〈최척전〉과 동일하지만 축약된 형태의 이야기가 柳夢寅의 《於于野譚》에 〈紅桃〉라는 제목으로 들어 있다. 《어우야담》에서 최척은 鄭生으로, 옥영은 홍도로 이름이 바뀌어 있다. 〈최척전〉에서는 최척 부부가 중국에서 낳은 아들의 며느리로 맞아들인 이의 이름이 紅桃로 나온다. 소설 〈최척전〉의 창작연대가 1621년이고, 《어우야담》의 찬술 또한 성여학의 발문에 1621년으로 되어 있어, 두 작품 사이의 선후관계는 판단하기 쉽지 않은 문제이나, 〈최척전〉이 먼저 창작된 후 이를 傳聞으로 듣고서 〈홍도〉 이야기를 유몽인이 《어우야담》에 넣은 게 아닌가 생각된다. 유몽인의 《어우야담》에 수재된 〈홍도〉의 문맥에서 보면, 鄭生과 紅桃가 훗날 浙江의 배에서 서로 만날 때에, '乃復吟前日與妻相和之歌詞'라고 적고 있는데, 〈홍도〉 작품의 앞부분에는 정생이 "소싯적부터 洞簫를 잘 불어 가사를 잘했다"(善吹洞簫 善歌詞)는 대목은 있으나, 부부가 함께 시를 唱和하는 대목은 들어 있지 않다. 곧 〈최척전〉의 내용을 옮기는 과정에서 누락된 셈이다.

李民宬(1570-1629)의 문집인 《敬亭集》에는 〈題崔陟傳後〉라는 시가 실려 있다. 〈최척전〉에는 이민성의 형 李民寏이 胡族에게 비굴하게 내통한 인물로 그려지고 있는데, 이민성은 이 시를 통해 최척 이야기가 사실이 아니라는 것을 강조하면서, 자신의 형을 부정적으로 그린 〈최척전〉의 작자를 비난하고 있다.[10]

또 兪晩柱의 문집인 《通園藁》에 〈記崔陟事〉라는 글이 실려 있는데, 〈최척전〉을 읽고 기사문으로 축약해 정리한 것이다. 여항시인 金鎭恒의 문집인 《糜山全書》에는 〈최척전〉을 傳의 형태로 개작한 작품을 싣고 있다. 따라서 〈최척전〉이 꽤 널리 읽혔던 작품인 것을 알 수 있다.[11]

〈최척전〉과 비슷한 시기에 창작된 작품으로 권필(1569-1612)의 〈周生傳〉과 허균(1569-1618)의 〈홍길동전〉이 있다. 조위한은 권필·허균과 친구 사이로서, 특히 허균과는 대단히 절친한 사이였다. 〈주생전〉은 삼각관계의 애정갈등을 섬세하게 묘사한 작품이고, 〈홍길동전〉은 嫡庶차별

---

10 장효현, 〈고전소설의 현실성과 낭만성 문제〉, 《한국고전소설사연구》, 고려대학교 출판부, 2002, pp.88-93 참조.

11 〈최척전〉의 이본으로는 서울대 일사문고 소장본, 고려대 소장본, 일본 천리대 소장본, 문우서림 김영복 소장본, 김기현 소장 《先賢遺音》 소재본(간호윤 역주, 《선현유음》, 이회, 2003) 등이 전해지고 있다.

이라는 신분질서의 모순을 문제 삼은 사회성 짙은 작품이다. 〈최척전〉과 더불어 모두 당시 우리 사회의 본질적 문제를 묘파한 명작이라 할 것이다.

3. 趙緯韓의 現實체험과 〈최척전〉

〈최척전〉에는 작가 조위한의 일생의 체험이 반영되어 나타난다. 특히 임진왜란과 정유재란의 戰亂의 체험과 謝恩使 書狀官으로서 실현했던 中國 周遊의 체험은 〈최척전〉 작품 내에서의 전란에 대한 상황 묘사와 중국 周遊의 일화에 잘 투영되어 있어 작품의 사실성을 높여 준다.

1621년에 지어진 〈최척전〉은 1597년 일본이 조선을 재침략한 丁酉再亂으로부터 1619년 明의 遼東 정벌을 그 시대적 배경으로 하여 전개된다. 중국에 남겨진 옥영이 둘째 아들과 며느리와 함께 황해를 건너 남원에 도착함으로써 작품이 마무리되는데, 그 시기는 1620년 4월로 되어 있다.

조위한은 실제로 이 시대를 살면서 戰亂의 고통을 몸소 체험했고, 그것이 작품에 고스란히 반영되어 나타난다. 임진왜란이 발발하자 조위한은 동생 趙纘韓과 함께 어머니를 모시고 가족을 거느리고 경기도 漣川·兎山 등지로 피란을 하다가,[12] 겨울에는 다시 어머니 谷山 韓氏의 친정이 있는 南原으로 내려와[13] 피란살이를 하였다. 산중으로 피란하던 중 추위와 굶주림으로 어린 딸을 잃어 길가에 묻는 슬픔을 겪는다.[14]

---

12 〈玄谷年譜〉,《玄谷集》, 보경문화사, 1989, pp.555-556 : 壬辰, 公二十六歲, 五月倭入寇, 將犯京都, 公奉母夫人, 避亂于漣川兎山等地.

13 〈玄谷年譜〉, p.556 : 十二月奉母夫人下南原.

14 趙緯韓, 〈祭亡子倚文〉,《玄谷集》, 한국문집총간 73, 민족문화추진회, 1991, p.306

31세 되던 정유년 6월에는 부인 洪氏를 잃었으며, 정유재란이 일어나자 전라도 鳳山으로 피란하였고,15 羅州에 사는 동생을 찾아갔다가 그곳에서 弟嫂의 殉節을 목도하였다.

〈최척전〉에서 최척이 邊士貞의 휘하 義兵으로 참여한 것처럼, 조위한은 남원에서 피란하던 중 金德齡(1567-1596) 장군의 휘하에 들어가 의병활동에 참여하였으며,16 정유재란 시에 봉산으로 피란하였다가 楊江으로 돌아 온 후인 33세 때에는 명나라 군사 吳明濟 등과 사귀게 되어 장차 중국에 들어가 강남 지방을 여행하려 했으나 형 趙維韓의 만류로 좌절되었다.17

여주인공 옥영이 서울을 떠나 남원에 정착하는 과정은 작자 조위한이 피란을 떠나 남원에 온 것과 흡사하다. 그는 임진왜란이 일어나자 서울을 떠나 연천·토산을 거쳐 남원에 왔는데 어머니, 동생 조찬한과 함께였으며, 남원을 택한 것은 어머니의 고향이었기 때문이다.

작품 속에서 옥영도 임진왜란이 일어나자 서울을 떠나 江華·羅州·會津을 거쳐 남원에 정착하였으며, 어머니와 함께였고, 남원을 택한 이유가 어머니의 친척인 鄭上舍가 살고 있어서 의탁하기 위해서였다.

최척이 옥영과 혼인하는 과정도, 작자의 동생 조찬한이 임진왜란 때 피란지 남원에서 高興 柳氏와 혼인한 事跡을 차용한 것으로 보인다.

: 余於己丑之歲, 始生女子, 而遭壬辰之亂, 奔竄山中, 凍餒而死, 瘞於路側.

15 〈玄谷年譜〉, p.556 : 倭寇再逞避亂于鳳山.

16 〈玄谷趙公行狀〉,《玄谷集》, 보경문화사, 1989, p.544 : 嘗流寓湖南屬, 倭寇未靖, 邊陲用兵, 公遂從義兵將金德齡陣中.

17 〈玄谷年譜〉, pp.556-557 : 己亥, 公三十三歲, 〔…〕 又與天朝將士吳明濟, 會遊龍山, 欲偕入江浙間, 不果 ; 趙緯韓, 〈祭亡子倚文〉,《玄谷集》, 한국문집총간, 73, 민족문화추진회, 1991, p.306 : 獨身飄泊于龍山, 旣無父母, 又無妻子, 不樂於人世, 將有出塵遠游之志, 適遇天將水兵之來, 泊于江上, 得與浙人相善, 約與之偕入東吳, 浪迹於蘇杭之間, 而爲仲氏泣挽, 不得遂願.

임진왜란 다음 해인 癸巳年에 피란지에서 結緣하였으나 倭兵에게 잡혀 殉節함으로써 비극으로 끝난 고흥 유씨의 사적[18]은, 계사년에 피란지 남원에서 결혼한 최척과 옥영의 아름다운 사랑, 그리고 이어지는 전란에 의한 비극적 離散이라는 〈최척전〉의 소재와 상통한다.

이러한 전란 체험의 형상화와 함께, 〈최척전〉 형성에 기여한 것은 조위한의 使臣으로서의 中國 周遊 체험이다.

〈최척전〉에서 최척은 정유재란 후 명나라 군사 余有文을 따라 압록강을 건너 중국으로 간다. 처음 최척이 거주했던 곳은 浙江의 姚興이었는데, 여유문이 죽자 그는 이곳을 떠나 여러 곳을 周遊하게 된다. 長江을 따라 洞庭湖 주변을 중심으로 龍門山, 禹穴, 瀟湘江, 岳陽樓, 姑蘇臺 등지를 다니다가 속세에 뜻을 잃고 四川의 靑城山으로 향하던 중 朱佑를 만난다. 朱佑의 만류로 인해 청성산 갈 것을 포기한 채 商船을 타고 함께 장사를 다니게 된다. 그러다가 安南에서 옥영과 만난 후에는 杭州의 湧金門에 정착하여 19년을 살다가 明軍에 뽑혀 遼陽 땅으로 北征했으며, 포로가 되었다가 탈출하여 압록강을 건너 남원으로 돌아온다.

작품 속에서 펼쳐지는 최척의 中國 周遊의 소재는 조위한이 평소 꿈꾸었고, 또 훗날 謝恩使 書狀官으로서 실현했던 중국 주유의 체험을 반영해 주고 있다.

조위한은 정유재란 시에 봉산으로 피란하였다가 楊江으로 돌아 온 후인 33세 때에는 명나라 군사 吳明濟 등과 사귀게 되어 장차 중국에 들어가 강남 지방을 여행하려 했으나 형 趙維韓의 만류로 좌절되었다. 단란한 가정이 전쟁으로 인하여 파탄되었으며 부모도 처자도 다 잃었

---

18 《漢陽趙氏玄洲公派譜》 先世事蹟條(민영대, 《조위한과 최척전》, 아세아문화사, 1993, p.151 참조).

기 때문에 조선을 떠나 중국의 강남 지방을 여행하고자 약속을 하고 떠나려다가 형의 만류로 포기한 것이다.

조위한의《玄谷集》에는, 三叉河, 大凌河, 小凌河, 寧遠衛, 夷齊廟, 長城, 山海關 등 그가 光海君 2년(1610) 40세의 나이에 謝恩使 書狀官으로 압록강을 건너 중국으로 가는 도중의 지소들을 읊은 시편들이 담겨 있다. 작가의 이런 체험이 압록강을 건너 중국으로 가고 다시 그 길로 돌아오는 최척의 험난한 여정을 그리게 했을 것이다.

작품에 그려지고 있는 지명은 대부분 조위한이 중국을 여행할 때 실제로 다녔던 곳들이다. 그의 문집에 보이는 작품을 통해서 그가 다음과 같은 路程으로 여행했음을 알 수 있다.

漢陽을 출발하여 임진강→海州→平壤→신의주를 거쳐 鴨綠江을 건너 중국으로 들어가고, 이어 중국의 安東→遼陽→鞍山→盤山→大凌河→小凌河→山海關→萬里長城→秦皇島→昌黎→豊潤→玉田을 지나 北京에 이른다. 북경에서 國子監, 禁城, 柴市, 天壇, 白塔寺 등 유명한 곳을 두루 구경한다.

〈최척전〉에서 최척이 여유문을 좇아 압록강을 건너 남하하여 浙江에 거주한 것, 이곳에서 禹穴을 지나 長江을 따라 姑蘇臺를 비롯 洞庭湖를 유람하는 것, 四川의 龍門山을 구경하는 것, 뒷날 杭州의 湧金門에서 遼陽을 거쳐 다시 鴨綠江을 건너 남원으로 귀향하는 路程을 그린 것은, 조위한의 사신으로서의 중국 여행 체험이 온전히 투영된 것으로 볼 수 있다.

4. 趙緯韓의 讀書체험과 〈최척전〉

조위한이 〈최척전〉을 창작하는 데에는 작가 자신의 일생의 체험이 중요한 바탕이 되었겠으나, 한편 독서를 통한 간접 체험 또한 〈최척전〉 형성의 바탕이 되었던 것으로 보인다. 〈최척전〉 형성에 일정한 영향을 끼친 작품으로 〈漂海錄〉과 〈趙完壁傳〉을 들 수 있을 것이다.

15세기 말 조선의 한 관리 일행 43명이 제주를 출발하여 육지로 향하다가 표류한 끝에 중국 강남 지역에 기착하여 북경까지 가서 황제를 알현하고 전원 무사히 조선으로 돌아오는 기이한 체험을 기록한 崔溥의 〈漂海錄〉(1488)은, 사대부 지식인의 험난한 漂浪과 중국 강남권을 견문한 희귀한 路程 때문에, 당시뿐만 아니라 그 후에도 많은 관심을 받아온 작품이다.

조위한이 〈최척전〉을 창작하는 데 있어서도 최부의 〈표해록〉은 일정한 영향을 끼치지 않았을까 여겨진다.

崔溥(1454-1504)는 성종의 총애를 받으면서 32세의 나이로 《新編東國通鑑》의 편찬에 참여하였고, 33세 때에는 김종직 등과 함께 《東國輿地勝覽》의 개찬에도 참여할 만큼, 역사·지리에 대한 풍부한 독서 체험을 갖춘 지식인이었다.

최부는 제주에서 임무를 수행한 지 두 달이 채 못 된 1488년 1월 30일, 부친상 소식을 듣고 육지로 떠나는 배에 몸을 실었는데, 그의 일행은 추자도 근처에서 북풍을 맞아 표류하기 시작한다. 온갖 사투를 벌인 끝에 윤1월 11일 저녁에 어떤 섬에 도착하지만, 그곳에서 해적을 만나 의류 등을 빼앗기고 죽을 고비를 넘기고는 윤1월 16일 중국 台州府 臨海縣의 牛頭 앞바다에서 상륙한다.

이는 〈최척전〉에서 황해를 건너오던 옥영 일행이 해적을 만나고 풍랑에 표류하는 정황과 매우 흡사하다.

최척이 明軍에 차출되어 출정한 뒤, 옥영은 최척이 살았으면 조선으로 갔으리라 짐작하고 배를 마련하여 둘째 아들 몽선과 며느리 홍도를 데리고 조선을 향해 떠난다. 옥영은 아들과 며느리에게 조선과 일본의 말을 가르치고, 해적의 습격에 대비해 조선과 일본의 옷을 준비한다. 항해하는 도중 중국인과 일본인의 배를 만나 위기를 슬기롭게 넘기지만, 풍랑이 치솟아 "노는 부러지고 돛은 찢어져 어디로 가야 할지 알 수 없는"[19] 상태였다가 겨우 한 섬에 표착해 있을 때, 중국 해적이 나타나 옥영 일행의 배를 빼앗아 간다. 낙담한 채 지내던 며칠 후, 조선인의 돛단배가 한 척 섬에 이르러 옥영 일행은 구출된다.

최부 일행은 겨우 중국 관리를 만나 筆談을 통해 설명을 하고 비로소 북경으로 전송되어 본국으로 보내지게 된다. 두 달 동안 번화한 강남 지방을 체험한 후, 북경에 도착하여 황제에게 사은하기 위해 조정에 나아가기도 했다. 그곳에서 고려인 출신 관리, 琉球人, 중국인 통역관 등 다양한 사람들을 만난 후, 만주의 遼陽을 거쳐 귀환한다.

최부가 북경에서 만난 王能이라는 인물이 한 말, 그리고 遼陽에서 만난 승려 戒勉의 말은, 동북 지역 경계에 사는 우리 민족의 애환을 그대로 보여 준다.

> "우리 할아버지와 아버지께서는 요동 東八站 지방에 대대로 거주하면서 의주에 왕래하였으며 나 또한 고려 사람입니다. 내 나이 13세 때에 아버지를 잃고 어머니를 따라 살았는데, 되돌아보니 대략 31년간입니다. 나와 어머니는 함께 兀良哈에게 약탈되어 韃靼의 나라로 갔다가 마침내 살아 돌아와 이곳에서 살고 있습니다. 당신 나라의 사신이 오면 와서 서로 만나보지 않은

19 《한국한문소설교합구해》, p.446 : 檣摧帆裂, 不知所届.

적이 없었습니다."[20] (4월 11일)

> "소승은 본디 조선 사람인데, 소승의 할아버지가 이곳으로 도망 온 지 지금 벌써 3대가 되었습니다. 이 지방은 본국의 경계와 가까운 까닭에 왕래하는 본국 사람이 매우 많습니다. 중국 사람은 겁이 많고 용맹스럽지 못하여 도적을 만나면 모두 창을 던지고 도망해 숨어 버리며, 또 활을 잘 쏘는 사람도 없어 반드시 본국인으로서 귀화한 사람을 뽑아서 정병이라 하여 선봉으로 삼으니, 우리 본국의 한 사람이 중국 사람 열 명, 백 명을 당할 수가 있습니다. 〔…〕 우리들도 본국으로 돌아가서 살고 싶습니다. 다만 본국에서 도리어 우리들을 중국 사람으로 간주하여 중국으로 돌려보내면, 우리들은 반드시 외국으로 도망한 죄를 받아서 목을 잘리게 될 것입니다. 그러므로 마음은 가고 싶지만 발이 머뭇거릴 뿐입니다."[21] (5월 24일)

그런데 〈표해록〉에서의 이와 같은 대목은 〈최척전〉의 다음 대목을 떠올리게 한다.

1618년에 後金의 누르하치가 遼陽을 침범하자, 명나라의 요동정벌이 시작되고 최척은 차출되어 전쟁에 참여하다가 후금의 포로가 된다. 이때 명을 돕기 위해 파견된 조선의 姜弘立의 군사로 전쟁에 참여했던 맏아들 몽석도 후금의 포로가 되어 최척과 함께 감금된다. 최척과 몽석

---

20 최부, 《표해록》, 박원호 역주, 고려대학교출판부, 2006, pp.266, 432 : "我祖父世居遼東東八站之地, 來往義州, 我亦是高麗人也. 我年十三, 父沒, 隨母而居, 退計三十一年間, 我與母俱爲兀良哈所掠, 轉往韃靼之國, 竟得生返, 仍居于此, 若有你國使來, 未嘗不來相看也."

21 위의 책, pp.321, 453 : "僧系本朝鮮人, 僧祖父逃來于此, 今已三世矣. 此方地近本局界, 故本國人來往者甚夥. 中國人最怯懦無勇, 若遇賊, 皆投戈奔竄, 且無善射者, 必抄本國人向化者, 以請精兵, 以爲先鋒, 我本國一人, 可以當中國人什百矣. 〔…〕 我等亦欲返本國以居, 但恐本國反以我等爲中國人, 刷還中國, 則我等必服逃奔之罪, 身首異處, 故心欲往而足趑趄耳."

은 뒤늦게 부자지간이라는 것을 알고 통곡하는데, 포로를 감시하는 늙은 병사가 자신도 조선 사람이었는데 벼슬아치의 학정을 피해 오랑캐 땅에 살게 된 것이라고 말하며 최척과 몽석을 풀어준다.

> "두려워하지 마시오. 나는 본래 평안북도 朔州의 土兵이었는데, 府使의 학정을 견디지 못해 가족을 데리고 오랑캐 땅으로 들어왔소. 여기 온 지 10년이나 되었지요. 오랑캐 사람들은 성격이 진솔하며 가혹하게 수탈하는 일도 없소. 인생은 아침이슬과 같을 따름인데, 어찌 고초를 겪어야만 하는 고향에 얽매여 살아야겠소? 오랑캐 추장은 나에게 병사 팔십 명을 거느리고 조선 병사들이 달아나지 못하도록 감독하게 하였소. 아까 당신 말을 들어보니 대단히 기이한 일인 듯 했소. 내가 비록 오랑캐 추장에게 죄를 얻더라도 어떻게 차마 당신들을 보내지 아니하겠소?"**22**

이처럼 〈표해록〉에서 보이는 바다에서의 漂浪의 장면, 강남 지방으로부터 북경, 그리고 요양을 거쳐 귀환하는 旅程, 동북지역 경계에 사는 우리 민족의 애환을 보여 주는 삽화 등은 그대로 〈최척전〉의 에피소드로 수용된다.

한편 〈최척전〉에서 최척과 옥영의 만남이 越南에서 이루어지는 내용은 〈조완벽전〉의 영향에 의한 것이 아닐까 생각된다.

정유재란 와중에 남장을 하고 도피하던 옥영은 왜병인 頓于에게 붙들려 일본의 狼姑射로 끌려간다. 그는 옥영을 남자로 알고 배에 태워 부엌일을 시키며 함께 장사를 다닌다.

---

22 《한국한문소설교합구해》, p.440 : "無怖! 我亦朔州士兵也. 以府使侵虐無厭, 不勝其苦, 擧家入胡, 已經十年. 胡人性直, 且無苛政. 人生如朝露, 何必局束於捶楚鄕乎? 奴酋使我領八十精兵, 管押本國人, 以備逃逋. 今聞爾輩之言, 大是異事, 我雖得責於奴酋, 安得忍心而不送乎?"

한편 중국으로 간 최척은 여유문이 죽자, 朱佑라는 사람을 만나 함께 배를 타고 차를 팔면서 떠돌다가 1600년 봄에 安南(越南)에 이른다.

이때 일본인 상선 10여 척도 안남에 정박해 있었는데, 밤에 문득 일본인 상선에서 염불하는 소리가 들리니, 최척이 쓸쓸한 마음에 피리를 꺼내 분다. 귀에 익은 가락을 들은 옥영은 자기 남편이 근처의 배에 있음을 직감하고는 남편과 자기 둘만이 아는 시를 읊조린다. 최척은 그 시를 듣고는 넋이 나간 듯이 있다가, 주위 사람들에게 사연을 이야기하고, 이튿날 아침에 일본인 배를 찾아가 최척과 옥영은 극적으로 재회한다.

작품 속에서 狼姑射란 곳은 옥영이 왜병 돈우에게 잡혀 가 살던 곳인데, 狼姑射는 名古屋(나고야)의 우리식 표기가 아닐까 여겨진다. 돈우는 옥영을 배에 태워 閩浙之間, 즉 福建省 일대와 浙江省 일대를 왕래하며 장사를 한다.[23]

최척과 옥영의 만남이 越南에서 이루어지는 〈최척전〉의 이 대목은, 임진왜란 때 포로로 잡혀 멀리 월남까지 갔다가 중국을 거쳐 귀국한 얘기를 담은 〈조완벽전〉과 유사하다. 〈조완벽전〉은 李睟光(1563-1628)이 쓴 것과 鄭士信(1558-1619)이 쓴 것의 두 편이 전해진다.

趙完璧은 진주 출신의 士族으로 생몰년은 미상이다. 1597년 정유재란 때 왜군의 포로가 되어 일본 京都로 잡혀가 복역하다가 한문을 해득할 수 있다는 이유로 倭商들에게 강제로 이끌려 1604년 이후 세 차례 월남에 내왕하며 그곳의 문물을 견문하였고, 呂宋國(필리핀)과 琉球國 등에도 다녀왔다. 1607년 回答使 呂祐吉 등이 일본에 갔을 때 그의 본국

23 정유재란 당시 실제로 남원성이 함락되어 많은 사람이 포로로 잡혀갔으며, 그 체험을 토대로 작품화한 것이 여러 편 전한다. 장경남, 《임진왜란의 문학적 형상화》, 아세아문화사, 2000 ; 이채연, 《임진왜란 포로 실기 연구》, 박이정, 1995 참조.

송환을 간청하여 10년 만에 돌아왔다.

조완벽은 월남을 세 차례 왕복하면서 월남의 기후풍토, 풍속, 언어 문자, 특산물 등 여러 가지를 견문하였는데, 특이한 것은 월남의 문인 학자들이 조선의 이수광의 한시를 칭찬하며 애송하고 있었다는 사실이었다.

조완벽은 10년 만인 1607년 환국하여 그동안의 자신의 특이한 월남 체험을 고향의 학자인 金允安에게 들려주었다. 김윤안은 한양에 올라가 이를 다시 친구인 鄭士信·李埈 등에게 전해 주었고, 이들은 이러한 사실을 당사자인 이수광에게 또 전해 주었다. 이에 정사신과 이수광은 조완벽의 체험 및 견문 내용을 토대로 하여 1607-1611년 무렵에 〈조완벽전〉을 각각 창작하였다.[24]

이수광은 1597년 중국의 황제궁이 소실되어 進慰使로 연경에 가게 되었을 때, 월남 사신 馮克寬과 같은 숙소인 玉河館에 50여 일 동안 함께 머무르면서 한문으로 필담을 하고 한시를 주고받았을 뿐 아니라, 풍극관의 시집인 〈聖節萬壽慶賀詩集〉에 서문을 써 주기도 하는 등의 교류를 하였다. 이수광은 이에 〈安南國使臣唱和問答錄〉이란 제명으로 시문집을 편찬하였고, 이를 계기로 해서 이수광의 한시 작품은 당대 월남의 문인 학자들 사이에 높이 평가되고 널리 애송되었다고 한다. 조완벽은 월남의 문인 학자들이 조선의 이수광의 한시를 칭찬하며 애송하는 것을 직접 보고 와 이 사실을 알렸고, 이를 전해들은 이수광도 〈조완벽전〉을 짓게 된 것이다.[25]

---

24 조완벽이 환국한 시기가 1607년의 일이고, 정사신이 이수광의 〈安南國使臣唱和問答錄〉에 발문을 쓴 시기가 1611년 2월 하순이었으니, 정사신이 〈조완벽전〉을 창작한 시기는 1607년에서 1611년 사이가 될 것이며, 이수광도 비슷한 시기에 〈조완벽전〉을 立傳한 것으로 보인다.

조위한이 이수광이 지은 傳을 읽었는지 확인할 수는 없으나, 당시 우리나라 문인들의 관심이 컸던 얘기이고, 이수광의 비중으로 보아 그 사연을 충분히 듣고 알았을 것으로 짐작된다.

조위한이 1621년에 〈최척전〉을 쓰기 훨씬 이전에 이수광은 중국 여행(제3차 중국 여행은 1611년)의 체험을 정리하여《지봉유설》(1614) 속에 담았다. 이 속에는 서양을 비롯한 동남아시아 여러 나라에 대한 내용이 소상하게 적혀 있다.《지봉유설》과〈조완벽전〉같은 이수광의 저작이〈최척전〉에서의 異國 체험에 일정하게 영향을 끼쳤으리라 짐작된다.

맺음말

16세기 말 17세기 초에 동아시아의 각국이 얽히는 戰亂을 시간적 배경으로 하면서, 조선·중국·만주·일본·월남을 넘나드는 광활한 공간적 스케일 속에 주인공 최척과 옥영의 간절한 사랑, 家族의 離散과 기적적인 再會를 그리고 있는〈최척전〉은, 작가 조위한의 직간접적 경험 위에 문학적 상상력이 투영되어 창조된 작품이다.

1621년에 지어진〈최척전〉은 1597년 정유재란으로부터 1619년 明의 遼東 정벌을 그 시대적 배경으로 하여 전개된다. 조위한은 실제로 이 시대를 살면서 전란의 고통을 몸소 체험했고, 그것이 작품에 고스란히 반영되어 나타난다.

임진왜란이 일어나자 조위한은 남원으로 내려와 피란살이를 하였

25 〈조완벽전〉에 대한 이상의 논의는, 손찬식,〈조완벽전을 통해 본 지봉 이수광의 월남 인식〉,《고소설연구》, 21, 한국고소설학회, 2006 참조.

고, 피란살이 도중 어린 딸을 잃는 슬픔을 당했다. 31세 되던 정유년 여름에는 부인과 사별하였고 정유재란 시에는 羅州에서 弟嫂의 殉節을 목도하였다.

여주인공 옥영이 서울을 떠나 남원에 정착하는 과정은 작자 조위한이 피란을 떠나 남원에 온 것과 흡사하게 기술하고 있다. 특히 임진왜란 다음 해인 癸巳年에 피란지에서 결연하였으나 왜병에게 잡혀 殉節함으로써 비극으로 끝난 고흥 유씨와 동생 조찬한의 사적은, 계사년에 피란지에서 결혼한 최척과 옥영의 아름다운 사랑, 그리고 이어지는 전란에 의한 비극적 離散이라는 〈최척전〉의 소재와 상통한다.

〈최척전〉에서 최척은 정유재란 후 명나라 군사 余有文을 따라 압록강을 건너 중국으로 간다. 처음 최척이 거주했던 곳은 浙江의 姚興이었는데, 여유문이 죽자 그는 이곳을 떠나 周遊하게 된다. 최척의 중국 周遊의 소재는 조위한이 평소 꿈꾸었고, 1610년 謝恩使 書狀官으로서 실현했던 중국 주유의 체험을 반영해 주고 있다.

제주도에서 중국까지 황해를 漂浪하고 중국 강남으로부터 北京, 만주의 遼陽을 거쳐 조선으로 돌아온 崔溥의 기이한 여정을 기록한 〈漂海錄〉은 〈최척전〉에 일정한 영향을 끼친 것으로 보인다. 〈표해록〉에서 보이는 바다에서의 漂浪의 장면, 강남 지방으로부터 북경, 그리고 요양을 거쳐 귀환하는 旅程, 동북 지역 경계에 사는 우리 민족의 애환을 보여주는 삽화 등은 그대로 〈최척전〉의 에피소드로 수용된다.

한편 〈최척전〉에서 옥영이 왜병인 頓于에게 붙들려 일본으로 끌려가 배를 타고 장사를 다니다가 安南(越南)에서 최척과 만나고 중국에 들어가 사는 대목은, 임진왜란 때 포로로 잡혀 멀리 월남까지 갔다가 중국을 거쳐 귀국한 얘기를 담은 〈조완벽전〉과 유사하다.

조위한은 전란이 이어지는 험난한 시대를 살면서 몸소 겪은 갖가지

체험과, 〈표해록〉, 〈조완벽전〉 같은 문헌을 통해 접한 기이한 異國 체험들을, 하나의 상상력의 구조 속에 녹여 내어 새로운 소설 〈최척전〉으로 창조해 낸 것이라 하겠다.

—《한국의 고전을 읽는다》, 휴머니스트, 2006 / 《고전과 해석》, 1집, 고전문학한문학연구학회, 2006.

燕巖 朴趾源의 선비意識

머리말

燕巖 朴趾源(1737-1805)이 살았던 18세기는 정치적, 사회적, 문화적으로 여러 갈래의 모순을 드러내고 있던 시기였다. 연암 박지원은 利用厚生學派, 혹은 北學派의 실학자로서 너무도 잘 알려져 있는 인물이다. 그의 단편소설 〈兩班傳〉, 〈許生〉, 〈虎叱〉에서 보이는 당대 사회 지식인에 대한 예리한 풍자와 비판은 다른 어떤 작품도 이에 비견하기 힘들다. 중국 使行의 일원으로 참가하여 그 여행의 견문을 기록한 《熱河日記》 또한 번뜩이는 지성과 통찰력, 뛰어난 표현력으로 두고두고 칭송되는 걸작이다.

그러나 연암의 생애는 결코 순조롭지 못했다. 청년 시절에는 심한 불면증으로 고생하기도 했으며, 不正이 횡행하는 科擧제도의 문란을 증오해 과거시험에 제대로 응시하지 않아 顯達의 길을 걸을 수가 없었다. 연암은 한때 정치적 음모의 화살을 피해 燕巖峽에 은거하여 숨어 지내기도 했다. 그의 명저인 《열하일기》가 경박한 小說의 文體라고 지목되어 정조 임금으로부터 꾸중을 듣기도 했으며, 조카 朴南壽로부터 《열하일기》를 촛불에 태우는 모욕을 面前에서 겪기도 하였다. 연암은 晩年에 이르러 생활을 위해 지방의 守令을 몇 군데 하기에 이른다.

변환기에 처해 연암 박지원이 지녔던 당대 지식인으로서의 선비意識과 그 실천의 양상이 어떠했는지, 연암 자신의 저술인《燕巖集》과 아들 朴宗采가 남긴《過庭錄》의 기록을 중심으로 살펴보기로 한다.

《과정록》은 연암의 둘째 아들 朴宗采가 아버지의 일생에 대하여 기술한 傳記이다. 뜨락을 지난다는 뜻의 '過庭'이라는 말은,《論語》季氏篇에, 공자의 아들 伯魚가 뜨락을 지날 때 공자가 불러 詩와 禮를 배우라고 깨우쳐 준 데에서 유래한 것으로,《과정록》은 자식이 아버지의 언행과 행적을 기록한 책이라는 뜻이다. 박종채는 연암이 돌아가신 지 17년 후인 1822년 봄부터 자료를 수집하여 4년 동안 심혈을 기울여 이 책의 초고를 집필했으며, 그 후 몇 년에 걸쳐 수정에 수정을 거듭하여 완성하였다. 아버지 박지원의 모습을 후세에 전하기 위해 참으로 고심했던 것을 알 수 있다.

박종채는 아버지의 身上, 생활 주변의 사소한 일로부터, 교우관계 · 저작 등 연암에 관한 모든 일들을 적고 있다. 위대한 文學家로서의 면모뿐 아니라, 그의 인간적인 모습, 흥미로운 逸話들도 자세히 들려주고 있다.

우리는 박종채의《과정록》을 통해, 연암의 뛰어난 재능과 경륜을 느낄 수 있으며, 또한 인간적인 면모를 함께 접할 수 있다.

1. 연암 박지원의 선비意識

연암은 자신을 亂世에 처해서도 굽힘 없는 올바른 지식인으로 자임하고 있었다. 한편 자신과 같은 올바른 지식인이 극히 소수이긴 하지만 일정한 連帶意識을 가지고 행동해야 할 것으로 믿고 있었으며, 올바른 지식인으로서의 역할에 대해서 심각하게 자각하고 그 영향의 확산을 기대하고 있었다.

연암의 이러한 자세를 단순히 仕宦의 길이 용이하지 않았던 정치상황에 대한 반작용으로 이해하는 것은 곤란하다. 그의 생애 중에는 상반되는 것 같은 政治的 行歷이 공존한다. 그는 청년시절 科擧에 응하지 않는 것을 신조로 삼았고 科場에 나아가서도 번번이 답을 쓰지 않고 나온 것으로 알려져 있다.

> 당시 아버지의 문장에 대한 명성은 이미 세상을 떠들썩하게 했다. 그래서 과거시험을 치를 때마다 시험을 주관하는 자는 반드시 아버지를 꼭 합격시키려 하였다. 아버지는 그것을 눈치 채고 어떤 때는 응시하지 않았고 어떤 때는 응시는 하되 답안지를 제출하지 않으셨다. 하루는 과거시험장에서 古松과 怪石을 붓 가는 대로 그리셨는데, 당시 사람들은 아버지를 어리석다고 비웃었다. 그러나 이는 당신께서 과거 보는 일을 달갑게 여기지 않는다는 것을 보여 주기 위해서였다.[1]

그러던 그는 나이 50에야 繕工監 監役을 제수받아 비로소 宦路에 나아갔고 그 후 65세에 致仕하고 물러나기까지 司僕寺 主簿, 義禁府 都事, 齊陵令, 安義縣監, 沔川郡守, 襄陽府使의 閑職을 거치게 된다.

그가 赴擧하지 않으려 했던 주요한 이유는 당시의 科擧를 둘러싼 弊政 때문이었다. 소수 집권세력인 閥閱에 의해 관직이 독점되면서 많은 有閑 知識人을 放棄해 놓았던 것이 당시의 정치상황이었다. 특히 科擧를 통한 발탁에는 집권세력의 농간이 끼어들어 그들의 자제가 뽑히게

---

1 朴宗采, 《過庭錄》, 권1, p.10(《한국한문학연구》, 6, 한국한문학회, 1982, 영인, p.11) : 時, 先君文章之名, 已喧動一世, 每有科試, 主試者, 必欲援引先君, 微知其意, 或不赴, 或赴而不呈卷. 一日, 在場屋, 漫筆, 書古松老石, 一世傳笑其踈迂, 然, 盖示其不屑之意者.

끔 조작하는 비리가 횡행하고 있었다. 연암은 이러한 세태를 극히 혐오하면서, 이러한 비리에도 불구하고 科擧에 집착하는 무수한, 속이 차지 않은 지식인들을 냉소하고 있었다.

주목해야 할 것은 연암이 일관되게 고수하였던 선비로서의 자세이다. 이것은 연암사상의 뼈대이며, 그가 후대에 實學-利用厚生學派의 鼻祖로, 리얼리즘문학의 선구자로 평가될 수 있었던 이념과 철학의 바탕이다.

그가 원론적으로 생각하고 있던 선비像은 전통적 관념에서 벗어나지 않는 것이었으며 벗어날 수도 없는 것이었다. 선비(士)의 처지와 역할에 대해 "아래로는 農工과 나란히 있고 위로는 王公과 벗하여, 지체로 말하면 그와 동등한 것이 없고 덕으로 말하면 지극히 올발라서, 글을 읽어 그 은택이 온 누리에 미치고 그 功이 누대에까지 이어져야 한다"[2]고 했다. 선비에게 있어 가장 중요한 것은 "글 읽는 것(讀書)"이라고 하면서 거기에 몇 가지의 規準을 세워 놓고 있다.

그가 생각한 '올바른 선비', '올바른 독서'란 어떤 것인가? "선비 아닌 자가 없건만 올바른 자는 드물고, 독서하지 않는 이는 없건만 제대로 하는 이는 드물다"[3]고 한탄하면서, "독서는 장차 무슨 관직에 나아가기 위함도, 文術을 풍부히 하려는 것도, 文譽를 떨치려는 것도 아니다. 講學論道가 곧 독서의 목적인데 효제충신이 그 강학의 알맹이(實)이고 禮樂刑政이 그 강학의 쓰임(用)이다. 독서하면서도 그 實, 用을 알지 못하는 자는 강학하는 것이 아니다. 性命을 높이 담론하고 理氣를 지극히 분변함에 자기 견해를 제각기 주장하여 편벽되이 한 가지로만 몰아가려 한다면 혈기가 쓰임이 되어 理氣는 조금 분변될지 모르나 性情이 도리어 어긋

---

2 박지원, 《燕巖集》, 권10, 〈原士〉(경인문화사 영인본, 1979, p.139) : 夫士, 下列農工, 上友王公, 以位則無等也, 以德則雅士也. 一士讀書, 澤及四海, 功垂萬世.

3 위의 글 : 何莫非士也, 鮮有能雅者也. 孰不讀書也, 鮮有能善者也.

나게 되니 이는 講學한다면서 性情을 해치는 것이다"[4]라고 했다. 仕宦에 급급하지 않았던 그의 기본적 태도와, 名利에 끌리거나 空論에 집착하는 독서를 혐오한 그의 입장이 이러한 의식에 그 바탕을 둔 것이었다.

그는 중국의 선비가 세 가지 어려움을 갖고 있다고 말한 바 있다. ① 박학다식하지 않을 수 없는 점, ② 도량과 겸양을 지녀야 하는 점, ③ 법을 존경하며 벼슬에 조심함으로써 제도가 한결같아 四民이 각기 업에 힘쓰도록 하는 점이 그것이다.[5] 중국의 선비들이 이 세 가지 어려움을 극복하기 위해 노력하는 것을 흠탄한 것은 곧 당시 조선의 선비들의 나태와 결함을 지적한 것에 다름 아니다.

그는 선비가 학문적 뒷받침으로 四民의 업에 보탬을 주어야 한다고 생각하면서, 당대 사회의 전반적 모순이 선비의 역할이 제대로 수행되지 못하는 데에 연유하는 것으로 인식하고 있었다.

2. 연암 박지원의 交友觀

그가 名, 勢, 利에 구애되지 않고 선비로서의 자세를 견지한 것은 그의 교우관계에서 뚜렷하게 나타난다. "세상에서 名, 勢, 利에 얽힌 교우를 제외한다면 한 사람도 벗이라 하기 어렵다"고 탄식하면서 "일마다 법도

---

4 위의 글 : 夫讀書者, 將以何爲也. 將以富之文術乎, 將以博文譽乎. 講學論道, 讀書之事也. 孝悌忠信, 講學之實也. 禮樂刑政, 講學之用也. 讀書而不知實用者, 非講學也. 所貴乎講學者, 爲其實用也. 若復高談性命, 極辨理氣, 各主己見, 務欲歸一, 談辯之際, 血氣爲用, 理氣纔辨, 性情先乖, 此講學害之也.

5 《연암집》, 권14, 〈熱河日記〉, 〈審勢篇〉(경인문화사 영인본, p.253) : 中州之士, 有三難. 一爲學人, 則全史全經, 隨事辨證, 百家九流, 略涉源委, 酬答如響, 不如是, 未足以爲士也. 此其一難也. 寬雅嫺禮, 休休有容, 不施驕倨, 虛懷接物, 而不失大國之體, 此其二難也. 小大遠近, 莫不畏法, 畏法故愼官, 愼官故制度, 如一, 而四民分業, 莫不自修, 此其三難也. 〔…〕 其固有之三難, 又非東人之所可得以悔之也.

에 맞게 잘하면 돼지 치는 노비도 나의 좋은 벗이 될 수 있고, 義를 드러내고 忠으로써 이르면 나무하는 아이도 좋은 벗이 될 수 있건만, 돼지 치는 노비는 詩·書를 논하는 자리에 참여키 어렵고 나무하는 아이는 의례적인 자리에 같이 들기 어려운"[6] 현실의 신분상의 제약을 안타까워하고 있다.

그에게 있어서 벗이 될 수 있는 조건은 貴賤이나 黨色이 아니었다. 의론의 대립과 명분의 구별이 엄격해서 신분의 차등에 구애되어 벗으로 삼지 않고, 벗으로 삼지 않으니 서로 道義를 강론하지 않는[7] 지극히 狹隘한 朝鮮의 풍속을 개탄하고 있다. 홍대용이 중국에 가 선비들과 벗한 이유를 말하고 이에 연암이 동의한 것은 다름 아니라 당시 時俗의 末弊에 대한 鑑戒의 제시이다.

> 저 중국 선비 세 사람이 나를 대함에, 또한 어찌 중국과 오랑캐의 구별이나 形跡·等威의 꺼림이 없겠는가? 그런데도 번거로운 수식이나 까다로운 절도를 없애고 情과 眞을 드러내고 간담을 토로하니, 그 규모의 광대함이 어찌 聲名, 勢, 利에 얽매이는 道이겠는가?[8]

연암이 平谿에 寓居할 때에 參奉 李匡呂와 知己로서 사귀게 된 逸話는 하나의 좋은 시사가 된다.

---

6 《연암집》, 권3, 〈答洪德保書〉 二(경인문화사 영인본, p.74) : 吾旣去此三友, 始乃明目求見, 所謂友者, 蓋無一人焉. 欲盡其道, 友固難矣, 亦豈眞果無一人耶. 當事善規則, 則雖牧猪之奴, 固我之良朋, 見義忠告, 則雖采薪之僮, 亦吾之勝友, 以此思之, 吾果不之友朋於世矣. 然而, 牧猪之朋, 難與參詩書之席, 而采薪之僮, 非可寘揖讓之列, 則俛仰今古, 安得不鬱鬱於心耶.

7 《연암집》, 권1, 〈會友錄序〉(경인문화사 영인본, p.11) : 是惟所賢者, 不同耳. 議論之互激, 而異於秦越, 是惟所處者, 有差耳. 較名分之較劃, 而嚴於華夷, 嫌於形跡, 則相聞而不相知, 拘於等威, 則相交而不敢友, 〔…〕 不敢友焉. 相與爲謀道乎.

8 위의 글 : 彼三人者之視吾, 亦豈無華夷之別而形跡等威之嫌乎. 然而, 破去繁文, 滌除苛節, 披情露眞, 吐瀝肝膽, 其規模之廣大, 夫豈規規齪齪於聲名勢利之道者乎.

> 아버님(박지원)이 묻기를 '그대는 평생 책을 읽어 몇 자나 아셨소?' 〔…〕 李公이 오래도록 헤아리고는 말하길 '겨우 30자 알게 되었소이다'. 이로부터 李公이 知己가 되어 자주 찾게 되었다. 〔…〕 종일토록 얘길 하면서도 일찍이 黨論의 갈라짐에 대하여는 한마디도 하질 않으셨다.[9]

겸양의 자세를 견지하며, '黨論'이나 '他人을 평하는 것'으로부터 떠난 담백한 교우를 연암은 원했던 것이다.

교우관에서 나타나는 그의 '평등의 윤리'는 〈擬請疏通疏〉에서 庶孼의 신분적 해방을 주장함으로써 극명하게 구현된다. 서얼을 禁錮하여 그들의 재능을 썩히는 것과 그들이 사회문제화되는 폐단을 심각하게 걱정하면서 서얼금고를 고집하는 집권세력의 私慾을 비판하고 있다. 특히 그들과의 교우관계가 소원해져야 되는 안타까움이 피력되어 있다.[10] 이러한 입장은 현실적으로 그가 李德懋·朴齊家·柳得恭 등의 庶孼과의 친밀한 교우관계를 맺은 사실과 곧바로 연결된다.

3. 선비意識의 實踐

연암의 '올바른 선비로서의 자세'가 구현된 것은 그의 교우관계에서도 엿볼 수 있는 일이지만, 선비로서의 역할이 직접적으로 주장되거나 실천된 것은 실학사상이 응집된 그의 著述과 居官 시절의 행적이다.

연암의 집안은 본디 청렴하고 빈곤했으며[11] 그 자신 仕宦이 50세 때의

9 《과정록》, 권1, p.40(《한국한문학연구》, 6, 영인, p.41) : 先君問之曰, 君平生讀書, 識得幾個字, 〔…〕 李公點檢良久語曰, 僅識得三十餘字, 〔…〕 自是, 李公定爲一言知己, 頻頻來訪, 有新成詩文, 必袖以請評, 〔…〕 談辯竟日, 未嘗一言, 及於黨論岐異者云.

10 《연암집》, 권3, 〈擬請疏通疏〉(경인문화사 영인본, p.70) : 然而, 庶孼之於士族, 相交而不得友, 相視而不得齒, 無忠告責善之道, 絶琢磨切偲之義, 言辭之間禮數太苛, 揖讓之際, 謗誎橫生.

일이니만큼 그간의 궁핍은 再言을 필요로 하지 않는다. 그가 伯嫂인 李恭人이 평생 가난에 시달리다 돌아가신 후에 涕泣한 사실이나,[12] 內子 李氏가 가난에 시달리며 살림을 꾸려 나갔던 逸話[13]에서 그 궁핍의 정도를 알 수 있다. 그럼에도 그가 주위의 도움을 본분에 어긋난다고 뿌리친 사실[14]은 그의 '선비로서의 자세'를 엿볼 수 있게 한다. 더욱이 그가 安義縣監으로 갔을 때에 제시한 治略의 持論이나 逸話들은 '一士讀書, 澤及四海, 功垂萬世'의 실천적 반영이라 하겠다.

> 小民은 다만 小惠만을 알고 大德을 아지 못한다. 수령된 자가 늘 작은 은혜를 베풀어 명예를 얻으려 한다면 다스림의 體를 모르는 자이다. 오로지 대체를 주로 해 백성을 수고롭게 않는 것이 요점이다.[15]

> 수령된 자는 비록 내일 떠난다 하더라도 늘 백년의 마음을 지녀야 한다. 그런 후에야 鎭定하여 修學함이 있게 된다. 늘 보건대 수령이 되어서 보기를 여관에 하루 묵듯이 하면 서리와 백성은 五日 京兆를 보듯 함이 당연한 것이다. 위에서는 힘써 다스리려 해도 아래에서는 적당히 때워 대하니 어찌 다스림의 효과를 보겠는가. 그러나 수령이 되어 또한 자리에 연연해선 안 될 것이다. 뜻과 맞지 않음이 있거든 헌신 버리듯 버려야 할 것이다.[16]

---

11 《과정록》, 권1, p.3(《한국한문학연구》, 6, 영인, p.4) : 家素淸貧, 而章簡公廉潔儉約, 不以家事經心.

12 《연암집》, 권2, 〈伯嫂恭人李氏墓誌銘〉(경인문화사 영인본, p.50) : 嗟呼. 貧士之妻, 昔人比之弱國之大夫, 其拄傾支覆, 莫保朝夕, 猶能自立於辭令制度之間, 而澗擊沼毛, 不餒其鬼神, 不腆之廚庖, 足以嘉會, 豈非所謂鞠躬盡瘁, 死而後已者耶.

13 《과정록》, 권1, p.44(《한국한문학연구》, 6, 영인, p.45) : 中年以來, 食貧喫苦, 流離遷從, 殆不堪其憂. 〔…〕 先君嘗言吾少時, 嘗有用餘錢二千, 念淑人衣具缺, 用齎衣襆以遺之.

14 《과정록》, 권2, pp.18-19(《한국한문학연구》, 6, 영인, pp.69-70) : 或問, 某錢於義無嫌, 何爲固辭. 先君笑曰, 吾乃燕巖一寒士, 一朝橫得萬金, 爲富家翁, 豈其本分耶.

15 《과정록》, 권2, p.13(《한국한문학연구》, 6, 영인, p.64) : 小民但知小惠, 不知大德, 爲守令者, 每以煦煦之惠, 沽各要譽, 是不知治體者也. 專主大體, 以不擾民爲要.

이처럼 연암 박지원은 '올바른 선비로서의 자세와 그 역할에 대한 신념'을 꾸준히 견지하고 있었다. 그 전 시대 혹은 동시대의 어느 누구에게서보다 그것이 더 실천적으로 구현될 수 있었던 것은 그의 天稟의 문제라고 말할 수 있다.

맺음말

이 글에서는 역사적 변환기인 18세기에 실학자 연암 박지원이 지녔던 당대 지식인으로서의 선비意識과 그 실천의 양상에 대하여 간략히 살펴보았다.

연암 박지원은 利用厚生學派, 혹은 北學派의 실학자로서 너무도 잘 알려져 있는 인물이다. 그러나 연암의 생애는 결코 순조롭지 못했다. 청년 시절에는 심한 불면증으로 고생하기도 했으며, 不正이 횡행하는 科擧제도의 문란을 증오해 과거시험에 제대로 응시하지 않아 顯達의 길을 걸을 수가 없었다.

연암은 자신을 亂世에 처해서도 굽힘 없는 올바른 지식인으로 자임하고 있었다. 한편 자신과 같은 올바른 지식인이 극히 소수이긴 하지만 일정한 連帶意識을 가지고 행동해야 할 것으로 믿고 있었다. 연암이 일관되게 고수하였던 '선비로서의 자세'는 곧 연암사상의 뼈대이며, 그가 후대에 實學-利用厚生學派의 鼻祖로, 리얼리즘문학의 선구자로 평가될 수 있었던 바탕이 된다.

---

16 《과정록》, 권2, p.36(《한국한문학연구》, 6, 영인, p.87) : 居官者, 雖明日起去, 恒作百年心, 然後, 可以鎭定有修擧. 每見, 人爲官視以逆旅一宿, 則吏民之視以五日京兆, 固宜矣. 上以勉强因循而爲政, 下以姑息彌縫而待之, 其何能見治效耶. 然而, 爲官亦不可有顧戀徊徨之情, 見有不合者, 快抛如弊屣.

연암은 선비(士)의 처지와 역할에 대해 "아래로는 農工과 나란히 있고 위로는 王公과 벗하여, 지체로 말하면 그와 동등한 것이 없고 덕으로 말하면 지극히 올발라서, 글을 읽어 그 은택이 온 누리에 미치고 그 功이 누대에까지 이어져야 한다"고 했다. 선비에게 있어 가장 중요한 것은 "글 읽는 것"(讀書)이라고 하고, "講學論道가 곧 독서의 목적"이라 하였다. 仕宦에 급급하지 않았던 그의 기본적 태도와, 名利에 끌리거나 空論에 집착하는 독서를 혐오한 그의 입장이 이러한 의식에 바탕을 둔 것이었다.

그가 名, 勢, 利에 구애되지 않고 선비로서의 자세를 견지한 것은 그의 교우관계에서 뚜렷하게 나타난다. 그에게 있어서 벗이 될 수 있는 조건은 貴賤이나 黨色이 아니었다. 겸양의 자세를 견지하며, '黨論'이나 '他人을 평하는 것'으로부터 떠난 담백한 교우를 연암은 원했다. 교우관에서 나타나는 그의 '평등의 윤리'는 庶孼의 신분적 해방을 주장함으로써 극명하게 구현된다. 이러한 입장은 그가 李德懋 · 朴齊家 · 柳得恭 등 庶孼과의 친밀한 교우관계를 맺은 사실과 연결된다.

연암의 집안은 본디 청렴하고 빈곤했다. 그럼에도 그가 주위의 도움을 본분에 어긋난다고 뿌리친 사실은 그의 '선비로서의 자세'를 엿볼 수 있게 한다. 더욱이 그가 安義縣監으로 갔을 때에 제시한 治略의 持論이나 逸話들은 '一士讀書, 澤及四海, 功垂萬世'의 실천적 반영이라 하겠다. 이처럼 연암은 '올바른 선비로서의 자세와 그 역할에 대한 신념'을 꾸준히 견지하고 있었다.

—《湖脈》, 1호, 호서대학교 국어국문학과, 1986.

漢文小說과 漢文學 연구의 步幅

1.《韓國漢文小說校合句解》서평

(1) 校合本의 특성과 한계

박희병 교수(이하 '校釋者'로 칭함)가 새롭게 校釋하여 펴낸《韓國漢文小說校合句解》[1]는 우리 학계에 학문의 정밀성을 위한 하나의 典範을 제공해 준 것이라 할 만하다. 1천 쪽이 넘는 방대한 분량에 모두 83편의 한문소설을 精選하여, 異本을 校勘한 바탕 위에 標點과 註釋을 더한 이 책은 이 분야 학자들에게 부러움과 두려움을 동시에 갖게 한다.

이 책은 교석자가 앞서 펴낸《한국한문소설》[2]에서의 성과를 토대로 하면서, 그보다 한 단계 발전된 면모를 보여 준다. 이전 책에서는 모두 43편의 작품을 수록하였고 校勘註가 들어 있지 않았던 반면, 이 책에서

---

1 소명출판, 2005.

2 박희병,《한국한문소설》, 한샘, 1995.

는 그 두 배에 가까운 수의 작품을 담고 있고, 철저한 原典批評에 바탕을 둔 교감주가 더해져 있다.

이 책의 제목을 '교합구해'로 붙인 데 대해서 교석자는 다음과 같은 설명을 보태고 있다. 우선 '句解'라는 말은 "텍스트의 字句에 대한 註釋 행위"를 뜻한다고 하였다. 조선 명종 때 인물인 尹春年과 林芑가《전등신화》에 주석을 붙여《剪燈新話句解》라는 책을 간행한 바 있는데, 이는 동아시아에서 가장 이른 시기에 나온 본격적인 주석서였다.《전등신화구해》가 보여 준 소설 주석학의 전통을 면면히 잇고자 하는 교석자의 고심이 이 책에 담겨 있는 것이다.

한편 '교합'은 '定本化'를 뜻한다고 하였다. 정본화란 "한 작품에 둘 이상의 이본이 존재할 때, 그 이본들을 면밀히 대조하고 교감하여 원본에 가까운 하나의 본을 구성하는 행위"로서, "합리적 추론에 의한 원본에의 수렴 과정이자, 원본에 최대한 근사하게 다가가려는 企圖"라 하였다. 이 방식은 '여러 이본 가운데서 善本이라고 판단되는 본을 하나 택해 활자화한 다음 이 본과 다른 본의 차이를 교감기로 밝히는 방식'과는 다른 것이다.

이러한 교합본을 만드는 작업에 대한 학계의 先例로 정규복 교수가 수행한〈九雲夢〉老尊本 교합본을 들 수 있다. 정규복 교수는 김만중의 원작에 가장 가까운 것을 한문 노존본으로 比定하고, 여러 종의 노존본 계열 이본 및 노존본의 파생 계열인 坊刻本 乙巳本과의 대조를 통해 再構한 노존본 교합본을 제시한 바 있다.《구운몽 원전의 연구》[3]에 그 성과가 수록되어 있다.

정규복 교수와 박희병 교수에 의한 이러한 교합본의 재구성은, 한

3 정규복,《구운몽 원전의 연구》, 일지사, 1977.

작품에 여러 이본이 존재하고 字句의 出入과 缺落이 빈번한 문헌 현상 속에서, 작자의 원본에 가장 가까운 定本을 찾아가기 위한 필수불가결한 작업이라고 할 수 있다. 그러나 앞선 정규복 교수의 작업에 대하여, "그것은 자칫하면 또 하나의 이본을 만들어 낸 것일 뿐이며, 작자의 원본으로 볼 수는 없다"는 비판이 학계의 한쪽에 있었음을 되새겨 볼 필요가 있다. 우리는 이러한 비판의 시선도 염두에 두면서, 최대한 정밀한 수준의 이본 교감과 고도한 학문적 판단에 입각한 정본화를 추구해야 할 것이다. 교석자 자신도 정본화 작업을 위해 소설의 이본을 벌여 놓고 한 글자 한 글자씩 대조해 가면서 是非를 가릴 때에 "그 어떤 본에도 '是'가 없는 경우도 있었다"고 고백하고 있는 것처럼, 이는 때로 至難한 작업일 수 있는 것이다. 고도한 학문적 판단이 요구되는 所以이다.

(2) 전체적 구성과 選別의 문제

이 책은 크게, 1. 한국한문소설의 성립 : 신라 말-고려 말, 2. 한국한문소설의 轉變 : 조선 전기, 3. 한국한문소설의 다양한 전개 : 조선 후기의 세 부분으로 구성되어 있다. 그리고 조선 후기의 한문소설은 다시, ① 傳奇小說의 만개와 새로운 소설형식의 모색, ② 傳奇小說, 傳系 小說, 野談系 小說의 교섭적 전개, ③ 야담계 소설의 만개와 그 변용의 세 부분으로 나뉘어져 있다.

또한 본문에 앞서, 導論으로 '한국 한문소설 개관'을 싣고 있다.

전체적인 編制와 도론 부분에 제시된 설명에서 간파할 수 있듯이, 이 책의 구성은 교석자의 그동안의 학문적 관심과 蘊蓄이 온전히 반영되어 있다. 석사학위논문에서 《청구야담》을 다루면서 시작된 야담계 소설에 대한 관심으로부터, 박사학위논문에서 傳系 小說을 다루고, 이어 傳奇小說에 대한 일련의 논문을 발표하고 그것을 묶은 저서 《한국

전기소설의 미학》을 펴내기까지 이어져 온 한문 단편소설에 대한 지속적인 관심과 그에 대한 이론적 定礎가 이 책의 바탕이 되고 있다.

따라서, 이 책에는 한국 한문소설의 全貌가 담겨 있지는 못하다. 교석자 자신도 "한국 한문소설을 모두 망라하고 있지는 않다. 일단 장편소설은 배제했으며, 단편이나 중편소설 가운데서 비교적 문예적·사상적 가치가 높다고 판단되는 것들만 정선해 수록하였다"고 하였다.

그런데 교석자의 이러한 言明과 선정된 작품이 적실히 부합하는가 하는 데 대해서는 학자에 따라 異見이 있을 수도 있을 것이다.

우선 단편·중편의 전통과 더불어 한국 한문소설의 또 하나의 큰 물줄기라고 할 한문 장편소설이 배제된 것은 아쉬운 부분이다. 그 분량의 방대함 때문에 별도의 여러 책으로 간행될 성질의 것이기 때문에 이는 어쩔 수 없는 것이지만, 도론 부분의 한문소설 개관에서도 한문 장편소설은 〈옥루몽〉에 대한 개설만으로 할애되어 있어 소홀히 취급된 감이 있다. 李庭綍의 〈玉麟夢〉, 金紹行의 〈三韓拾遺〉, 沈能淑의 〈玉樹記〉, 朴泰錫의 〈漢唐遺事〉, 徐有英의 〈六美堂記〉, 鄭泰運의 〈鸞鶴夢〉, 작자 미상의 〈九逢記〉, 〈玉仙夢〉, 〈蓬萊新說〉, 그리고 최근에 소개된 한문본 〈南征八難記〉,[4] 〈青白雲〉[5]과, 〈장풍운전〉의 원작 계열 작품인 〈金僊覺〉[6] 등 한문 장편소설은 뚜렷한 비중으로 소설사에 솟아 있는 것이다.

단편이나 중편소설 가운데서 비교적 문예적·사상적 가치가 높다고 판단되는 것들만 정선했다고 하였으나, 이 역시 연구자에 따라서는 이

---

4 최윤희, 〈남정팔난기 영웅형상과 소설사적 의미〉, 고려대학교 박사학위논문, 2004 ; 최윤희, 〈한문본 남정팔난기의 특징〉, 《중국소설논총》, 24, 한국중국소설학회, 2006.

5 조광국, 〈청백운 한문본 연구〉, 《고소설연구》, 18, 한국고소설학회, 2004.

6 김준형, 〈금선각의 발굴과 소설사적 의의〉, 《고소설연구》, 18, 한국고소설학회, 2004.

견을 보일 수 있을 듯하다. 몽유록 유형의 작품 가운데에서 제외된 〈安憑夢遊錄〉과 〈皮生冥夢錄〉, 傳奇小說 혹은 才子佳人小說의 맥락에서 논의되고 있는 〈洞仙記〉, 〈憑虛子訪花錄〉, 〈白雲仙翫春結緣錄〉도 포함될 만하다고 생각된다.

도론에서 비중 있게 설명한 풍자소설 가운데에서 본문에는 〈오유란전〉과 〈호질〉만 수록하였으나, 〈지봉전〉, 〈정향전〉, 〈종옥전〉, 〈서대주전〉, 〈서옥기〉는 충분한 의의가 있으며, 그 외에 〈蝸蛇獄案〉도 매우 독특한 작품 세계와 사회적 의미를 갖고 있다고 평가된다. 그리고 근래에 소개된 〈折花奇談〉, 〈布衣交集〉이 배제된 것도 아쉬움이 남는다.

한편 金萬重의 〈九雲夢〉과 〈南征記〉, 趙聖期 혹은 金道洙의 〈창선감의록〉, 睦台林의 〈春香新說〉 등 애초에 한글로 지어진 작품이 漢譯되어 수용된 다양한 양상도 한문소설의 전개 구도 속에서 살펴야 할 사안으로 생각된다.

이상에서 이 책에 나타난 교석자의 작품 選別眼에 대한 약간의 蛇足을 붙인 셈이지만, 이러한 지적은 한정된 책의 분량을 넘어서는 과도한 주문이 될 것으로 보인다.

(3) 校勘과 句解의 의의

이 책의 참된 의의는 본문에 수록된 83편의 작품에 대한 정밀한 校勘과 標點, 그리고 세심한 句解에 있다고 할 것이다. 모든 작품에는 수 종의 대표적 이본의 대조를 거친 校勘註가 달려 있기에, 이본 간의 편차와 각 이본의 특성을 미루어 짐작할 수 있으며, 간혹 독자의 입장에서 교석자와 다른 의견을 떠올릴 수도 있을 것이다. 이를테면, 〈調信傳〉에서 열 살 된 딸이 돌아다니며 구걸을 하다가 개에게 물려 고통스러워하는 모습을 보면서 조신 부부가 탄식하며 눈물을 흘리는 대목에서, 원문은

"婦乃□澁拭涕"로 缺字가 있다. 이에 대해 이동환 교수는 그 결자를 '皺'로 보아 '皺澁' 즉 '찡그리다'로 이해한 바 있으나,[7] 교석자는 그 결자를 '噎'로 보아 '噎澁' 즉 '목이 메다'의 의미로 보았다.

교석자가 가한 標點 작업 또한 고심의 산물임이 역력하다. 이를테면 〈만복사저포기〉의 처음 부분에 보면, 주인공 梁生이 "부모를 일찍 여의고 아직 장가들지 못한 상태에서 홀로 만복사의 동쪽에 살고 있었는데, 방 밖에는 배나무 한 그루가 있었다"는 대목이 있다. 이전의 이재호, 심경호 교수가 "獨居萬福寺之東房, 外有梨花一株"로 구두를 떼었던 것[8]과 달리, 교석자는 "獨居萬福寺之東, 房外有梨花一株"로 보고 있는데, 이는 온당한 것으로 생각된다.

句解(註釋)에 있어서의 精細함 또한 이 책의 중요한 미덕이며 학문적 소득이다. 일일이 枚擧할 수 없으나, 이를테면 〈최치원〉의 경우, 최치원이 두 자매와 하룻밤 정을 나눈 뒤에 희롱의 말을 던지는 대목에 나오는 "陳氏之女奴"를 종래 연구자들이 잘못 주석하였던 것과 달리, 《태평광기》 권 375 〈陳朗婢〉의 여주인공으로 바르게 摘示한 것과 같은 경우이다. 이러한 精細함은 교석자의 넓은 독서와 완벽을 추구하는 학문적 태도에 따른 결과라 하겠다.

그러나 간혹 과도한 풀이도 있으니, 이를테면 〈원생몽유록〉에서 주인공 元子虛가 꿈속에서, 項羽에게 義帝가 쫓겨나 머물다가 살해된 곳인 長沙로 인식되는(원자허가 노래한 시구에 '分明認是長沙岸'이라 함) 어느 江岸으로 옮겨 가 端宗 임금과 死六臣을 만나는데, 여섯 신하의 요청에 따라 임금이 부르는 노래 가사 가운데에 "生爲千乘兮, 死作孤魂. 新是僞

---

7 이동환, 《교감삼국유사》, 민족문화추진회, 1973.

8 이재호 역, 《금오신화》, 을유문화사, 1972, p.153 ; 심경호 역, 《금오신화》, 홍익출판사, 2000, p.249.

王兮, 帝乃陽尊. 故國人民兮, 盡輸楚籍"이라는 내용이 있다. 교주자는 여기서 '新'을 "漢나라 때에 王莽이 平帝를 죽이고 자기가 天子가 되어 國號를 新이라 했던" 史迹을 떠올려 國名으로 보았으나, 이는 이가원 교수의 풀이처럼[9] "새롭게 왕이 된 이는 거짓 왕이니" 정도로 풀이하는 것이 좋지 않은가 생각된다. '帝'는 항우가 짐짓 楚 懷王을 義帝라고 높였다가 얼마 안 있어 長沙로 쫓아낸 후 살해한 그 義帝를 가리키고, '楚籍'은 이름이 籍인 楚 項羽를 가리키는 것인 만큼, 작품의 문면의 흐름에서 왕망이 세운 나라 '新'이 삽입되는 것은 조금 거리감이 느껴진다.

아울러 再考의 여지가 있는 문제에 대한 약간의 소견을 덧붙인다.

이 책에 수록된 洪世泰의 〈金英哲傳〉은 그보다 다섯 배 분량의 풍부한 디테일을 담고 있는 원작 계열의 한문본 이본이 최근 발견됨으로 해서,[10] 홍세태의 작으로 보기도 어렵고, 傳系 小說로 보기도 어렵게 되었으므로, 장차 수정이 필요할 것이다.

특히 이 책에서 신라 말-고려 초의 소설로 간주한 작품들은 〈최치원〉을 제외하고는 연구자에 따라 說話로, 혹은 敍事散文으로 보는 의견이 여전히 강하게 있는 만큼, 지속적인 논의가 필요할 것이며, 《企齋記異》에 대한 貶下의 시각과 〈月團團〉의 작자를 서거정으로 보는 관점도 학계의 異見을 고려하여 지속적인 考究가 필요한 과제가 아닌가 한다.

여섯 해 동안 "눈이 아파 계속 안약을 넣어 가며" 이룩한 박희병 교수의 방대한 校釋書《한국한문소설교합구해》가 학계에 제공한 功勞에 대해 어느 누구도 賞讚에 인색할 수 없을 것이다. 앞으로도 國學의 큰 업적이 그에 의해 이루어지는 것을, 모든 연구자들은 부러움과 두려움을 갖고

---

9 이가원,《이조한문소설선》, 민중서관, 1961, p.9.

10 양승민 · 박재연,〈원작 계열 김영철전의 발견과 그 자료적 가치〉,《고소설연구》, 18, 한국고소설학회, 2004.

기대할 것이다.

2.《韓國 漢文學의 현재적 의미》서평

(1) 전체적 구성

김영 교수의《한국 한문학의 현재적 의미》[11]는 그의 앞선 저서《조선 후기 한문학의 사회적 의미》[12]와《망양록 연구》[13]에서 보여 준 문제의식을 견지하면서도 새로운 시대적 요구에 부응하는 연구자의 관점을 투영시킨 저서라고 생각된다.

"'세계화'와 '디지털 정보화 시대'라는 변화의 시대를 맞아 자신을 성찰하며 기존의 연구시각을 점검하지 않으면 안 되었다. 문학을 사회사적으로 바라보면서도 문학의 자율성을 잃지 않으려는 관점을 유지하면서 좀더 열린 시선으로 세상을 바라보려고 했다"고 그는 저서의 서문에서 적고 있다. 기존에 그가 지켜 왔던 '문학과 사회문제'에 대한 관심으로부터 이제 '나와 이웃의 관계', '인간과 자연만물이라는 생태적인 근본 문제'에까지 확대된 그의 관심이 이 저서에 담겨 있다.

《한국 한문학의 현재적 의미》는 모두 네 부분으로 구성되어 있다.

제1부 '우언문학의 현재적 의미'에는 다섯 편의 논문이 담겨 있다. 먼저 한국과 중국의 우언 작품에 나타난 욕망구현 양상을 살핌으로써, 생태학적 위기 속에서 요구되는 安分自足의 삶을 저자는 힘주어 강조한다. 그러한 저자의 관심은 노장사상의 생태학적 사유를 담은 한·중의

11 한울, 2008.
12 집문당, 1993.
13 집문당, 2003.

우언을 살피는 논문, 비움의 철학을 담은 한·중 우언을 살피는 논문, 〈노파의 五樂〉을 중심으로 하여 이광정의 《망양록》에 수용된 《莊子》 수용 양상을 살피는 논문에 지속적으로 나타난다. 더불어 우언 연구의 현황과 교육적 활용 모색을 점검한 논문이 포함되어 있다.

제2부 '현실과 대결한 작가의 삶과 문학세계'에는 네 편의 논문이 담겨 있다. 이규보의 仁川 관련 시문을 분석하여 그의 처세관과 현실인식을 다루기도 하고, 중세 권위주의에 저항한 문인으로서의 허균의 면모를 살피며, 박지원의 선비의식이 그의 《열하일기》에 어떻게 담겨 있는가 하는 것과, 《史記》와 《莊子》가 박지원 문학에 어떻게 영향을 미치고 있는가를 다루고 있다.

제3부 '한문산문의 현실주의적 미의식'에는 다섯 편의 논문이 담겨 있다. 벽초 홍명희의 아버지로서 한일합병에 대한 의분으로 스스로 목숨을 끊은 홍범식의 삶을 묘사한 爲堂 鄭寅普의 〈錦山郡守洪公事狀〉에 나타난 산문정신에 대한 분석, 조선 후기 과거의 폐단과 인재 등용의 문제를 다른 한문산문에 대한 검토, 눌은 이광정의 교술 우언 작품에 나타난 풍자와 우의에 대한 해명, 허균의 다섯 편의 傳 작품의 성격에 대한 규정, 18세기의 독서문화와 실학파 문인의 독서론에 대한 개괄 등이다.

제4부 '문학사와 문학교육의 현재성'에는 네 편의 논문이 담겨 있다. 한문 고전에서 무엇을 찾아 읽을 것인가 하는 選文의 시각을 살펴보고, 《논어》가 재해석되는 용례와 역사를 살펴봄으로써, 고전을 현대적으로 이해하는 자세에 대하여 점검해 본 논문, 한국한문학에 중국문학이 수용되고 또 창의적으로 발전된 양상을 연구한 그동안의 연구사를 점검한 논문, 중세 보편주의 시대의 문학과 문학교육의 성격을 근세의 그것과 비교하여 살핌으로써, 현재의 문학과 문학교육에 대한 방향을

제시하고자 한 논문, 북한문학사의 특징과 문제점, 남한문학의 특징과 문제점을 대비적으로 검토한 후 통일문학의 서술 방향에 대한 견해를 제시한 논문으로 구성되어 있다.

이에서 보듯, 김영 교수의《한국 한문학의 현재적 의미》는 그동안 저자가 보여 준 넓은 스펙트럼의 문제의식을 그 저서 안에 고스란히 담아내고 있다.

(2) 寓言문학의 生態的 思惟에 대한 관심

저자의 근년의 학문적 관심의 중추를 이루는 것이면서, 또한 이 저서를 받쳐 주는 큰 하나의 축은 우언문학에 대한 연구이다. 특히 이 저서에는 우언문학에 나타난 생태적 사유에 대한 관심이 경주되어 있다.

에너지와 자원의 과도한 낭비와 자연환경의 훼손으로 인한 지구 온난화 현상과 태풍·홍수·한발 같은 기상이변, 화석연료의 사용과 축산업의 증가로 인한 공기오염, 상업적 농업을 위한 과다한 농약 살포와 유전자 변형 종자의 등장으로 인한 토지산성화와 식품위기, 가정에서 쓰는 세제와 공업용 폐수로 인한 수질 오염…….

저자가 이 저서의 33쪽에서 언급한 現今의 지구의 이 상황은, 생태적 사유에 대한 관심이 왜 필요한지를 웅변으로 말해 준다.

그리하여 저자는 동아시아의 우언 가운데에서 어떻게 사는 것이 바람직한 것인지에 대한 일깨움을 주는 修己 관련 우언 중 인간의 욕망에 관한 우언에 먼저 주목하고서, 욕심을 버리고 스스로 즐거워할 줄 아는 안분자족의 삶이야말로 이웃과 사랑을 나눌 수 있는 평화로운 삶이며, 자발적으로 불편을 감내하며 살아가는 것이 위기에 처한 자연과 공존할 수 있는 생태학적으로 바람직한 삶이라는 것을 힘써 강조한다.

나아가, 지금 우리가 겪는 생태학적 위기는 근본적으로 인간과 자연의 부조화에서 비롯된 것임을 전제하고서, 인간과 자연의 조화, 생명에 대한 존중의식, 탐욕의 자제를 강조하는 노장사상의 생태학적 사유를 탐색하고, 그러한 사상을 우의적으로 형상화한 한·중 우언 작품들을 검토한다.

또한, 그러한 문제의식의 연장선상에서 老莊사상에서는 '비움'의 문제를 어떻게 바라보고 있는지 살핀 후, 이러한 문제를 우의적으로 형상화한 우언작품들을 검토한다. 그를 통해 저자는, 첫째 자연의 순리를 따르는 無爲自然·自由自適의 경지, 둘째 탐욕을 버리는 자족의 지혜, 셋째 세속적 가치를 초월하여 마음을 허정하게 비운 '心齋'의 상태를 의미 있게 간취해 내고 있다.

저자는 일찍이 논문 〈訥隱의 老婆之五樂 분석〉14을 통해 이광정의 대표적인 우언 작품인 〈노파의 五樂〉을 精緻하게 분석한 바 있는데, 이 저서에서 본격적으로 《장자》의 영향을 받은 부분에 대하여 천착한다. 〈노파의 오락〉과 《장자》는 꼽추를 등장시키는 인물형상과 초연정신의 구현이라는 세계관적 기반에 있어 공통된 면이 있음을 먼저 지적한다. 그러나 저자의 이어지는 분석의 요체는 주제 면에서의 차별성을 지적하는 데에 있다. 〈노파의 오락〉과 《장자》가 모두 당시 사회와 문화에 대한 비판의식을 담고는 있지만, 그 대상이나 문제점이 다르다는 것이다. 《장자》의 비판이 주로 당시의 권위주의적인 禮樂제도와 仁義라는 도덕관념에 맞추어져 있다면, 〈노파의 오락〉은 조선 후기의 혼란한 사회현실과 지배층의 탐학과 억압, 그로 인해 고통받는 피폐한 민중들의 모습을 날카롭게 풍자하고 비판하는 점을 높이 평가한다. 이 점이 〈노파의 오락〉이 《장자》의 영향을 받으면서도 조선 후기라는 역사적 문맥에서

14 《국어국문학》, 93, 국어국문학회, 1985.

새롭게 변용된 면이라는 점을 강조한다.

또한 저자는 문체 면에서의 同異點에 대해 지적한다. 〈노파의 오락〉에 보이는 유려한 표현과 우의적인 수법은《장자》의 영향이지만, 사실의 전달과 사건의 서술에 초점을 두어 적확한 문장을 구사하는 점은《사기》의 영향이라는 것이다.

이처럼 〈노파의 오락〉과《장자》를 비교한 논문에서는 주제와 문체의 차별성에까지 그 분석이 확장되고 있지만, 우언문학의 생태적 사유에 대한 저자의 관심이 이 저서의 주된 관심이라는 사실은 충분히 드러났을 듯하다. 점차 악화되어 가는 전 지구적 오염이 장차 심화되면 될수록, 저자의 생태적 사유에 대한 관심도 더욱 확대될 것이 기대된다.

(3) 현실비판의식에 대한 평가의 시선

저자가 그동안 견지해 온 일관된 관심의 반영이면서, 이 저서의 또 하나의 큰 축을 이루는 것은 '현실 모순에 대한 문학의 문제 제기' 즉 '작가의 현실비판의식'에 대한 평가의 시선일 것이다. 이 책의 제2부와 제3부에 담긴 일련의 논문에서 그것이 드러난다.

저자가 주목한 문인은 특히 이규보 · 허균 · 박지원으로 수렴된다.

우선 이규보를 다루는 데에 있어서 저자가 문제 삼는 것은, 이규보를 단순히 최씨 무인정권에 빌붙어 자기의 명리만 탐한 인물로 볼 수 없다는 것이다. 이를 위해 저자가 관심을 갖고 살핀 자료는 이규보가 인천에 머물던 시기의 작품과 거기에서 나타난 삶의 모습들이다.

이규보는 52세 되던 1219년에 桂陽都護府 副使가 되어 13개월간 지금의 부평에서 지내고, 또 몽골의 침략을 피해 고려 정부가 강화도로 천도한 1232년에 함께 강화도에 들어가 10년간을 지낸다. 계양도호부 부사로 있을 때에 그는 처음에는 '謫去'라는 표현을 쓴 데에서 볼 수 있듯

좌절감과 고립된 의식을 보이지만, 점차 자연풍광을 아름답게 바라보는 여유도 갖게 되고, 그 지역의 민중들에 대한 관심과 사랑을 보이는 달라진 목민관의 모습을 보여 준다.

또 강화도 시기에는 知貢擧와 재상을 역임하여 인재선발과 국정을 담당하고 대몽고 외교문서를 전담하는 높은 위치에 있었으나, 부패무능한 관리들을 비판하고, 시를 통해 민중에 대한 애정을 드러낸다. 그는 퇴직 후에 생계를 유지할 전장이나 재산도 마련하지 못할 정도였으며 나라에서 주선해 준 퇴직 봉록으로 검박한 생활을 했다.

저자는 이러한 세밀한 검토를 통해, 이규보에 대한 기존 연구에서의 착종된 시각을 교정해 주고 있다.

허균에 대하여는 '조선 전기의 載道的 문학의 시대를 청산하고 個性의 문학적 기치를 높이 들었던 탁월한 문인이자 시대의 반항아'로 규정한다.

"예교가 어찌 나의 방달함을 구속하겠는가. 뜨고 가라앉는 것을 다만 情에 맡겨 하겠노라. 그대들은 그대의 법을 지켜라. 나는 내 뜻대로 살아가겠노라."

사헌부에서 불교를 숭상한다고 탄핵하자 예교에 구속되지 않고 자유의 삶을 살겠다며 이렇게 외친 모습에서 잘 드러나듯이, 허균에 대한 저자의 규정은 온당한 것이라 하겠다.

허균에 대해 부정적으로 기술된 자료들을 근거로 하여 한때 학계에서 그를 '소인배'로 규정한 논의[15]도 있었지만, 그 부정적 자료는 오히려 탈중세적인 허균의 지향을 반증하는 측면이 있는 것이기에, 더 이상

15 이능우, 〈허균론〉, 《논문집》, 5집, 숙명여자대학교, 1965 ; 김진세, 〈홍길동전의 작자고〉, 《교양과정부논문집》, 1집, 서울대학교, 1969.

그 같은 논의는 제기되기 어려울 듯하다.

저자는 포괄적으로 허균 문학의 특색을 설명해 주는데, 그 가운데에 다음의 세 가지 점은 특히 유의할 만하다.

《성수시화》에 보이는 바와 같이, 허균은 신분의 고하나 인간적 친소 관계를 고려하지 않고 오직 자득적이고 창의적인 시를 높이 평가하여, 流民 魚無迹, 妓生 桂生, 賤人 유희경, 羽士 전우치 등 하층계급 인물들의 시작품을 실었고, 특히 어무적에 대해서는《국조시산》에서 세 차례에 걸쳐 소개하면서 그의 〈流民嘆〉을 우리나라 칠언고시 가운데 가장 뛰어나다고 격찬하였는데, 허균이 〈유민탄〉과 같은 민중들의 시에 깊은 관심을 보인 것은 허균의 세계관이 투영된 결과라는 점.

최초의 한글소설인 〈홍길동전〉은 연산조에 실재했던 농민 저항의 지도자 홍길동을 취재해서 허균이 그의 사회개혁사상과 결부시켜 문학적으로 형상화한 작품이라는 점.

傳의 형식으로 지어진 〈남궁선생전〉은 사건의 사실적 서술, 유기적인 진행방식, 흥미 위주의 서술 방식 등 완전히 소설의 경지에 이른 대작이라는 점 등이다.

저자는 연암 박지원에 대하여는, 그의 선비의식에 대해 주목하는 한편《사기》 및《장자》의 영향에 대하여 주목했다.

저자는 박지원의 선비의식을, 첫째, 사물을 사실에 입각해서 객관적으로 인식하며, 공평무사하고 자유롭게 바라보는 自由浮動性, 둘째, 봉건사회를 옹호하고 합리화하는 '지배의 지식'이 아니라, 민중을 봉건적 억압의 굴레, 경제적 궁핍으로부터 벗어나게 하여 인간다운 삶을 영위할 수 있게 하는 '해방의 지식', 셋째, 북벌론을 배격하고 북학을 주장한 새로운 지식과 문물에 대한 진취적 개방성, 넷째, 멋과 여유의 해학정신으로 정리한 후,《열하일기》〈관내정사〉에 실려 있는 〈호질〉을 통해서는

假道學者와 위선적인 선비를 타매했으며, 〈옥갑야화〉에 실려 있는 〈허생〉의 주인공 허생을 통해서는 문제해결형의 선비상을 제시한 것으로 분석하였다.

한편 〈방경각외전〉을 "당시 양반사회의 타락상에 비분을 느낀 연암이 '以文爲戱'한 작품이며, 거기에는 저 《사기》에서 연원한 發憤著書의 정신이 강렬하게 투영"된 것이라고 본 기존의 견해16에 대하여 의문을 제기하고, 〈방경각외전〉에 등장하는 인물형상의 수법이나 사회현실의 묘사는 《사기》의 '據事直筆의 사실주의 정신'과 연결된다고 지적하였다.

아울러 장자와 연암은 모든 현상을 고르게 바라보는 齊物論的 思惟와 평등안을 갖고 있었으며, 일체의 권위와 세속적 가치에서 자유로워지려는 정신, 그리고 해학을 즐기려는 낭만적 기질을 지니고 있었으니, 시대는 비록 달랐지만 인간의 자연스러운 성정과 정신적 자유를 추구한 해방적 지식인이었다는 면에서 둘은 공통점을 지녔다고 보았다.

이상 김영 교수의 저서 《한국 한문학의 현재적 의미》의 학술적 의의에 대하여 요약적으로 짚어 보았다. 이 저서는 그동안 저자가 보여 준 넓은 스펙트럼의 문제의식을 고스란히 담아 보여 주면서, 우언문학에 나타난 생태적 사유에 대한 깊은 성찰과, 이규보·허균·박지원 문학을 통한 '작가의 현실비판의식'을 심도 있게 보여 주었다.

이 저서가 갖는 이러한 의의를 높이 평가하면서, 말미에 약간의 揷疑를 달고자 한다.

---

16 김명호, 〈연암문학과 사기〉, 《이조후기 한문학의 재조명》, 창작과비평사, 1983, p.42.

저자는 "중국의 陳浦淸 선생이 《중국고대우언사》에서 제시한 '우의적인 이야기의 단형서사'로 개념과 범위를 한정할 경우 우리나라 우언의 대상과 자료가 축소될 우려가 있기 때문에, 개념과 범위를 확대하는 것이 필요하다. 그러나 우언을 갈래 개념으로 할 것인지, 글쓰기 방식으로 이해할 것인지에 대해서는 좀더 치밀한 논의가 필요하다"는 의견을 51쪽의 각주를 통해 제시하고 있다. 그러나 저자가 우언문학을 본격적으로 다룸에 있어서, 우언의 개념과 범위를 어느 경계까지 확대할 것인지, 우언을 갈래 개념으로 볼 것인지 혹은 글쓰기 방식으로 볼 것인지에 대한 문제는 연구자 나름의 정리된 견해가 전제되어야 하지 않을까 생각한다.

—《민족문학사연구》, 30호 및 38호, 민족문학사학회, 2006/2008.

제3부

고전소설 연구와 原典批評의 문제
—〈九雲夢〉을 중심으로

〈九雲夢〉 英譯本의 비교

〈玉麟夢〉(이명선본)에 대하여

〈和靖善行錄〉 연구

〈花門錄〉의 여성 형상과 작가의식

고전소설 연구와 原典批評의 문제
―〈九雲夢〉을 중심으로

머리말

原典批評(Textual Criticism)은 실증주의적 역사주의비평에 속한다. 원전비평의 목적은 서지학적 비평을 거쳐 텍스트를 확립해 놓는 데 있다. 텍스트의 확정 없이는 본격적인 문학 연구가 이루어질 수 없기 때문이다.

원전비평 이론의 권위자인 미국의 프레드슨 바우어즈(Fredson Bowers)는 원전비평의 목표를 "한 작가의 텍스트 본래의 순수성(purity)을 회복하는 한편, 판을 거듭함에 따라 항용 생기는 訛傳(corruption)으로부터 그 순수성을 보존하자는 것"이라고 했다.[1] 원전비평은 전적인 재구성이 필요한 복잡한 작업일 수도 있는 반면, 비교적 단순한 와전, 또 아주 간단히 띄어쓰기나 철자법에 관련된 문제일 수도 있다. 이 경우 우선 문법적

1 이상섭,《문학연구의 방법》, 탐구당, 1980, p.19.

이해가 필요하겠지만, 그에 못지않게 작품 전체의 의미 구조를 염두에 둔 비평적 감식력이 작용되어야 한다.

한국 고전소설은 많은 경우 다양한 異本을 지니고 있다. 필사본·방각본·활자본의 서로 다른 書冊의 형태로, 또 그 안에서 다양한 變異를 보이는 이본들을 지니고 있다. 다양한 이본을 앞에 두고서, 작품 연구는 두 가지의 방향을 생각할 수 있다.

첫째, 작가가 창작한 원본, 혹은 원본에 가장 가까운 이본을 찾는 일이다. 작가가 분명하게 확인되는 작품의 경우, 원본이 탐색되었을 때에만 그 작가의 사상과 감정, 표현미학을 온전히 평가할 수 있을 것이기 때문이다. 허균의 〈홍길동전〉, 김만중의 〈구운몽〉과 〈사씨남정기〉, 이정작의 〈옥린몽〉, 남영로의 〈옥루몽〉 등 작가가 분명한 작품에 대한 원전비평 연구가 이에 해당할 것이다.

둘째, 다양한 變異를 보이는 이본의 계통과 변이양상을 살펴, 독자층의 受容美學을 검토하는 일이다. 한 작품이 다양한 이본을 생성하며 수백 년에 걸쳐 수용되었을 때, 시대에 따라, 독자층의 성격에 따라 독자의 반응이 어떻게 달라졌고 그것이 이본 형성에 어떻게 간여하고 있는지를 밝히는 일은 향유의 지평을 이해하는 데에 필요한 작업일 것이다. 특히 판소리계 소설처럼 작자를 구명하기 어려울 뿐 아니라 창자의 더늠의 확대에 따라 변모를 보여 온 작품의 경우 더욱 그러하다.

그동안 고전소설 연구에 기여한 원전비평의 방법과 성과는 상당히 축적되어 있다. 이 글에서는 한국 고전소설의 원전비평의 하나의 본보기가 된다고 할 〈九雲夢〉을 주 대상으로 하여 그 연구의 자취를 살피고 원전비평에 대한 전망을 세워 보고자 한다.

1. 原典 表記 문제에 대한 논란

西浦 金萬重(1637-1692)이 창작한 소설 〈구운몽〉은 아마도 후대의 문학사에 가장 깊고 넓은 영향을 미친 작품으로 기억될 것이다. 후대의 가문소설·영웅소설·애정소설 등에 끼친 영향은 물론이거니와, 시조·민요·演戲에도 그 영향의 자취가 남아 있다.[2] 이 〈구운몽〉은 김만중에 의해 〈사씨남정기〉와 더불어 창작되었는데, 곧바로 독자들에게 뜨거운 반향을 일으키며 읽혔고 수다한 이본을 만들어 냈다. 수백 종에 달하는 〈구운몽〉 이본의 계통을 파악하고 원본을 확정해 내는 일은 꼭 필요한 과제라 할 것이다.

그런데, 〈구운몽〉의 원전비평에서 가장 주요한 쟁점의 하나는 원본의 표기문자 문제였고, 일련의 원전비평 작업에서 이 문제는 늘 수반되었다.

〈구운몽〉의 원작이 국문이라는 설은 김태준의 《조선소설사》에서 처음 나타난다.

> 서포의 한글로 지은 〈남정기〉를 金春澤이가 일부러 수고스럽게 한자로 번역하였다. 이로 보면 서포는 국문소설 작가이였든 것이 분명하고, 〈구운몽〉과 〈남정기〉도 서포의 원작한 正音本과 춘택의 한역한 한문본과의 두 종류가 이적부터 생겼다. […] 숙종 15년 서포 被竄 직후에 그 어머니 尹大夫人이 歿하였으니 〈구운몽〉의 한글본(정음본)은 숙종 15년에 저작된 것이다.[3]

그 후 〈구운몽〉 연구의 先鞭을 잡은 이가원과 이명구는 〈구운몽〉의 국문원작설을 별다른 의심 없이 받아들여, 국문 원작의 전제 위에서

---

2 장효현, 〈구운몽의 주제와 그 수용사〉, 《한국고전소설사연구》, 고려대학교출판부, 2002.

3 김태준, 《증보조선소설사》, 학예사, 1939, pp.111-112.

〈구운몽〉 이본을 연구하였다.

이가원은 국문본 5종, 한문본 7종, 번역본 2종을 살핀 후, 이가원 소장 국문 필사본을 善本으로 보았다. 다른 본에 비해 생략된 부분이 없고, 오류가 발견되지 않는다는 것이 그 근거이다.[4]

이명구는 한문 목판본인 癸亥本(1803년간)을 처음 학계에 소개하여 보급판으로서의 가치를 높이 평가하고, 서울대본과의 비교를 통해 서울대본이 계해본의 번역본이 아님을 밝혔다. 이러한 결과를 토대로 서울대본이 서포 원작의 한글본과 가장 가까울 것이라는 의견을 보였다.[5]

정규복은 1961년 〈구운몽 이본고〉를 통해 〈구운몽〉의 원전비평 작업에 처음 나섰고, 이후 중요한 이본을 지속적으로 발굴하고 이본 계통을 체계화함으로써 원전비평의 대표적인 사례를 보여 주게 된다.

정규복은 "현존하는 한글본의 문체가 漢譯體이며 심지어는 直音譯이 많다"는 점을 들어 한문본이 〈구운몽〉의 원본일 것으로 추정하였다. 한문 목판본인 癸亥本에 大覺장면이 누락된 것은 板刻상의 부주의로 보고, "차후에 완비된 한문본이 출현한다면 거기에 대각 장면이 나타나 있을 것을 의심하지 않는 바이다"라 하여 한문 원본에 가까운 善本이 출현할 것을 예견하였다. 한문 원본으로부터 한문 목판본 계해본과 국문 필사본 서울대학본이 각각 파생하였고, 이재수본·강윤호본·경판본·완판본이 모두 계해본으로부터 파생된 것으로 보았다.[6] 정규복은 그 후 대각 장면이 존재하는 乙巳本 하권(1725년 錦城午門新刊)을 발굴하여

---

4 이가원, 〈구운몽 평고〉, 이가원 역주, 《구운몽》, 덕기출판사, 1955(《김만중연구》, 새문사, 1983 재수록).

5 이명구, 〈구운몽고(1)〉, 《성균학보》, 2, 성균관대학교, 1955.

6 정규복, 〈구운몽 이본고(1)〉, 《아세아연구》, 8, 고려대학교, 1961 ; 정규복, 〈구운몽 이본고(2)〉, 《아세아연구》, 9, 고려대학교, 1962.

학계에 보고하였다.[7]

정규복은 〈구운몽의 원작에 대하여〉를 통해 〈구운몽〉 한문원작설을 다음의 여러 근거로써 주장했다.

> 첫째, 서포의 탁월한 국민문학 창작론에 대하여는 그것이 구운몽 원작 국문본설을 내세우는 決證이 못 된다.
>
> 둘째, 구운몽은 佛家的 空思想이 짙게 반영된 소설로 그 독자는 부녀자들보다도 사대부들에게 더욱 많았을 가능성이 짙다.
>
> 셋째, 서포의 모부인 尹氏의 한문 실력은 윤씨가 萬基·萬重 형제에게 직접 소학·사략·당시류를 講授한 것이 뚜렷한 이상 윤씨는 보통 배운 한문이 아니라 고등한문의 실력자이며, 또한 구운몽이 엮어진 구조면에서 보아 구운몽이 모부인 윤씨에게 바치기 위해 저작된 것이 사실이라면, 구운몽은 역으로 국문보다도 한문으로 표기하는 것이 더욱 자연스럽다는 것이다.
>
> 넷째, 陶庵이 兒時에 구운몽 이야기를 익히 들었다는 것 등을 가지고 볼 때, (…) 도암의 활동연대가 주로 영조조임을 감안할 때, '盛行閨閤間'은 구운몽이 저작된 지 약 반세기 전후이며, 이를 보아서도 당시 번역사정으로 보나 또한 근자에 한문목각본 을사본(영조 1년판)이 발견되었은즉, 이미 구운몽의 국역본이 충분히 나올 가능성이 짙은 것으로 본다면 '盛行閨閤間'을 가지고 구운몽의 원작을 국문본으로 단정하는 데는 무리가 있다.[8]

1972년 정병욱에 의해 서울대본 〈구운몽〉의 교주본이 출간되었다. 정병욱은 그 해설에서, "구운몽은 일부 논자들이 주장하는 한문본 선행설보다는 국문본 선행설이 옳을 것으로 생각해 보았다"고 하고, 서울대본이 "다른 국문 필사본에 비하여 고어가 많이 나오고, 한문 목판본에

7 정규복, 〈구운몽 을사본에 대하여〉, 《인문논집》, 17, 고려대학교, 1972.

8 정규복, 〈구운몽의 원작에 대하여〉, 《국어국문학》, 54, 국어국문학회, 1971(《구운몽 연구》, 고려대학교출판부, 1974 재수록. pp.205-206).

없는 부분이 본서에서는 씌어 있고, 장회의 명칭이나 한시 구절이 한문 목판본과 다르다는 것으로 미루어, 혹시 본서가 한문 번역본 이전에 통행되던 국문 원본일 가능성"을 제시했다.[9]

정규복은 1973년 을사본 상권(강전섭 소장)을 입수해 을사본에 대한 논의를 보완한 후 1974년《구운몽연구》를 출간하였다. 을사본 및 대각 장면이 존재하는 여러 한문 필사본들을 모아 계해본과 상세히 비교한 후, 계해본의 誤謬가 78개이나 是正이 또한 25개라는 결과를 토대로, 계해본이 을사본을 대본으로 하면서도 여타의 필사본도 참고했다는 결론을 얻었다.

정규복은 한문본 계통을 노존본 → 을사본 → 계해본으로 파악하였다. 을사본·계해본의 첫 장회명이 '蓮花峰大開法宇 眞上人幻生楊家'인 것과 달리 '老尊師南嶽講妙法 小沙彌石橋逢仙女'인 노존본 계열이 있다고 하고, 노존본을 대본으로 하여 을사본이 판각된 것이 분명하다고 하였다.

> 노존본은 그 특색이 을사본에 비해 만연체로 이루어진 것이지만, 그 대부분은 대화형이 서술형으로 바뀌어진 것으로 보아 이는 을사본이 판각될 당시, 모 美文家가 노존본을 군데군데 손질하여 그 만연체를 간결체로 이루어 놓은 것이라고 생각되며, […] 좀더 억측을 내린다면, 노존본은 서포의 원작 그대로일지 모른다. 말하자면 현 구운몽 이본 중 가장 宗主本이 되는 셈이다.[10]

1977년의《구운몽 원전의 연구》는〈구운몽〉원전의 계통을 추구한 정규복의 연구가 심화된 결과물이다. 노존본계 9종(하버드대본이 선본),

---

9 정병욱,〈해설〉, 정병욱 · 이승욱 교주,《구운몽》, 보성문화사, 1978.
10 정규복,《구운몽연구》, 고려대학교출판부, 1974, p.156.

을사본계 7종, 계해본계 5종을 대상으로 하여 한문본에 대한 논의가 확대되었으며, 을사본과 노존본을 상세히 비교하여 〈구운몽〉 원본에 가장 가깝다고 본 노존본 再構 작업이 이루어졌다.[11]

한글본인 서울대본은 컨텍스트의 불비·오역이 있어 한문 노존본의 번역이 분명하다고 정규복은 주장하였으나, 설성경은 이에 대하여 서울대본과 羅孫本을 비교하여 만든 노존본계 한글 교합본으로 이러한 문제가 완전히 해결된다고 하고, 교합본의 내용이 한문 노존본과 많은 상이점이 있어서 한글본이 한문본의 번역일 수 없다고 주장하였다.

> 한문 독자층과 한글 독자층을 의식한 서포로서는 구운몽의 창작에 있어서도 그의 일반적 표기문자인 한문표기로 원작을 지었다 하더라도, 자신의 손으로 한글표기의 구운몽을 내놓아야만 한다는 당위성을 느꼈을 것을 말하여 준다.[12]

그리하여 설성경은 김만중이 한문 독자층과 한글 독자층을 의식하여 한문으로도 한글로도 〈구운몽〉을 지었다는 이중 저작설을 제기했다.

2. 老尊B本 출현 이후의 논의

구운몽의 텍스트에 대한 원전비평은 강전섭 소장의 노존B본이 출현하면서 새로운 단계로 접어들었다.

정규복은 〈노존본의 이분화〉에서 노존B본을 소개하고, 자신이 재구

11 정규복, 《구운몽 원전의 연구》, 일지사, 1977.
12 설성경, 〈구운몽의 구조적 연구(4) — 표기문자론〉, 《원우론집》, 2, 연세대학교, 1974, p.22.

한 노존본은 노존A본으로 명명한다. A본과 B본은 전반적 내용은 같지만 자자구구가 달리 표현되어 있으며, A본은 문장체·율문체·수식체로 7만7천 자인 데 비해, B본은 구어체·단순체·산만체로 4만7천여 자라고 차이를 밝혔다. 정규복은 B본을 수식체로 증보하여 A본이 이루어졌다고 보았다.[13] 정규복은 이를 토대로 서울대본에 대한 논의를 새롭게 하였다. 서울대본은 노존B본의 逐子 直譯이 분명하나, 결정적인 誤譯이 있고, 천진교 3장시에서 노존A본의 시 한 수를 가져다 4장으로 만들었으며, 장회명에서 계해본과 동일한 것이 있으므로, 성립연대는 계해본 출간연대인 1803년 이후로 보았다.[14]

부셰는 〈구운몽 저작언어 변증〉에서 노존B본을 들어 "이 새로운 자료가 발견자 자신의 설을 강화해 주기보다는 오히려 반대로 국문저작설을 증명하는 데 지금까지 결핍되어 온 논거를 제공하는 듯이 보였다"고 하고, 노존 B본과 노존 A본을 상세히 비교한 후, 구운몽 원전이 국문본일 가능성을 제시했다. 공통된 삽입문을 대조해 보면 의미는 같으나 표현이 다른 부분이 많은 점, 장회명에서 異字同音이 많은 점 등을 토대로, 국문본으로부터 A본·B본이 각각 번역되었을 가능성을 제기했다. 고유명사에 있어서도 차이가 존재하는데, A본의 오자 19개 중 B본에 올바르게 적혀 있는 것이 13개로, B본을 보고 A본을 썼다면 바른 것을 일부러 틀리게 할 이유가 있겠느냐고 반문하고, 두 역자가 서로 조금 다른 텍스트를 이용했을 것으로 보았다.[15]

정규복은 이에 대해 A본·B본의 1회와 16회는 내용뿐 아니라 구절구절, 字句, 措辭까지도 일치하므로 결코 두 사람의 번역일 수 없다고 주장

---

13 정규복, 〈구운몽 노존본의 이분화〉, 《동방학지》, 59, 연세대학교, 1988.
14 정규복, 〈구운몽 서울대학본의 재고〉, 《대동문화연구》, 26, 성균관대학교, 1991.
15 다니엘 부셰, 〈구운몽 저작언어 변증〉, 《한국학보》, 68, 일지사, 1992.

했다. 또 부셰가 지적한 이자동음에 대해, 인명, 지명, 기타 동음이자의 출입은 비단 노존A본·B본에서만 나타나는 현상이 아니라, 노존본과 을사본, 을사본과 계해본에서도 나타나는 현상이므로 다른 사람의 번역이라는 증거가 될 수 없다고 했다.[16]

부셰는 이에 대해 다시 〈원문비평의 방법론 소고〉를 통해 반론을 제기했다. 〈남정기〉에서의 상황과 프로제의 원문비평 방법론을 자상히 소개하고, 〈구운몽〉 원전에 대한 자신의 견해를 다시 한번 밝혔다.[17]

지연숙은 부셰의 주장을 계승하고 분석을 심화시켜 구운몽의 국문원작설을 제시했다. 지연숙의 결론은 다음과 같다.

1) 노존B본과 서울대본, 노존B본과 노존A본을 비교 검토한 결과, 서울대본은 한문본의 번역이라는 증거가 없는 반면, 노존B본은 국문본의 번역일 가능성이 나타났다.
2) 노존B본과 노존A본의 부분적인 일치는 노존B본이 낙장을 보완하기 위해 노존A본과 을사본의 중간적 성격을 지닌 이본으로부터 들여온 것이었다. 따라서 노존B본과 노존A본은 직접적인 영향관계가 없고 양본은 국문본을 대본으로 독자적으로 번역되었다.
3) 현전하는 〈구운몽〉 이본은 노존A 필사본·을사본·계해본을 포함한 노존A본 계열과 노존B본(강전섭본)·서울대본을 포함하는 노존B본 계열로 나누어지며, B계열은 분장의 적절성·삽입시의 품격·표현의 정채·문맥의 자연스러움·고사에 대한 상식 등 여러 측면에서 뛰어나기 때문에 〈구운몽〉의 원작을 연구할 때에는 B계열을 텍스트로 해야 한다. 반면, A계열은 유려한 한문 문체, 자세한 설명, 장편가문소설적인 변모 등을 통해 이본 간의 경쟁

16 정규복, 〈다니엘 부셰의 구운몽 저작언어 변증 비판〉, 《한국학보》, 69, 일지사, 1992.
17 다니엘 부셰, 〈원문비평의 방법론 소고—남정기와 구운몽을 중심으로〉, 《동방학지》, 95, 연세대학교, 1997.

에서 승자가 되었기 때문에 〈구운몽〉의 수용사를 연구할 때는 A계열을 텍스트로 해야 한다.[18]

맺음말

〈구운몽〉은 그 작가가 김만중이라는 사실이 분명하며, 그 이후의 고전소설 수용사에서 대단한 영향을 끼친 작품이기에, 김만중이 처음 창작한 작품의 원형이 어떤 것인가 하는 문제는 매우 중요한 것이다. 또한 한글과 한문으로 표기된 많은 수의 이본이 필사본·목판본·鉛활자본에 걸쳐 남아 있기에, 그 계통을 추적하여 원본을 확정하는 과제는 긴요한 것이라 아니할 수 없다.

그동안 이 〈구운몽〉의 원전비평에는 많은 학자들의 노력이 쌓여 왔으나, 특히 정규복의 공로는 贅言을 필요로 하지 않는다. 또한 노존A본과 노존B본에 대한 섬세한 비교 검토를 통해 국문원작설을 제시한 부셰와 지연숙의 분석의 시각이 높이 평가될 것이다. 〈구운몽〉의 이본은 새로운 善本의 출현 가능성이 여전히 있는 만큼, 앞으로도 지속적인 발굴과 비교의 노력이 필요하다.

많은 경우 여러 종의 이본을 지니고 있는 한국 고전소설 연구에 있어서 원전비평이 중요하다는 사실은 새삼스러운 것이 아니다. 〈구운몽〉에 바쳐진 원전비평의 오랜 路程은 다른 작품에 대한 원전비평의 한 試金石이 될 것이다.

—《고전문학연구의 쟁점적 과제와 전망》, 월인, 2003.

---

18 지연숙, 〈구운몽의 텍스트〉, 《장편소설과 여와전》, 보고사, 2003.

〈九雲夢〉 英譯本의 비교

머리말

金萬重(1637-1692)이 지은 소설 〈구운몽〉은 우리 문학 受容史에서 가장 큰 영향을 끼친 작품이다.[1] 이 〈구운몽〉의 英譯은 두 차례 이루어졌는데, 제임스 게일(James S. Gale)이 《*The Cloud Dream of Nine*》이라는 제목으로 1922년에 출간한 것[2]이 그 첫 번째이며, 리처드 러트(Richard Rutt)가 《*A Nine Cloud Dream*》이라는 제목으로 1974년에 출간한 것[3]이 그 두 번째의 것이다.

케빈 오룩(Kevin O'Rourke)은 〈구운몽〉 영역본을 남긴 이 게일과 러트를

1 장효현, 〈구운몽의 주제와 그 수용사〉, 《한국고전소설사연구》, 고려대학교출판부, 2002.

2 James S. Gale trans., *The Cloud Dream of Nine*, The Westminister Press, London, U. K., 1922.

3 Richard Rutt & Kim Chong-un trans., *Virtuous Women — Three Classic Korean Novels*, The Kwang Myong Printing Co., Seoul, Korea, 1974.

함께 평가하면서 다음과 같이 언급한 바 있다.

> 최초의 훌륭한 번역가였던 제임스 게일 선교사의 업적 앞에서는 경외심을 표하지 않을 수 없다. 언어 학교는 고사하고 한 권의 한국어 문법책조차 없었던 시기에 게일 선교사는 고전 시, 소설 〈구운몽〉, 역사, 그리고 사전에 이르기까지 믿기 어려울 만큼의 광범위한 자료들을 번역하였는데, 이것들은 모두 직업적인 일과에서 벗어난 여가 시간에 이루어진 작업들이다. 따라서, 본인은 그가 한국의 번역 역사에 있어서 중국에서의 웨일리보다도 더 중요한 위치에 있음을 확신한다. 그의 업적은 가히 기념비적인 것이기 때문이다.
>
> 리처드 러트 씨는 게일 선교사의 전통을 계승하였고, 한 시대 동안 번역 세계에 우뚝 서 있었던 존재이다. 그는 고전 시가와 소설을 번역하였을 뿐만 아니라 한국학이라는 광범위한 영역 속에 포함되는 모든 것들에 관하여 격조 있는 산문을 짓기도 하였다. 그는 한 시대를 살면서 한국에 있는 외국인 거주자들과 모든 한국적인 요소들을 잇는 중재자 역할을 하였던 것이다.[4]

필자는 앞서 한국 고전소설의 영역 문제를 전반적으로 다루면서,[5] 〈홍길동전〉 영역본, 연암소설 영역본과 더불어 게일과 러트가 각기 수행한 〈구운몽〉 영역본의 특징을 개괄적으로 검토하였다. 그러나 지면 관계로 상세한 내용을 실을 수는 없었다. 이 글에서는 게일과 러트가 각기 수행한 〈구운몽〉 영역본의 특징에 대하여 보다 세밀하게 살펴보고자 한다.

---

4 Kevin O'Rourke, 〈한국 현대 시의 번역〉, 《한국문학의 외국어 번역》, 민음사, 1997, p.83.

5 장효현, 〈한국고전소설 영역의 제 문제〉, 《한국고전소설사연구》, 고려대학교출판부, 2002.

1. 〈구운몽〉 영역본의 성격

게일의 〈구운몽〉 영역은 '본격적인 한국문학 번역의 효시'로 평가받는 귀중한 업적이다. 김종길은 그 의의를 다음과 같이 적고 있다.

> 1899년 미국에서 《한국민담집(*Korean Tales*)》이 나왔다거나 1892년 파리에 망명 중인 洪鐘宇가 프랑스의 작가 로즈니(J. H. Rosny)와 함께 《춘향전(*Le Printemps Parfume*)》을 내고 그 3년 뒤 자신만의 이름으로 《심청전(*Le Bois sacrefleurit*)》을 냈으며 1893년에 독일에서 《한국민담집(*Kores-Marchen und Legenden*)》이 나온 바 있었다지만 이것들은 대부분 번안이었을 뿐 본격적인 번역 문학 작품은 아니었습니다. 다만 한국에 주재했던 영국인 선교사 제임스 게일(James S. Gale)이 金萬重의 《구운몽》을 1922년 영국에서 《*The Cloud Dream of Nine*》이라는 제목으로 출판한 것은 본격적인 한국 문학 번역의 효시로 볼 수 있을 것입니다.[6]

게일은 1863년에 캐나다 토론토에서 출생하여 토론토대학을 졸업한 후 1888년에 장로교 선교사로 한국에 들어왔다. 그는 수십 년간 한국에 살면서 《韓英辭典》을 편찬한 것을 비롯하여 한국어문법, 민속, 역사, 문화에 관한 광범위한 분야에 걸쳐 수십 권의 저서를 영문으로 출간한 바 있다.

게일의 영역본 《*The Cloud Dream of Nine*》은 32면의 상당히 긴 분량의 'Introduction'이 앞에 첨부되어 있다. 이것은 로버트슨 스코트(Elspet Keith Robertson Scott)가 쓴 것으로서, 다음의 일곱 부분으로 구성되어 있다.

---

6 김종길, 〈한국문학 세계화의 현실〉, 위의 책, p.17.

1. The Book
2. The Translater
3. The Author
4. The Tale
5. Woman's Voice in Polygamy
6. Heaven on Earth
7. The Present Translation

이 가운데, 'The Tale'은 〈구운몽〉의 梗槪로서 분량이 20면에 달한다. 정규복은 그 가치에 대하여 다음과 같이 적은 바 있다.

> 구운몽의 梗槪本이라고 할 만한 京板本에 비하여 손색이 없으며, 오히려 그보다 앞뒤의 스토리의 비중이 잘 짜여져 있음이 주목된다. 자료가 앙상한 한국고전문학계에 이 경개만 가지고도 구운몽의 훌륭한 이본이 될 만도 하다.[7]

로버트슨 스코트에 의해 씌어진 'Introduction'에는 게일의 말이 인용되는 부분이 두 군데 있다. 이를 통해 한국 문화와 문학에 대한 게일의 시각을 우리는 엿볼 수 있다.

> 한국인들은 우리의 현대 문명과는 너무나 판이한 어떤 미지의 세계, 아름다운 정신세계 안에서 살고 있다. 나는 이에 공감하여 한국인의 정신세계 속으로 들어가고자 30년 동안이나 공부해 왔지만, 여전히 이방인에 지나지 않는다. 그러나 이 고대의 한국문화에 빠져들수록 나는 더욱 그것을 존경하게 된다.[8]

---

7 정규복, 〈구운몽 영역본고 — Gale박사의 *The Cloud Dream of the Nine*〉, 《국어국문학》, 21, 국어국문학회, 1959, p.138.

> 한국에서 문학은 무엇보다 소중한 것이었다. 문학가야말로 용을 타고 하늘로 승천하는 특권을 부여받은 유일한 사람들이었다. 학자는 왕을 바라볼 수 있을 뿐만 아니라, 왕과 대화를 나눌 수도 있었다. 당신이 고전을 읽고, 읊으며, 해석할 수만 있었다면, 당신이 물질적으로는 누더기를 걸치고 있다 하더라도, 여전히 세상 사람들은 당신을 섬길 것이고, 경의를 표하고자 당신의 말에 주의를 기울일 것이다. 문학가의 많은 남루한 후예들은 작가가 보다 세련된 계급들의 존경과 충심의 경배를 받는 것을 놀라움으로 바라보았다. 한국은 상업적이지도, 군사적이지도, 산업화된 것도 아니지만, 문학에는 열성적이다. 한국은 책을 숭상한다.9

게일은 서구의 현대 문명과는 판이하지만, 아름다운 정신세계를 갖고 있는 나라, 문학을 그 무엇보다 소중히 여겨 온 나라인 한국에 대하여 깊은 존경심과 애정을 표시하고 있는 것이다.

게일의 영역본보다 50년 뒤에 나온 러트의 〈구운몽〉 영역본도 13면에 달하는 'Introduction'을 포함하고 있으며, 〈구운몽〉에 대한 국내의 연구 성과를 집약하여 상당히 광범위한 해설을 기하고 있다. 영국 성공회의 신부로서 오랜 기간 한국에서 생활한 러트 역시 한국에 대한 깊은 애정

---

8 James S. Gale trans., *op. cit.*, p.x : The Korean lives apart in a world of wonder, something quite unlike our modern civilisation, in a beautiful world of the mind. I have studied for thirty years to enter sympathetically into this world of the Korean mind and I am still an outsider. Yet the more I penetrate this ancient Korean civilisation the more I respect it.

9 *Ibid.*, p. xi: Literature has been everything in Korea. The literati were the only men privileged to ride the dragon up into the highest heaven. The scholar might not only look at the King, he could talk with him. Could you but read, intone or Expound the classics, you might materially be dropping to tatters but still the world would wait on you and listen regardfully to show you honour. Many an unkempt son of the literati has the writer looked on with surprise to see him receive the respectful and profound salutations of the better laundered classes. Korea is not commercial, not militery, nor industrial, but she is a devotee of letters. She exalts books.

과 관심을 갖고 〈구운몽〉 영역에 임하였음을 볼 수 있다.

2. 〈구운몽〉 영역본의 체재

게일의 영역본은 〈구운몽〉의 16회 章回 體裁를 충실히 따르고 있다. 이를 〈구운몽〉 老尊A本10의 善本인 하버드대본의 장회와 비교해 보면 다음과 같다.

1. The transmigration of Song-jin
   老尊師南嶽講妙法, 小沙彌石橋逢仙女
2. A Glimpse of Chin See
   華陰縣閨女通信, 藍田山道人傳琴
3. The Meeting with Kay See
   楊千里酒樓擢桂, 桂蟾月鴦被薦賢
4. In the Guise of a Priestess
   俏女冠鄭府遇知音, 老司徒金榜得快壻
5. Among the Fairies
   詠花鞋透露懷春心, 幻仙庄成就小星緣

10 노존A본은 1725년간 한문 목판 乙巳本에 先行하는 한문본을 가리킨다. 정규복은 처음 김만중이 지은 원본이 이 노존A본일 것으로 추정하였다(정규복,《구운몽 원전의 연구》, 일지사, 1977). 그러나 그 후 강전섭본이 출현하자 강전섭본을 노존B본이라 칭하면서, 김만중이 처음 이 노존B본을 짓고 스스로 세련되게 윤색하여 노존A본을 다시 지은 것으로 보았다(정규복,〈구운몽 노존본의 이분화〉,《국어국문학》, 97, 국어국문학회, 1987). 노존A본 가운데에는 하버드대본이 가장 善本이다. 정규복은 종래에 다른 학자에 의해 善本으로 추정되었던 서울대학본 한글본은 노존B본의 국역본인 것으로 논증하였다(정규복,〈구운몽 서울대학본의 재고〉,《대동문화연구》, 26, 성균관대학교 대동문화연구원, 1991).

6. It is Cloudlet

賈春雲爲仙爲鬼, 狄驚鴻乍陰乍陽

7. The Imperial Son-in-law

金鑾直學士吹玉簫, 蓬萊殿宮娥乞詩句

8. A Hopeless Dilemma

宮女掩涕隨黃門, 侍妾含悲辭主人

9. Among Mermaids and Mermen

白龍潭楊郎破陰兵, 洞庭湖龍君宴嬌客

10. Humble Submission

元帥偸閑叩禪扉, 公主微服訪閨秀

11. The Capture of Cheung See

兩美人携手同車, 長信宮七步成詩

12. Yang's Supreme Regret

楊少游夢遊上界, 賈春雲巧傳玉語

13. The Awakening

合巹席蘭英相諱名, 獻壽筵鴻月雙擅場

14. In the Fairy Lists

樂遊原會獵鬪春色, 油壁車招搖占風光

15. The Wine Punishment

駙馬罰飮金卮酒, 聖主恩借翠微宮

16. The Answer : Back to the Buddha

楊丞相登高望遠, 眞上人返本還元

게일이 영역의 대본으로 삼은 것은, 후술되겠거니와, 노존B본계통과는 전혀 연관이 없으며, 노존A본 및 그 계통에 놓여 있는 을사본과 맥이 닿아 있음을 알 수 있다.

러트의 영역본은 그 체재에 있어 독자적인 방식을 취하고 있다. 작품 전체를 일곱 개의 부분으로 크게 나누어 제목을 붙이고, 여기에 다시 내용의 전개와 변환에 따라 소제목을 붙여 체재를 편성하였다.

I. Transmigration	
• Hsing-chen becomes Shao-yo	1회
II. Boy Scholar	
• Shao-yu meets Ts'ai-feng at Hua-yin	2회
• Shao-yu meets Ch'an-yueh at Lo-yang	2회 후반
III. Graduate	
• Shao-yu meets Ch'iung-pei at Ch'ang-an	4회
• Shao-yu meets Ch'un-yun, who fools him	
IV. Imperial Envoy	
• Shao-yu meets Ching-Hung in Yen	6회 중반
• Shao-yu is chosen for princess Lan-yang	7회 중반
V. Marshal of the West	
• Shao-yu meets Niao-yen and Ling-po in Tibet	8회 중반
• Ch'iung-pei becomes the Princess Ying-Yang	10회 중반
VI. Duke of Wei	
• Shao-yu becomes the imperial son-in-law	12회
• Shao-yu controls his wives	13회 중반
• Shao-yu fetches his mother to court	13회 후반
• Shao-yu and Prince Yueh hold a hunting prince	14회
• Shao-yu receives the wine punishment	15회 전반
• Shao-yu retires from office	15회 중반
VII. Back to the Buddha	
• Shao-yu becomes Hsing-Chen	16회 중반

러트는 이처럼 자기 나름의 기준으로 〈구운몽〉의 체재를 다시 編成하였다. 흥미로운 것은, 양소유의 結緣을 중심으로 체재를 재편성하였다는 점이다.

러트가 영역의 대본으로 삼은 것은 그 자신의 말을 따르면, 이가원본이 주요 대본이었으며 서울대본 한글본을 참조하여 보완하였다고 한다.[11] 이가원본은 한글본으로서는 내용면에서 最善本에 든다 할 수 있으나 한문본(계해본)의 번역본으로 보이며,[12] 서울대본 한글본은 노존B본의 국역본이다.[13] 이렇게 될 때, 러트의 영역본은 계해본의 祖本이 되는 노존A본과 서울대본의 母本이 되는 노존B본(강전섭본)의 특징을 아울러 지니게 된다.

〈구운몽〉 이본에 있어, 祖本의 위치에 있는 노존A본과 노존B본의 관계는 특수하다.[14] 노존B본은 노존A본에 비해 볼 때 상당히 간략화되어

---

11 Richard Rutt & Kim Chong-un trans., *Virtuous Women*, p.8 : When I made the draft of my translation in 1968-9 I used the Yi Ka-won text, supplementing its obvious shortcomings from the only longer version then available, the 1803 Chinese text. I have now, however, made further amendments and additions in the light of the Seoul National University text since published. 러트는 당시 이가원본을 참조함에 있어 1958년 德基출판사에서 간행한 이가원 주석본을 참고하였을 것으로 여겨진다. 이는 1980년 연세대출판부에서 재간행되었다. 이 글에서는 이가원본을 검토함에 있어 이 1980년 연세대출판부 간행본을 취하였다.

12 정규복, 《구운몽연구》, 고려대학교출판부, 1974, pp.13-26, 당시의 정규복의 논의에서 이가원본이 한문본의 번역이라 했을 때의 이 한문본은 癸亥本(1803년간 목판본)을 가리키는 것이다. 그런데, 이 계해본의 母本은 乙巳本(1725년간 목판본)이며, 을사본의 모본은 노존A본임이 그 후 정규복의 논의를 통해 밝혀졌다.

13 정규복, 〈구운몽 서울대학본의 재고〉, 《대동문화연구》, 26, 성균관대학교 대동문화연구원, 1991.

14 이에 대한 정규복의 최종적 결론은 "김만중이 처음 한문본 노존B본을 처음 짓고, 이를 다시 노존A본으로 개작했으리라"는 것이다. 노존B본과 노존A본의 관계에 대하여 필자는 다음과 같은 의견을 제시해 본 바 있다. "김만중이 처음 국문으로 〈구운

있는 이본임에도 노존B본에만 독특하게 있는 대목이 존재한다. 그것은 太后 앞에서 정소저와 난양공주가 '碧桃花上喜鵲聲'의 제목으로 七步詩를 지었을 때, 이에 대해 태후가 시의 뜻을 풀이하는 대목이다.

그런데 이 대목에서 보면, 게일 영역본은 가장 간략한 형태인 을사본을 따르고 있다. 반면, 러트의 영역본은 노존A본 계통(노존A본 및 을사본)인 이가원본에 충실하면서도 노존B본 계통(강전섭본 및 서울대학본)에만 존재하는 대목도 들어 있는 것이다.[15]

또한, 계섬월과 적경홍이 汴州의 相國寺에서 만나 서로 심회를 나누었다고 말하는 대목이 있는데, 이때 변주라는 지명은 노존A본과 게일 영역본에는 나타나지 않는 반면, 노존B본에 나타나며 러트 영역본에는 존재한다. 'Pien-chou'로 표기되어 있다.

또한, 양소유가 천자와 더불어 역대 제왕과 신하의 詩를 品評하는 대목에서 보면, 러트의 영역본은 노존A본과 노존B본을 통합적으로 반영해 주고 있다.

▪ 노존A본

君臣唱和, 自大堯帝舜而始, 不可尙已無容議, 爲漢高祖大風之歌, 魏太祖月明星稀之句, 爲帝王詩詞之宗, 西京之李陵, 鄴都之曹子建, 南朝之陶淵明謝靈運二人, 最其表著者也. (p.214)[16]

몽〉을 창작하였고, 이를 토대로 어떤 이가 다소 거칠게 한역한 것이 강전섭본(노존B본)이며, 후에 일정한 식견을 갖춘 이가 이 노존본B본과 국문의 원작을 함께 참조하여 세련된 문장으로 한역을 꾀한 것이 노존본A본일 가능성이다"(장효현, 〈구운몽의 주제와 그 수용사〉, 《한국고전소설사연구》, p.206 각주). 이본 연구는 앞으로도 넓은 범위에 걸쳐 면밀한 考究가 필요할 것이다.

15 구체적인 예는, 장효현, 〈한국 고전소설 영역의 제 문제〉, 《한국고전소설사연구》, pp.715-719 참조.

16 정규복은 노존A본 계통의 여러 이본을 교합하여 再構本을 제시한 바 있다(정규복,

■ 노존B본

君臣以詩歌相與唱和, 自帝舜皐陶始, 此姑勿論漢武帝之秋風詞, 魏武帝之月明星稀, 爲帝王詩中之道, 魏國曺子建, 晋時陸機, 南朝陶淵明謝靈運數人, 以詩有名.(pp.145-146)**17**

■ 게일 영역본

Among the kings we rank Yo and Soon first, but we need not specially dwell on them. Han Ko-jo wrote an essay called, 'The Great Wind,' while Wee Ta-jo wrote one called, 'The Bright Wind and Shining Stars.' These come first among the kings. Among ministers are Yi Tung of Sa-kyong, Cho Ja of Up-to, To Yon-myong of Nam-cho, and Sa Yom-eum. These are regarded as the first literary masters.(p.129)

■ 러트 영역본

'If we are looking for will-constructed verses by dings and their ministers, we must start from the Emperor Shun and his minister Kao Yao, but there is no need to discuss them at length. Then the finest works by rulers are the Han Emperor Kao-ti's Song of the Great Wind, the Han Emperor Wu-ti's Ode to he Autumn wild, and the Wei Emperor Wu-ti's Moonlight and starlight. Among the ministers iwould choose Oi Oing of Western Han, Ts'ao chih of Wei, and then T'ao Yuan-ming and Hsieh Sing-yun of Chin, who are all famous.(p.84)

《구운몽 원전의 연구》, 일지사, 1977, pp.167-282). 이러한 재구본은 또다른 하나의 이본을 산출한 것일 뿐이라는 비판도 있으나, 본고에서는 검토의 편의상 노존A본의 대본으로서 이 정규복에 의한 재구본을 취하였다. 이하 노존A본의 페이지 표시는 이에 의거한다.

17 노존B본(강전섭본)은 원전이 《김만중문학연구》(국학자료원, 1993)에 영인되어 있으며, 그 역주 및 원문 인쇄는, 정규복·진경환 역주, 《구운몽》(고려대학교 민족문화연구원, 1996)에 담겨 있다. 본고에서 노존B본의 대본은 검토의 편의상 정규복·진경환 역주본에서 취하였다. 이하 노존B본의 원문 페이지 표시는 이에 의거한다.

여기에서 보듯, 게일 영역본은 철저히 노존A본을 그대로 옮기고 있다. 반면, 러트 영역본은 노존A본과 노존B본의 내용을 종합하고 있다. 君臣이 唱和하는 것은 舜 임금과 그의 신하 皐陶(고요)로부터 비롯되었다는 서술은 노존B본을 취하고 있다. 그리고 제왕의 시의 우두머리가 된 것이 漢 高祖의 大風之歌, 魏 太祖의 月明星稀의 句였다는 노존A본의 서술에다가, 노존B본에 들어 있는 漢 武帝의 秋風詞까지를 포함시키고 있다. 그리고 신하의 시 중 으뜸으로 西京의 李陵, 鄴都의 曹子建, 南朝의 陶淵明과 謝靈運을 든 것은 노존A본을 따르고 있다. 이처럼, 러트 영역본은 이 대목의 경우 노존A본과 노존B본을 종합하고 있는 것이다.

또한, 천진교를 묘사한 대목과, 계섬월을 묘사한 대목을 보면, 게일 영역본은 노존A본과 일치하는 반면, 러트 영역본은 노존B본과 일치하는 것을 볼 수 있다.

■ 노존A본

天津橋, 迴跨澄波, 直通大路, 隱隱如彩虹之飮水, 蜿蜿若蒼龍之展腰.(p.180)

■ 게일 영역본

Chon-jin Bridge spanned its rippling wavelets with archways bearing down at the extreme ends as a rainbow drinks the water, or like a green dragon with bent back.(p.39)

■ 노존B본

天津橋跨水, 如斜虹.(p.55)

■ 러트 영역본

The T'ien-chin bridge was like a rainbow arched over the river with both ends firmly anchored.(p.34)

이처럼, 천진교를 묘사함에 있어 게일 영역본은 노존A본을 좇아 蒼龍(green dragon)에 비기고 있다. 그리고 계섬월을 묘사하는 부분에서는

■ 노존A본

淑美之容, 冶艶之態, 眞國色也. 望之如南海觀音.(p.181)

■ 게일 영역본

Her face was very beautiful and her form was most graceful, such as few on earth could rival. She might have been likened to the merciful goddess Kwan-se-eum.(p.41)

■ 노B본

容顔艶麗, 眞國色也. 宛然如瑤臺仙女來下界.(p.56)

■ 러트 영역본

She had a beautiful face which well became her beautiful manners.(p.37)

게일 영역본은 노존A본을 좇아 계섬월을 관음에 비기고 있으나, 러트 영역본은 노존B본과 마찬가지의 서술을 보여 준다.

3. 〈구운몽〉 영역본의 문체 비교

게일의 영역본은 전편에 걸쳐 그 문체가 매우 典雅하고 古風스럽다. 러트의 영역본이 보다 짧고 현대적 감각에 맞는다면, 게일의 영역본은 문장의 호흡이 긴 만연체이고, 많은 古語가 사용되어 있다.

또한, 게일의 영역본은 원전의 내용을 字字句句 그대로 번역함으로써 문장의 호흡이 늘어지는 반면, 러트의 영역본은 내용에 있어 매우 충실하면서도 간결하고 명확한 표현의 번역문을 보여 준다. 하나의 예로서, 작품 서두의 六觀大師 大開法宇 부분을 보기로 하자.

■ 게일 영역본

In the days of the Tang dynasty a noted priest came hither from India, and being captivated by the beauty of the hills built a monastery on Lotus Peak. There he preached the doctrines of the Buddha, taught his disciples, andput an end to fearsome demons and foul spirits, so that the name of Gautama grew great in influence, and people bowed before it and believed, saying that God had again visited the earth. The rich and honourable shared of their abundance, the poor gave their labour, and so the built a wide and spacious temple. It was deeply secluded and quite, with a thousand and one beautiful views encircling it, and a majesty and impressiveness of mountain scenery for background that was unsurpassed.

This preacher of the Buddha had brought with him a volume of the Diamond Sutra, which he expounded so clearly that they called him Master of the Six Temptations and the Great Teacher of the Yook-kwan. (p.4)

■ 러트 영역본

In the time of the T'ang dynasty an old monk from India came to China and took a liking to the Lotus Peak in the Heng-shan range and built a monastery for his five or six hundred disciples, to whom he expounded his copy of the Diamond Sutra. He was the venerable Liuju, usually known as the Great Master Liu-kuan. He taught the people and dispersed the evil spirits so that men said that a living Buddha had come on the earth. (p. 16)

양소유가 女裝으로써 속인 것을 갚기 위해, 가춘운을 선녀와 귀신으로 변장시켜 양소유를 속이려는 정경패의 계획에 대해 가춘운이 염려하자, 정경패는 "남을 속이는 부끄러움이 남에게 속임 당하는 부끄러움보다 낫지 않겠느냐?"(欺人之羞, 不猶愈於見欺者之羞乎)(노존A, p.197)라고 말하는 대목이 있다. 이에 대한 번역에서도 보면, 게일 영역본은 무척 번다한 데 비하여 러트 영역본은 간결명료하다.

■ 게일 영역본

One who has played a joke upon another never feels as bad when put to shame as one who has simply had the joke put upon him. (p. 82)

■ 러트 영역본

Deceiving is not at all the same thing as being deceived. (p. 58)

단어의 번역에 있어서도 兩本의 이러한 차이는 잘 드러난다. 예로서, '守門道人'(노존A, p.168)을 게일 영역본은 'the priest who guarded the main entrance to the monastery'(p.5)로 장황하게 번역한 반면, 러트 영역본은 'the gatekeeper of the monastery'(p.17)로 간명하게 번역한다든가, '嗟惋'을 게일 영역본은 'twisted a wry face'(p.35)로, 러트 영역본은 'frowned'(p.33)로 번역하는 따위이다.

게일 영역본은 고어의 사용이 두드러지는데, 고어 사용의 예를 몇 개 들어 보이면 다음과 같다.

lest : … 하지 않게

nigh = near

wilt = will

hath = has

lo : 보라!

deem : 생각하다

betake himself : 가다

don : 입다

troth : 진실, 약속

affright : 놀라게 하다

러트의 영역본의 번역상의 특징의 하나는, 게일의 영역본에 비해 專門用語, 固有名詞, 典故의 번역에 있어 매우 충실하다는 점이다. 이에 대하여는 뒤에서 문맥을 통한 여러 비교의 사례를 보게 되겠지만, 여기서는 불교 용어를 번역한 다음의 예를 우선 보기로 하자.

· 閻王 : G — King of Hades (p.16)
R — Yama (p.22)

· 地藏王 : G — King Chee-jang (p.16)
R — King Ksitigarbha Bodisattva (p.22)

· 舍利 : G — Saree (p.18)
R — relics (p.23)

· 塵緣 : G — ×
R — Karma (p.24)

固有名詞를 번역한 것은 兩本에 있어 어떻게 차이 나는지, 뒤에서 많은 비교의 예를 볼 것이지만, 몇 개의 사례를 우선 보기로 하자.

· 霓裳曲 : G — Yea-sang Kok(The Rainbow Robes of the Fairy)(p.51)

R — The Song of the Rainbow Robe(p.42)

· 河北 : G — North of the river(p.51)

R — Ho-Pei(p.42)

· 鄴都 : G — capital(p.51)

R — Yeh-tu(p.42)

· 銅雀臺 : G — Tong-jak Tower(p.51)

R — Bronze Bird Terrace(p.42)

인명·지명·서명 등 固有名詞의 表記에 있어, 게일의 영역본은 한국식 한자음으로 표기하고 뜻을 살려 번역한 반면, 러트의 영역본은 한자음 그대로 표기하되 중국식 발음 표기를 취하고 있다. 〈구운몽〉은 작품의 배경이 중국 唐代로 설정되어 있는 만큼, 러트의 번역 태도는 타당한 것이라고 볼 수 있다.

泰山을 게일의 영역본은 'Tai san- Great Mountain'으로 표기한 반면, 러트의 영역본은 'Tai shan'으로 표기하고, 藍田山을 게일의 영역본은 'South Mountain'으로 표기한 반면, 러트의 영역본은 'Lan-t'ien-shan'으로 표기한다. 천진교를 게일 영역본은 'Chon-jin Bridge'(p.39)로, 러트 영역본은 'T'ien-chin, the bridge of the Milky Way'(p.34)로 표기하는 방식이다.

게일 영역본의 특징의 하나는 등장인물의 이름을 그 한자어 뜻에 맞게 적절히 영문 이름을 부여하고 있다는 점이다. 반면, 러트의 영역본은 이름을 그대로 발음 표기를 하고 있다. 이를테면 沈裊烟을 게일 영역본은 'Swallow'로 옮기는 반면, 러트 영역본은 중국식 발음으로 'Shen Niao-yen'으로 표기하고 있는 것이다.

게일 영역본에서 여덟 미인의 이름이 어떻게 표기되고 있는지 전체를 보이면 다음과 같다.

秦彩鳳 : Phoenix

賈春雲 : Cloudlet

鄭瓊貝 : Jewel(英陽公主 : Blossom)

蘭陽公主 : Princess Orchid

桂蟾月 : Moonlight

狄驚鴻 : Wildgoose

沈裊烟 : Swallow

白凌波 : White-cap[18]

러트 영역본에서는 백릉파의 경우, 'Po Ling-po'와 함께 'white sea-foam'을 병기한 사례도 있으나, 나머지는 모두 한자음 그대로의 중국식 발음 표기를 따르고 있다.

十三郞의 경우도 러트 영역본에서는 'Shih-san'으로 표기한 반면, 게일 영역본은 'Thirteen'으로 표기한다.

게일 영역본의 특징의 또 다른 하나는, 모두 46개의 비교적 상세한 後註를 통해 설명을 보완하고 있다는 점이다. 반면, 러트의 영역본은 이 같은 주석을 사용하지 않는 대신, 본문의 설명을 보완하여 거의 완벽한 번역을 구사하고 있다.

六韜와 八卦를 번역한 경우를 보기로 하자. 노존A본에는 '言其兵法, 則六韜之神謀也. 語其陣勢, 則八卦 之奇變也.' 노존B본에는 '兵法應六韜, 陣勢陣八卦'로 되어 있는 대목을 러트 영역본은 다음과 같이 본문을 통해 충실히 번역하고 있다. 그러나 게일 영역본은 본문과 두 개의 後註를 함께 참조해야 한다.

18 백릉파의 경우, Pak Neung-pa로 표기된 문면도 있다. Gale trans., *op. cit.*, p.158.

■ 러트 영역본

His strategy was the cunning of the Six Chapters of Chiang T'aikung: the Dragon, the Tiger, the Book, the Warrior, the Leopard and the Dog; and his disposition of the lines was according to the Eight Trigrams of the Book of Changes.(p.97)

■ 게일 영역본 본문

His disposition of the army was according to the ancient Six Saws, and his arrangement of the camp according to the Eight Diagrams.(p.149)

■ 게일 영역본(後註 : 六韜)

Six Laws. These pertain to the art of warfare, and are explained in the famous treatise said to have been written by the Duke Kang-tai, who flourished in the twelfth century B. C. The six divisions are marked respectively by the names Dragon, Tiger, Ideograph, Warrior, Leopard, Dog.(p.305)

■ 게일 영역본(後註 : 八卦)

Eight Diagrams. These are sets of lines divided and undivided, arranged in threes, which, when combined in double sets, form the basis of "the Book of Changes," the most famous literary work of Far Eastern Asia.(p.305)

4. 게일 영역본의 특징

게일 영역본은 노존A본을 좇아 字字句句를 충실히, 그리고 표현에 있어 장황하게 번역해 주고 있다.

그런데, 몇 대목에서는 번역자 나름의 意譯이 포함되어 있기도 하다. 의역의 몇 가지 사례를 살펴보기로 하자.[19]

(1) 양소유가 천진교 누각의 잔치자리에 참예하였을 때, 계섬월의 눈에 든 시의 주인공이 계섬월과 佳緣을 맺게 된다는 말을, G에서는 Master No(盧生)가 한 것으로 적고 있다(p.43). 盧生은 상좌에 앉아 처음 양소유에게 말을 건 사람이었다. 원전(노A : p.182, 노B : p.58)과 R(p.37)에는 모두 杜生으로 적혀 있다.

(2) 양소유가 집을 떠나 과거에 급제하는 나이가 노A와 노B는 16세로 되어 있다. 그런데, G는 18세, R은 15세로 다르게 번역되어 있다. 번역자 나름의 고려가 작용한 듯하다.

· 노A : p.180, p.193, p.258
· 노B : p.51, p.90, p.267
· G : p.37, p.71, p.18
· R : p.34, p.53, p.15

(3) G에는 양소유와 가춘운의 사랑하는 장면이 비교적 간략히 처리되어 있다.

· 노A : 時桂影將斜, 銀河已傾, 翰林携美人同寢, 若劉阮入天台山, 與仙女結緣, 似夢而非夢, 似眞而非眞也. 纔盡繾綣之情, 山鳥已啅於花梢, 而紗窓已微明矣.(p.199)
· 노B : 此時月高河傾, 夜將深矣. 相携就寢席, 如劉阮入天台山, 遇仙子, 況惚不可 形容矣. 兩人恩情未足, 山鳥喧譁, 東方動色.(pp.107-108)
· R : The shadows of the moonlight were already beginning to slide across the floor

---

19 이하의 서술에서는 게일 영역본은 G로, 러트 영역본은 R로 표시하기로 한다. 그리고 노A는 노존A본을, 노B는 노존B본을 가리킨다.

and the Milky Way was fading when Shao-yu drew the pretty girl toward him and they started to make love. Their love-making was like the transports that Liu Ch'en and Yuan Chao enjoyed when they made love with the two fairies in T'ien-t'ai-shan. It was like a dream, but it was not dream. It seemed to be real, but it was not. When they finished their mutual pleasures the mountain birds were already twittering among the blossoms, and the dawn was pale on the eastern horizon.(p.61)

· G : But scarcely had they gad a chance to express their love or recall the awakened secrets of the past, when the birds of the mountains began to twitter in the branches of the trees, and the silken blinds to lighten.(p.87)

(4) 태후가 양소유를 보고 싶다 하여 천자가 양소유를 불렀을 때, 장안의 술집에서 기생과 노닐며 술에 만취해 두 기생이 冠帶를 입혀 주기까지 하는데, 이 대목이 G에서는 기생과 노니는 것도 묘사되지 않고 옷도 환관이 입혀 주는 것으로 되어 있다. 조금 점잖게 번역하려는 의도가 보이는 것이다.

· 노A : 時楊尙書與鄭十三, 大醉於長安酒樓, 使名娼朱娘玉露唱歐, 軒軒笑傲, 意氣自若, 黃門飛輇而來, 以命牌召之, 鄭十三大驚跳出, 翰林醉目矇朧, 鬢髮鬅鬙, 不省黃門之已在樓上矣. 黃門立促之, 翰林使二娼, 扶而起, 着朝服, 隨中使入朝.(p.214)

· 노B : 此時楊尙書與鄭十三, 飮酒於長安酒樓, 而使名唱珠娘玉奴唱歌矣. 中使持命牌, 不意走入, 鄭十三驚走, 楊尙書醉眼朦朧, 徐緩而起, 使二娼着冠帶, 從中使見於天子.(p.145)

· R : In point of fact Shoa-yu had gone off with Cheng Shih-san to a wine-house in the city where they were drinking and singing with two well-known singing girls called Chu-niang(Vermilion Girl) and Yu-lu(Jade Dew). They were having a drunken and hilarious time. The eunuch found them and told Shao-yu of the imperial command to attend at the palace at once. Shih-san was alarmed and jumped up immediately and disappeared. Shao-yu was so drunken and befuddled that he did not realize what was happening. The eunuch fussed and harrassed him till the tow girls eventually pulled him to his feet and got him into his court dress. He went off after the eunuch to the palace.(p.84)

· G : At this time Yang, accompanied by Thirteen had gone to one of the places of amusement, where he had imbibed so freely that he was very much intoxicated. He was happy and having a hilarious time. The eunuch hurriedly rushed in and ordered him to report at once to the palace. Thirteen, alarmed by this call, jumped up and went out. But Yang's eyes were heavy with drink and his hair was in disorder. The eunuch addressed him so that he got up and changed his dress and then followed into the inner palace, where he appeared before the Emperor, who commanded him to sit down.(p.129)

게일의 영역본은 전반적으로 번역자의 깊은 애정과 노력이 담긴 저작이긴 하지만, 러트의 영역본에 비해 상당히 많은 부분에 걸쳐 誤譯이 존재한다. 게일 영역본의 오역의 사례를 순차적으로 살펴보기로 하자.

(1) 계섬월의 이름을 설명하는 대목 : family name이 Kay이고, given name이 Som-Wol, or Moonlight라고 해야 할 터이다.

· G : family name is Kay Som-Wol and her given name is Moonlight.(p.42)

(2) 계섬월이 양소유에게 적경홍을 소개하는 대목에서 그녀를 '播州의 良家女'(노A : p.185)로 표현한다.[20] 그런데 R은 'in a good family

20 노존B본(p.67)에는 '播州'가 아닌 '貝州'로 되어 있다.

in Po-chou'(p.41)로 정확하게 옮기고 있으나, G는 'Yang clan of Pajoo'(p.50)로 되어 있다. 즉 '良家'의 '良'을 성씨로 오해하여 번역한 것이다.

(3) G는 司馬長卿, 즉 司馬相如를 번역함에 있어서 Sa Ma-chang (p.50)으로 옮기고 있다. 이것은 卿을 하나의 벼슬의 칭호로 보고 司馬長을 이름으로 오해한 데에서 비롯된다. 러트의 영역본은 Szu-ma Hsiang-ju(p.41)로 정확히 옮기고 있다.

(4) 정소저가《詩經》과《禮記》를 익히는 것인데, G에는 Justice(정사도)가 익히는 것으로 되어 있다.

- 노A : 鄭小姐讀詩學禮, 律身有範, 一動一靜, 合度合儀.(p.188)
- 노B : 鄭小姐讀書習禮, 一動一靜不苟, 道觀尼院, 不爲焚香, 三月三日, 不遊曲江, 外人有何逢見之道乎.(p.75)
- G : The Justice himself follows the Books of Rites and Poetry carefully and conforms his household in every particular to their teachings, so that members of the former never come here to offer incense, nor do they seek sacrifice in the Buddhist temples.(p.57)
- R : And the girl herself has studied the Book of Rites and abides by the strictest etiquette. She never comes to burn incense at the temple, nor visits nuns.(p.46)

(5) G에서는 梧桐을 다만 o-dong wood(p.62)라고만 표기하였다. 이렇게 해서는 정확한 의미 전달이 어려울 터이다. 반면 R은 paulownia p.48)로 정확히 번역하였다.

(6) 정소저가 자기의 방으로 돌아간 것인데(小姐還于寢室 : 노A, p.192), G에서는 오역하여 어머니의 방으로 들어간 것으로 되어 있다. R은 정확히 번역되어 있다.

· G : Cheung See entered her mother's room.(p.68)
· R : Ch'iung-pei returned to her quarters.(p.51)

(7) G에서는 卓文君을 Princess Tak-moon(p.70)으로 옮겼다. R에서는 Cho Wen-chun(p.53)으로 정확하게 옮기고 있다.

(8) 會試, 殿試, 翰林의 번역에 있어서, G는 Hoi Examination, Chon Examination, Hallim(p.73)으로 옮기고 있다. 이렇게 해서는 의미 전달이 어려울 것이다. R은 Doctoral Examination, Special Examination, Imperial Academician(p.54)으로 매우 근사하게 번역하고 있다.

(9) 王維學士를 G에서는 Wang Yoo-hak(p.77)으로 옮기고 있다. 王維學까지가 이름인 것으로 오해한 것이다. R은 정확히 Wang Wei(p.55)로 옮기고 있다.

(10) 張女娘을 G에서는 Chang-yo(p.91)로 옮기고 있다. 본 이름이 張麗華이며 女娘은 덧붙은 말인데, 이를 오해하여 張女까지를 인명으로 오해한 것이다.

(11) 양소유의 말 가운데 佛陀의 말을 인용하는 대목에서 G는 잘못 처리하였다.

· 노A : 翰林曰, "佛語云, '人之身體, 以水漚風花, 假成者也.' 孰知其眞也. 孰知其假也."(p.201)

· 노B : 楊生曰, "佛言, '人身以地水火風, 假借而成,' 那知誰眞誰假."(p.113)

· R : Shao-yu answered : 'The Buddha said that man's body is like foam thrashing about on the water and flowers tossed by the wind, nothing but vanity. Who dare say whether it is real or whether it does not exist at all?'(p.65)

· G : The Buddha says : "A man's body is but froth on the water, or a gust of wind, all a make-believe," he said. "Who can say that it is anything, or who can say that it is nothing at all?"(p.93)

(11) 楚 襄王을 Yang Won of Cho로 옮기고 있다.(p.97)

(12) 칠언절구 1수를 two verses로 오역하였다.(pp.99, 112)

(13) 杜眞人을 G는 한 곳에서는 Professor Too Chin-in으로(p.95), 한 곳에서는 Too Jin(p.101)으로 옮기고 있다. 眞人을 이름처럼, 또는 眞만을 이름처럼 옮긴, 어느 것도 道敎의 眞人의 의미를 전달하지 못한 번역이다. R에서는 Tao-master Tu로 정확히 번역하고 있다.(p.65)

(14) 양소유가 선녀와 귀신으로 가장한 가춘운에 속은 후 정사도에게 하는 말 가운데에 '소옹이 비록 이부인의 혼을 부를 수 있었지만(少翁雖能致李夫人之魂)'(노A : p.205)이라는 대목이 있는데, R이 바르게 번역한 반면, G는 인명을 잘못 번역하였다.

· R : The necromancer Shao, in the days of Han, called up the soul of the Lady Li. (p.69)

· G : Song-ok called up the spirit of Lady Yoo.(p.102)

(15) 楚 莊王을 G는 King Cho-jang으로 오역하였다. 반면, R은 Prince Chuang of Ch'u로 정확히 옮기고 있다. 또한 R은 초 장왕의 고사를 충실히 풀어 번역하여 독자의 이해를 돕는 반면, G는 원문을 직역함으로써 (오역은 아니지만) 설명에 있어 의미를 전달하는 데에 부족함이 있다.

· 노A : 昔楚莊王 絶纓以安其群臣矣.(p.211)
· 노B : 昔楚莊王 絶纓而掩臣下之罪.(p.137)
· R : In olden days Prince Chuang of Ch'u, when the queen broke the hat-string of a man who inadvertently offended her while the lamps were out at a party, made all those present break their hat-strings and so saved the man from embarrassment.(p.78)
· G : In olden time King Cho-jang made them all break off their hat-strings in order to quiet their fears.(p.120)

(16) '얼굴을 보니 명성을 듣던 것보다 낫다'는 의미로 노존A본에는 '見面大勝於聞名'(p.212), 노존B본에는 '見面愈於聞名也'(p.139)으로 적혀 있는데, 이를 R은 'She is even lovelier than her reputation would have it'(p.79)으로 옳게 번역하였으나, G는 'She is sweet in face and reputation'(p.122)으로 '얼굴과 명성에 있어 뛰어났다'라는 의미로 번역하였다.

(17) 秦 穆公의 딸 弄玉을 번역함에 있어, G는 Prince Chin-mok's daughter, Nong-ok(p.127)으로 번역하고 있다. 이것은 秦穆을 인명으로 오해한 것이다. 반면, R은 Nung-yueh, the daughter of Duke Mu of Ch'in

(p.82)으로 옳게 번역하고 있다.

(18) 천자가 양소유에게 역대 제왕과 신하의 시에 대해 묻는 대목이 원전과 R에는 다음과 같이 모두 있으나, G에는 없다.(p.129)

· 노A : 組繪詩句, 雖非帝王之要務, 惟我祖宗亦嘗留心於此, 詩文或傳播於天下, 至今稱誦.(p.214)
· 노B : 作詩雖謂非 帝王要切之事, 而我朝宗皆留意此事, 御製詩文傳誦天下.(p.145)
· R : I know that writing poetry is not the principal occupation of rulers, but our imperial ancestors have all shown great interest in poetry and their works are widely distributed and read.(p.84)

(19) 東方 朔을 번역함에 있어, G는 Tong Pang-Sak(p.132)으로 하였다. 이는 東을 성으로, 方朔을 이름으로 오해한 것이다. R은 정확하게 Tung fang Shuo(p.86)로 번역하였다.

(20) 천자가 양소유를 부마로 삼기 위하여 정경패와의 혼약을 파기하도록 권하는 대목에서 G는 의미가 혼돈된 오역을 범하였다. 과거의 제왕들이 부마를 택할 때에, 부마로 선택된 이의 正妻를 내보내게 함으로써, 王獻之는 평생토록 그것을 후회하고, 宋弘은 임금의 명을 받아들이지 않았다는 것이 원전의 내용인데, G는 전혀 의미가 다르게 되어 있다. '과거에 제왕이 며느리를 택할 때에 때로 약혼한 여인은 말할 것도 없고 남의 부인이 선택되기도 하는데, 고대의 어느 왕은 그의 명령을 거부한 여인에 대한 생각으로 한 평생을 후회하며 보냈다'는 의미의 번역이 되고 말았다.

· 노A : 前代帝王選擇駙馬也, 或出其正妻, 故若王獻之終身悔之, 惟宋弘不受君命.(p.218)

· 노B : 前代帝王擇駙馬, 出送前妻, 故王獻之終身有悔, 如宋弘不受君命.(p.159)

· R : In the old days when an imperial son-in-law was to be chosen, sometimes a married man was selected. Wang Hsien-chih mourned the fact till the end of his days. Only Sung Hung refused the royal command.(p.90)

· G : In olden days when a choice of Imperial daughter-in-law was to be made, sometimes even a wife was chosen, not to speak of one simply betrothed. One ancient king spent a whole life of regret thinking of the women who refused his command.(p.140)

(21) 동정호 용왕의 딸인 백릉파가 양소유에게 처음 인사를 드리는 장면에서, 양소유가 피하려 했지만 부득이 용녀의 절을 받게 되는 내용인데, G는 거꾸로 양소유가 시종들에게 붙잡혀 용녀에게 네 번 절하는 것으로 잘못 번역하였다.

· 노A : 尙書驚欲避之, 兩侍女挾持, 使不得下床, 龍女向前四拜.(p.226)

· 노B : 尙書驚欲避, 侍女二人扶持左右, 而龍女四拜.(p.176)

· R : Shao-yu amazed and wanted to escape, but the ladies-in-waiting prevented him from leaving the dais. The Dragon Princess stood before him and kowtowed four times.(p.101)

· G : The General gave a start and attempted to make his escape, but they took him by the arms and held him prisoner, while they made him bow four times before this daughter of the Dragon King.(p.157)

(22) 張眞人을 G는 Chang Jin-in(p.158)으로 번역하였다. 眞人을 이름으

로 오해하여 번역한 것이다. R은 clairvoyant Chang(p.101)으로 정확히 번역하였다.

(23) 柳眞君은 唐代 傳奇소설 〈柳毅傳〉의 주인공 柳毅인데, G는 Prince Yoo-jin(p.158)으로 오역하였다. 柳眞을 성명으로 오해한 것이다. R은 Liu I(p.102)로 인명을 정확히 번역하였다.

(24) 양소유가 龍女를 괴롭히는 南海 太子를 꾸짖으며 하는 말 가운데, '나의 보검은 옛적에 魏徵 丞相이 涇河의 용을 죽인 것이라'는 내용이 있는데, G에는 이것이 전혀 다르게 오역되어 있다. G의 내용은 '나는 위승상이라고 불리는 칼을 가지고 있는데, 그것은 내가 경하의 왕을 죽인 바 있는 날카로운 칼이다'가 된다.

· 노A : 我有一介寶劍, 魏徵丞相斬涇河龍王之利器也.(p.228)
· 노B : 吾之腰下寶劍, 昔魏徵承相斬涇河龍之物也.(p.182)
· R : I have a jewelled sword here. It is the very sword with which the Minister of State Wei Cheng beheaded the dragon of the River Ching.(p.105)
· G : I have a sword called Eui-song-sang, the same sharp knife with which I killed the King of Kyong-hai.(p.163)

(25) 관직명인 通判을 G는 Tong-pan(p.176)으로 음역하는 데 그쳤다. 이렇게 해서는 정확한 의미 전달이 어려울 것이다. R은 sub-prefect (p.111)으로 비교적 충실히 번역하고 있다.

(26) 晋 文公을 G는 Prince Chin-moon(pp.199, 224)으로 번역하였다. 晋文이 이름인 것으로 오해한 것이다. R은 Duke Wen of Chin(p.124)으

로 정확히 번역하였다.

(27) 세 수의 시인데, four verses로 번역하였다.(p.204)

(28) 양소유에게 정경패가 죽은 것으로 속이고서, 가춘운이 난양공주의 덕을 칭찬하는 대목 : 공주의 덕이 《詩經》關雎편에 담긴 文王의 배필인 后妃의 덕을 지녀, 군자의 좋은 배필이 되리라는 내용인데, G는 關雎(Kwan-jo)를 인명으로 오해하여 번역하였다.

· 노A : 我聞公主關雎之盛德, 合爲君子之配匹.(p.247)

· R : In the Book of Songs the devotion of the osprey is compared to the virtue of a royal bride.(p.131)

· G : I have heard it said that Kwan-jo's dignity and virtue were a fitting mate for the superior man (p.214)

(29) 양소유에게 정경패가 죽은 것으로 속이면서, 가춘운이 정경패가 남긴 말을 양소유에게 전하는 대목 : 이 부분은 G와 R이 모두 오역을 범하고 있다. '네(가춘운)가 양소유를 버리고 나(정경패)를 따랐으나, 이제 나는 세상을 떠났으니 다시 양소유를 좇아 그를 모시라'는 정경패의 말인데, G와 R은 모두 '양상서를 버리고 나를 따라야 한다. 내가 이미 세상을 떠났는데, 네가 다시 양소유에게 간다면 나를 버리는 것이 된다'로 번역하고 있다. 의미가 전혀 다르게 된 것이다.

· 노A : 汝自絶楊尙書, 而復從我矣. 今我已棄塵界, 汝其更歸於楊尙書, 侍其左右.(p.247)

· 노B : 汝辭楊尙書從我, 今我棄塵世, 汝須還侍尙書.(p.241)

· R : You must break off with Chancellor Yang and come with me. When I have left the world, if you go back to Yang you will have to part from me.(p.131)

· G : You, too, must cut yourself off from General Yang and follow me. Since I have already departed from the world of men, if you were to go back to General Yang it would mean leaving me.(p.213)

(30) 영양공주(정경패)가 짐짓 양소유를 놀리려, 자신을 정경패에 비긴 것에 화가 나서 내전으로 들어가 나오지 않는다는 말을 전하자 양소유가 불쾌해 하며 內心에 하는 말인데, G에서는 직접 대화의 형태로 잘못 번역되어 있다.

· 노A : 丞相大怒於心曰, '天下安有以女子, 而怙勢如英陽者乎. 果知爲駙馬之苦也.'(p.252)

· 노B : 丞相怒於心中, 思想, '天家女子怙勢如此, 爲駙馬果難矣.'(p.253)

· R : Shao-yu was extremely angry : "I did not think that anybody could be so proud of her position. Now I begin to understand the lot of an imperial son-in-law."(p.137)

· G : The Master grew very angry at this, and said : "In all the world who ever saw a girl pride herself so on her rank and station and act as Blossom does? You may judge of what this son-in-law is destined to suffer."(p.226)

(31) 養由基를 G는 Yang-yoo(p.254)로 오역하였다. R은 Yang Yu-chi (p.153)로 정확히 번역하였다.

(32) 여러 부인이 용녀 백릉파에게 신통변화하는 모습을 볼 수 있겠는가 하고 청하니, 이미 사람의 몸으로 변화되어 행할 수 없게 되었다

고 하자, 여러 부인이 "이치가 진실로 그러하다(理固然矣)"(노A, p.273) 고 수긍하는 대목. G는 과도하게 의미가 확장되어 있다.

· R : The ladies all accepted her refusal and said : 'That's the way things are'(p.166)
· G : The ladies all said : "Surely the principles and laws governing such a thing are wonderful."(p.280)

(33) 여덟 미인이 結義兄弟를 하는 대목 : 유비는 君主, 관우와 장비는 臣下였지만 형제의 義를 맺었다는 것인데, G와 R은 모두 이들을 朝臣(courtiers), 신하(subjects)로 잘못 번역하고 있다.

· 노A : 劉關張三人, 君臣也, 終不廢兄弟之義.(p.274)
· R : Liu Pei, Kuan Yü and Chang Fei were all subjects, and they swore an oath of brotherhood in the peachorchard, an oath which they never broke.(p.167)
· G : Yoo Hyon-tok, Kwan On-jang, and Chang Ik-tok were all courtiers of the king, and yet they preserved to the last the bond of brotherhood.(p.281)

(34) 觀音을 G는 Buddha of the Southern Sea로 번역하였다(p.282). Buddha는 석가모니 한 분뿐이며, 관음은 菩薩이니 잘못된 번역이다. R은 merciful Bodhisattva(p.167)로 정확히 번역하였다.

(35) 양소유의 자손이 번성한 것을 설명하는 대목에서, 여섯째 아들 치경이 勇力이 절륜하고 智略이 神과 같아 '天子께서 크게 아끼셨다(上大愛之)'(노A, p.275)는 내용을 G는 'The Master greatly loved him'(p.284)으로 번역하였다. 천자를 Master로 오역한 것이다. R은 바르게 'The emperor loved him greatly'(p.169)로 번역하였다.

5. 러트 영역본의 특징

러트의 영역본은 번역에 있어 매우 충실하다. 원전에 나타나 있지 않은, 주석을 통해 보완되어야 할 사항들이 충실히 반영되어 있다. 이는 이가원 역주본을 기본적인 대본으로 삼은 데에 기인할 것이며, 또한 번역자의 세심한 노력이 담긴 결과이다.

(1) 양소유의 탁월한 면모를 설명하는 대목 : G는 潘岳 이외의 중국 역대의 賢人들과의 비교를 생략하였으나, R은 비교적 충실히 번역하고 있다.

- 노A : 年至十四五, 秀美之色, 似潘岳, 發越之氣, 似青蓮, 文章燕許如也. 詩材鮑謝如也. 筆法僕命鍾王, 智略弟畜孫吳.(p.174)
- 노B : 至十四歲, 容貌似潘岳, 氣像似青蓮, 文章似燕許, 筆法似鍾王.(pp.35-36)
- G : When he was fifteen or thereabouts, with his frank and handsome face, he was said to resemble Panak of ancient China.(p.21)
- R : By the time he was thirteen or fourteen he was as handsome as P'an Yueh ; he could write verse like Li Po; his calligraphy would compare with that of Wang Hsichih; he was as clever as the famous strategists Sun Pin and Wu Ch'i.(p.25)

(2) 양소유가 진채봉의 〈楊柳詞〉를 본 후 칭찬하는 대목에서, 王維와 李白(노B는 崔學士)에 비기고 있는데, G는 이것이 생략되어 있으나, R은 정확하다.

· 노A : "雖古之王右丞李學士, 蔑以加矣"(p.176)
· 노B : "古之善詩人王右丞崔學士, 不過此也"(p.43)
· G : "No ancient sage ever wrote more sweetly"(p.28)
· R : "Neither Wang Wei nor Li Po could have written better!"(p.29)

(3) 양소유가 仇士良의 난을 피해 藍田山에서 道人을 만났을 때, 도인으로부터 아버지에 대한 소식을 듣는 대목 : R에는 밑줄 그은 부분이 첨가되어 있다. '홀연 길가에 두고 온 서동과 나귀이며 온 세상일을 잊고는'의 내용이 첨가된 것이다. 文理를 순조롭게 하기 위한 번역자의 배려이다.

· 노A : 楊生收淚而謝, 當隅而坐.(p.178)
· G :Then Yang brushed his tears away, thanked him and sat down.(p.32)
· R :Shao-yu dried his tears, suddenly forgot all about the world, even forgot that his boy and the donkey were at the foot of the path, and found aplace to sit down.(p.31)

(4) 계섬월이 양소유에게 적경홍을 추천하면서 적경홍의 뛰어난 면모를 설명하는 부분 : G는 故事에 대한 설명이 생략되어 있으나, R은 노A를 좇아 정확히 번역되어 있다.

· 노A : 宴罷獨上於銅雀臺, 帶月徘徊感古悲傷, 詠斷腸之遺句, 弔分香之往迹, 仍竊笑曹孟德不能藏二喬於樓中.(p.186)
· 노B : 宴罷獨上銅雀臺, 帶月色徘徊弔古.(p.68)
· G : When the feast was over she went away by herself to the top of Tong-jak Tower, walked back and forth under the light of the moon, thinking over the writings of the ancient sages, her heart full of loneliness and sorrow, sighing

to herself over past events that had broken in upon her fragrant way.(p.51)

· R : After the party was over she went up to the Bronze Bird Terrace and as she sat there, recalling sad old tales and reciting heart-breaking songs, it reminded people of the Wei Emperor and his cruel treatment of the pretty second daughter of the Ch'iao family.(p.42)

(5) 杜鍊師가 양소유에게 정경패의 뛰어남을 말하자, 양소유가 보지 않고는 믿지 못하겠다고 하니, '鳳凰猉獜, 婦孺皆稱祥瑞, 青天白日, 奴隷亦知清明'의 成語를 인용하는데, 원전에 출전이 밝혀 있지 않은 韓愈가 말했다는 것을 R은 충실히 기록하고 있다.

· 노A : 鍊師曰, "萬無此理也. 鳳凰기獜, 婦孺皆稱祥瑞, 青天白日, 奴隷亦知清明, 苟非無目之人, 則豈不知子都之美乎?"(p.187)

· 노B : 練師曰, "無此理, 鳳凰猉獜, 人皆知其瑞, 若非無目之人, 寧不知子都之麗乎?"(p.74)

· G : "There is no such danger," said she. "even children know that the phoenix and the unicorn mean good luck, and the lowest classes in the world understand that the blue sky and the bright sun are exalted and glorious. a man who has any eyes at all would know that Cha-do was a beauty"(pp.56-57)

· R : "Han Yu says that even children can recognize the phoenix and the gryphon as wondrous creatures, and wise and foolish alike know when the sun shines. Only a blind man would fail to recognize her qualities"(p.45)

(6) 양소유가 여장을 하고 들어와 〈鳳求皇曲〉 탄 것을 들어 그가 남자일 것이라고 정경패가 의심하니, 가춘운이 이는 지나친 과민이라고 말하는 대목 : 원전에는 술잔 속의 활 그림자를 보고 놀라는 고사를 들었는데, G는 원문 그대로 번역한 반면, R은 일을 과장한다는

의미의 서양 警句를 들어 번역하였다.

· 노A : 小姐必見杯中之弓影也.(p.193)
· 노B : 小姐見杯中弓影也.(p.89)
· G : The young mistress is mistaken and has seen a snake's shadow in her glass of wine.(p.70)
· R : You are making a mountain out of a molehill.(p.53)

(7) 양소유가 여장을 하고 정경패를 속인 것을 갚기 위해, 가춘운을 귀신으로 변장시켜 양소유가 미혹되게 만드는 계교를 행하는데, 원전 및 G에서는 한결같이 정경패가 아버지 정사도에게 계교를 설명하는 것으로 되어 있으나, R은 정사도는 나가고 어머니에게 설명하는 것으로 바뀌어 있다.

· 노A : 小姐曰, "小女有一計, 欲借春雲之身, 以雪小女之恥." 司徒曰, "汝有何計? 試言之." 小姐曰, "使十三兄, 如此如此, 則小女見凌之恥, 可以除矣." 司徒大笑曰, "此計甚妙矣."(pp.196-197)
· 노B : 小姐曰, "小女之意, 則假春娘之身, 欲雪小女之恥, 使十三兄, 如是如是行事也." 司徒大笑曰, "此計最好矣."(pp.101-102)
· G : The daughter replied: "I have a plan, however, by means of which Cloudlet may wipe out the disgrace that I have suffered."

the justice asked: "What plan, pray? Come, tell me about it."

"With the help of my cousin," said the daughter, " I wish to carry out a little plan that will red me of my mortification over what he has done to me."

The Justice laughed unrestrainedly. "That is a plan," said he.(pp.80-81)
· R : Then he went out and Ch'iung-pei said to her mother: "I have a plan. If Ch'un-yun will give her body to Yang I think I can wipe out my disgrace by getting

my revenge on him. If Shih-san will co-operate I think we can bring it off'(p.57)

(8) 시구만이 있을 뿐, 원전에 나타나 있지 않은 '王維의 작'이라는 말이 R에는 첨가되어 있다.

· 노A : 忽有落英泛溪而來, 翰林咏'春來遍是桃花水'之句曰, "此間必有武陵桃源也."(p.197)

· G : Suddenly a bud came floating down the stream. the master saw it and repeated the lines:

"Spring is dear, fairy buds upon water
Now appear,
Saying 'Garden of the fairies, here!'"(p.83)

· R : and suddenly some fallen flowers floated by them on the stream. Shao-yu quoted the verse of Wang Wei which says ; Spring now is fully come, with peach-petals floating by and remembering how the poem goes on to mention the peach-blossom paradise.(p.59)

(9) 가춘운이 선녀로 변장하여 양소유와 만난 후, 그 선녀가 죽은 張女娘의 혼이라는 것을 알게끔 정십삼이 양소유를 무덤으로 인도하는 대목에서, 양소유가 경치를 완상하며 하는 말 : 원전에 나타나 있지 않은 王安石의 말이라는 것을 R은 표시해 주고 있다.

· 노A : 翰林曰, "綠陰芳草 亦勝花時矣."(p.200)

· G : Master Yang answered : "The green sward with the willows is prettier even than the flowers."(p.89)

· R : Shao-yu answered, 'New foliage is even prettier than spring blossoms, said Wang An-Shih.'(p.62)

(10) 장여랑의 무덤 앞에서 인생 무상을 서글퍼하며 양소유가 하는 말 : R은 간명하고 정확한 번역을 기하고 있으며, 원전의 故事를 설명하는 데 있어서도 매우 충실하다.

· 노A : "賢愚貴賤, 百年之後, 盡歸於一丘土, 此孟嘗君所以下淚於雍門琴者也. 吾何以不醉於生前乎?"(p.200)

· 노B : "人生終歸于彼, 生時何不醉乎?"(p.110)

· G : "The good and the good-for-nothing, the honourable and the mean, in a hundred years will all have turned to heaped up mounds of clay. This was the regret of Prince Maing-sang long, long ago. Shall we not drink and be merry while we may?"(p.90)

· R : Rich and poor, wise and foolish, we shall all die and return to dust. Prince Meng-ch'ang long ago wept when he heard Yung-men singing to the lute that thousands of years later children would dance on his tomb and shout : "This is the grave of Prince Meng-ch'ang." Let us drink and enjoy life while we can.(p.63)

(11) 가춘운이 선녀와 귀신으로 변장한 것에 양소유가 속임을 당한 후, 정십삼이 양소유에게 그가 일찍이 여장으로 정경패를 속인 데 대한 報應임을 얘기하는 대목 : 인용구에 있어 원전에 다만 聖人의 말이라고만 적혀 있으나, R은 孟子의 말임을 정확히 밝히고 있다.

· 노A : 鄭生曰, "聖人有言曰, '出乎爾者, 反乎爾.' 楊兄更思之. 曾以何計, 欺何許人乎? 男子尙化爲女子, 以俗人而爲旋, 以仙子而爲鬼, 何足怪哉?"(p.205)

· 노B : 十三曰, "聖人云, '出乎爾者, 反乎爾.' 楊兄自思欺何人乎. 男猶變爲女人, 女人之變爲鬼, 豈其異哉?"(p.125)

· G : Thirteen made answer : "The sage says, 'What comes forth from me returns to me again.' Think, brother, where this could come from. Who did you once play a trick upon and deceive? If a man can become a woman, why can't a woman become a fairy, or again a fairy become a disembodied spirit? What is there so strange about it?"(p.104)

· R : "Mencius says : What goes forth from you will return to you, so just think for a moment. If a man can become a woman, a human being can become a fairy and a fairy can become a ghost. It is all quite logical."(p.70)

(12) 양소유가 가춘운이 자기를 속인 것을 꾸짖자, 가춘운이 자기 주인의 말만을 듣는다고 답하는 대목 : 원전에 인용구의 출전이 밝혀져 있지 않으나, R은 그것이 《書經》임을 밝히고 있다.

· 노A : 春雲跪而對曰, "賤妾但聞將軍令, 不聞天子詔也."(p.206)

· 노B : 春雲答曰, "只聞將軍之令, 不聞天子之詔."(p.126)

· G : Cloudlet knelt down and made her reply : "Your humble servant heard only the general's orders, not the commands of her king."(p.105)

· R : She knelt and answered by quoting the Shu ching : 'I heard only the general's orders. I did not hear the emperor's decrees.'(p.70)

(13) 漢武帝와 南越王을 G는 Han Moo-je, the king of Southern Wol(p.107)으로 옮기고 있다. 반면, R은 the Han emperor Wu-ti, the prince of Nan-yueh (p.72)로 정확히 옮기고 있다.

(14) 양소유가 연왕을 정벌하기 위해 가는 길에 낙양에 이르러 계섬월을 그리워하는 시를 짓는데, G는 시를 다소 의역하였으나, R은 충실히 번역하였다.

· 노A : 雨過天津柳色新, 風光宛似去年春, 可憐玉節歸來地, 不見當壚勸酒人.(p.208)

· 노B : 雨過天津柳色新, 風光宛似去年春, 可憐駟馬歸來遲, 不見當樓如玉人.(p.132)

· G : The rain sweeps by the Bridge Kiosk,
And o'er the catkins fresh and green,
Its music calls me through the dusk,
Back to its flowery silken scene.

Behold me now dressed out in state,
Returned to greet my chosen one,
But I have come, alas, too late,
And she, who stirred my heart, is gone.(pp.112-113)

· R : Rain passes T'ien-chin and the willow buds are green,
The landscape is as lovely as it was in last year's spring.
How sad it is to come again, although I come in state,
For even in the drinking-hall there is none to pour the wine.(p.75)

(15) 천자가 양소유에게 명하여 궁녀들에게 시를 지어 주도록 한 후, 궁녀들에게 양소유의 詩才를 칭찬하는 말 : G는 생략을 하였으나, R은 《詩經》에서 인용한 것을 충실히 번역하고 있다.

· 노A : "學士一句, 可直千金, 眞所謂無價寶也. 詩曰, '投之木果, 報以瓊琚,' 爾輩以何物, 爲潤筆之資乎?"(p.215)

· 노B : "學子之詩, 一字直千金, 無世之寶也. 毛詩曰, '投之木果, 報之以瓊琚,' 汝以何物爲潤筆之資乎?"(p.148)

· G : "The Hallim's verses are each worth their weight in gold. What will you give him now in return?"(p.131)

· R : "The chancellor's poems are worth a thousand gold dollars apiece. Rather, they are beyond price. What do you all intend to offer him by way of thanks? Do not forget what the Book of Songs says about exchanging quinces for rosy girdle-gems."(p.85)

(16) 천자가 양소유를 부마로 택하려 하자, 가춘운이 자신도 주인인 정경패를 따라 양소유를 하직하겠다는 말 : G와 R 모두 노A를 따라 번역하였으나, R은 원전에 밝혀져 있지 않은 《詩經》에서 인용한 구절임을 충실히 밝혀 주고 있다.

· 노A : "賤妾以小姐之命, 來侍相公, 已有年矣. 偏荷盛眷, 恒切感愧, 神妬鬼猜, 事乃大謬, 小姐婚事, 無復餘望, 賤妾亦當永訣相公, 歸侍小姐. 天乎地乎, 鬼乎人乎."(p.219)

· 노B : "賤妾以小姐之命侍相公, 以待小姐之來, 今小姐之事已差, 辭相公以還侍小姐矣."(p.161)

· G : "As you know," said she, "I was ordered by the young mistress to wait on your lordship. I have been kindly treated and am grateful to you, but the devils have been jealous, and men have looked askance at our happiness, so that all has come to naught; and the marriage expectations of the young lady are hopelessly ended. I, too, must bid you a long farewell, and return to my mistress. Is it God, or Mother Earth, or decils, or men who have done it?"(pp.142-143)

· R : She said : "I have been looking after you on orders from my mistress. You have been good to me and I have been grateful to you, but the demons have been jealous and men have envied me, so everything has gone wrong. My mistress's marriage plans have come to nothing. I must say goodbye to you for ever, and go back to look after her."

And she quoted the song of distress about a royal decision from the Book of the Songs: Far, far away is the blue heaven and what kind of men are there? (p.92)

(17) G에는 심요연의 동료 2명 이름이 나오지 않는다(p.151). 그러나, R에는 정확히 번역되어 있다(p.98).

沈裊烟 : Shen Niao-yen — Mistwreath
秦海月 : Chen-yueh — Sea Moon
金綵虹 : Chin Ts'ai-hung — Rainbow

(18) 양소유가 부마로 택함 받게 되자, 정경패가 가춘운을 시켜 부처님 전에 疏文을 바친 내용 가운데, 老萊子의 班衣弄雛(70세에 아롱옷을 입고 어리광을 부려 노부모를 즐겁게 함) 고사를 인용한 것이 있는데, G는 직역에 그친 반면, R은 노래자를 밝혀 정확히 번역하고 있다.

· 노A : 令弟子, 身無疾病災殃, 以盡衣彩弄雀之歡. (p.232)
· 노B : 亦使弟子, 身無災殃, 班衣弄雛, 娛樂無窮.(p.193)
· G :Grant that I be free from sickness and trouble so that I may be able to dress neatly, and to please them, and thus play out my little part in life on their behalf.(p.173)
· R :free from sickness and other disasters, playing before them in colored clothes, like Lao Lai-tzu.(p.110)

(19) 난양공주가 여염집 여자로 변장하여 정경패를 만나 칭찬하는 대목 : 班昭의 文章, 孟光의 德行에 대한 설명이 R에는 충실하게 반영되어 있다.

· 노A : 恭聞, 姐姐以班昭之文章, 兼孟光之德行.(p.234)

· 노B : 竊聞, 姐姐以班昭之文章, 兼孟光之行身.(p.199)

· G : when happily I heard that your knowledge was equal to that of Pan-so's, and your virtue and loveliness on a par with the ancients.(p.179)

· R : But from what I hear, you are as skillful at writing as Pan Chao, the woman who completed her brother's writings ; as virtuous as Meng Kuang, the paragon of womanhood.(p.113)

(20) 정경패가 난양공주에게 겸손히 자기를 낮추는 대목 : G는 고사를 생략했으나, R은 충실히 번역하였다.

· 노A : 此槪荊山之玉, 埋光而恥衒, 老蚌之珠, 葆彩而自珍.(p.234)

· 노B : 竊想, 荊山之玉南海之珠, 私自收斂光采, 令人不知.(p.199)

· G : So limited in experience and knowledge am I that your praise of me is too great altogether.(p.179)

· R : I am like the jade of Ching-shan, which buries its beauty and is afraid of boasting, or the old oyster which hides the sheen of the pearl and keeps its iridescent nacre inside.(p.113)

(21) 궁녀로 있던 진채봉을 난양공주가 양소유의 첩으로 천거하니, 태후가 진채봉에게도 喜鵲詩를 짓게 한다. 이 진채봉의 시와 그에 대한 太后의 評에 있어 G는 불충분한 반면, R은 진채봉의 시 속에 인용된 《詩經》 시의 뜻을 풀이해 가며 매우 정밀하게 번역해 주고 있다.

· 노A : '喜鵲査査繞紫宮, 鳳仙花上起春風, 安巢不待南飛去, 三五星稀正在東.' 太后與帝同看, 喜曰, "雖咏雪之蔡女, 瞠乎下矣. 詩中亦引周詩, 能

守嫡妾之分, 此所以尤美也."(p.242)

· 노B : '喜鵲查查繞紫宮, 夭桃花上起春風, 安巢不待南飛去, 三五星稀正在東.' 太后與帝共看, 贊之曰, "謝道縕不及也. 其中引毛詩守妾之分, 尤可佳也."(p.228)

· G : "The happy jay that shouts his mirth
Athwart the Palace halls,
Has seen the spring on gilded wing,
Step forth within his walls.

So, too, the humble phoenix bird
Will long no more to roam,
But with the four, she'll meet once more,
And join the happy home."

The Empress along with the Emperor read the verses and in delight said : "Even Sa Do-on who wrote concerning the willow catkins could not surpass this. The verse also follows the Book of Poetry and draws a clear distinction between the first and second wife, most sweet and becoming."(pp.200-201)

· R : The happy magpie chatters within the inner palace ;
Spring breezes brush the peach blossoms.
She comes peacefully to nest, and will not migrate again :
A few stars are twinkling in the East.

The empress read the verses with the emperor. She was very pleased with them, and said : "Even Hsieh Tao-yun, when she wrote about the snow, could not do so well as this, and this poem also has the feeling of the Songs of Chao in the Book of Songs, and distinguishes the duties of wife and concubine, because in the Songs of Chao the magpie's nest is the bridal bed and the few stars in the east are the contented concubines. It is a very clever poem."(p.125)

(22) 영양공주(정경패)가 짐짓 양소유를 놀리려, 양소유가 자신을 정경패에 비긴 것에 화를 내며 한 말을 진채봉이 전하는데, 자신을 정경패에 비긴 것을 司馬相如가 거문고로 卓文君을 유혹한 고사와, 晉나라 賈充의 딸이 황제가 하사한 향을 훔쳐 韓壽라는 미남에게 주었다는 고사를 빌려 추한 행동이라고 비난한다. 그런데, G에는 이 고사에 빗대는 대목이 완전히 빠진 반면, R은 충실히 번역되어 있다.

· 노A : 此必挑琴於卓女之堂, 偸香於賈氏之室.(p.251)
· 노B : 此必有挑琴偸香.(p.253)
· G : 없음.(p.225)
· R : This is like Szu-ma Hsiang-ju playing the lute in the outer court to seduce Cho Wen-chun or the daughter of Chia stealing incense for her paramour in the days of Chin.(p.137)

(23) 정경패가 죽었다고 하고 영양공주로 꾸며 양소유를 속인 데 대해, 양소유가 속임 당한 것을 갚기 위해 정경패의 혼령에 홀린 듯이 꾸미자, 난양공주가 참지 못하고 하는 말 : 여기에 고사가 인용되는데, G는 다만 노A의 직역에 불과하다. 그러나 R은 매우 정밀하게 그 의미를 번역하였다.

· 노A : 古人見盃中弓影而有成疑疾者.(p.255)
· 노B : 古人見弓影而得蛇貌云.(p.261)
· G :The ancients saw in the wine glass the shadow of abow, and fell ill of fear.(p.233)
· R :You know the story of the man who thought that he had drunk a snake in his wine, but afterward realized that it was the reflection of the bow that was hanging on the wall behind him, and so recovered from his fright?(p.141)

(24) 양소유가 두 공주 및 진채봉과 혼례를 치르고 모친을 모셔 온 후, 계섬월과 적경홍이 집으로 찾아와 함께 춤을 추는 모양을 趙飛燕과 綠珠에 비기고 있는데, G는 생략되어 있는 반면, R은 정밀하게 번역되어 있다.

· 노A : 漢宮飛燕, 再生於都尉宮中, 金谷綠珠, 却立於魏公堂上.(p.259)

· 노B : 漢宮飛燕出世, 金谷綠珠不死矣.(p.269)

· G : 없음.(p.243)

· R : It was as though the dancer Fei-yen from the Han palace had appeared again in Shao-yu's garden, or Lu-chu, the beauty of Chin-ku, were standing on the Duke of Wei's stage.(p.146)

(25) 양소유가 모부인, 그리고 두 공주 및 진채봉 · 가춘운 · 계섬월 · 적경홍 등 각 사람의 處所를 정하는 대목이 원전에는 상세히 적혀 있다. 그러나 G는 이를 극히 간략히 번역한 반면, R은 處所의 명칭이 담고 있는 뜻, 典故와 그에 얽힌 의미 등을 풀이해 가며 원전의 표현보다 더 상세한 내용으로 번역하고 있다. 밑줄 그은 부분이 그러하다.

· 노A : 各定其居處, 正堂曰, 慶福堂, 大夫人居之, 慶福之前曰, 燕喜堂, 左夫人英陽公主處之, 慶福之西曰, 鳳簫宮, 右夫人蘭陽公主處之, 燕喜之前, 凝香閣淸和樓, 丞相處之, 時時設宴於此, 其前太史堂禮賢堂, 丞相接賓客, 聽公事之處也. 鳳簫宮以南尋興院, 卽淑人秦彩鳳之室也, 燕喜堂以東迎春閣, 卽孺人賈春雲之房也. 淸和樓東西, 皆有小樓, 綠窓朱欄, 蔽虧掩暎, 周回作行閣, 以接於淸和樓凝香閣, 東曰賞和樓, 西曰望月樓, 桂狄兩姬, 各占其一樓.(p.259)

· 노B : 丞相各定居處, 正堂之名慶福堂, 柳夫人所處, 其前燕喜堂, 左夫人

榮陽公主居, 慶福堂西鳳簫宮, 右夫人蘭陽公主居, 燕喜堂之前凝香閣, 其前淸霞樓, 此二室丞相常時居處, 宴宮中之所. 樓前催事堂, 其前外堂禮賢堂, 此二室丞相接賓客, 爲公事之所. 鳳簫宮之前, 有希秦院, 淑人秦彩鳳之室也, 燕喜堂東南, 有別堂名迎春閣, 賈春雲之室也. 淸霞樓之東西, 各有小樓, 綠窓朱闌極華麗, 行閣周統連於淸霞樓及凝香閣, 東曰山花樓, 西曰待月樓, 桂蟾月及狄驚鴻之所處也. (p. 271)

· G : He appointed to each their particular place of residence. Palaces, halls, galleries and pagodas were called into requisition. (p. 245)

· R : Shao-yu arranged residences for each of his womenfolk within his palace. The main hall was called Ching-fu-t'ang, the Hall of Great Felicity, after a phrase in the Book of Songs. That was where his mother lived. In front of it was the Yen-hsi-t'ang, the hall of Feasting and Rejoicing, named from another verse in the Book of Songs which refers to a good wife and an aged mother. Princess Ying-yang, his first wife, lived there. Princess Lan-yang lived in the Feng-shao-dung, or Dancing Phoenix Palace, to the west of his mother's home.

In front of the Yen-hsi-t'ang were two buildings called the Ning-hsiang-ko, Frozen Fragrance Kiosk, and Ch'ing-go-lu, Pavilion of Clear Harmony. Shao-yu lived there himself and sometimes gave banquets there, but in front of them again was the Yen-hsien-t'ang, Hall for the Welcoming of the Virtuous, where he received guests and saw to official business.

In front of Lan-yang's Palace, that is to say, to the south of it, was the Hsin-hsing-yuan, the House of Renewed Delight, where Ts'ai-feng lived. It was balanced by the Ying-ch'un-do, the Kiosk for Welcoming Spring, which was on the east side of Shao-yu's won quarters. This name was appropriate to the east, which is the direction appropriate to spring, and also to Ch'un-yun, who lived there, because her name meant Spring Cloud.

On each side of Shao-yu's quarters were two smaller pavilions, with blue tiles and vermilion balustrades, balancing each other. They were surrounded by covered walks which also linked them to Shao-yu's two buildings. The one on the east of the Ning-hsiang-ko was the Shang-hua-lu, the Flower-viewing Pacilion, where Ch'an-yueh lived. The one on the west of the Ch'ing-ho-lu was Ching-hung's home, the Wang-yueh-lu, or Full moon Pavilion.(pp. 147-148)

(26) 월왕이 양소유와의 競宴을 제의해 오니, 난양공주가 월왕에게 미인이 많으며 특히 萬玉燕이 뛰어나, 그녀를 처음 본 越府의 미녀들이 자신을 추녀인 無鹽·嫫母에 비겼다는 말을 전한다. 그런데, G에는 이러한 비교가 생략되어 있는 반면, R은 상세히 번역되어 있다.

· 노A : 越宮美人, 自見玉燕, 魂喪魄褫, 以無鹽嫫母自處.(p. 260)

· G : The maids-in-waiting have seen her and lost their hearts to her. They are almost beside themselves, feeling that they are mere nothings and nobodies in comparison.(p. 247)

· R : When she arrived, his palace women were astonished, and comparing themselves to the ugly Wu-yen and Mo-mu, they have become quite downcast.(p. 149)

(27) 양소유와 越王이 樂遊原에서 競宴을 벌일 때, 800명의 妓女와 3000명의 獵士가 겨루게 되는데, R에는 이것이 80명의 妓女, 300명의 獵士로 바뀌어 있다. 이는 800명의 妓女와 3000명의 獵士라는 숫자가 너무 과하다고 생각하여 역자가 적절히 그 숫자를 축소한 것으로 보인다.

· 노A : 宮中樂妓八百人, 皆天下有色有才者也. 分作東西部.(p.259)

八百妓女, 一時聞令, 皆理容畵眉, 執器習樂, 爲明日計矣. (…) 發獵士三千人, 擁向城南.(pp.262-263)

· 노B : 宮中風樂女妓八百餘人, 才色極擇於天下, 分左右部.(p.271)

令一下, 魏府弟子八百餘人, 理容貌, 習風樂, 改琴絃, 束速腰裳, 必欲不負於人矣. (…) 調發獵士三千, 向城南.(p.280)

· G : In the palace enclosure there were eight hundred musians, the most beautiful in the Empire. They were divided into two divisions to east and west.(p.245)

Eight hundred dancers heard this command, drew long faces and lifted their eyebrows. But they took their instruments in hand and began to tune up in preparation. (…) With three thousand chosen huntsmen to attend him, he passed through the South Gate of the city.(p.252)

· R : Eighty of the most beautiful and talented musicians of the empire were divided into East and West divisions.(p.148)

The eighty girls, when they heard this command, soon set to work on their make-up, drawing new eyebrows ; and prepared for the morrow by practising with their instruments. (…) With three hundred huntsmen in attendance, he made for the south side of the city.(p.151)

(28) 심요연과 백릉파가 樂遊原 競宴에 합류하여 잔치를 파한 후, 백릉파가 두 부인의 德化를《詩經》의 關雎·樛木篇에 비기는 대목 : G는 마치 인명처럼 'the happy hearts of Kwa-jo and Kyoo-mok'으로만 적고 있다. 이렇게 적어서는 의미가 전달되기 어려울 것이며, Kwa-jo and Kyoo-mok에 註를 달아야 할 것이다. 반면, R은 비교적 상세히 원전을 번역했던 것과 달리 이 대목에서 關雎·樛木의 德化에 비긴 것은 빠져 있지만, 적절히 의미를 풀어 번역하고 있다.

· 노A : 皆稱兩夫人, 關雎樛木之德化.(p.269)

· 노B : 夫人德化如關雎樛木.(p.299)

· G : the two Princesses were blessed with the happy hearts of Kwa-jo and Kyoo-mok, (p.268)

· R : everybody says that you are very kind and gracious to you.(p.160)

(29) 〈구운몽〉의 마지막 부분에서 육관대사가 四句의 偈를 외우는 대목이 있는데, 四句偈의 내용은 노존A본이나 노존B본에는 없으며, 국문본 서울대본에만 들어 있다. G에도 이 내용은 번역되어 있지 않은데, R은 四句偈의 내용이 번역되어 들어 있다.

· 서울대본 : 일졀유의법 염모환됴영 여디역여젼 응쟉여시관.[21]

· R : All is dharma, illusion :

A dream, a phantasm, bubble, shadow,

Evanescent as dew, transient as lightning ;

And must be seen as such.(p.176)

러트의 영역본은 이처럼 매우 충실하게 번역이 이루어져 있으며, 게일의 것에 비해 거의 誤譯이 보이지 않는다. 전문적 용어의 번역이나 고유명사의 중국어음 표기가 정밀하게 이루어진 데에서 볼 수 있듯, 러트는 보다 세심한 주의를 기울였던 것이다. 반면 오역은 세 군데를 찾을 수 있을 따름이다.[22]

---

21 이 四句偈의 내용은 '一切有爲法, 如夢幻泡影, 如露亦如電, 應作如是觀.' 서울대학본의 원문은, 《구운몽》, 고려서림, 1986.

22 러트 영역본에서 오역의 구체적 예는, 장효현, 〈한국 고전소설 영역의 제 문제〉, pp.727-737 참조.

맺음말

金萬重(1637-1692)의 소설 〈구운몽〉은 후대에 가장 큰 영향을 끼친 작품이다. 이 〈구운몽〉의 英譯은 두 차례 이루어진 바 있다. 제임스 게일이 1922년에 출간한 《*The Cloud Dream of Nine*》과, 리처드 러트가 1974년에 출간한 《*A Nine Cloud Dream*》이 그것이다. 이 글에서는 이 두 영역본을 세밀히 살펴 그 특징과 문제점을 살펴보았다.

게일의 영역본은 〈구운몽〉의 16회 章回 체재를 충실히 따르고 있으며, 대본으로 삼은 것은 老尊A본과 맥이 닿아 있는 것이다. 러트의 영역본은 작품 전체를 7개의 부분으로 나누어 제목을 붙이고, 여기에 다시 내용의 변환에 따라 소제목을 붙여 체재를 편성하였다. 러트가 대본으로 삼은 것은 이가원본이었고 서울대본을 참조하여 보완하였다고 한다. 이가원본은 노존A본의 계통을 이어받고 있으며, 서울대본은 노존B본의 국역본이므로, 러트의 영역본은 노존A본과 노존B본의 특징을 아울러 지니게 된다.

게일의 영역본은 전편에 걸쳐 그 문체가 매우 典雅하고 古風스럽다. 원전의 내용을 字字句句 그대로 번역하여 만연체로 되었고, 많은 古語가 사용되어 있다. 반면, 러트의 영역본은 내용에 있어 충실하면서도 간결하고 명확한 표현을 보여 준다. 특히 專門 用語, 固有名詞, 典故의 번역에 있어 매우 충실하다.

게일 영역본은 몇 대목에 번역자 나름의 의역이 포함되어 있으며 상당히 많은 부분에 걸쳐 誤譯이 존재한다. 이를테면 '良家女'를 러트는 'in a good family'로 정확하게 옮긴 반면, 게일은 'Yang clan'으로, '良'을 성씨로 오해하여 번역하는 따위이다. 그러나 러트의 영역본은 거의 오역을 찾을 수 없다. 그리고 원전에 나타나 있지 않은, 주석을 통해 보완되어야 할 사항들이 충실히 반영되어 있는바, 이는 이가원 역주본을 기본적인 대본으로 삼은 데에 기인할 것이며, 번역자의 세심한 노력이 담긴 결과라 하겠다.

상이한 결과를 보이는 〈구운몽〉의 두 영역본에 대한 이러한 검토를 통해, 앞으로의 한국 고전의 영역은 정확한 텍스트의 확정, 텍스트에 대한 면밀한 이해, 영역자와 국문학자의 긴밀한 협력이 필요함을 깨닫게 된다.

—*Journal of Korean Culture* 6, BK 21 Korean Studies, 2004.

〈玉糍夢〉(이명선본)에 대하여

1. 이명선본 〈玉糍夢〉의 書誌

한문 필사본 〈玉糍夢〉은 본래 李明善이 소장하였던 이본으로서 현재 국립중앙박물관에 소장되어 있다.

전체 10책이었으나, 권2, 권3, 권7이 빠져 있어 현재 7책만 남아 있다. 권1은 필사기 2면과 '玉糍夢序' 3면, 그리고 본문 81면으로 되어 있고, 권4는 106면, 권5는 112면, 권6은 107면, 권8은 83면, 권9는 137면, 권10은 87면의 분량이다. 가로 19.2cm, 세로 25cm이고, 매 면 11-12행, 매 행 20자 내외의 체재로 되어 있다.

〈옥린몽〉 한문본은 대체로 53회 章回로 이루어져 있으나, 이명선본 〈옥린몽〉은 章回와 回題가 없다.

〈옥린몽〉은 한문본과 한글본의 많은 종류가 함께 전해지고 있는데, 그 원본이 한문으로 지어졌는지 혹 한글로 지어졌는지에 대하여는 학계에 異見이 있다. 〈옥린몽〉 한문본의 경우 이본 간의 편차는 거의 보이지 않는다. 한글본은 한문본에 비해 내용이 많이 부족하다.

이명선본 〈옥린몽〉은 권1의 앞부분에 필사자 竹庵에 의한 '옥린몽서'가 들어 있는데, 그 끝에 "歲在赤蛇暮春, 湖左, 竹庵序"로 적혀 있고, 권9의 끝에도 "歲在赤蛇三月上旬, 謄書于龍洞"으로 적혀 있어, 赤蛇年, 즉 丁巳年에 필사된 것을 알 수 있다. 丁巳年은 1797년이나 1857년 가운데 하나일 것으로 여겨진다. '옥린몽서'는 필사자 죽암이 客과의 문답 형식을 취하면서 〈옥린몽〉을 讚評하는 내용으로 되어 있다.

참고를 위하여, 이명선본 〈옥린몽〉에 있는 '玉獜夢序'를 덧붙이면 다음과 같다.

余素有小說稗語之癖, 我東謄傳之書, 多有得見者矣.

近又聞玉獜夢爲名冊, 而每欲一見, 幸得轉備於白城之地, 夜以繼晝, 着心披看之際, 有人自外而入, 問於余曰,

"君之所看, 何書歟?"

余乃推卷遞與, 則其人乃開卷看過, 未及數行, 忽掩卷投地, 向余而言曰,

"以君之才, 欲觀聖人之遺蹟, 則論孟在焉, 詩書有焉. 其他近思性理諸篇, 皆可爲君子立心制行之懿範, 雜技於百家語者, 亦足爲文人尋章摘句之要領也. 必欲爲消遣之資, 則何患無書, 而乃以粧虛撰無之小說, 爲焚膏繼晷之資乎?"

余笑而應之曰,

"不然. 孔夫子有言曰, '博奕猶賢乎己.' 夫子此言, 非欲使後生着心於博奕也. 若使優遊度日, 因無恒心, 於朽木之難雕, 糞墻之莫圬, 則反不如用心於博奕之爲愈也. 如或着意於文字上 則豈可與博奕同日而論之乎?

且以篇中之語, 言之, 亦不無感善懲惡之端, 請言其槩矣.

大抵, 玄妙觀, 爲一篇之綱領, 而范柳兩家, 以積累之餘陰, 先危而後安, 轉禍而爲福, 其間奇巧之事, 不可盡言.

且以閨閤之事, 言之, 則柳夫人, 以天生溫惠之質, 兼承鄭魏兩夫人之成〻숬, 百美具備, 一疵難見, 前後遭罹惡名, 吁亦慘矣, 而其所最難者, 淮南客店一盤銀一盃酒, 初如寇公之羊, 復似叔子之藥, 終使奸如鬼蜮, 毒似蜂蠆之呂氏, 改面革心, 能爲善人, 柳夫人眞可謂萬古之淑女也.

雲鴻, 以一介叉鬟, 臨危而代夫人之身, 抵死而雪夫人之寃, 末乃悠然長逝, 生以爲夫人之忠婢, 死以爲家夫之烈女, 一生一死, 忠烈兩全, 豈料青衣之中有此特異之行乎? 一死之後, 尤有奇絶之事, 柳夫人之第三子手中之字劃, 宛然雲鴻生時之名字也. 婢主變幻爲子母, 此亦千古所未聞之奇事也.

且薛檍之卜筮, 靈遠之脩導, 爲篇中之層節, 而箇箇神妙, 種種奇絶, 不可盡說.

且張小姐之三易其姓, 得成解佩之緣.

薛氷心之四幻爲男, 終遂示紅之約, 中間可笑可矜, 非一非再, 亦豈非奇事妙文乎?

大抵, 天道福善禍淫, 奸如翠蟾, 凶如禧仁者, 不免鈇鉞, 難逃竄謫, 俱不得其死, 斯豈非感善懲惡之端乎?”

問之者, 唯唯而退.

余乃逑其問答之說, 書之于篇首云爾.

歲在赤蛇暮春, 湖左, 竹庵序.

2. 〈옥린몽〉의 작자 李庭綽

〈옥린몽〉은 悔軒 李庭綽(1678-1758)이 창작한 소설이다.

〈옥린몽〉에 대한 최초의 기록은 兪晩柱(1755-1788)의 일기인 《欽英》에서 찾을 수 있다. 1784년 1월 10일의 일기에서

> 東閣에서 우리나라의 소설을 評議하였는데, 〈玉獜〉이 〈石行〉보다 낫고, 〈石行〉이 〈玩月〉보다 낫다.
>
> (東閣訂東俗演義, 玉獜優石行, 石行優玩月.)

〈옥린몽〉에 대한 기록은 온양 정씨가 1786년(정조 10년)에서 1790년(정조 14년)까지 3차에 걸쳐 단계적으로 필사한 〈옥원재합기연〉의 권14와 권15의 표지 안쪽에서도 찾을 수 있으며, 洪羲福(1794-1859)이 1835년에서 1848년 사이에 번역한 〈第一奇諺〉의 서문에도 여러 다른 소설들과 함께 〈옥린몽〉의 이름이 들어 있다.

李遇駿(1801-1867)은 《夢遊野談》에서 〈창선감의록〉과 〈옥린몽〉 등의 작품이 풍속을 교화하는 데에 도움이 될 것이라고 평가하였다.

> 또 〈창선감의록〉은 相國 花珍과 尙書 尹汝玉의 일을 서술한 것이며, 〈옥린몽〉은 樞密 范景文과 參政 柳原의 일을 서술한 것이다. 이것의 작자가 누구인지는 모르나 큰 뜻은 〈사씨남정기〉와 비슷하다. 모두 여자가 지켜야 할 도덕과 집에 있을 때의 행동을 서술하였는데, 마디마디에 진기한 이야기가 있어 인가의 여자들로 하여금 본보기로 삼아 착한 일을 권장하고 악한 일을 징계하기에 충분하다. 이것이 비록 민간의 패관소설이지만 풍속을 교화하는 데에 도움이 되는 것이 적다고 하지는 못할 것이다.
>
> (又有曰, 彰善感義錄, 敍花相國珍及尹尙書汝玉之事, 玉麟夢, 敍范樞密

景文柳參政原之事, 此未知作之者誰, 而大意與南征記相彷彿, 皆所以敍閨範內行, 而節節有奇聞異說, 足令人家爲婦女者, 鑑戒而勸懲焉, 此雖閭巷稗說, 所以補風化者, 不可謂小矣.)

시화선집인《海東詩話抄》(국립중앙도서관본)에 들어 있는 趙彦林의〈二四齋記聞錄〉에는 다음과 같은 기록이 있다.

悔軒이 한가한 때에 北軒 金春澤의〈구운몽〉,〈남정기〉등의 책을 보고 이에〈옥린몽〉15권을 지었는데, 글이 매우 기묘하였다. 그 책이 중국으로 들어가자 중국인들이 보고 찬탄하여 말하였다. "이렇게 좋은 배포를 깎아 작게 만든 것을 한하노라." 이에 부연하여 80권을 만들었다고 한다.

(悔軒閑見金北軒春澤之九雲夢南征記等書, 乃作玉麟夢十五卷, 文甚奇妙, 流入中國, 中國見之, 嘆曰, '如此好排布, 恨斲而小之也.' 乃衍而爲八十卷云耳.)

조언림은 李羲師(1728-1811)로부터 詩文을 배웠는데, 李羲師는 從祖父인 이정작과 상당 기간 같이 살았다. 이희사는 이정작이 창작한〈옥린몽〉을 직접 보았을 것이고, 조언림은 이희사로부터 시문을 배우면서 이정작의〈옥린몽〉창작 사실을 알았을 것으로 여겨진다.

모리스 쿠랑은《韓國書誌》에 다음과 같은 기록을 남기고 있다.

774. 增刪玉麟夢. 8책. 필사본

처음 한글로 된 책은 上元後丙寅에 序文을 추가한 溪西가 수정하여 한자로 썼다. 한글본의 작가는 悔軒이다.

이정작은 7세 때인 숙종 10년(1684)에 아버지를 잃은 뒤, 홀어머니 밑에서 공부하다가 숙종 25년(1699)에 增廣 進士試에 급제한다. 이정작은 서울에서 살다가 현실에 대한 불우함과 물질적인 궁핍으로 인해, 1709년에 고향인 경기도 楊根의 白谷으로 내려간다.

양근에 내려온 지 6년째 되던 해인 1714년(숙종 40)에 37세의 나이로 증광 문과에 급제하고, 2년 뒤인 1716년 3월에 승문원에 부임한다. 1718년에는 승문원 正字를 역임하고, 景宗(1720-1724) 재위 시에 鍾城府使를 지냈으며, 현감을 지내기도 했다.

1727년(영조 3년) 10월 18일, 문신을 대상으로 한 重試에 장원한다. 이후 여러 벼슬을 거쳐 1758년(영조 34년)에는 공조참판에 이른다. 1758년 81세의 나이에 개인적인 일로 황해도에 갔다가 그곳에서 죽자, 조정에서는 그의 장사를 도와주고 그를 재상으로 올려주었다.

이정작은 小北의 후예이다. 소북은 영수격인 柳永慶이 영의정에 올라 한때 득세하면서 영창대군의 세자 옹립을 추진하다가 실패한 뒤 광해군이 등장하면서 몰락하게 되었다. 소북은 이후 세력이 현저히 줄어들었으나, 나름대로 뛰어난 인재를 계속 배출하여 七學士, 八文章, 五君子로 명맥을 이어간다. 오군자는 이정작을 비롯하여 嚴慶遂·嚴慶遐·尹彙貞·宋瓚을 가리킨다. 이들은 얼마 되지 않는 소북 집안 내에서 혼인도 하고 교유를 맺으면서 살아갔다.

이정작은 시조 두 수를 남기고 있다.

> 逍遙堂 ᄃᆞᆯ ᄇᆞᆯ근 밤에 룰 爲ᄒᆞ야 안ᄌᆞᆺᄂᆞᆫ고
> 솔바람 시닉 쇼래 듯고 지고 내 초당에
> 這 ᄃᆞᆯ아 故鄕에 빗최거든 이 닉 消息 傳ᄒᆞ렴

> 龍門山 白雲峯에 놉피 ᄯᅥᆺᄂᆞᆫ 這 구름아
> 세상 영욕을 아ᄂᆞᆫ다 모로ᄂᆞᆫ다
> 這 구름 날과 갓ᄒᆞ여 對面無心 ᄒᆞ도다

앞의 것은 그가 鍾城府使로 있을 때에 지은 것이다. 逍遙堂은 종성군에 있는 景恩堂의 옛 이름으로, 부사들이 정사를 듣고 처리하는 곳이다. 그가 종성부사로 있을 때에 고향에서 멀리 떨어진 북쪽의 변방에서 고향을 그리며 이 시조를 지은 것이다.

뒤의 작품에는 초장에 '龍門山 白雲峯'이 나온다. 용문산 백운봉은 이정작의 고향 楊根에 있는 봉우리의 이름이다. 그가 1709년에 자리잡은 양근의 白谷은 용문산 백운봉 아래에 있기 때문에 붙여진 이름이다. 이 작품에는 자신의 포부를 펴지 못하는 젊은이의 울울함이 투영되어 있다.

〈옥린몽〉의 창작에는 많은 시간이 소요되었을 것으로 생각된다. 〈옥린몽〉의 길이는 〈구운몽〉의 배가 넘으며, 〈옥루몽〉보다 약간 짧다.

이정작이 생애의 어느 시기에 〈옥린몽〉을 지었는지는 확인하기 어렵다. 〈옥린몽〉을 창작할 정도의 시간적 여유가 있었던 때는, 1709년에 경제적인 궁핍함과 현실에 대한 불우함을 이기지 못하고 양근으로 내려와 있다가 1714년에 문과에 급제한 뒤 승문원으로 부임한 1716년까지의 기간으로 보는 견해가 있으나, 단정하기는 어렵다.

3. 〈옥린몽〉의 내용과 특성

〈옥린몽〉이라는 제목은 柳琰 부부가 玄妙眞人에게서 玉麒麟을 받는 꿈을 꾼 뒤에 주인공인 柳原을 낳은 데에서 비롯한 것이다. 그 내용은 주인공인 유원의 남매가 각각 장소저, 범경문과 혼인하면서 겪는 혼사장애와 가족의 離合을 중심으로 구성되어 있다.

〈옥린몽〉의 대체적인 줄거리는 다음과 같다.

송나라 태조 때에 예부상서인 柳琰이 江西안찰사로 갔다가 玉華山 사당에서 아들 낳기를 비니, 꿈에 현묘진인이 나타나 옥기린을 준 뒤 정부인이 아들 原을 낳는다. 유담이 친구 장경을 구하려다가 삭탈관직 당한다. 유담은 딸 惠蘭을 친우인 范質의 3자인 范景文과 정혼시킨 뒤에 죽는다. 부마 呂防이 황제의 명령을 빌려 범경문을 자신의 딸인 呂嬌蘭과 먼저 혼인시키니, 유혜란은 범경문이 과거에 급제한 뒤 둘째 부인으로 들어온다.

여교란은 시비 翠蟾을 시켜 유혜란의 침실을 엿보게 하는 한편, 유혜란의 시비인 春嬌를 꾀어 자기편으로 삼는다. 유혜란이 아들 澄을 낳는다. 유원이 과거에 급제한 뒤 도림산 영흥암에 갔다가 소년재사 薛檍을 만나 데려온다. 謝僕이 유원에게 구혼하나 거절당한다. 張士元이 자신의 누이와 유원과의 혼인을 범경문에게 부탁한다. 이자현의 딸이 황제의 현비가 되고, 사복의 딸은 첩여가 된다. 장소저는 유원과 혼인하여 화목하게 지낸다.

범경문은 유원의 집에 있는 설억을 자신의 집으로 데려간다. 여교란은 딸을 낳는다. 범경문이 설억에게 점을 쳐 달라고 하니, 설억은 유혜란이 중년에 고생할 것과 여교란의 복이 길지 않을 것을 예언한다. 여교란은 설억을 해하기로 마음 먹는다. 유혜란이 아들 淸을 낳는다. 여교란이 혼절한 척하자 범경문이 취섬을 시켜 설억에게 청심환을 얻어 오게 하는데, 취섬이 도중에 독약으로 바꾼다. 범경문은 도림산에 갔다가 여교란의 사주를 받은 위격 등이 유혜란과 설억의 不貞에 대하여 하는 말을 듣는다. 범경문이 돌아와 유혜란의 방에서 설억의 연애편지를 발견한다. 설억의 방에서도 유혜란의 편지가 발견된다. 범경문이 유혜란을 친정으로 돌려보낸다. 유혜란은 자결하려고 하다가 정부인의 만류로 협실에 거하게 된다.

유원은 장부인이 현묘진인이 옥기린을 주는 꿈을 꾼 후 아들 在郊를 낳는다. 거란에서 화친을 청하자 범경문이 사신으로 간다. 그러나 거란은 耶律京이 화친파인 蘇秉을 죽이고 중국과의 관계를 끊는다. 야율경은 범경문을 고비사막으로 유배 보낸다. 여교란은 숙부 呂偉를 충동하고, 여위의 사주를 받은 李文虎가 표를 올려, 황제가 조사한 후 유혜란은 영능으로 정배 보내고 설억은 代州로 충군된다.

범질의 부인인 위부인이 노하여 시녀들을 조사하려 하자, 여교란이 취섬을 시켜 춘교를 독살한다. 유혜란이 자결하려 하자, 정부인이 순환의 이치를 들어 설득한다. 유혜란이 영능에 도착한 뒤 魏格의 무리가 유혜란의 숙소를 습격한다. 시비 운홍이 위격에게 잡혀가고, 유혜란은 칠보산 학림원에서 묵는다.

유원은 한림승지 겸 집현전 학사를 제수받는다. 남방에 흉년이 들자 유원이 자원하여 桂陽地府로 내려간다. 여교란의 사주를 받은 石倫은 유원이 탄 배에 올라 재교를 강에 던지고 장부인을 겁탈하려 하니 장부인이 물에 빠진다. 석륜이 유원을 칼로 찔러 유원은 의식을 잃고 강주에 도착한다. 정부인의 꿈에 현묘진인이 나타나 옥기린을 주자, 유원이 회복한다. 취파를 학림원에 보냈다가 그곳에서 유혜란을 만난다.

정부인이 유원에게 재취할 것을 권한다. 매파가 권한 趙婆의 딸 柳芝蘭이 유담의 딸임을 알게 된다. 유원이 내직으로 올라가게 되어 유혜란과 이별하고 유지란을 경사로 데리고 간다. 장사원의 종매 이소저와 유원이 혼인한다.

거란의 야율경이 중국을 침범하자, 유원이 대원수로 나가 대주 땅에서 설억을 만난다. 유원이 거란을 대파하자, 거란왕이 범경문을 통해 화친을 청한다. 범경문은 거란에서 필적 모방하는 이야기를 듣고 유혜란에 대한 의심이 풀린다. 범경문이 집에 돌아와 여교란을 내치려 하나,

위부인이 말린다.

위격을 따라갔던 운홍이 경사로 같이 올라온다. 운홍이 등문고원에 가서 그간의 사정을 말하니, 법관이 위격과 오대랑 등을 잡아와 자백을 받는다. 여교란은 취섬을 공주궁으로 피신시킨다. 범경문은 끝내 여교란을 내쫓는다. 황제가 조서를 내려 공주궁을 수색하게 하니, 공주궁에서는 그사이에 취섬을 도망시킨다.

물에 빠진 장부인은 장수예에게 구출된 뒤, 장수예와 부녀지의를 맺고 그를 따라 태주로 간다. 장수예가 계양과 멀지 않은 성도 지부를 맡아 부임하는 도중에 죽는다. 장부인은 장수예의 유언에 따라 계양으로 간다. 장부인은 계양에서 조파를 만나 유혜란의 소식을 듣는다. 학림원에 간 장부인은 유혜란을 만나 전후 소식을 듣는다. 장부인은 경사로 올라가는 도중 도적을 만나나 그곳을 지나던 장사원에게 구출된다. 장사원은 석륜을 잡아 죽인다.

장부인은 천축암에 머물다가 여승 영원을 만나 영원의 조카인 李小七이 재교를 구하였다는 소식을 듣고는, 시녀 금년을 보내 재교를 찾아오게 한다. 금년이 유재교를 데리러 갔다가 이소칠이 살인죄를 짓고 도망간 소식을 듣는다. 돌아오는 길에 여자거지를 데려오는데, 여자거지는 취섬이었다. 장사원이 와서 취섬을 잡아서 장부인과 같이 경사에 올라온다. 장부인이 柳府에 돌아오고, 범경문이 장부인에게 사과한다.

이현비는 황태자를 낳는다. 사첩여는 아버지 사복을 통해 취섬의 옥사를 뒤집으려 한다. 취섬과 위격·오대랑이 모두 운홍이 자신을 매수하려 하였다고 거짓 자백하고, 사복은 운홍에게 거짓 자백을 받으려 하지만, 운홍은 굴하지 않고 죽는다. 이현비는 사첩여와 여교란이 내통하여 자기를 해하려 하는 편지를 빼앗아 황제에게 보이니, 왕이 친국하여 모든 사실이 밝혀져 취섬 등은 죄를 받는다.

황제는 유혜란에게 돌아오라는 조서를 내린다. 집에서 쫓겨난 여교란은 영능에 가다가 강도를 만나 재물을 다 빼긴다. 여교란은 자결하려다 미수에 그친다. 유혜란은 객점에서 만난 여교란에게 재물을 주어 위로한 후 경사로 돌아온다. 범경문이 돌아온 유혜란에게 사과하고, 이날 꿈에 운홍이 나타나 유혜란의 아들로 태어날 것이라고 말한다. 범경문은 稱病하여 사직한다. 유원과 결혼한 둘째 부인 이부인은 在田을, 설억과 결혼한 유지란은 奇男을, 유혜란은 鴻을 낳는다.

이소칠은 유리걸식하다가 유재교를 賈德仁에게 맡긴다. 부인 馮氏가 꿈에서 기린 본 것을 말하자, 가덕인이 麟趾로 이름을 고친다. 장소애는 난리 중에 가족을 잃고 계섬과 있다가 계섬마저 도적에게 잡혀가자 王寔을 따라 온다. 왕식은 장소애의 이름을 王貞玩으로 고친다. 왕정완(장소애)에게 남복을 입혀 가린지(유재교)와 같이 수학하게 한다. 왕정완이 10세가 되자, 이문호가 아들 李禧仁을 위해 청혼하나 거절당한다. 왕식은 산음지현으로 부임한다. 왕식의 부인인 최부인과 왕정완이 현묘사에 간다. 자운이라는 중과 말하다가, 자운은 계섬이고, 왕정완은 장소애라는 것을 알게 된다. 이 사실을 완정완이 왕식에게 알리니, 왕식이 편지를 써서 張世綸 집에 보낸다. 장세륜이 와서 딸 장소애(왕정완)을 만나 데리고 간다. 왕식이 장소애와 가린지가 정혼하였음을 말한다.

가린지는 강서관찰사가 주관하는 시험에 응시한다. 이희인이 설빙심의 마음을 사려고 베푼 잔치에 가린지가 참여해 시를 써서 설빙심의 마음을 얻는다. 가린지가 장원하였다는 말을 듣고, 이희인은 가린지를 죽이려 한다. 설억이 가린지를 구한다. 설빙심은 앵혈을 보이며 후일을 기약한다.

영원이 설법할 때 손초랑이 와서 유재교에 대한 이야기를 한다. 영원이 설억에게 가린지의 내력을 말하며 가린지가 유재교임을 확인한다. 영원이 자신의 조카가 설빙심임을 말한다. 유재교가 돌아온 후, 유원이 재교의 혼인을 걱정하자, 재교는 자신이 이미 왕정완과 정혼하였다고 말한다.

황제가 태자를 위해 소년 인재를 뽑는 신동과를 배설하니 유재교가 장원급제한다. 황후가 태자의 길례를 당해 대신의 부인들을 청한 자리에서, 유혜란이 여교란이 회과하였음을 말하고, 돌아오게 해 달라고 한다. 황제가 여교란을 용서한다.

설빙심은 이희인의 핍박을 피해 현묘사에 갔다가 장소애에게 의탁한다. 장세륜의 딸 장소애에게 청혼한 이희인은 장소애가 유재교와 혼인하였다는 소식을 듣고서, 담현을 시켜 장소애를 납치한다. 설빙심은 南昌에서 장세륜 일가를 기다린다. 설빙심이 객점에 들른 여교란에게 장소애 구해줄 것을 청하자, 여교란은 유혜란의 은혜를 갚게 되었다며 기뻐한다. 여방 부마 일행이 섬에 들어와 장소애를 구출한다. 왕정완이 죽은 줄 알고 유재교와 장소애를 정혼시킨 유원은 왕정완이 곧 장세륜의 딸인 장소애라는 것을 알고 놀란다.

장소애를 반양호에서 잃었다는 장세륜의 연락이 온다. 여몽정이 유원에게 유재교와 자신의 딸과 혼인할 것을 청한다. 유재교가 여몽정의 집에 가서 신부를 맞아오고, 유재교는 첫날밤에 신부가 장소애라는 것을 알게 된다. 유원이 재교에게 설빙심을 맞아들이라고 한다. 설억이 이문호의 죄상을 밝히는 표를 올리자, 황제가 이들에게 벌을 준다. 위부인이 병이 들자, 여교란이 와서 간호한다. 가덕인의 조카 양익과 범경문의 딸이 결혼한다.

천하가 태평하니, 읍향정에 모여 잔치한다. 정부인의 꿈에 현묘진인이 나타나 앞으로의 복록에 대하여 얘기해 준다.

〈옥린몽〉은 그보다 앞서 나왔거나 비슷한 시기에 나온 金萬重(1637-1692)의 〈九雲夢〉과 〈謝氏南征記〉, 趙聖期(1638-1689) 혹은 金道洙(1699-1733)의 〈창선감의록〉, 權燮의 어머니 李氏(1652-1712)가 필사한 바 있는 〈蘇賢聖錄〉, 安兼濟의 어머니 李氏(1694-1743)가 작자일 가능성이 높은 〈玩月會盟宴〉 등의 작품과 비교해 볼 수 있다.

〈옥린몽〉에서 가린지와 설빙심이 만나는 장면은 〈구운몽〉에서 양소유와 계섬월이 만나는 장면과 흡사하다. 이들은 모두 詩會를 계기로 만난다. 그 자리에서 계섬월과 설빙심은 다른 사람들은 용렬하게 보면서, 오히려 객의 신분으로 온 양소유와 가린지에게 빠진다. 계섬월과 설빙심 모두 기생이며, 애정을 적극적으로 추구하는 점도 유사하다.

〈옥린몽〉은 〈사씨남정기〉의 영향이 크게 느껴진다. 〈옥린몽〉에서 여교란이 설억과 유혜란의 글씨를 모방하여 이들을 모해하는 것은, 〈사씨남정기〉에서 교채란이 사씨의 필적을 얻은 뒤 동청이 사씨의 필적을 모방하여 사씨를 모해하는 것과 비슷하다. 그리고 〈옥린몽〉에서 유원이 장사원의 누이와 혼인하는 것은 〈사씨남정기〉에서 유연수와 사정옥이 혼인하는 장면과 유사하다. 처첩 갈등을 매우 중요하게 다루고 있다는 점도 비슷하다. 〈옥린몽〉에서는 〈사씨남정기〉에 나오는 옥기린꿈 삽화를 그대로 차용하였을 뿐만 아니라, 옥기린꿈을 매우 적극적으로 수용하였다. 〈옥린몽〉에서 전폭적으로 수용된 옥기린꿈 화소는 후대 장편소설에도 영향을 준 것으로 보인다.

〈옥린몽〉은 작가인 남성 사대부가 일정한 의도로 작품을 창작한 점에서 〈사씨남정기〉, 〈창선감의록〉과 닮아 있다. 이들 작품은 모두 가문의식이 강화되는 17세기 중엽을 전후로 하여 제기된 가문창달 의식을 담고 있는데, 가문의 안정을 통해서 가문 외적 활동의 완수가 가능하다는 생각에서 한 가문의 여성이 취해야 할 바른 태도를 제시하고 있다. 〈옥린몽〉에서는 齊家의 문제를 賢婦를 맞아들여 규방에서 여성들이 화합하는 것과 결부시키고 있다.

〈옥린몽〉은 남성이 지은 소설이지만, 〈소현성록〉에서와 같이 여성의 삶을 잘 이해하고 그들의 심경을 드러내고 있다. 〈완월회맹연〉의 경우, 家中事의 섬세한 서술, 심리 분석의 확대와 심화, 여성 억압적 제도에 대한 안타까움의 표출, 여성적 願望의 표출 등을 볼 수 있는데, 이는 〈옥린몽〉에서 보이는 모습과 유사하다.

〈옥린몽〉은 또한 이후의 소설사에서 전개되는 가문소설의 유형을 앞서 보여 준다. 柳琰과 范質의 두 가문의 비중이 대등하게 다루어지고 있는 점에서는 〈河陳兩門錄〉, 〈劉李兩門錄〉, 〈林花鄭延〉과 같이 여러 가문이 얽히는 가문소설의 유형을 보여 주고 있으며, 유담과 그의 2대인 유혜란과 유원, 3대인 유재교에 걸친 사건이 다루어지고 있는 점에서는 〈林氏三代錄〉, 〈曺氏三代錄〉, 〈李氏世代錄〉 등 한 가문의 여러 대에 걸친 사건을 구성한 가문소설의 유형을 아울러 보여 준다.[1]

—《고소설해제》, 국립중앙박물관, 2007.

1 이 글의 주요 참고문헌은, 김기현, 〈이정작과 그의 江湖歌〉, 《시조학논총》, 9, 한국시조학회, 1993 ; 장효현, 〈국문 장편소설의 형성과 가문소설의 발전〉, 《민족문학사강좌》, 창작과비평사, 1995 ; 정창권, 〈옥린몽의 작가 고증과 이본 양상〉, 《한국고소설사의 시각》, 국학자료원, 1996 ; 최호석, 《옥린몽의 작가와 작품세계》, 다운샘, 2004.

〈和靖善行錄〉 연구

머리말

조선 후기 장편소설 연구가 최근 학계에서 활발히 진행되고 있으나, 〈화정선행록〉은 아직 본격적인 연구가 이루어지지 않은 작품이다. 김기동에 의해 줄거리 소개와 간략한 평가가 이루어졌으며,[1] 〈화정선행록〉에 등장하는 보조인물 매홍·매섬에 대한 평가가 다른 장편소설에서의 보조인물에 대한 평가와 더불어 한길연에 의해 이루어졌을 따름이다.[2]

이 글에서는 〈화정선행록〉의 書誌 및 서사 전개, 인물 형상, 작가의식 등에 걸쳐 그 특징적인 면모에 대하여 개괄적으로 살펴보고자 한다.

---

1 김기동, 《한국고전소설연구》, 교학사, 1981.

2 한길연, 〈대하소설의 능동적 보조인물 연구 — 임화정연, 화정선행록, 현씨양웅쌍린기 연작을 중심으로〉, 서울대학교 석사학위논문, 1997.

1. 〈화정선행록〉의 書誌

현재 확인되는 〈화정선행록〉의 이본은 다음의 세 종류가 있다.

1) 정문연(장서각) 소장본. 전 15책 完帙. 표제는 '花鄭善行錄' R35N-000098
2) 정문연(장서각) 소장본. 落帙 1책. 권7(권1-6 및 권 8 이하 缺). 표제는 '和靜善行錄' R35N-000094-6
3) 러시아 동방학연구소(상트페테르부르크) 소장본. 전 15책 完帙. 표제는 '和靜善行錄'

문헌 기록으로는 모리스 쿠랑의 《韓國書誌》의 873번에 '화졍션힝록(華鄭善行錄)'이 적혀 있으며,[3] 가람본 《언문칙목녹》에도 '화졍션힝녹'이 들어 있다.[4] 가람 이병기의 〈조선어문학명저해제〉에도 여타의 작품과 함께 이병직 소장의 〈華鄭善行錄〉 15책이 거론되어 있다.[5]

> 玩月會盟(雲峴宮 藏, 2백 책), 삼국지(洪宅柱 장, 39책), 수호지(〃, 35책), 서유기(李秉直 장, 25책, 1책 落), 西廂記(홍택주 장, 2책), 西周演義(封祥演義;〃, 25책), 西漢演義(〃, 16책), 唐傳演義(〃, 19책), 南宋義(이병직 장, 7책), 大明英烈傳(홍택주 장, 8책), 劉氏三代錄(〃, 14책), 華鄭善行錄(〃, 15책), 明行精義錄(〃, 70책), 私恩奇遇錄(〃, 7책), 蘇老泉三代錄(〃, 2책), 薛仁貴傳(〃), 張風雲(〃, 3책), 蘇賢聖傳(〃, 15책), 麟鳳韶(〃, 3책), 韓氏壽筵雙龍奇逢(〃, 2책), 今古奇觀(〃, 8책), 陳泰方傳(〃, 1책), 玉蘭奇緣(〃, 26책), 取勝樓(이병직 장, 2책), 華鄭延錄(〃, 50책)

---

3 모리스 쿠랑, 이희재 역, 《한국서지》, 일조각, 1994, p.301.
4 강전섭, 〈언문칙목녹 소고〉, 《한국서사문학사의 연구》, 중앙문화사, 1995, p.2027.
5 《문장》, 19호, 1940. 10.

그런데, 18세기 후반에 이루어진 서울대본 〈옥원재합기연〉에 필사되어 있는 장편소설 목록이나, 19세기 전반에 이루어진 홍희복의 《第一奇諺》 서문에 들어 있는 장편소설 목록에는 이 〈화정선행록〉의 서목이 나타나지 않는다. 〈화정선행록〉의 현존 이본이 적고, 이들 목록에도 이름이 보이지 않는 것으로 보아, 〈화정선행록〉의 형성은 장편소설로서는 늦은 시기인 19세기에 들어서 이루어진 것이 아닐까 생각해 볼 수 있다. 그러나, 서울대본 〈옥원재합기연〉과 홍희복의 《第一奇諺》 서문이 모든 작품을 포괄한 목록은 아니기에, 그 형성 시기에 대하여 확정적으로 얘기하기는 어려운 문제이다. 이에 대하여는 앞으로 꾸준한 考證의 노력이 필요할 것이다.

작품의 표제는 이본 및 기록에 따라 각기 '花鄭善行錄', '華鄭善行錄', '和靜善行錄'으로 달리 나타난다. 〈화정선행록〉은 자칫 花氏·鄭氏 양 가문에 얽힌 내용으로 오해될 수 있으나, 황제의 양녀가 되어 '화정공주'라는 이름을 하사받은 충효혜 소저의 善行을 주제로 한 작품이라는 의미를 지니므로, 그 표제로는 '和靖善行錄'이 타당할 것이다.[6] 작품의 제목을 〈화정선행록〉으로 하게 된 까닭이 권15의 끝부분에 기록되어 있다.

> 산인 화쳥유는 본딕 옥쇼동 ᄉᆞ롬으로 우연이 왓다가 ᄎᆞ경을 목도ᄒᆞ고 신긔코 아름다이 너겨 이에 머므러 이에 션싱긔 문후ᄒᆞ고, 그 셔긔 화쳠은 ᄯᅩᄒᆞᆫ 쳥유션싱 친족 셔얼인 고로 일긔ᄒᆞᆫ 거술 술펴 아름답고 긔이홈과 션싱의 놉흔 졀개 송듁 ᄀᆞᆺ타여 종시 쳥현화직을 물니치고 고현쳐ᄉᆞ로 몰세ᄒᆞ믈 ᄎᆞ

6 충효혜의 시아버지인 임포는 작품 속에서 황제로부터 '화정선생'이라는 호를 하사받는 것으로 그려지는데, 이 작품의 모델이 되는 宋代의 실존인물 林逋는 죽은 후에 '和靖先生'이라는 謚號를 하사받는다.

> 탄ᄒᆞ야 이에 그 ᄉᆞ적을 일워닐식, 셔긔 ᄯᅩᄒᆞᆫ 이 공쥬의 아ᄅᆞᆷ다오미 황영의 지미 업ᄉᆞᆫ 고로, 셔로 일ᄏᆞᄅᆞ 의논ᄒᆞ고 젼을 일워 슈졔화뎡션힝이라 ᄒᆞ믄 션싱의 도혹대졀을 본ᄒᆞ미니, 후인이 엇지 좀 공명문달을 탐ᄒᆞ야 화뎡션싱 현의고졀청심을 효측지 아냠즉ᄒᆞ리오.[7]

정문연(장서각) 소장본과 러시아 동방학연구소(상트페테르부르크) 소장본은 전 15책 완질본으로서, 표기의 미세한 차이가 있을 뿐이다. 이 글에서는 정문연(장서각) 소장본을 대본으로 하여 논의를 진행하기로 한다.

2. 〈화정선행록〉의 敍事 展開

〈화정선행록〉이라는 題名은 작품 끝부분의 기록에 따르면, 황제의 양녀가 되어 '화정공주'라는 이름을 하사받은 충효혜 소저의 善行을 주제로 한 작품이라는 의미를 갖는다.

화정공주 충효혜는 處士 충방의 딸로서, 임포의 아들인 남주인공 임창연과 定婚하였으나, 화순공주가 賜婚됨으로 해서 자칫 불운한 처지에 빠질 위기에 처한다. 김성광의 劫迫을 피해 물에 투신했다가 남해 용왕에게 구출되고 영주 태보산 니허진인의 문하에 들어가 뛰어난 將略과 道術을 익혀, 장차 전장에서 임창연을 구하고 송나라 仁宗의 양녀가 되어 화정공주라는 이름을 갖게 되고 임창연에게 賜婚된다. 뒤이어 전개되는 다사다난한 사건 속에서 화정공주 충효혜는 중요한 대목마

7 〈화정선행록〉, 권15, pp.94-95.

다 神異한 능력을 발휘해 사건을 해결해 나간다. 이런 점에서 〈화정선행록〉은 '화정공주의 선행'을 주제로 한 작품이라고 할 수 있다.

산림처사 충방의 세 아들과 딸 충효혜, 산림처사 임포의 세 아들인 임창연·임경연·임성연과 두 딸 임성아·임정염, 추밀사 소죽헌의 아들 소흥문과 재종제 소경문, 이렇게 充府·林府·蘇府의 인물들을 중심으로 결구된 점에서 보면, 〈화정선행록〉은 충부·임부·소부의 번영을 구가하는 家門小說의 유형에 드는 작품이라 하겠다. 그러나 〈화정선행록〉은 등장인물들 간의 복잡한 結緣과 離合, 악인형 인물들이 끊임없이 일으키는 宮中과 가정 내의 갈등, 그리고 軍談과 道術의 話素 등이 흥미롭게 삽입되어 복잡하게 전개되는, 조선 후기의 다양한 소설 유형이 복합된 장편소설이다.

〈화정선행록〉의 서사 전개 양상을 큰 단락을 지어 보이면 다음과 같다.[8]

(1) **임창연과 충소저의 定婚/화순공주의 賜婚**

宋나라 眞宗 天禧년간에 항주 청성산 옥소동에 임포라는 한 은사가 있어, 서호처사라 일컬었다. 부인 진씨에게 3자2녀를 두었는데, 장자 창연이 가장 뛰어나고, 차자는 경연, 3자는 성연이라 한다. 임창연이 13세 되는 해에 종남산에 사는 태허선생 충방이 찾아와 그 딸 효혜와 정혼을 하고, 玉佩와 玉鴦을 서로 信物로 주고받는다. 仁宗 즉위 후 베풀어진 과거에서 임창연이 좌장원으로 급제하여 비서각태우가 되고 소죽헌의 아들 소흥문은 우장원에 급제한다. 황제가 임창연을 곽황후의

8 〈화정선행록〉의 전체 줄거리가 김기동에 의해 정리된 바 있으나, 人名을 비롯하여 다소간 오류가 눈에 띈다.

소생인 화순공주의 부마로 간택하고, 임·충 양 처사에게는 退婚하라고 한다.

이때, 형초 지경에서 교동국이 모반하니 병부상서 소죽헌이 자원하여 출전하고 임창연도 자원하니, 황제가 소죽헌으로 이부총재 겸 금문대도독 平楚대원수에, 임창연으로 대장군대사도 부원수에 임명해 출전하게 한다.

(2) 김성광의 行惡

임포와 정혼하였던 충방은 3자1녀를 두었는데, 딸 효혜는 임창연과 정혼하고, 맏며느리는 낭중 적순의 딸을 취하고, 둘째 며느리는 시랑 김환의 딸을 취하였다. 김환이 죽은 후 그 부인 호씨가 두 아들을 의지해 사는데, 장자 성광은 불량하고 차자 성린은 덕이 있다.

김성광이 충효혜를 흠모하고, 그 누이도 성광을 도와 계교를 세운다. 김성광이 일부러 집에 放火하고 충소저를 구출해 주는 척하니, 충소저가 이를 뿌리치고 달아나다가 연못에 투신하고 侍婢인 매홍·매섬도 따라 투신한다.

(3) 허소저의 존재

황제의 명을 따라 임포는 경사로 올라온다.

소죽헌·임창연이 교동국을 평정하고 회군할새, 소죽헌이 水路로 회군하다가 屍身을 건지는데, 학사 허정유[9]의 딸과 그녀의 시비 황파이다. 허정유가 황제에게 직간하다가 유배를 당하매, 부인과 허소저가 고향인 소주로 내려가 있었는데, 허소저 모친의 조카인 채원중이 허소

9 그 이름이 앞부분에서는 '허유'로, 뒷부분에서는 '허정유'로 기록되어 있다.

저를 흠모하여 납치하려 하매, 피하여 달아나다가 강물에 투신한 것이었다. 이에 소죽헌은 허소저와 父女之義를 맺고서 회군한 후 데려가겠다 하고는, 그동안 黃陵廟에 몸을 피해 있으라고 한다.

황제는 회군한 소죽헌을 西平侯에, 임창연을 이부상서 겸 홍문관 태학사 태자태부로 삼는다. 국혼을 거행하여 임창연이 화순공주를 취해 화순궁에 거하니 금실이 좋다. 임포의 맏딸 성아는 소죽헌의 아들 흥문과 혼인한다. 소죽헌의 딸 월주는 임성아를 따른다.

(4) 여성영웅으로서 충소저의 활약

임포는 남문 밖 취벽산에 집을 지어 산다.

이때에 사천후 유길, 운남왕 연평이 모반하여 협공해 들어오니, 임창연이 平南대원수 제로도총관병, 소흥문이 병부상서 대도독 부원수에 임명되어 출전한다.

앞서 충소저와 매홍·매섬이 강물에 투신했으나, 남해 용왕이 구출하여 용궁으로 데리고 가서 보호하고 있다가 육지로 내보낸다. 용왕은 충소저가 천상 문창진군의 짝인 규목랑이 적강한 것임을 안다. 충소저와 매홍·매섬은 영주 태보산 니허진인의 도관으로 인도되어 병법과 도술, 華陀의 묘술을 익힌다. 하루는 니허진인이 선계의 인연이 다하였으니 하산하여 陣中에서 득병하여 죽어가는 임창연을 구출하라고 한다. 이때, 출전한 임창연이 敵陣에서 운청법사의 요술에 걸려 죽으니 초혼을 하려고 하는데, 충소저가 나타나 월청도사라 자칭하면서 회생단을 써서 임창연을 소생시킨다. 충소저가 운청법사를 사로잡고 사천후 유길을 죽이니, 운남왕도 항복한다. 임창연은 월청도사가 충소저의 모습과 비슷하여 의심을 품는데, 충소저는 이를 간파하여 밤중에 陣中을 나와 피신한다. 회군하는 길에 남창현에 이르러 소흥문은 황릉묘에 있는 義妹 허소저를 데리러 가고, 임창연이 홀로 회군한다. 황제가 임원수를 서령백, 소흥문은 이부상서 겸 홍문관 태학사, 월청도사를 西平侯로 봉하고, 월청도사의 소재를 찾도록 분부한다. 소죽헌은 추밀사로 승품한다.

(5) 충소저에서 화정공주로 상승

한편 陣中을 벗어난 충소저는 산수를 찾아 유람하는데, 자기를 탈취하려던 김성광이 절친한 채원중에게, 허소저가 황릉묘에 머문다는 소문을 알려, 채원중의 무리가 황릉묘에 있는 허소저를 납치하려고 한다는 密談을 객점에서 듣고는, 먼저 황릉묘로 가서 허소저를 구출한다. 매홍·매섬이 도술을 부려 김성광과 채원중을 욕보이고 매를 때린다.

함께 남장을 하고서 허소저를 데리고 상경한 충소저는 外舅가 되는 집금오 장세현을 찾아가, 자신은 충소저의 남동생이고, 허소저는 소경윤이라 속이고서 함께 지낸다. 장세현의 부인 조씨는 황족으로서 황태후의 총애를 입어 의양군주에 봉해진 인물인데, 식견이 매우 뛰어나다. 충소저의 남동생이라고 한 이가 곧 충소저임을 간파하고는 시비 매홍을 불러 추궁하여 충소저의 신원을 확인한다. 이에 조부인이 입궐하여 황태후에게, 전장에서 임창연을 구출한 월청도사가 바로 그의 약혼녀 충소저인데, 지금 자신의 집에 있음을 아뢴다. 황태후로부터 이 소식을 들은 황제가 하교하여 충소저를 양녀로 삼아 화정공주의 직첩을 내리고, 임창연의 우부인으로 맞이하도록 하면서, 화순공주로 하여금 한 살 위인 화정공주를 형으로 섬기도록 한다.

소흥문은 허소저를 찾던 길에 시랑 이현의 딸과 佳約을 맺었으나 혼례는 미루었는데, 이현이 편지를 소죽헌에게 올려 혼인을 간청하니 소축헌이 허락한다. 蘇府에서 허소저를 張府로부터 데려온다.

황제는 충방을 황태사 안국공에 봉한다. 화정공주는 임창연과의 관계를 거부한다. 화순공주는 쌍둥이를 낳으니, 아들은 봉린, 딸은 봉희로 이름 짓는다.

(6) 여씨 가문의 갈등/채원중의 行惡

이때 수 년째 謫居하고 있던 허정유가 딸의 溺死 소식을 듣고서 丈人인 여급사에게 자기 아내(여급사의 차녀)의 잘못을 아뢰니, 여급사가 딸을 착거하여 데리고 와서 비실에 가둔다. 여급사의 장녀가 채시중에게 출가하였다가 喪夫하고, 홀로 아들 원중을 데리고 사는데, 그 성품이 매우 불량하다. 할아버지 채계윤이 원중을 꾸짖으나 채원중은 祖父를 가두고 금은보화를 훔쳐 도망한다. 전임 우부도어사인 채계윤이 상소하여 손자의 悖戾함을 아뢰니, 황제가 허정유의 무죄를 깨달아 解配시켜 우부낭중을 삼는다. 謫所에서 상경한 허정유는 蘇府로 가서 허소저와 상봉한다. 소죽헌이 허정유에게 부인을 다시 맞이할 것을 권하나 받아들이지 않고, 허소저는 어머니의 일로 근심하여 병세가 위독해진다.

화순공주와 화정공주가 함께 황제와 황후에게, 허소저를 임창연에게 사혼할 것을 간청하나 받아들이지 않다가, 이윽고 허락한다. 황제가 허정유를 불러 허소저를 임창연에게 賜婚하였음을 알리고, 여부인을 데려와 부부가 復合할 것을 권한다. 허소저는 부친에게 모친 용서할 것을 눈물로 호소한다. 여부인이 돌아온 후, 임창연과 허소저의 혼례를 치른다. 임창연은 그동안 잠자리를 거부하던 화정공주와 비로소 동침한다.

(7) 이소저를 둘러싼 갈등

임포의 둘째 아들 경연은 좌승상 이항의 딸과 결혼한다. 소죽헌의 딸 월주는 충방의 셋째 아들 원경과 결혼한다. 소흥문과 결혼한 임성아 소저가 아들을 낳는다. 앞서 소주에 사는 형부시랑 이현이 소흥문이 그 지역을 지난다는 소식을 듣고서 찾아가 자신의 딸 명아소저와의 혼인을 간청하여 약속을 얻어 낸다. 이현은 본래 부인 표씨와의 사이에 2자1녀를 두었는데, 표씨가 일찍 죽은 후, 곽씨를 재취하여 딸을 하나 두었다. 이현이 명아소저로써 소흥문에게 구혼하니, 곽씨는 시기하여 여종 취월을 명아소저로 가장시켜 소흥문의 방에 들여보내 信物을 달라 하나, 뜻을 이루지 못한다.

이듬해에 이현이 병으로 죽으니, 곽씨는 은자 오백 냥을 받고 이소저를 산동의 富商인 장설영의 며느리로 팔려고 한다. 병든 것으로 가장하고서 이소저로 하여금 묘향사에 가 발원하게 하고는 장설영에게 납치하도록 한다. 이소저가 이 음모를 눈치 채고 유모 정파와 짜고 시비 계섬을 이소저로 가장시켜 가마에 타게 한다. 이소저는 유모 정파, 시비 소앵과 함께 남복을 하고 가다가 채원중의 집에 묵게 된다. 이소저는 자신을 이현의 셋째 아들 이운경이라고 소개한다. 채원중은 몸이 아픈 이운경을 위해 나귀를 빌려 주어 타고 가게 하면서, 그 값은 이운경의 집에 가서 형들에게 받겠다 한다. 소흥문과 약혼한 이소저의 소문을 들은 채원중은 이소저를 취하고자 하는 욕심에서 이현의 집을 찾아간다.

계섬은 장설영에게 납치되어 가서 이소저의 행세를 하며 그 아들 장섭의 유혹을 물리치고 있다가, 우연히 그곳에 찾아 온 김성광과 함께 도망하여 김성광의 아내가 되어 산다. 이현의 집으로 찾아온 채원중을 보고 곽씨가 그 소생 혜아소저로써 구혼하는데, 채원중은 명아소저인 줄 알고 당장에 허락한 후 喪中이므로 후일을 기약하고 돌아온다. 채원중과 김성광은 계섬(남복하여 유청이라 속임)과 함께 경사로 향한다. 채원중을 千金을 걸고 잡는 榜文이 길에 붙어 있으니, 이름을 여원흥이라 한다. 경사에 온 김성광이 옛 집에 머물며 누이(충방의 둘째 며느리)를 불러 계섬을 이소저라고 소개한다. 채원중은 이모[10] 여부인을 찾아가 숨어 지내며, 임창연의 셋째 부인이 된 허소저를 연모하여 겁취할 틈을 엿본다.

양태사의 손녀 양귀비가 인종의 정궁이며 화순공주의 어머니인 곽후와, 귀인으로서 동궁이 있어 서궁후에 봉해진 소후를 시기하여 없애고자 한다. 채원중은 허소저를 겁취하고자 개가죽을 쓰고 잠입하였다가 매홍에게 들켜 크게 욕을 본다. 채원중이 능운자라는 妖徒를 만나 김성광에게 소개하니, 김성광이 양귀비에게 데려간다. 능운자가 채원중의 부탁을 받고 허부인을 납치하러 갔다가, 매홍의 도술에 걸려 혼이 나서 돌아온다.

이때 蜀의 민심이 흉흉하니, 포증을 서촉초토대원수, 소흥문을 안렴부원수로 삼아 순무케 한다. 장섭이 걸인 행색으로 다니는 소흥문에게 이소저를 찾는 사연을 얘기하니, 이소저는 이부상서요 서촉안렴사로 파견된 소흥문의 정혼녀이니, 소흥문을 찾아가 발원하되, 이소저를 보내 주려다가 도적이 탈취하여 갔다고 아뢰도록 일러준다. 장섭이 소흥문을 찾아가 발원하니, 軍功을 세울 인물이라며 막하에 두고 총애한다.

10 작품에서는 '숙모'로 기록되어 있으나, 여급사의 장녀가 채시중에게 시집가 채원중을 낳은 것이고, 여급사의 차녀가 허정유에게 시집가 허소저를 낳은 것이므로, 채원중에게 허소저의 어머니는 '이모'로 표기되는 것이 맞을 것이다.

(8) 주소저의 존재

소홍문이 西로 향하다가 서주의 태위 주복의 집에 머문다. 앞서 이소저는 유모·소앵과 더불어 경사로 향하다가 산에서 만난 호랑이의 인도를 따라 경사로부터 수천 리 떨어진 서주에 이르고, 태위 주복의 집에 머물게 된다. 주복은 멀리 出遊하고 없는 터에, 근처에 사는 이지강이라는 탕자가 절도사인 외삼촌의 위세를 빌려 주복의 딸 요주소저에게 청혼하니, 두 오빠가 이소저(男服하여 이운경이라 함)에게 요청하여 許婚을 받은 후 이지강의 청혼을 거절한다. 이지강이 분노하여 무뢰배를 동원하여 朱府를 침입하니, 이소저가 주소저를 구하여 도망한다. 이소저와 주소저는 尼姑인 능운자가 웅거하는 山寺에 들어갔다가, 능운자의 제자가 되기를 거부하여 석항에 갇히는데, 포증·소홍문이 나타나 구출하고 산사를 불태운다.

채원중이 이현의 三喪 지난 후 소주에 가서 혼례를 올리는데, 추물인 혜아소저를 보고는 행패를 부리다가, 곽씨의 재물 많음을 알고서 初夜를 치르고 경사로 올라온다.

(9) 악인들의 발호와 몰락

화정공주와 허소저가 아들을 낳는다. 화정공주는 매홍을 분부하여 蜀에 가서 소홍문을 보호하고 이소저를 구하라 한다. 또 부친 충방에게 궁중의 禍를 방지하도록 한다. 조정에서 設科하매, 김성광·채원중(여원홍으로 행세)이 장원과 탐화로 급제하여, 김성광은 한림학사, 채원중은 한림편수가 된다. 양귀비가 능운자가 준 도봉잠을 음식에 타 황제에게 먹이니, 황제는 양귀비만을 총애한다. 양귀비가 태후와 곽후의 침소 주위에 요예지물을 묻고는 소후의 짓으로 꾸미니, 황제가 소후와 태자를 冷獄에 가둔다. 능운자가 仙官의 모습으로 나타나 기치창검 가득한 임창연의 집을 幻影으로 보여 주며 임창연과 소흥문이 역모를 꾀한다고 황제에게 아뢰니, 蘇府와 화정궁을 뒤져 역모문서와 기치창검을 찾아내고는, 임창연과 소죽헌을 옥에 가두고, 화순공주와 화정공주는 본궁에 가둔다.

구준으로 대원수, 김성광으로 초토사, 채원중으로 副使를 삼아 서촉에 가 도적을 막고, 포증·소흥문을 잡도록 한다. 능운자가 소흥문으로 변신하여 대궐을 침입하나, 화정공주의 부작으로 인해 면목이 탄로나 달아난다. 태자가 화정공주의 丹藥을 황제에게 먹여 혼미했던 정신을 돌아오게 한다.

한편 蜀에 가 있던 매홍은 장섭과 함께, 촉으로 와 소흥문을 죽이려는 능운자를 사로잡아 함거에 가둔다. 구원수가 포증·소흥문을 잡아 함거에 가두어 경사로 압송한다. 김성광·채원중은 능운자를 구해 내려다 구원수에게 들켜 함거에 갇혀 능운자와 함께 경사로 압송된다. 황제가 능운자의 招辭와 양귀비 시녀들의 초사를 받아 사실이 드러나매, 임창연·소죽헌·포증·소흥문을 모두 풀고 자신의 허물을 크게 뉘우친다. 능운자가 탈출하여 양귀비에게 독약을 먹이고 끌고 가다가 화정공주에게 사로잡힌다. 양귀비는 독약으로 인해 죽고, 능운자는 효시된다. 김성광·채원중은 북방에 充軍하게 하되, 김성광은 10년 후 放生하게 한다. 김성광은 계섬과 함께, 채원중은 상경한 혜아소저와 함께 北으로 향한다.

(10) 充府·林府·蘇府의 번영

임창연은 영릉후에 봉해진다. 임정염(임포의 차녀)과 소경문(소흥문의 재종제)이 결혼한다. 임정염의 성정이 엄숙하여 和樂을 누리지 못한다. 황제가 화정궁을 지을 것을 명하니, 화정공주는 화순궁 좌편의 仙境에

궁을 짓고 은둔하여 살고자 한다. 화정궁 안의 태호에서 船遊하면서, 화순공주와 화정공주가 하나가 되어 임성아(임포의 장녀로 소흥문의 부인)와 임창연을 놀리니, 임창연이 노하여 궁녀를 죄 주려 하나, 임포가 꾸짖어 家道를 다스린다.

이소저(명아소저)와 주소저가 같은 날 소흥문과 결혼한다. 임성연(임포의 三子)과 단경요(옥소동 처사로서 임창연의 스승인 단세경의 딸)가 결혼한다. 임성연이 장원, 임경연(임포의 次子)이 탐화에 급제한다. 소경문이 둘째 부인으로 한고유의 딸을 맞이하나, 한소저도 성정이 엄숙하니, 소경문이 창녀 매영을 얻어 총애하다가 부친에게 笞杖과 냉옥에 갇히는 징계를 받는다. 병든 소경문을 임정염이 간병하면서 금슬이 회복된다.

호왕 한철영이 叛하매, 임창연의 삼형제와 소흥문·소경문이 출전하여 호왕을 사로잡고 백성을 무휼한다. 임창연은 위왕에, 소흥문은 동평후에 봉해진다. 충부·임부·소부의 자녀들이 모두 成婚하여 많은 자녀를 낳고 부귀와 번영을 극진히 누린다.

이상에서 볼 수 있는 것처럼, 임포의 맏아들 임창연과 충방의 맏딸 충효혜(나중에 화정공주가 되는)의 結緣을 중심축으로 하여, 充府·林府·蘇府의 많은 인물 및 주변 인물들이 등장하여 다양한 갈등을 엮어 나간다. 특히 악인형 인물인 김성광·채원중·양귀비·능운자 등의 行惡이 작품의 서사 전개의 중간 중간에 끼어 들어가 여러 갈등을 일으키며 작품의 흥미를 유발시킨다. 그리고 작품의 마지막 부분에서 이들 악인형 인물들이 한데 결합함으로써 갈등은 최고조에 달했다가 해결의 대단원에 이르는 양상을 보여 준다.

3. 〈화정선행록〉의 人物 形象

〈화정선행록〉은 전 15책의 방대한 분량 속에 다양한 인물 群像이 등장하여 서사를 이끌어간다. 이 작품에 등장하는 인물 군상은 선인형의 인물과 악인형의 인물로 대별되며, 또한 보조적 인물들이 이들을 돕게 된다.

작품의 주역인 남주인공 임창연과 여주인공 충효혜, 그리고 남주인공을 가까이에서 돕는 소흥문 등이 선인형의 인물들인데, 이들의 형상은 才德을 겸비하였으며 유교적 이념에도 충실한 모습으로 그려진다. 조선 후기 장편소설에 등장하는 典型的 주인공의 모습이라 할 것이다. 그런데 특별히 주목되는 존재는 賜婚妻인 화순공주의 형상이다.

남주인공 임창연은 과거에 급제한 후 황제(송나라 仁宗)의 마음에 들어 화순공주의 부마로 결정된다. 그런데 임창연은 이미 충방의 딸 충효혜와 정혼한 터이기에, 처음에 임창연과 그 아버지 임포는 극히 사양하는 태도를 취한다. 그러나 황제의 명을 거스를 수는 없는 것이기에 마지못해 받아들이게 된다.

그런데 사혼처인 화순공주의 형상은 비할 데 없는 才德을 겸비한 현숙한 모습으로 그려진다.

> 공쥬의 빅년 용홰 오치 녕형ᄒᆞ야 눈이 현황커놀, 팔ᄌᆞ 아미의 덕긔 현츌ᄒᆞ고 츄파 빵셩은 효셩의 말근 빗출 나모라며, 나즉ᄒᆞᆫ 거동과 다ᄉᆞᄒᆞᆫ 긔운은 양일이 온화ᄒᆞ야 만물을 빗초이ᄂᆞᆫ 듯, 겸손ᄒᆞ난 거동과 녜딕ᄒᆞᄂᆞᆫ 긔상이 졍신이 취ᄒᆞ이고 눈이 어리니 (권2, p.83)

사혼처 삽화는 많은 장편소설에 등장하고 있거니와, 사혼처의 대부분은 교만과 위엄을 내세우다가 남편에게 사랑받지 못하고, 급기야 남편의 사랑을 독차지하기 위해 다른 부인들을 謀害하다가 남편과 媤家로부터 懲治되고 이윽고 悔改하는 식의 類型性을 보여 준다. 사혼처가 선하게 그려지는 경우는 극히 드문데, 〈구운몽〉의 난양공주와 〈유씨삼대록〉의 진양공주를 대할 수 있을 따름이다. 사혼처가 이렇게 선하게 그려지는 경우, 王權과 臣權과의 갈등은 첨예하게 그려지지 않고 君臣간의 조화로운 질서가 부각될 따름이며, 그만큼 봉건적 질서의 모순에 대한 문제 제기는 축소될 수밖에 없다. 〈화정선행록〉을 이끌어가는 갈등은 다른 곳으로부터 나온다. 이런 측면에서 〈화정선행록〉의 한계가 지적될 수 있을 것이다.

〈화정선행록〉의 서사적 갈등을 이끌어가는 주 인물은 악인형 인물인 김성광·채원중·양귀비·능운자이다. 그 밖에 교동국과 사천후·운남왕의 모반에 따른 갈등 같은 것들이 중간에 끼어 들어가지만, 기본적으로 악인형 인물인 김성광·채원중·양귀비·능운자의 行惡이 일으키는 갈등이 〈화정선행록〉의 서사 전개에서 흥미를 유발시키는 주 動因이 된다. 그리고 작품의 마지막 부분에서는 이들 악인형 인물들이 한데 결합함으로써 갈등은 최고조에 달한다.

김성광은 충방의 둘째 며느리의 남동생이다. 충방이 둘째 며느리로 시랑 김환의 딸을 취하였는데, 김환이 죽은 후 그 부인 호씨가 두 아들을 의지해 사나, 장자 성광은 성품이 매우 불량하다. 김성광은 충방의 딸 충효혜를 흠모하여 계교를 꾸미고, 그 누이도 이런 성광을 도와주는데, 김성광이 일부러 집에 불을 지르고 소저를 구출해 주는 척하니, 충소저는 이를 뿌리치고 달아나다가 연못에 투신하게 된다.

김성광은 이후 채원중과 동류를 이루고 양귀비와도 결탁하여 一國을 濁亂하는 惡行을 계속한다.

채원중은 자기 이모의 딸인 허소저를 흠모하여 劫迫하다가 투신하게 만들며, 황릉묘에 숨어 있는 허소저의 소재를 김성광에게 듣고는 그리로 가 다시 劫取하려 한다. 이 같은 채원중의 悖戾함을 그 祖父 채계윤이 꾸짖으니, 조부를 "안아ᄃᆞ가 후당의 드리치ᄆᆡ 문을 걸"어 가두고 보물을 훔쳐 달아난다.

> 치노공이 대로대분ᄒᆞ야 ᄌᆞ부를 엄칙ᄒᆞ고 손ᄋᆞ롤 불너 명젼의 ᄭᅮᆯ니ᄆᆡ 그 죄상을 닐너 슈죄ᄒᆞ고 "일긔 독쥬로 고요히 명을 ᄆᆞᆺ챠 아비 어진 덕과 조션 쳥덕을 츄락지 말나." 하니, 치공ᄌᆞ 원등이 노혼ᄒᆞᆫ ᄒᆞᆫ아비 엄칙을 두리믄 업고 마치 쥬린 범이 늙은 긔롤 보고 쇼래치고 다라듬 ᄀᆞᆺ치 크게 쇼릐질너 조부롤 업누ᄅᆞ고 발악ᄒᆞ니, 공이 놀나고 ᄯᅩ한 대로하야 쥬먹외로 난간을 쳐 왈, "ᄎᆞᄂᆞᆫ 난륜픠상ᄒᆞᄂᆞᆫ 역지니, 아조 버혀 죽여 후환을 덜리라." 인ᄒᆞ야 장검을 들고 공ᄌᆞ롤 버히려 ᄒᆞ니, 원등이 표연이 드리ᄃᆞ라 조부의 잡은 칼을 아ᄉᆞ 더지고 조부롤 안아ᄃᆞ가 후당의 드리치ᄆᆡ 문을 걸고 너외롤 뒤여 금은보화롤 거두어 싯고 쳥녀롤 치쳐 도쥬ᄒᆞᄆᆡ 간 곳이 업순지라. (권6, pp.3-4)

작품의 후반부에서는 김성광·채원중·양귀비·능운자의 악인형 인물들이 한데 결합하여 작품의 갈등은 최고조에 달한다. 이들이 곽황후와 소후 및 화정공주(충소저)를 멸하고 허소저를 탈취하고자 함께 모의하는 장면을 보이면 다음과 같다.

> 귀비 더옥 신통이 너겨 쳔셔만단으로 화슌궁을 멸ᄒᆞ고 태ᄌᆞ와 소후롤 졔어ᄒᆞ고 뎡궁을 다시 업시ᄒᆞ고 위롤 쳔ᄒᆞ야 누년 품은 ᄒᆞᆫ을 풀고져 ᄒᆞ니, 능운이 응낙고 머물너 한담ᄒᆞ다가 슈일 후 은신법으로 나오니, 김 채 냥인이 마쟈 궐등 쇼문을 무러 져 뜻이 마ᄌᆞᄆᆞᆯ 암희ᄒᆞ야, 김싱이 화뎡을 셜치코져 ᄒᆞᄆᆡ 쳔만당부ᄒᆞ야, "유인ᄒᆞ야 오라." ᄒᆞ고, 채싱은 "허시롤 도젹ᄒᆞ야 오라." ᄒᆞ니, 능운이 녕낙ᄒᆞ고 몸이 변ᄒᆞ야 한 ᄣᅦ 구름이 되야 허부의 몬져 니ᄅᆞ러 가만이 텸하의셔 여어 보니 (권9, p.4)

이와 함께, 〈화정선행록〉에서 흥미로운 존재가 선인형 인물을 돕고 악인형 인물을 懲治하는 역할로 나오는, 충소저의 侍婢 매홍·매섬이다. 매홍·매섬은 처음부터 뛰어난 능력을 지닌 인물로 나오는 것은 아니다. 주인인 충소저와 함께 김성광의 흉계에 빠져 죽을 고비를 넘기고 난 뒤 영주 태보산 니허진인에게 도술을 익힌 후 비범한 능력을 지닌 인물로 변모한다.

매홍·매섬이 악한 인물들을 징치하는 역할은 화정공주(충소저)의 명을 따라, 황릉묘에 숨어 있는 허소저를 김성광·채원중의 무뢰배들로부터 보호하는 부분부터 시작된다. 화정공주(충소저)가 자신을 겁탈하려 했던 김성광과 그의 동료 채원중이 황릉묘에 숨어 있는 허소저를 劫取하려는 것을 미리 알고서 자신의 시비인 매홍·매섬을 보내어 두 악인으로부터 허소저를 보호하도록 하는데, 매홍·매섬은 도술로써 김성광·채원중의 무리를 호되게 욕보인다.

> 홍이 쇼ᄅᆡᄅᆞᆯ 정히 ᄒᆞ야 ᄀᆞᆯ오ᄃᆡ, "김가 튝싱을 오ᄂᆞᆯ날 머리업ᄉᆞᆫ 귀신을 만들고져 ᄒᆞ더니 우리 쥬인의 명을 역지 못ᄒᆞ야 살싱을 못ᄒᆞ나 ᄒᆞᆫ번 곤욕을 뵈여 한과 분을 셜ᄒᆞ리라. 텬디일월은 ᄎᆞ 냥인의 가살지죄를 아ᄅᆞ실지니 쇼비 ᄆᆡ홍 ᄆᆡ셤의 당돌ᄒᆞ믈 용샤ᄒᆞ쇼셔." 제적을 향ᄒᆞ야 진언을 닑고 긔운을 뿜으니 모든 적이 동힌ᄃᆞ시 셔셔 움작이지 못ᄒᆞ고 눈이 멀거ᄒᆞ니 셧난지라. 홍이 셤을 도라보아 왈, "오ᄂᆞᆯ날 형뎨 명을 밧좁고 이비의 엄교를 밧ᄌᆞ와시니 냥적 여당은 협종이니 쳐결ᄒᆞᆫ 후 도라보ᄂᆡ려니와 ᄒᆞᆫ 번 경계하믄 마지 못하리라." 셤이 맛당ᄒᆞ믈 일ᄏᆞᄅᆞ니 홍이 놉히 교위에 좌ᄒᆞᄆᆡ 셩광을 향ᄒᆞ야 즐왈, "ᄂᆡ 텬명을 봉승ᄒᆞ야 여등의 십악대죄를 다ᄉᆞ리ᄆᆡ 슈형이 남지 못ᄒᆞᆯ 거시로ᄃᆡ 아쥬의 호싱지덕이 젹ᄌᆞ창싱의 밋ᄎᆞᄆᆡ 네 목숨을 앗기ᄂᆞᆫ 고로 쇼져의 교명을 밧ᄌᆞ와 별곤을 더으ᄂᆞ니 섈리 죄를 밧고 싱심도 아쥬의 원혼을 비방티 말지니 텬하의 무륜픠지 너 일인만 너겻더니 채튝의 방ᄌᆞᄒᆞ미 너의게 ᄂᆞ리

지 아니니 너와 일톄로 다스리느니 하나리 쇼쇼ᄒᆞ나 술피미 쇼쇼ᄒᆞ믈 알나."(권4, pp.60-62)

인륜과 예의를 모르는 김성광과 채원중은 매홍에 의해 '人間畜生'으로 격하되며, 그들을 혼내 주는 매홍·매섬은 "놉히 교위에 좌ᄒᆞ"여 그들을 꾸짖는다. 매홍·매섬은 김성광·채원중 일행을 질책하며 황건역사를 불러 철편으로 때려 皮肉이 떨어지고 腥血이 낭자한 지경까지 두 사람을 혼내 준다.

> 언파의 고셩왈, "황건녁ᄉᆞ는 어ᄃᆡ 잇ᄂᆞ뇨?" 공즁으로셔 흉장ᄒᆞᆫ 신녕이 ᄂᆞ려오니 머리털이 븕고 푸른낫치 검고 황건을 쓰고 븕은 단령을 입고 프른 ᄯᅴ를 발ᄀᆞ지 ᄭᅳ을고 손의 철편을 들고 ᄂᆞ려와 텽녕ᄒᆞ니 냥싱이 졍신이 비월ᄒᆞ야 발악고져 ᄒᆞ미 턱이 ᄲᅥᆺᄲᅥᆺᄒᆞ고 도망코져 ᄒᆞ미 발이 ᄶᅡ히 브터시니 ᄒᆞᆫ갓 멀건 두 눈으로 눈믈만 흘니고 셔로 도라보고 ᄯᅥᆯ며 울 ᄲᅮᆫ이러니, 신장이 다라드러 이인을 ᄭᅳ어 업즈ᄅᆞ고 철편으로 이십식 밍타ᄒᆞ니 피육이 졈졈이 ᄶᅥ러지고 셩혈이 낭ᄌᆞᄒᆞ니 졔젹이 황황망극ᄒᆞ미 비ᄒᆞᆯ ᄃᆡ 업더니 (권4, pp.62-63)

매홍이 악한 인물들을 징치하는 두 번째 대목은, 채원중이 자신의 이모인 여부인을 꾀어 자신의 계획에 방해물이 되는 매홍을 좇아내고서 허소저를 겁탈하려 하는 것을 막는 부분이다. 매홍은 채원중의 간계를 미리 간파하고 허소저의 侍婢인 가월로 변모하여 채원중의 음모를 저지한다.

채원중은 자신의 계획에 가장 큰 장애물이 되는 매홍을 허부에서 내좇았다고 믿고 안심하면서 이모**11** 여부인까지 술에 취하게 만들어 놓은 뒤, "가인을 오날늘 됴히 겁칆ᄒᆞ야 원을 일우리라"며 좋아한다. 그러나 채원중은 뜻밖에 짖어대는 개에 놀라 엉겁결에 마루 밑에 있는 개가죽을 뒤집어쓰게 된다.

원듕이 규시ᄒᆞ고 암희ᄒᆞ더니 ᄎᆞ야의 가만이 옷술 버셔 더지고 ᄌᆞ른 옷술 닙고 낫치 개면을 표표히 쓰고 슉모을 보치여 여취토록 먹고 가만가만 거러 뒤청ᄉᆞ로 말ᄆᆡ암아 쇼져팀쇼의 니ᄅᆞ니, '젹년계교를 갈진ᄒᆞ야 상ᄉᆞᄒᆞ던 가인을 오날놀 됴히 겁취ᄒᆞ야 원을 일우리라.' 흔흔ᄌᆞ득하야 스ᄉᆞ로 몸이 나라 하늘긔 도츅ᄒᆞ고 가만이 긔여 쳥말노 긔여 갈 ᄉᆡ, ᄣᅵ 모로ᄂᆞᆫ 져 개ᄂᆞᆫ 인젹을 보고 도젹인가 ᄒᆞ야 좌우로 ᄂᆡ다ᄅᆞ 즈ᄌᆞ니 원듕이 민망ᄒᆞ야 구셕으로 더드머 업ᄃᆡ여 보니 마초아 마루 구셕의 ᄒᆞᆫ낫 가족궤 잇거ᄂᆞᆯ 깃거 등으로셔 ᄂᆞ리쓰니 시험ᄒᆞ야 긔여 ᄃᆞᆫ니ᄆᆡ 여러 도젹을 직희던 개 졔 뉴로 알고 즛지 아니ᄒᆞ니 묘ᄒᆞ야 ᄉᆡᆼ각ᄒᆞᄃᆡ, '이 ᄯᅩᄒᆞᆫ 하날이 ᄣᅵ를 빌녀 쳣 효험을 뵈시난도다.' ᄒᆞ고 몸을 힐욱여 후당 창하의 니ᄅᆞ러 긔여올나 업ᄃᆡ여 보니 (권9, pp.17-18)

이어 온갖 망신을 당하는 풍자적인 장면들이 이어지면서 허소저를 몰래 겁탈하려던 채원중은 점점 더 우스운 모습이 된다. 채원중은 매홍의 계략과 도술에 의해 "튝ᄉᆡᆼ"의 무리로 전락하고, 매홍은 채원중에게 "ᄀᆡ심슈졸"할 것을 경계하며 심판하는 위치에 선다.

시비 쳥녕 후 나오ᄆᆡ ᄉᆡᆼ각 밧 시비 후문을 말ᄆᆡ암아 드러가며 셔편 후창을 열티니 원듕이 젼혀 무심듕 문ᄡᅡᆨ의 닷티니 알푸미 심ᄒᆞᄃᆡ 놀나오미 과ᄒᆞᄆᆡ 알픈 쥴을 잇고 국슝그려 엉금엄금 긔여 마루밋ᄐᆞ로 긔여 드러가니 과연 황구와 일뉘라. 시비 자셔히 술피미 업ᄉᆞᆫ 고로 즉시 도라와 부인긔게 안온ᄒᆞ시믈 고ᄒᆞ니 쇼졔 비로쇼 쇼촉을 쟝외로 ᄂᆡ고 팀금의 고요히 나아가 유모

---

11 각주 10 참조.

와 시비 다 좀이 깁허 실듕이 고요ᄒᆞ야 쇼ᄅᆡ 업ᄉᆞ니 원듕이 다시 긔여 황구피를 됴됴히 ᄆᆡ여 닙고 개면을 다시금 만져 쓰고 문 틈으로 여어 방듕의 들ᄆᆡ 침침ᄒᆞ야 알 길이 업ᄉᆞᄃᆡ 앗가 자셔히 보앗ᄂᆞᆫ 고로 더드머 쇼져 침금의 나아가니 쇼졔 좀이 깁허 슘쇼ᄅᆡ도 업산지라, 심듕의 ᄉᆡᆼ각ᄒᆞᄃᆡ, '예셔 거웟다가ᄂᆞᆫ 쇼ᄅᆡ 곳 ᄒᆞ면 큰 일이 날 거시니' 바로 입을 뽄 치 니블의 마라안고 ᄂᆡ다라 ᄇᆞ로 화계 우ᄒᆡ 가 표도 가ᄌᆞ 밋ᄒᆡ 니ᄅᆞ러 월ᄉᆡᆨ이 여쥬ᄒᆞᆫ 곳의 니블을 ᄒᆡ티고 오욕고져 본즉 이 ᄇᆞᆫ득 쇼졔 아니오 초인을 민ᄃᆞ라 의복을 닙혀 단졍이 누엇ᄂᆞᆫ지라. 속은 쥴 알고 황겁ᄒᆞ야 급히 ᄃᆞ좀 쥬어 뎡당을 긔여 드리 닷더니 무어시 발의 걸니거ᄂᆞᆯ 도라보니 각별 것틸 거시 업ᄉᆞ니 ᄯᅩ 긔고져 ᄒᆞᆯ 젹 허리 우흐로 조ᄎᆞ ᄒᆞᆫ ᄂᆞᆺ 홍망이 ᄂᆞ려져 일신을 얽으니 ᄒᆡ음업시 몸이 졋바진지라 젼면으로 조ᄎᆞ ᄒᆡᆺ불이 조요ᄒᆞ며 유뫼 텸하의 셔고 가월이 겻ᄒᆡ 셧더라.(권 9, pp.19-21)

이 장면은 판소리계 소설 〈배비장전〉에서 배비장이 방자와 애랑의 꾀에 속아 애랑을 취하러 개가죽을 쓰고 가다가 망신을 당하게 되는 장면과 상당히 유사한 양상을 보인다.[12] 대화가 이어지는 해학적인 장면을 대화 부분을 드러내 인용해 보이면 다음과 같다.

유뫼 쇼ᄅᆡᄒᆞ여 왈,

"우리 쇼졔 쥬역팔괘를 산 두어 대ᄋᆡᆨ이 당젼ᄒᆞ엿다 ᄒᆞ고 몸을 피ᄒᆞ시고 초인으로ᄡᅥ 젹을 잡으라 ᄒᆞ시더니 계교로ᄡᅥ 도적을 잡으ᄆᆡ 이 ᄇᆞᆫ득 ᄉᆞ롬이 아니니 필연 원듕의 뉴특ᄒᆞᆫ 바 구미호의 뉘니 너ᄒᆡ 등이 그 ᄭᅩ리를 상고ᄒᆞ라."

ᄒᆞᆫ 창뒤,

"이 즘ᄉᆡᆼ이 몸은 개털이오 머리ᄂᆞᆫ 개면을 ᄲᅥᆺ고 ᄭᅩ리ᄂᆞᆫ 업ᄉᆞ니 이 무ᄉᆞᆷ 즘ᄉᆡᆼ 인고?"

---

12 한길연, 앞의 논문 참조.

가월이 ᄀᆞᆯ오ᄃᆡ,

"이ᄂᆞᆫ 여이 아녀 동경개니 녯적의도 개가 여의정녕의 홀녀 변홰 불측터라 하니, 그 개면을 ᄡᅳ미 등한티 안닌 계괴니 용이히 쳐티치 못ᄒᆞ리니 가히 신병귀졸노 ᄒᆞ여곰 잡아 음부지옥의 가도리라."

원듕이 미인을 엇괘라 ᄌᆞ득ᄒᆞᆫ 흥이 시긱이 넘지 못ᄒᆞ야 이 욕을 당ᄒᆞ니 분홈과 ᄋᆡ다롬믈 이긔지 못ᄒᆞ야 쇼리ᄒᆞ야 왈,

"나난 귀신도 아니오 ᄯᅩ 즘싱도 아녀 ᄉᆞ람이니 너희 맛당이 샤ᄒᆞ야 노흐라."

유뫼 왈,

"그 즘싱이 말을 ᄒᆞᄂᆞᆫ괴야."

가월이 쇼왈,

"유모ᄂᆞᆫ 잠잠ᄒᆞ라. ᄉᆞ롬이나 즘싱이나 ᄂᆡ 쳐티ᄒᆞ리라."

인ᄒᆞ야 몸을 니러 ᄒᆞᆫ 번 흔드러 미홍이 본면이 도라오ᄂᆞᆫ지라. 원듕이 개면 쇽으로 보고 낙담 상혼ᄒᆞ여 왈,

"ᄎᆞ인은 됴히 박츌ᄒᆞ엿더니 어ᄃᆡ 잇던고?"

심시 요란ᄒᆞ야 ᄋᆡ걸왈,

"홍낭아 원컨ᄃᆡ 대ᄌᆞ대비ᄒᆞ야 날을 샤ᄒᆞ라. ᄎᆞ후 악심을 곳치고 불의지ᄉᆞ를 힝치 아니ᄒᆞ리라."

홍이 쇼릐를 ᄂᆞ작이 ᄒᆞ여 왈,

"이 튝싱아. ᄂᆡ 당초의 너를 아조 육장을 ᄆᆡᆫ들 거시로ᄃᆡ 허부인이 일명을 남겨 네 집 멸망ᄒᆞᆷ을 보지 말녀ᄒᆞ미 됴히 도라보ᄂᆡ여시니 ᄀᆡ심슈졸ᄒᆞ야 어믜 젼졍을 위로ᄒᆞᆯ 빈오, 늙은 하나븨 여년을 됴히 위로ᄒᆞᆯ 거시어놀 다시 요계흉ᄉᆞ로 감히 이런 거조를 ᄒᆞ니 네 망명여싱으로 ᄒᆞᆫ번 텬졍의 밧티면 ᄂᆡ 상급을 타고 네 슈형을 보젼티 못ᄒᆞ리니 이졔 너를 쥭여 후환을 덜 거시로ᄃᆡ 네 인명인쥴 앗겨 샤ᄒᆞᄂᆞ니 삼가 회심슈졸ᄒᆞ고 다시 망녕된 거조를 짓지 말나."

인ᄒᆞ야 진언을 념ᄒᆞ니 공즁으로조차 흉녕ᄒᆞᆫ 귀졸이 니ᄅᆞ거놀, 홍 왈,

"ᄎᆞ인을 결박ᄒᆞ야 원문 밧긔 ᄂᆡ치고 이후 이곳의 직희여 흉인의 츌입을 업시 ᄒᆞ라."

> 귀졸이 청녕ᄒᆞ고 원듕을 물이 못나게 결박ᄒᆞ야 ᄡᅳ어다가 원문 밧긔 너치니 원듕이 넉시 업셔 반싱반ᄉᆞ하엿거놀 맛초아 능운지 오ᄃᆞ가 보고 ᄎᆞ악ᄒᆞ야 업어 도라가 김부늬 셔당의 노흐니 (권9. pp.21-25)

매홍은 또한 西蜀으로 출정한 소흥문을 해치려는 妖徒 능운자를 잡는 대목에서 뚜렷한 활약을 보인다. 심야에 침입하여 소흥문을 업고 달아나던 능운자는 그것이 한갓 草人임을 알고는 내던지고 다시 소흥문을 치려 하는데, 매홍이 나타나 꾸짖자, 매홍에 대하여 "충씨 요녀의 적은 비자(婢子)"[13]가 촉훼한다며 큰소리를 친다. 그러나 결국 매홍의 홍망에 잡혀 경사로 압송된다.

이처럼, 侍婢인 매홍·매섬은 작품 속에서 선인형의 주인공을 돕는 보조인물이면서 뛰어난 능력과 적극적인 태도로 악인들을 징치하는 역할을 해 나간다.

시비의 신분으로서 작품 내에서 중요한 역할을 하는 또다른 존재가 계섬이다. 계섬은 이현의 딸 명아소저를 섬기는 시비로서, 이현의 繼室인 곽씨가 명아소저를 富商 장설영에게 오백 은자를 받고 팔려 하매, 이소저의 복색을 하고서 이소저를 대신한다. 이소저가 곽씨의 음모를 눈치채고 유모 정파와 짜고 시비 계섬을 자신으로 가장시켜 가마에 타게 하니, 계섬은 장설영에게 납치되어 가서 이소저의 행세를 하며 그 아들 장섭의 유혹을 물리치고 있다가, 우연히 그곳에 찾아 온 김성광과 함께 도망하여 김성광의 아내가 되어 산다. 계섬은 김성광을 꾸준히 회개시키려고 노력하고, 또 채원중과 함께 김성광이 큰 죄를 짓지만 황제 전에 나아가 김성광을 변호한다. 계섬의 노력으로 인해 김성광

---

13 〈화정선행록〉, 권12, p.26.

은 免死하고 북방에 充軍하되 10년 후 放生하게 되는 행운을 얻는다. 자신이 이소저가 아니라 그 侍婢인 것을 알리고는 자결하고자 칼을 내어 찌르나 주위의 구호로 살아나는데, 황제는 "계셤을 어약방의셔 구호ᄒᆞ야 병이 ᄒᆞ리거든 튱비문(忠婢門)을 세워 그 일흠을 표ᄒᆞ"[14]도록 명한다.

중세 시기에 신분적으로 낮은 하층 여성인 매홍·매섬·계섬 같은 인물을 이러한 모습으로 형상화하는 것은, 신분 문제와 여성 문제에 대한 작가의 진전된 의식으로 평가할 수 있을 것이다.

4. 〈화정선행록〉의 作家意識

〈화정선행록〉은 다양한 인물 군상에 의한 복잡한 서사 전개로 이루어져 있으나, 작품 전체를 일관하고 있는 작가의식은 비교적 선명하게 설명될 수 있다. 다음과 같은 意識上의 二元性을 〈화정선행록〉은 잘 보여 준다.

(1) 處士의 삶과 將相의 삶

〈화정선행록〉에는 處士의 삶을 지향하는 의식이 작품의 底流에 깔리면서 동시에 將相의 삶을 지향하는 의식이 작품의 表層에 나타난다.

〈화정선행록〉의 주인공 임포는 실존인물인 宋代의 林逋를 대상으로 하여 허구화시킨 것이다. 임포는 錢塘 사람으로서, 자는 君復이며, 西湖處士로 불렸던 인물이다. 〈화정선행록〉에서도 주인공 임포는 '서호처

14 〈화정선행록〉, 권12, p.101.

사'로 불린 것으로 나온다.[15]

작품에서 아버지 임포는 處士의 인물형상을 대표하며, 그 맏아들 임창연은 將相의 인물형상을 대표한다.

顯達과 豪奢를 꺼리는 隱逸處士 임포의 모습은 여러 대목에서 보인다. 자기의 맏아들 임창연이 화순공주의 부마가 되어 화순궁에 거처하게 되매 그 호사를 꺼려 戰慄謙退하는 임포의 모습이 누차 묘사된다.

> 이에 화슌궁을 둘너 보미 분댱과 난함이 참치아라ᄒᆞ니 공이 공구젼뉼ᄒᆞ야 바로 보지 못ᄒᆞ니 〔…〕 공이 빈미왈, "셩탕도 궁실의 셩ᄒᆞᆷ을 근심ᄒᆞ니 너엇디 화당난실을 근심티 아니리오. 혼긔롤 디닉고 밧비 도라와 모려의 ᄒᆞᆫ가히 이시믈 원ᄒᆞ고 슈달난창을 오릭 보디 아니리라."(권2, pp.35-36)

> 쳐ᄉᆞ는 젼뉼ᄒᆞ야 근심이 슈미롤 잠가 겸퇴ᄒᆞ미 날노 더으더라. 〔…〕 쳐ᄉᆞ는 갈싸록 공구젼뉼ᄒᆞ야 외람ᄒᆞᆫ 황은을 황감쳔만ᄒᆞᄂᆞ 말씀이 놉고 말그며 엄ᄒᆞ고 숙연ᄒᆞ야 부마의 부공인 쥴 알니러라.(권2, pp.73-76)

> 쳐ᄉᆞ의 일단 위구ᄒᆞᆫ 심녜 날노 고향을 ᄉᆞ렴ᄒᆞ야 귀심이 살ᄀᆞᄐᆞ니 (권2, p.97)

처음에는 고향으로 돌아가길 희망했으나, 현실적으로 여의치 않아 취벽산에 새 거소를 마련하게 되는데, 완연한 山林處士의 거소에 부합하는 것으로 묘사되어 있기도 하다.

---

15 김기동은 임포를 '林彪'로 誤記하고 있다.

ᄉᆞ면으로 쥭봉고악이 ᄃᆞ토아 ᄲᅢ혀나 옥암쳥벽이 운뎐의 님니ᄒᆞ야 농이 셔리고 봉이 츔추는 듯 만믹이 징취ᄒᆞ고 쳥뉘 흘흘ᄒᆞ야 창창ᄒᆞᆫ 송듁과 총잡ᄒᆞᆫ 녹홰 비단뫼흘 둘넛거늘 졍묘한 당식 뫼흘 등지고 물을 님ᄒᆞ야 반공의 소ᄉᆞ시니 소쇄쳥아ᄒᆞ야 이 진짓 은인의 쳐쇼오 산님의 거체라.(권3, pp.9-10)

임포의 謙退하는 자세는 임창연을 부마로 정하는 天子의 詔書를 받고서 올리는 表文에 구구절절이 잘 드러난다.

"미신 님포난 초야의 엽ᄃᆡ여 황공돈슈ᄒᆞ와 샹표ᄒᆞᄂᆞ이다. 셩샹의 인ᄌᆞ후덕ᄒᆞ샤미 사히팔황의 ᄋᆞ동주졸이 격양의 노릐롤 화하오나 미신이 불틍불민ᄒᆞ와 보좌할 덕이 업ᄉᆞ오미 다ᄉᆞᆺ 번 듕죄롤 범ᄒᆞ오ᄃᆡ 셩은이 여텬ᄒᆞ샤 용ᄉᆞᄒᆞ시니, 기리 님하의 여싱을 안과하여 화봉인의 쳔츄롤 효측ᄒᆞ옵더니, 쳔만 의외의 황됴롤 밧ᄌᆞ오니 불승황공ᄒᆞ야 부지쇼향이로쇼이다. 불초ᄌᆞ 챵연이 외람이 셩은을 입ᄉᆞ와 일흠이 쳔인의 머리지어 장원의 고등ᄒᆞ고 다시 쟉위 쓘복ᄒᆞᆯ 경계오니, ᄒᆞᆫ번 드ᄅᆞ미 미신이 한츌쳠빈ᄒᆞ옵거늘 다시 화슌도위롤 뎡ᄒᆞ시니 옥쥬는 동궁태ᄌᆞ 버금으로 졔왕의 위롤 가져 텬총과 민망이 텬하의 쟈쟈ᄒᆞ니 부마롤 간션ᄒᆞ시미 고문대가의 현인군자롤 턱ᄒᆞ실디니 챵연이 힝혀 분면홍슌이 누츄키롤 면ᄒᆞ오나 이 불과 미인의 홍티롤 암연ᄒᆞ오니 당부 긔상이 아니옵고 가마괴 그리는 좀 지죄 잇ᄉᆞ오나 엇디 다ᄉᆞ의 웅문거필을 ᄇᆞ라리오. 여ᄎᆞ 용둔ᄒᆞ미 녀염 쇼쇼 녀ᄌᆞ의 짝도 불가커늘 황녀는 텬ᄌᆞ의 귀한 가지로 농의지치라. 뉘 감히 봉황가지의 졉ᄒᆞ는 외람ᄒᆞ믈 당ᄒᆞ리잇고? 신의 누누한 쟈최로 감히 샹알티 못ᄒᆞ여 오직 모옥의 좀겨 침상의 ᄃᆡ죄롤 주ᄒᆞ옵ᄂᆞ니, 복원 셩샹은 지상 문미의 어진 낭지롤 턱ᄒᆞ시고 챵연의 부지박덕으로 ᄯᅩ 다시 가실이 이시믈 녀렴ᄒᆞ쇼셔. 듕녀는 밍약이 굿고 빙물의 신이 오라오니 비록 나히 어리믈 녀렴ᄒᆞ야 녜랄 못 일웟시나 ᄎᆞ난 초야 근듕의 고인이어놀 챵연이 조고만 일홈이 농문의 걸니고 빈쳔의 뜻을 옴기미 조강 불하ᄒᆞᄂᆞᆫ 죄인이 되온 즉 신이 하 면목으로 ᄉᆞ롬의 아비 되야 ᄉᆞ류의 츙슈ᄒᆞ오며 닙어셰샹ᄒᆞ리잇고? 더욱 무식불의ᄒᆞᆫ 챵연을 됴항의 용납ᄒᆞ리잇가. 신이 쇼위 여ᄎᆞᄒᆞ오미 딘달ᄒᆞ옵ᄂᆞ니 셩쥬는 됴지ᄅᆞᆯ 환슈ᄒᆞ시고 다시 부마 간션의 더러이지 말으쇼셔. 튱녀ᄂᆞᆫ 종시 거졀ᄒᆞ라 ᄒᆞ시면 신이 머리ᄅᆞᆯ 농젼의 헌ᄒᆞ고 실신무의ᄒᆞᆷ을 원티 아니ᄒᆞᄂᆞ이다."(권2, pp.23-26)

이러한 處士로서의 삶을 견지하고자 하는 아버지 임포의 형상과, 出將入相을 거듭하고 두 공주를 포함한 세 부인을 거느려 부귀영화를 극진히 누리는 아들 임창연의 형상은, 한 작품 속에서 다소 不調和한 모습으로 共存하고 있다. 그럼에도 이 두 형상은 어느 한 면이 다른 면을 압도하는 것이 아니라 시종 강하게 유지된다.

處士로서의 삶을 견지하고자 하는 충방의 형상과, 도술로써 전쟁에서 승리를 이끌고 西平侯에 봉해지기까지 하는 여성영웅 충효혜의 형상 또한 임포와 임창연의 대조적 형상과 軌를 같이한다.

쳐식 몸의 학창의ᄅᆞᆯ 착ᄒᆞ고 두샹의 윤니건이 반만 기우럿ᄂᆞᆫᄃᆡ 용뫼 크게 비쇽ᄒᆞ야 샹네롭지 아니터라.(권5, p.38)

이 같이 묘사되는 處士 충방은 그 딸 충효혜가 공로를 세워 서평후에 봉해지고 천자의 양녀가 되매 황태사 안국공에 봉해지는데, 끝까지 이를 거절하고자 하니 천자가 이는 나를 인정치 않는 것이라 하여 傳位하겠다며 궐문을 나서려 하기까지 한다.

공이 다만 복디읍혈ᄒᆞ야 쥭기로ᄡᅥ ᄉᆞ양ᄒᆞ온ᄃᆡ 샹왈, "경이 종시 이러ᄒᆞ믄 짐의 박누ᄒᆞᆷ을 ᄡᅥ리미니 짐이 당당이 어진 종족의 아룸다온 이ᄅᆞᆯ ᄀᆞᆯ히여

셰워 뻐 위를 견코져 ᄒᆞ노라." ᄒᆞ시니, 쳐식 더욱 황황진뉼ᄒᆞ야 다만 뎌하의 셔 쳥죄ᄒᆞ야 법을 안ᄒᆞ시믈 쳥ᄒᆞᆫ더, 샹이 옥교롤 두루혀 궐문을 나려 ᄒᆞ시논 지라.(권5, p.45)

이처럼, 處士로서의 삶을 견지하고자 하는 아버지 임포·충방의 형상과, 出將入相하며 비길 데 없는 부귀영화를 구가하는 임창연·충효혜의 형상은, 한 작품 속에서 다소 부조화한 모습으로 共存하면서 시종 강하게 유지된다. 이는 理念과 現實의 兩面에서, 理想的인 모델을 점유하고자 하는 작가의 욕망을 반영하는 것이 아닌가 여겨지며, 조선 후기 소설 장르를 향유하는 독자의 욕망이기도 할 것이다.

(2) 儒敎的 理念과 道敎的 幻想性

〈화정선행록〉은 儒敎的 理念에 충실한 주인공들의 형상과 그에 따른 이념적 승리의 서사적 결말이 작품의 뼈대를 이룬다. 그러면서, 작품의 도처에서 삽화를 풍성하게 하며 흥미를 고조시키는 역할로서의 道敎的 幻想性이 交織되어 있다. 이런 면은 여타의 고전소설에서도 어느 정도 비슷한 사례를 찾아볼 수 있는 부분이나, 〈화정선행록〉의 道敎的 幻想性의 요소는 상당한 비중을 차지한다.[16]

여주인공 충소저는 무뢰한인 김성광의 劫取를 피하려다가 연못에 투신하여 용궁 세계로 들어간다. 남해 용왕과 왕비는 충소저를 보고는 그녀가 천상 문창성군의 천정 원앙채로 인간에 적강한 규목랑임을 알아본다. 그리하여 수졸을 시켜 용궁으로 인도하여 회복시킨 후, 충소저의 미래에 대하여 예언해 준다. 백세 인연을 만나고, 천가의 귀한 몸이

16 이 점에서 〈옥루몽〉의 그것과 비교될 수 있다. 이에 대하여는 상세한 비교 고찰이 필요할 것이다.

될 것이지만, 일시적으로 毒害를 당하기도 할 것이라 예언하면서, 육십 년 후를 기약하고 충소저를 용궁에서 떠나 보낸다.[17]

뭍으로 나온 충소저는 동쪽으로 향하여 전진하다가, 영주 태보산 니허진인을 만나게 된다. 니허진인은 충소저와 그 시비 매홍·매섬을 장략과 도술의 달인으로 훈련시키며 역시 충소저의 미래를 예언하고 대비시켜 준다. 충소저가 니허진인을 처음 만났을 때, 니허진인은 이미 과거와 미래를 훤히 꿰뚫어 보면서 충소저와 매홍·매섬을 훈련시킬 계획을 실천해 나간다. 니허진인은 다음과 같이 말한다.

> 빈인은 세샹을 하직ᄒᆞ고 텬하의 오유ᄒᆞ니 셩명을 감초아 다만 ᄉᆞᄅᆞᆷ이 브ᄅᆞ기ᄅᆞᆯ 영쥐 태보산 니허진인이라 ᄒᆞᄂᆞ니, 그ᄃᆡ 엇지 듯지 못ᄒᆞ여시리오? ᄂᆡ 깁히 암듕의셔 셩슈랄 혜아리ᄆᆡ 규목낭이 ᄉᆞ년 ᄋᆡᆨ이 비상ᄒᆞ고 겸ᄒᆞ야 부모동긔ᄅᆞᆯ 더지고 ᄒᆡ듕의 츌몰ᄒᆞ야 이 ᄯᅡᄒᆡ 뉴우ᄒᆞᆯ 쥴 짐작ᄒᆞᄆᆡ 빈도의게 ᄯᅩ 일년 연분이 잇ᄂᆞᆫ 고로 마ᄌᆞ라 왓ᄂᆞ니 그ᄃᆡᄂᆞᆫ 만ᄉᆞᄅᆞᆯ 물외의 더지고 날노 더브러 암듕의 도라가미 엇더ᄒᆞ뇨 (권3. pp.52-53)

그리하여 니허진인이 天理星宿와 地理通運, 六韜三略, 兵法神術과 華陀의 醫術까지 가르친다. 그런데 충소저는 처음에 여자의 도리가 아님을 들어 사양하고자 한다.

> 쳡이 존ᄉᆞ의 지휘ᄅᆞᆯ 듯ᄌᆞ오ᄃᆡ ᄒᆞᆫ 일도 녀ᄌᆞ의 ᄒᆡᆼ이 아니라. 장ᄂᆡ 쳡으로 ᄒᆞ여금 남ᄋᆞ의 ᄉᆞ업을 나토고 ᄉᆞ희팔황을 어ᄒᆞ야 진신명공이 되라 ᄒᆞ시ᄂᆞ니잇가 (권3. p.55)

---

17 〈화정선행록〉, 권3, pp.45-49.

또한 도술을 익힘으로 해서 모든 조화를 다 부릴 수 있게 되자, 충소저는 깊이 근심하며 詩書에 잠심하고자 한다.

> 쇼졔 다만 식이ᄂᆞᆫ ᄃᆡ로 비호ᄆᆡ 반년지ᄂᆡ의 못 통ᄒᆞ며 못 ᄡᅵ칠 곳이 업ᄉᆞ니 문득 풍운을 브리고 몸이 화ᄒᆞ야 되고져 ᄒᆞᄆᆡ 못ᄒᆞᆯ 조홰 업ᄉᆞ니 문득 놀나고 근심ᄒᆞ야 왈, "야야의 놉흔 쟈최 텬하의 유명ᄒᆞ시ᄃᆡ 오히려 이ᄀᆞᆺ지 못ᄒᆞ시거ᄂᆞᆯ 나ᄂᆞᆫ 무용의 녀ᄌᆞ로 이런 남활ᄒᆞᆫ 작싀 이시니 야애 아ᄅᆞ시면 즐기지 아니시리니 엇지 다 시험ᄒᆞ리오. 이러ᄐᆞᆺ 혜아려 침잠고요ᄒᆞ야 방ᄉᆞᆯ의 ᄯᅳᆺ을 두지 아니ᄒᆞ고 시셔의 잠심ᄒᆞ야시니, 냥 시비 쇼져의 뒤ᄒᆞᆯ 니어 착착히 ᄡᅵᄃᆞᄅᆞᄆᆡ ᄯᅩᄒᆞᆫ 구외의 ᄂᆡ여 니ᄅᆞ미 업셔 일월을 보ᄂᆡᆯ시, 비쥬 삼인이 낫인즉 시셔의 잠심ᄒᆞ고 근심이 업ᄉᆞᆫ ᄃᆞᆺᄒᆞᄃᆡ (권3. pp.56-57)

이제 將略과 道術을 통달한 충소저와 매홍·매섬에 의해 작품 내에서의 도교적 幻想性은 거침 없이 도처에 흔적을 남기게 된다. 이와 아울러 악인형의 妖徒로 등장하는, 사천후 유길을 도와 모반에 가담하는 운청법사(진탁)와, 尼姑로서 도술을 배워 仙官의 모습으로 나타나 황제를 미혹시켜 국가를 濁亂케 하는 능운자는, 神異하고 妖邪한 술법을 종횡으로 행함으로써 작품 내에서 도교적 환상성을 드높여 준다.

이처럼 〈화정선행록〉은 작품의 도처에 道敎的 幻想性이 交織되어 있다. 儒敎的 理念에 충실한 주인공들의 형상과 그에 따른 이념적 승리의 서사적 결말이 작품의 뼈대를 이루는 가운데, 도처에 개입되는 이 도교적 환상성은 작품 내에서 삽화를 풍성하게 하며 흥미를 고조시키는 역할로서 기능한다. 그러면서도 道術을 달갑게 여기지 않으며 詩書에 잠심하는 충소저와 매홍·매섬의 태도에서 보듯, 그것이 유교적 이념을 압도하지는 못한다.

이 점 역시 조선 후기 주요한 대중의 독서물로 성립한 소설의 흥미 요소를 담보하면서, 동시에 조선 후기 사회에 드리워져 있는 이데올로기로서의 유교적 이념에도 충실하고자 하는 작가의 욕망을 반영하는 것이 아닌가 여겨지며, 이는 또한 조선 후기 소설 장르를 향유하는 독자의 욕망이기도 할 것이다.

맺음말

조선 후기 장편소설 연구가 최근 학계에서 활발히 진행되고 있으나, 〈화정선행록〉은 아직 본격적인 연구가 이루어지지 않은 작품이다. 이 글에서는 〈화정선행록〉의 書誌 및 서사 전개, 인물 형상, 작가의식 등에 걸쳐 그 특징적인 면모에 대하여 개괄적으로 살펴보았다.

현재 확인되는 〈화정선행록〉의 이본은 정문연(장서각) 소장본(전 15책 완질), 정문연(장서각) 소장본(권7의 1책, 낙질), 러시아 동방학연구소 소장본(전 15책 완질)의 세 종류가 있을 뿐이다. 18세기 후반에 이루어진 서울대본 〈옥원재합기연〉에 필사되어 있는 장편소설 목록이나, 19세기 전반에 이루어진 홍희복의 《第一奇諺》 서문에 들어 있는 장편소설 목록에는 이 〈화정선행록〉의 서목이 나타나지 않는 점에서, 〈화정선행록〉의 형성은 장편소설로서는 늦은 시기인 19세기에 들어서 이루어진 것이 아닐까 생각해 볼 수 있겠으나, 그 형성 시기에 대하여 확정적으로 얘기하기는 어려운 문제이다.

〈화정선행록〉이라는 題名은, 충방의 딸로서 남주인공 임창연과 定婚하였으나, 화순공주가 賜婚됨으로 해서 자칫 불운한 처지에 빠질 위기에 처하다가, 영주 태보산 니허진인에게 뛰어난 장략과 도술을 익혀 장차 전장에서 임창연을 구하고 송나라 仁宗의 양녀가 되는 여주인공

'화정공주(충효혜)의 선행'을 주제로 한 작품이라고 할 수 있다.

산림처사 충방의 세 아들과 딸 충효혜, 산림처사 임포의 세 아들인 임창연·임경연·임성연과 두 딸 임성아·임정염, 추밀사 소죽헌의 아들 소흥문과 재종제 소경문, 이렇게 充府·林府·蘇府의 인물들을 중심으로 결구된 점에서 보면, 〈화정선행록〉은 충부·임부·소부의 번영을 구가하는 家門小說의 유형에 드는 작품이라 하겠다. 그러나 〈화정선행록〉은 등장인물들 간의 복잡한 結緣과 離合, 악인형 인물들이 끊임없이 일으키는 궁중과 가정 내의 갈등, 그리고 軍談과 道術의 話素 등이 흥미롭게 삽입되어 복잡하게 전개되는, 조선 후기의 다양한 소설 유형이 복합된 장편소설이다.

〈화정선행록〉에 등장하는 인물 군상은 선인형의 인물과 악인형의 인물로 크게 대별되며, 또한 보조적 인물들이 이들을 돕게 된다. 작품의 주역인 선인형의 인물들은 才德을 겸비하였으며 유교적 이념에도 충실한 모습으로 그려진다. 그런데 특별히 주목되는 존재는 賜婚妻인 화순공주의 형상이다. 화순공주는 비할 데 없는 才德을 겸비한 현숙한 모습으로 그려진다. 많은 장편소설에 등장하는 사혼처의 대부분은 교만과 위엄을 내세우며 다른 부인들을 謀害하다가 남편과 媤家로부터 懲治되는 類型性을 보여 준다. 사혼처가 이렇게 선하게 그려지는 경우, 王權과 臣權과의 갈등은 첨예하게 그려지지 않고 君臣 간의 조화로운 질서가 부각될 따름이며, 그만큼 봉건적 질서의 모순에 대한 문제 제기는 축소되는 한계를 지닌다.

〈화정선행록〉의 서사적 갈등을 이끌어가는 주 인물은 악인형 인물인 김성광·채원중·양귀비·능운자이다. 그리고 작품의 마지막 부분에서는 이들 악인형 인물들이 한데 결합함으로써 갈등은 최고조에 달한다. 이와 함께, 〈화정선행록〉에서 흥미로운 존재가 선인형 인물을 돕고 악인형 인물을 懲治하는 역할로 나오는, 충소저의 侍婢 매홍·매섬이다. 매홍·매섬은 처음부터 뛰어난 능력을 지닌 인물로 나오는 것은 아니며, 주인인 충소저와 함께 김성광의 흉계에 빠져 죽을 고비를 넘기고 난 뒤 영주 태보산 니허진인에게 도술을 익힌 후 비범한 능력을 지닌 인물로 변모한다. 중세 시기에 신분적으로 낮은 하층 여성인 매홍·매섬, 그리고 계섬(이소저의 侍婢) 같은 인물을 뛰어난 모습으로 형상화하는 것은, 신분 문제와 여성 문제에 대한 진전된 의식으로 평가할 수 있을 것이다.

〈화정선행록〉에는 處士의 삶을 지향하는 의식이 작품의 底流에 깔리면서 동시에 將相의 삶을 지향하는 의식이 작품의 表層에 나타나며, 또한, 儒教的 理念에 충실한 주인공의 형상과 그에 따른 이념적 승리의 서사적 결말이 작품의 중심축이되, 작품의 도처에 삽화를 풍성하게 하며 흥미를 고조시키는 道教的 幻想性이 交織되어 있다.

處士로서의 삶을 견지하고자 하는 아버지 임포의 형상과, 出將入相을 거듭하고 두 공주를 포함한 세 부인을 거느려 부귀영화를 극진히 누리는 아들 임창연의 형상, 그리고 處士 충방과 그 딸인 여성영웅 충효혜의 형상이 다소 부조화한 모습으로 共存하면서도 시종 강하게 유지되는 것은, 이념과 현실의 兩面에서, 理想的인 모델을 점유하고자 하는 작가의 욕망을 반영하는 것이 아닌가 여겨지며, 이는 조선 후기 소설 장르를 향유하는 독자의 욕망이기도 할 것이다.

한편, 용궁세계의 용왕과 왕비, 영주 태보산 니허진인의 술법, 그리고 충소저와 매홍·매섬에 의해 펼쳐지는 도술, 악인형의 妖徒인 운청법사(진탁)와 능운자에 의한 神異하고 妖邪한 술법 등 도교적 幻想性이 도처에 개입되는바, 이는 작품 내에서 삽화를 풍성하게 하며 흥미를 고조시키는 역할을 한다. 그러면서도 그것이 유교적 이념을 압도하지는 못한다. 이 역시 조선 후기 주요한 대중의 독서물로 성립한 소설의 흥미 요소를 담보하면서, 동시에 조선 후기 사회에 드리워져 있는 이데올로기로서의 유교적 이념에도 충실하고자 하는 작가의 욕망을 반영하는 것이 아닌가 여겨지며, 이는 또한 조선 후기 소설 장르를 향유하는 독자의 욕망이기도 할 것이다.

이상에서 살핀 것처럼, 〈화정선행록〉은 복잡한 서사 전개와 다양한 인물 군상이 그려내는 조선 후기 장편소설의 한 名篇으로 평가될 수 있을 듯하다. 특히 이념과 현실의 兩面에서, 이념과 소설적 흥미의 兩面에서, 그 모두를 점유하고자 하는 조선 후기 소설 작가의 욕망과 독자의 욕망을 읽을 수 있는 하나의 보기가 될 작품이 아닌가 한다.

—《정신문화연구》, 92호, 한국학중앙연구원, 2003.

〈花門錄〉의 여성 형상과 작가의식

머리말

〈화문록〉은 현재 藏書閣에 소장되어 있는 7책 분량의 唯一本이 전하는 조선 후기 소설의 한 작품이다.[1] 〈화문록〉에 대한 연구는 정병욱의 작품 소개가 있은 이후, 몇 편의 논고가 이어졌다.

정병욱은 장서각 낙선재본 소설을 발굴하여 그 개략을 소개하였고,[2] 그중 몇 작품을 한데 아울러서 낙선재본 소설의 성격을 논하는 자리에서 〈화문록〉에 대한 분석을 기하였다. 이 작품이 형식면이나 내용면에서 새로운 것을 발견할 수 없으나, 인물의 성격 표현에 있어서는 새로운 가능성을 보여 준 작품이라고 하였다.[3]

---

1 대본은 藏書閣 소장의 7책 유일본(양서각 영인본, 1974). 아울러 활자로 옮긴《엄시효문청힝녹 · 화문녹》(한국정신문화연구원, 1982)을 참고하였다.

2 정병욱, 〈낙선재 문고 목록 및 해제〉, 《국어국문학》, 45 · 46 합병호, 국어국문학회, 1969(《한국고전의 재인식》, 홍성사, 1979. 재수록).

이수봉은 〈화문록〉을 가문소설이라는 관점에서 검토하여, 그 주제를 "충효열을 바탕으로 한 가문창달"이라고 하였다. 구조와 작중인물의 성격을 분석하면서, 특히 화경에게 반하여 첩으로 들어간 호부인에 대해 간악하고 애정에 차 있지만 절개가 있는 성격의 소유자로 평가하였다. 〈화문록〉의 인물성격 묘사가 기존의 단순한 권선징악을 벗어나, 신소설과 현대소설로 이어지는 교량적 역할을 했다는 의의를 부여하였다.[4]

두창구는 〈화문록〉이 〈사씨남정기〉와 유사한 사건 전개를 보이고 있으나, 표현기교나 구조적 특징에서는 근대의식이 보인다고 하였다.[5] 김도경도 이 작품의 근대성에 동의하여 입체적인 인물의 갈등구조를 통해 새로운 인간상을 구현하는 데 성공한 작품으로 평가하였다.[6]

강인범은 〈화문록〉이 서술기법에 있어 강한 현실성을 지니고 있다고 보면서, 특히 부부갈등에 주목하여 그 의미를 살폈다. 가문소설 내부에 다양한 층위의 소설이 존재하고 있는데, 〈화문록〉은 계후의 문제나 가부장권의 확립과 같은 남성 중심의 가문소설과는 다른, 가문원으로서의 여성의 문제에 관심을 두었던 작품으로 그 성격을 파악했다.[7]

이러한 일련의 성과로 해서 〈화문록〉의 작품 성격과 특징에 대한 논의는 상당히 축적된 감이 있다. 이 글에서는 작품 해석의 시각을 좀더 좁혀서, 〈화문록〉에서 가장 중요한 의미를 갖고 있다고 여겨지는 여성 형상을 통해 작가가 표출하고자 하였던 의식이 어떤 것이었는지를 살펴보

---

3 정병욱, 〈조선조 말기 소설의 유형적 특징〉, 《문화비평》, 1-1, 아한학회, 1964(《한국고전의 재인식》, 홍성사, 1979 재수록).

4 이수봉, 〈화문록 연구〉, 《개신어문연구》, 1, 충북대학교, 1981.

5 두창구, 〈화문록연구〉, 《관동어문학》, 4, 관동대학교, 1982.

6 김도경, 〈화문록연구〉, 세종대학교 석사학위논문, 1989,

7 강인범, 〈화문록의 서술기법과 주제의식〉, 고려대학교 석사학위논문, 1994.

고자 한다.

1. 〈화문록〉의 敍事 展開

〈화문록〉은 中世의 閥閱家인 花家에서 벌어지는 妻妾갈등을 축으로 하여 다양한 사건이 전개되는 家門小說의 한 작품이라고 할 수 있다. 작품에 대한 이해를 위해, 전체 서사의 전개 양상을 먼저 살펴보면 다음과 같다.

(1) 화경과 이소저의 定婚/화경과 호소저의 戀慕

明나라 成化 연간에 문현각 태학사 겸 九錫 좌승상 화운은 부인 한씨와의 사이에 늦도록 자식이 없었으나 뒤늦게 아들 화경(자는 문룡)을 낳는다. 아이가 聰明 穎悟하여 4세에 문자를 해석하고 10세에 四書三經과 諸子百家에 통달한다. 공부상서 이공의 딸이 성품과 용모가 뛰어나매 請婚한다. 이공은 화경의 기상이 방탕한 것을 걱정하지만, 부인 한씨는 딸의 능력을 믿어 염려하지 않는다.

어느날 화경은 外舅 한어사의 집에 갔다가 그곳에 머물고 있던 각로 호빈의 딸 호소저(홍매)를 보게 되고, 두 사람은 서로 반하여 戀慕의 정을 품게 된다. 화경은 즉시 청혼하지만 호부인은 화경이 이미 定婚했음을 들어 거절한다.

호소저의 미모에 반한 화경은 집에 돌아가 호소저와의 婚事를 이루기 위하여 부모에게 거짓 꿈 얘기를 한다. 꿈에 한 노인이 나타나 이소저와 혼인하면 자신의 命을 보전치 못할 것이라고 얘기했다며, 이소저와의 定婚을 破棄할 것을 주장한다. 그러나 화경의 부모는 오히려 화경을 꾸짖는다.

호소저도 화경을 만난 후 戀慕의 情을 품는다. 호소저는 화경에게 이미 정혼한 사람이 있음을 알지만, 再室이라도 좋으니 화경을 섬기겠다는 뜻을 시비 약난에게 말하고, 약난이 한부인께 알려 한부인은 호각로에게 알린다. 호각로가 화운에게 請婚하나, 이소저와 정혼한 사실을 들어 거절한다.

(2) 화경과 이소저 · 호소저와의 婚姻

화경은 이소저와 혼인하면서 이소저의 外貌가 빼어남을 보고 기꺼워하지만 호소저를 향한 戀慕의 情 때문에 이소저와의 첫날밤을 이루지 않고 홀로 지낸다. 이소저는 이소저대로 화경의 방탕한 성정을 간파하고는 첫날밤을 이루지 않은 것에 대해 마음속으로 다행하게 여긴다. 호부인이 호소저에게 다른 곳에서 혼처를 구하겠다고 말하지만, 호소저는 화경의 再室이 될지언정 화경 이외의 남자에게는 시집가지 않겠다고 결연한 결심을 얘기한다. 화경이 마침 外舅 댁에 이르러 호소저를 다시 만나 보고는, 盟約詩를 주고 받아 호소저를 맞이할 것을 굳게 약속한다.

화경이 15세에 과거에 장원 급제하여 한림서길사를 除授받으니 호각로는 정식으로 화경에게 청혼하고, 이소저의 아버지 이상서는 적극적으로 화경의 再娶를 권유한다. 화경과 호소저는 드디어 婚禮를 올리고, 첫날밤 화경과 호소저는 즐거움을 극진히 누린다. 이소저의 빼어남을 본 호소저는 자신의 處地에 불안감을 느끼면서 이소저에 대하여 謀害할 것을 결심한다. 화경은 호소저에게 깊이 沈惑되어 이소저를 멀리한다.

(3) 호소저의 이소저 謀害/호소저 黜去

호소저는 이소저의 侍婢 난화를 매수해, 화승상의 생신일에 이소저가 올리는 술잔에 독을 타게 한다. 화승상이 昏絶했다가 해독약에 의해 깨어난다. 이 일로 인해 화경은 이소저에게서 더욱 멀어지고, 이소저는 後園의 별당으로 옮겨 기거한다. 호소저는 다시 개용단을 써서 이소저가 외간 남자와 사통하는 것처럼 꾸민다. 이로 인해 호소저가 正室의 자리를 차지한다. 이소저가 아들 천보를 낳자, 호소저는 시비 난소를 시켜 이소저와 아이를 납치해 강물에 버리게 한다. 마침 하북절도사로 가던 이소저의 외삼촌 유세광이 이소저와 아이를 구하고, 하남 순무차 지나던 이관이 이소저를 능주 본댁으로 보내 그곳에 머물게 한다.

장사·여영 등지에서 癘疫이 발생하여 화경이 순무차 그곳에 가게 된다. 화경은 우연히 양진이라는 書生을 만나 개용단에 대해 알게 되고 호소저를 의심하게 된다. 화경이 집에 돌아와 있던 중 우연히 이화당에서 호소저와 그 시비들이 이소저 母子를 謀害하는 계획을 듣게 된다. 화경은 시비 난화를 잡아 문초하려 하나 호부에서 그녀를 숨긴다. 이 일로 인해 화경은 사건의 진상을 알게 되고, 호소저를 花家에서 축출한다. 호소저는 친정으로 쫓겨가, 그곳에서 화경과 이소저에 대한 새로운 모해를 계획한다.

(4) 화경과 이소저의 和樂

화경은 이소저의 집으로 찾아가 사죄한다. 화경은 처남들의 꾀에 빠져, 살아 있는 이소저를 죽은 冤鬼로 착각하고, 이소저에게 용서를 빈다. 이소저는 심하게 화를 내고 재결합의 의사가 없음을 밝힌다. 처남들은 화경이 술 취한 틈을 타 醜女 녹섬과 同寢하게 한다. 화경이 거짓 병든 체하여 이소저의 마음을 돌려놓으려 하나 이소저는 단호히 거절한다.

다시 재결합의 기회를 엿보던 화경은 이소저가 화경을 간호하다가 잠이 든 상태에서 威力으로 동침하고, 이후 和樂하게 된다.

(5) 호소저의 음모에 따른 화경과 이소저의 고난

호소저는 후궁 만귀비를 움직여 태아공주를 화경에게 賜婚한다는 교서를 내리게 한다. 황제가 화경에게 이부인을 副室로 삼고 공주를 再娶할 것을 명한다. 화경은 상소를 올려 賜婚에 불복한다. 이에 황제는 이소저와 화경을 각기 다른 곳으로 定配한다. 이소저는 配所로 가던 중 호소저가 보낸 水賊 후영에게 죽을 위기를 맞이하자 강물에 몸을 던진다. 마침 이곳에서 船遊하던 소창의 도움으로 목숨을 구하고, 이소저는 이곳에서 둘째 아들 천린을 낳게 된다. 이소저는 이곳에서 귀양가던 부친을 상봉하게 된다.

한편 화경은 配所에서 後學을 양성하면서 지낸다. 이때 조정은 만귀비의 弄權으로 태자가 쫓겨나고 황후는 내궁에 유폐된다. 조정에는 奸臣만이 득세하여 정치를 어지럽힌다. 호각로가 난화를 妾으로 삼자, 만부인과 호소저는 난화를 시기하여 그녀를 죽이고, 이 사건에 놀란 호각로도 충격으로 죽는다.

(6) 政局의 전환과 花家의 회복

황제가 昇遐하자, 태자가 황제로 즉위하여 정치를 바로잡는다. 새 황제는 각지에 흩어져 있는 충신들을 불러 모으고, 간신들을 추방한다. 이에 호가의 만부인과 아들은 화를 면치 못할 것을 알아 자결하고, 호소저와 시비 약난은 화를 피해 도주한다. 약난의 사촌 영영에 의해 失節 위기에 놓인 호소저는 강에 投身하고, 이때 마침 이곳을 지나던 예운암 주지 청원의 도움으로 살아나 중이 된다. 유배에서 풀려난 이소저는 상경 도중 예운암에 이르러 하룻밤 머물게 된다. 예운암에 이소저가 머무는 것을 알게 된 호소저는 이소저의 寢所에 불을 지른다. 그러나 이소저는 위기를 모면하고, 호소저를 위해 금백을 하사한 후 상경한다.

화경은 상경하던 중 이소저의 시비 난앵을 만나 후영이 이소저를 모해하려 했음을 듣고, 후영을 잡아 죽인다. 이때 난앵은 자신의 남편이 된 후영이 죽는 것을 보고 먼저 자결한다. 이소저는 호소저가 위기 가운데에서도 貞節을 잃지 않았음을 들어 화경에게 호소저의 복귀를 요청하나, 화경은 이를 강력히 거부한다. 이소저의 넓은 아량을 본 호소저는 자신의 잘못을 뉘우치고 화경의 칼로 자결을 시도한다. 호소저는 청원의 도움으로 살아나고, 화경은 호소저를 다시 花家의 일원으로 받아들인다.

〈화문록〉은 남주인공 화경을 중심에 두고, 두 여주인공 이소저와 호소저가 妻妻葛藤을 벌이는 내용이 중심 서사를 이루고 있다. 이런 점에서, 앞선 연구에서도 지적되었듯이, 유연수를 중심에 두고 사정옥과 교채란이 갈등을 벌이는 〈사씨남정기〉와 일견 견주어 볼 만하다. 그렇지만 인물의 성격 창조에서 볼 때 〈화문록〉은 〈사씨남정기〉와 현저히 구별된다.

〈화문록〉의 남주인공 화경은 용모와 재능이 뛰어나지만, 성정이 放蕩한 인물로 그려진다. 正室인 이소저가 화경을 못내 달가워하지 않는 것도 이 방탕한 성정 때문이다. 화경은 호소저의 미모에 매혹되어 기어코 그녀를 副室로 맞아들이고 극진한 사랑을 베풀지만, 정실인 이소저에게는 전혀 마음의 끌림이 없다. 이소저의 미모가 뛰어난 까닭에 때로 성적 충동이 일기도 하지만, 이소저에게 참된 연정을 느끼는 것은 아니다. 화경의 이러한 방탕한 성정은 작품 후반부에서 처남들에게 逢辱을 당하는 원인이 되기도 한다. 처남들은 화경이 취한 틈에 醜女 녹섬과 同寢하도록 계교를 꾸민다.

화경의 방탕한 성정이 〈화문록〉의 기본 갈등을 일으키는 素因이라고 하겠지만, 화경의 인물형상을 통해서 어떤 뚜렷한 주제와 작가의식이 드러나지는 않는다. 〈화문록〉의 진정한 가치는 두 여주인공의 인물형상을 통해 드러나며, 여기에 작품의 주제 및 작가의식의 요체가 있다고 하겠다.

2. 호소저의 형상과 작가의식

〈화문록〉에서 특히 주목되는 것이 惡女 호소저의 형상이다.

빼어난 外貌와 氷雪 같은 志操를 갖춘 이소저를 끊임없이 질투하고 모해하는 호소저는 妻妻間 혹은 妻妾間 갈등을 그린 爭寵型 소설에 흔히 나오는 惡人型 인물의 하나로 일견 보일 수 있겠으나, 〈화문록〉에서의 호소저를 바라보는 시각에는 조금 다른 관점이 필요할 듯하다.

화경과 호소저는 첫 만남을 우연히 가진 이후 서로 애틋하게 戀慕하여 기어코 결혼에 이른다. 화경이 外舅 한어사의 집에 찾아갔다가 우연히 호소저와 만나 애정을 싹 틔우는 다음 장면은 才子佳人小說에서 흔히 볼 수 있는 아름다운 만남의 장면에 다름 아니다.

> 일일은 화공지 외구(外舅) 한어ᄉᆞ 부즁의 니르러 현알ᄒᆞ고 표형(表兄) 등을 ᄎᆞᄌᆞ 셔당으로 갈ᄉᆡ 길이 후원으로 말ᄆᆡ암더니, 홀연 드르니 누상(樓上)의셔 미인의 옥셩이 낭낭ᄒᆞ여 쇼약난(蘇若蘭)의 직금도(織錦圖)ᄅᆞᆯ 닑ᄂᆞᆫ지라. 거름을 멈츄고 보니 누상의 쥬렴(珠簾)을 반권(半捲)ᄒᆞ고 일위미인이

션숨인디로 옥슈(玉手)의 산호필을 들고 직금(織錦)을 ᄎᆞ운(次韻)ᄒᆞ니, 혼난ᄒᆞᆫ 식티 눈의 황홀ᄒᆞ고 정신이 비월(飛越)ᄒᆞ여 어린 드시 셔셔 보니, 문득 일진향풍이 구슬발을 쩔쳐 미인의 금치(金釵) ᄯᆞᆨ히 ᄂᆞ려지거ᄂᆞᆯ, 미인이 놀나 급히 금ᄎᆞ(金釵)ᄅᆞᆯ 잡고져 ᄒᆞ다가 싱으로 눈이 마됴쳐 반향을 슉시ᄒᆞ여 보건디, 관옥지모와 냥뉴지풍(楊柳之風)이 황홀ᄒᆞ고 단ᄉᆞ쥬슌(丹砂朱脣)과 츄파봉안이 텬지 됴화ᄅᆞᆯ 아올낫고 미우(眉宇)의 산천졍긔ᄅᆞᆯ 거두어 팔치영농ᄒᆞ여 티을진군(太乙眞君)이 옥경(玉京)의 비회홈 ᄀᆞᆺᄒᆞᆫ지라. 미인이 아연이 넉술 일코 암암이 졍이 뉴동ᄒᆞ여 화용이 빗출 변ᄒᆞ고 잉슌의 말이 업셔 냥구슉시(良久熟視)ᄒᆞ니, 싱이 미인의 유정ᄒᆞᆷ믈 보미 심신이 더욱 황난ᄒᆞ여 밧비 금ᄎᆞᄅᆞᆯ 거두어 ᄉᆞ미의 넛코 져로 더브러 언어ᄅᆞᆯ 통코ᄌᆞ ᄒᆞ되 상거(相距) ㅣ 멀믈 한ᄒᆞ더니[8]

이 첫 만남 이후 화경과 호소저는 서로 戀戀해 마지않는다. 화경이 다른 여자와 定婚하였음을 들어 호소저에게 다른 婚處를 알아보자고 권유하는 호부인에게, 호소저는 화경을 향한 자신의 決然한 뜻을 피력한다. 再室이 되더라도 화경을 따르겠다는 것이다.

"쇼질(小姪)이 임의 공문 규슈로 화싱을 셔로 보와 비례(非禮)의 힝식 잇ᄉᆞ니, 이셩의 합근(合巹)ᄒᆞ미 아니오 미작(媒妁)의 신을 통ᄒᆞ미 업ᄉᆞ나, 마음의 허ᄒᆞ여 부부의 의 잇ᄉᆞ니 엇지 ᄎᆞ마 다른 셩을 셤기리오. 니시 식용이 비록 절츌ᄒᆞ여 화싱의 은익ᄅᆞᆯ 쳔ᄌᆞ(擅恣)ᄒᆞ나 쇼질은 화가 셩명을 의지ᄒᆞ여 장강(莊姜) 반비(班妃)의 ᄌᆞ최ᄅᆞᆯ ᄯᆞᆯ와도 타인을 셤기지 아니리니, 바라건디 슉모ᄂᆞᆫ 어엿비 너기쇼셔."[9]

8 장서각본, 권1 ; 양서각 영인본, 상권, pp.5-7 ; 한국정신문화연구원 활자본, 권1. p.4. (이하 양서각 영인본은 '양서각'으로, 한국정신문화연구원 활자본은 '정문연'으로 略稱한다. 인용문의 띄어쓰기, 문장부호, 괄호 안의 한자 표기는 한국정신문화연구원 활자본을 참조하여 필자가 덧붙인 것이다.)

그 후 화경이 外舅 한어사 댁에 다시 이르렀을 때, 화경은 아름다운 호소저의 모습에 매혹되어 "심신이 황홀ᄒᆞ고 정혼이 비월ᄒᆞ여 금시의 다라드러 안고 츈정을 풀고 시브되"[10] 禮貌를 잃기 어려워 참는다.

화경이 科擧에 壯元及第한 후, 호각로가 다시 화운에게 請婚하고 이소저의 아버지 이상서가 再娶를 권유함으로써 화경과 호소저는 비로소 婚姻을 이룬다. 두 사람은 '평싱 쇼원을 일운' 것인데, 그 첫날밤의 淫佚한 모습은 "참ᄋᆞ 긔록지 못ᄒᆞᆯ" 정도이다.

> 싱이 눈을 드러 호시를 보니 화용월터 젼즈 쥬렴 ᄉᆞ이로 보든 바와 ᄇᆡ승ᄒᆞ여 광염이 찬난ᄒᆞ여 쵹광이 무식ᄒᆞᆫ지라. 싱이 심신이 산난ᄒᆞ여 몸이 이는 쥴 모르게 쇼져의 압ᄒᆡ 니르러 집기슈(執其手) 년기슬(連其膝)ᄒᆞ여 갈오ᄃᆡ,
>
> "누년 상모지졍(相慕之情)을 금일이야 셔로 펴니 ᄐᆞᆨ히 평싱 쇼원을 일운지라. 희힝ᄒᆞ믈 엇지 다 셩셜ᄒᆞ리오."
>
> 쇼졔 념용 ᄃᆡ왈,
>
> "쳡이 무용누질(無用陋質)노 군ᄌᆞ의 고렴(顧念)ᄒᆞ시믈 닙어 밍셰코 타문을 허치 아니터니, 텬졍인연이 즁ᄒᆞ무로 니셩지친을 일우고 젼일 밍약을 셩취ᄒᆞ오니 엇지 다힝치 아니리잇고."
>
> 한님이 함쇼ᄒᆞ고 즉시 금션을 드러 쵹을 멸ᄒᆞ고 금니의 ᄂᆞᄋᆞ가니, 은졍이 여산낙히ᄒᆞ여 원앙이 녹슈의 맛ᄂᆞ고 비취 년니지의 놀미라. 그 음일(淫佚)ᄒᆞᆫ 터도롤 참ᄋᆞ 긔록지 못ᄒᆞᆯ너라.[11]

이후 家庭에서의 이소저의 처지는 화경의 冷待로 인해 애처로운 모습이지만, 호소저는 화경의 寵愛 속에서 威勢를 더한다. 그러나 이소저

---

9 장서각본, 권1 ; 양서각, 상권, p.26 ; 정문연, p.10.
10 장서각본, 권1 ; 양서각, 상권, p.29 ; 정문연, 권1, p.11.
11 장서각본, 권1 ; 양서각, 상권, pp.51-55 ; 정문연, p.17.

를 제거하려는 호소저의 거듭된 謀害가 탄로난 후, 급기야 호소저는 화경에 의해 黜去되고 그 신세는 逆轉된다. 자신의 惡行으로 인해 결국에는 처량한 신세로 전락하지만, 호소저의 이 모든 행위의 밑바탕에는 화경의 愛情을 독점하고자 하는 女人의 所望이 깔려 있다고 할 수 있다. 黜去 후 화경을 간절히 그리워하는 호소저의 심경이 묘사된 대목을 보면, 화경의 玉貌英風과 風流俊采가 눈에 아른거려 "간장의 불의 닐고 흉격의 원이 ᄊᆞ혀"[12] 나날을 보내는 모습으로 그려진다.

〈화문록〉 작품 속에서 호소저는 이소저를 몰아내고 正室의 자리를 차지하기 위해 여러 가지의 惡行을 거듭하지만, 호소저의 악행에는 남편인 화경을 직접 해치려 하지 않는다는 특이점이 있다. 〈사씨남정기〉에서 교채란이 동청·냉진과 사통하고 남편인 유연수를 해치려 하는 것과 대비된다. 호소저의 악행은 화경에 대한 애정에 그 동기가 있는 것이다.

〈사씨남정기〉에서 교채란이 娼妓로 전락하고 결국에는 죽임을 당하는 것에 비해, 〈화문록〉의 호소저는 다시 花家로 돌아오게 된다. 그것은 전적으로 이소저의 恩愛에 의한 것이지만, 또한 화경을 향한 호소저의 순연한 애정에 따른 결과인 것이다. 兇漢에 의한 겁탈의 위기에 처했을 때 "하ᄂᆞᆯ이 날을 벌ᄒᆞ시니 투ᄉᆡᆼ(偸生)ᄒᆞ여 욕(辱)을 엇지 면ᄒᆞ리오"[13]라 외치며 주저 없이 강물에 投身하는 모습에서 貞節을 지키려는 호소저의 태도를 볼 수 있다.

호소저의 가문 복귀는 이소저의 강력한 뜻에 의해 실현되는데, 그 가문 복귀의 중요한 근거는 호소저의 '失節하지 않음'에 있다.

---

12 장서각본, 권6 ; 양서각, 하권, p.199 ; 정문연, p.121.
13 장서각본, 권6 ; 양서각, 하권, p.218 ; 정문연, p.126.

“군자의 ᄎᆡᆨ괴 이의 밋ᄎᆞ시니 황괴ᄒᆞ오나 쳡의 농누미질(庸陋微質)이 감히 빈계ᄉᆞ신(牝鷄司晨)을 입니니여 넘나믈 본밧고ᄌᆞ ᄒᆞ미 아니라. ᄉᆡᆼ각건ᄃᆡ 호시의 젼후 죄괘 불과 부귀교ᄋᆞ로 ᄒᆞᆨ식이 너르지 못ᄒᆞ고 좌우의 간악ᄒᆞᆫ 비비 요언암ᄆᆡ지ᄉᆞ로 그 셩정을 흐리워 년쇼 투정을 도앗거늘, 상공이 ᄯᅩᄒᆞᆫ 졍도로 엄히 계칙지 못ᄒᆞ여 그 교룡ᄒᆞ믈 졔어치 못ᄒᆞ신 허물이 업지 아니시니, 엇지 년긔 미셩ᄒᆞᆫ 녀ᄌᆞᄅᆞᆯ 홀노 ᄎᆡᆨᄒᆞ며, ᄯᅩ 만일 됸당의 ᄎᆞᆨ범ᄒᆞ미 잇ᄉᆞ면 쳡이 감히 ᄉᆡᆼ의치 못ᄒᆞ오려니와 가국의 우흘 범ᄒᆞ미 업고, 녀ᄌᆞ의 졀ᄒᆡᆼ(節行)은 강상(綱常)의 ᄃᆡ본이여늘 그 몸을 됴히 ᄒᆞ여 투강닉ᄉᆞ(投江溺死)ᄒᆞ믈 달게 넉이며, 이졔 그 집을 파ᄒᆞ고 도라갈ᄃᆡ 업셔 풍진의 뉴락ᄒᆞ여 산ᄉᆞ의 고쵸ᄅᆞᆯ 밧더니, 년긔 장셩ᄒᆞ고 화란을 경녁ᄒᆞ여 반ᄃᆞ시 ᄭᆡᄃᆞ르미 이실지라. 군ᄌᆞ의 관홍ᄃᆡ도(寬弘大道)로ᄡᅥ 엇지 ᄎᆞ마 ᄎᆞᆨ연치 아니리잇고.”[14]

화경을 향한 호소저의 변함없는 愛情과 貞節은 자기를 지키는 명분이 되는 동시에 가문 복귀의 확실한 근거가 되는 것이다.

용서를 받아 돌아온 호소저는 화경이 이소저에게 하는 말을 夾室에서 듣는데, 화경이 자신을 妖女로 취급하는 말을 듣고서 분노한다. 호소저는 자신이 그런 지경에까지 이른 것이 齊家를 제대로 하지 못한 화경의 탓이라고 하며, 화경의 칼을 빼 자결하고자 한다.

도라 평장을 향ᄒᆞ여 ᄀᆞᆯ오ᄃᆡ, “명공의 말이 비록 쾌ᄒᆞ나 홀노 쳡의게 다다라 잔혹ᄒᆞ미 심ᄒᆞ도다. 셕일의 쳡이 허물 지음도 명공이 졔가(齊家)의 편벽(偏僻)ᄒᆞ무로 비로ᄉᆞ미라. 명공이 만일 졔가(齊家)의 공번되고 쳡의게 엄졍히 경계ᄒᆞ여시면 쳡이 엇지 방ᄌᆞᄒᆞ여 원비ᄅᆞᆯ 히ᄒᆞ리오. ᄋᆞ녀ᄌᆞ로 ᄒᆞ여금 졈졈 교긍(驕矜)ᄒᆞ믈 길너 동노동혈(同老同穴)과 쳥산녹슈로 언약ᄒᆞ니 어린 녀ᄌᆞ 독ᄒᆞᆫ 쥴 몰나 졈졈 ᄃᆡ죄의 ᄲᅡ지미 ᄯᅩᄒᆞᆫ 명공의 허물이로ᄃᆡ, 이져 다다라

14 장서각본, 권7 ; 양서각, 하권, pp.272-274 ; 정문연, p.140.

홀노 쥰졀ᄒᆞ미 이ᄀᆞᆺᄒᆞ니 쳡이 원컨ᄃᆡ 그ᄃᆡ 압히셔 죽어 마음을 쾌히 ᄒᆞ리니 ᄉᆞ오년 은의롤 뉴련ᄒᆞ거든 시슈롤 거두어 무드믈 쳥ᄒᆞ노라." 언파의 다라드러 평장의 찬 칼을 ᄲᆡ혀 ᄲᅧᆯ니 지르니[15]

이소저도 앞서 "상공이 ᄯᅩᄒᆞᆫ 졍도로 엄히 계칙지 못ᄒᆞ여 그 교룡ᄒᆞ믈 졔어치 못ᄒᆞ신 허물이 업지 아니시니, 엇지 년긔 미셩ᄒᆞᆫ 녀ᄌᆞ롤 홀노 칙ᄒᆞ며"[16]라 하여 화경이 齊家를 잘못하였음을 지적한 바 있거니와, 작가는 이 작품을 통해 중세 여성의 가문 내에서의 惡行의 所以然을 제시하며, 궁극적으로 齊家를 제대로 하지 못한 男性의 문제를 제기하는 것이라 할 수 있다.

3. 이소저의 형상과 작가의식

〈화문록〉의 남주인공 화경은 '當今 英俊'이지만, '긔상이 너모 방탕'하다는 흠결을 갖고 있다. 이 점은 介潔한 성품의 이부인과 和樂하지 못하게 되는 결정적인 흠결로 작용한다. 처음 婚談이 나왔을 때 아버지인 이상서는 화경의 방탕한 性情을 염려하여 부인에게 의견을 묻는데, 부인은 이소저의 뛰어난 품성으로 "ᄯᅩᆨ히 방탕ᄒᆞᆫ 군ᄌᆞ롤 진압ᄒᆞᆯ" 것이라고 한다.

니공이 ᄯᅩᄒᆞᆫ 화공ᄌᆞ의 풍치롤 여러번 본 비라. 그 위인의 발호ᄒᆞ믈 ᄉᆞ랑ᄒᆞ여 젼일 그으이 동상(東床)을 유의ᄒᆞ나, 긔상이 너모 방탕ᄒᆞ기의 ᄀᆞᆺ가온 고

15 장서각본, 권7 ; 양서각, 하권, pp.285-286 ; 정문연, p.144.

16 장서각본, 권7 ; 양서각, 하권, p.273 ; 정문연, p.140.

로 발셜치 아녓다가, 화가의셔 통혼ᄒᆞ믈 보고 부인을 ᄃᆡᄒᆞ여 ᄀᆞᆯ오ᄃᆡ,

"이제 화공이 통혼ᄒᆞ여시니 화공은 금셰 현상(賢相)이요 그 아ᄌᆞ(兒子)ㅣ 당금(當今) 영쥰(英俊)이로ᄃᆡ, ᄉᆡᆼ의 쇼견은 너모 방일(放逸)ᄒᆞᆯ듯ᄒᆞ니 부인의 ᄯᅳᆺ은 엇더타ᄒᆞ시ᄂᆞ뇨."

부인이 함소ᄃᆡ왈,

"녀ᄋᆞ의 상시 상쾌ᄒᆞᆫ 언논과 통달ᄒᆞᆫ 의견이 남ᄌᆞ의 지ᄂᆞ니 ᄯᅩᆨ히 방탕ᄒᆞᆫ 군ᄌᆞᄅᆞᆯ 진압ᄒᆞᆯ지라 그ᄂᆞᆫ 념녀ᄒᆞᆯ ᄇᆡ 아니니이다."[17]

이소저는 호소저보다 훨씬 빼어난 外貌와 品性을 지니고 있어, 화경도 "ᄌᆡ모ᄅᆞᆯ 닐너도 호시의 셰번 더으미 잇고, 졀ᄒᆡᆼ(節行)을 일너도 호시의 지ᄂᆞ리니, ᄂᆡ 일즉 니시의 ᄉᆡᆨ덕(色德)이 져ᄃᆡ지 ᄲᅢ혀날 줄은 ᄯᅳᆺᄒᆞ지 아니쾌라" 하며 감탄하지만, 호소저를 본 후 "일념이 억ᄆᆡ여 오ᄆᆡᄉᆞ복ᄒᆞᄂᆞᆫ" 간절한 생각 때문에 첫날밤에 이소저를 외면한 채 홀로 잠든다.[18] 그리고 이소저 또한 이러한 신랑의 행동을 "심즁의 다ᄒᆡᆼ"[19]하게 여긴다. 화경은 이후 이소저의 美貌에 마음이 끌려 同寢하려고 시도하지만, 이소저는 그 "방탕 호ᄉᆡᆨᄒᆞ믈 불복ᄒᆞ"여 냉담하게 거절한다.

다시 말이 업셔 원침을 ᄂᆞ와 비스기 지혀 니시ᄅᆞᆯ 슉시ᄒᆞ니 ᄇᆡᆨ티쳔염이 긔묘쇄락ᄒᆞ고 옥골빙협이 쳥ᄋᆞ고결ᄒᆞ니 비ᄒᆞᆯ 곳이 업ᄂᆞᆫ지라. 묵연ᄌᆞ실ᄒᆞ여 불안ᄒᆞᆫ 의ᄉᆡ 이러ᄂᆞ니 호시ᄅᆞᆯ 위ᄒᆞ여 이ᄅᆞᆯ 바리기 앗가온지라. 침ᄉᆞ냥구의 풍심이 이러ᄂᆞ니 쇼져ᄅᆞᆯ 닛그러 ᄂᆞ위(羅幃)의 ᄂᆞ아가고ᄌᆞ ᄒᆞ거ᄂᆞᆯ, 쇼제 쳔ᄉᆡᆼ 춍명으로 엇지 ᄉᆡᆼ의 품은 바ᄅᆞᆯ ᄉᆞᆺ치지 못ᄒᆞ리오. 심즁의 그 방탕호ᄉᆡᆨᄒᆞ믈 불복ᄒᆞ고 무졍무례ᄒᆞ믈 노호오ᄆᆡ ᄉᆞ긔ᄅᆞᆯ 단엄이 ᄒᆞ여 물니치ᄆᆡ ᄂᆡᆼ담ᄒᆞ

17 장서각본, 권1 ; 양서각, 상권, pp.4-5 ; 정문연, p.4.
18 장서각본, 권1 ; 양서각, 상권, pp.21-23 ; 정문연, p.9.
19 장서각본, 권1 ; 양서각, 상권, p.23 ; 정문연, p.9.

미 상셜ᄀᆞᆺᄒᆞ니, ᄉᆡᆼ이 노왈,

"그ᄃᆡ 가부ᄅᆞᆯ 원지(怨之)ᄒᆞ여 무단이 방ᄌᆞᄒᆞ믈 베프니 반ᄃᆞ시 타렴(他念)이 잇ᄉᆞ미라. ᄎᆞ후ᄂᆞᆫ ᄂᆡ 집의 머므지 말나."

언파의 ᄉᆞᄆᆡᄅᆞᆯ 떨치고 밧그로 나가니 쇼졔 ᄀᆡ탄ᄒᆞ믈 마지 아니ᄒᆞ더라.[20]

남편 화경에 대한 이소저의 拒否는 한결같이 계속되는데, 화경과 이소저의 첫 관계는 곤뇌하여 잠든 이소저에게 가해지는 화경의 威力에 의해 겨우 이루어진다.

일일은 ᄉᆡᆼ이 ᄌᆞ다가 ᄭᆡ여 보니 쇼졔 쥬야 근노ᄒᆞ여 잠을 못 ᄌᆞ다가 져의 긔운이 ᄂᆞ하 취슈(取睡)ㅣ 깁흐믈 보고 ᄯᅩᄒᆞᆫ 쵹풍(觸風)ᄒᆞ여 심히 알푸니 상을 의지ᄒᆞ여 몸을 기우려 좀드럿ᄂᆞᆫ지라. ᄉᆡᆼ이 ᄂᆞᄋᆞ가 보니 화용이 쵸췌ᄒᆞ고 쥬슌(朱脣)의 혈식이 감ᄒᆞ고 쳔식이 되여 신음ᄒᆞᄂᆞᆫ 쇼ᄅᆡ 잇ᄉᆞ니 숀을 만져 보ᄆᆡ 번열(煩熱)ᄒᆞᆫ지라. 쥬야로 구병ᄒᆞ여 약질이 곤뇌ᄒᆞ여 병드믈 더욱 ᄋᆡ련ᄒᆞ미 녹는 듯ᄒᆞ고 ᄯᅩᄒᆞᆫ 은ᄋᆡ 뉴동ᄒᆞᄆᆡ 능히 졔어치 못ᄒᆞ여 평ᄉᆡᆼ 힘을 다ᄒᆞ여 안아 ᄌᆞ긔 침구의 ᄂᆞᄋᆞ가 쳔만은ᄋᆡᄅᆞᆯ 층냥키 어려온지라 쇼졔 놀나 ᄭᆡ여 보니 져의 슈중의 드러 버셔날 길이 업고 약골이 뇌곤ᄒᆞ여 병이 이러시니 물니치고ᄌᆞ ᄒᆞᄆᆡ 잔ᄌᆞ리 ᄐᆡ산을 거음 ᄀᆞᆺᄒᆞᆫ지라 상셔의 산ᄒᆡ ᄀᆞᆺᄒᆞᆫ 은졍이 원앙이 녹슈의 노름 ᄀᆞᆺᄒᆞ니 쇼졔 ᄃᆡ경 불안ᄒᆞ여 쳬ᄒᆞ함누(涕下含淚)ᄒᆞ여 ᄆᆡᆨᄆᆡᆨ히 은졍을 가랍지 아니ᄒᆞ니 ᄉᆡᆼ이 쳔만유셰ᄒᆞ여 무졍타 ᄎᆡᆨᄒᆞ더라.[21]

화경과 호소저가 첫눈에 반해 애정을 키워 가고, 애정의 실현 그 자체가 두 사람에게 至高의 理想이라 한다면, 이소저에게 있어 至高의 理想은 부부간의 貞潔한 관계, 그리고 온전한 齊家에 따른 가문의 발전이라

20 장서각본, 권1 ; 양서각, 상권, pp.35-36 ; 정문연, p.13.
21 장서각본, 권5 ; 양서각, 하권, pp.97-98 ; 정문연, p.94.

할 것이다.

이소저의 이러한 면이 가장 뚜렷이 드러나는 대목은, 결말 부분에 들어 있는 호소저에 대한 이소저의 용서와 호소저의 가문 복귀 대목이다.

이소저가 유배생활을 끝내고 본가로 돌아가는 도중 예운암에서 하루를 묵게 되고, 이소저와 호소저의 극적인 만남이 이루어지는데, 호소저는 이소저의 寢所에 불을 지른다. 이소저는 現夢을 통해 겨우 위기를 벗어나는데, 이소저는 오히려 호소저에게 몰래 금품을 전달하여 위로한다.

> 홀연 니부인 잇든 쵸막 압뒤흐로 됴ᄎᆞ 불이 이러나니 졔승이 황황망됴ᄒᆞ여 급히 물을 기러 ᄲᅮ리며 쳥원도 놀나 부인의 일힝을 불 먼니 잇ᄂᆞᆫ 당ᄉᆞ의 안둔ᄒᆞ고 불을 구ᄒᆞ더니, 화광(火光)이 년쳔(連天)ᄒᆞ여 ᄉᆞᄅᆞᆷ은 상치 아니ᄒᆞ엿ᄉᆞ나 여러 간 졀이 다 타고 놀이 밝으ᄆᆡ 불을 잡으니 졔승의 몸 ᄲᅮᆫ이요 아모 것도 업시 다 쇼화(燒火)ᄒᆞ엿ᄂᆞᆫ지라. 모다 발 굴너 우ᄂᆞᆫ 통곡ᄒᆞᄂᆞᆫ 쇼릐 텬지 진동ᄒᆞ더라. 이즁의 호시도 총망즁 니시ᄅᆞᆯ 살나 쥭이려다가 니시ᄂᆞᆫ 쥭지 아니ᄒᆞ고 도로혀 거쳐ᄒᆞᆯ 곳도 업ᄉᆞ니 쳥원을 ᄯᆞ라 술기ᄅᆞᆯ 구ᄒᆞ거늘, 니부인이 밝은 안춍과 밝은 혜ᄋᆞ림으로 엇지 호시의 ᄆᆡ골을 몰나 보리오. 일안의 ᄎᆞ악히 녀기나 굿ᄒᆞ여 알은 체 아니ᄒᆞᄂᆞᆫ 즁〔…〕 니부인의 힝되 산문의 ᄂᆞ려 다시 금은을 가져 쳥원을 쥬고 금ᄇᆡᆨ을 후히 ᄒᆞ여 호시ᄅᆞᆯ 쥬라 ᄒᆞ니, 쳥원 ᄇᆡᆨ비 칭ᄉᆞᄒᆞ고 니부인의 힝ᄎᆞᄅᆞᆯ 젼별ᄒᆞᆫ 후 도라와 금ᄇᆡᆨ으로 호시ᄅᆞᆯ 쥬고 니부인의 은덕을 칭숑ᄒᆞ니, 호시 ᄃᆡ경ᄒᆞ여 실식낭구의 문득 회한ᄒᆞ고 감동ᄒᆞᄂᆞᆫ 마음이 좀간 잇셔 비로쇼 실ᄉᆞᄅᆞᆯ ᄃᆡ강 니르니 쳥원이 ᄎᆞ탄ᄒᆞ믈 마지 아니ᄒᆞ고 야간 화변(禍變)이 호시의 작ᄉᆞ(作事)ᅟᅵᆫ가 의심ᄒᆞ고 니부인의 셩덕을 더욱 항복ᄒᆞ더라.[22]

22 장서각본, 권7 ; 양서각, 하권, pp.239-242 ; 정문연, pp.131-132.

이소저는 결국 호소저를 花家로 복귀시킨다. 누명을 쓰고 많은 고생을 했음에도, 이소저가 호소저를 궁극적으로 용서하는 것은 어떠한 인식의 기반 위에 있는 것인가?

그것은 이소저 본연의 '선한 품성' 때문이라고도 볼 수 있겠지만, 이 모든 불행의 근원이 남성의 잘못된 齊家에 있다고 보는 이소저의 認識 때문이 아닌가 한다.

> 쇼졔 안식을 슈렴ᄒᆞ고 념임ᄃᆡ왈,
>
> "쳡이 부모의 교ᄋᆡ로 ᄌᆞ라나 네의ᄅᆞᆯ 엇지 다 알니잇고마ᄂᆞᆫ 녀ᄌᆞᄂᆞᆫ 삼둉지탁(三從之託)이 잇ᄉᆞ오믄 아옵ᄂᆞᆫ지라. ᄇᆡᆨ년 의탁(依託)을 군ᄌᆞ긔 의지ᄒᆞ왓ᄉᆞᆸ더니 군ᄌᆡ 박ᄃᆡᄒᆞ시고 호시 모ᄒᆡᄒᆞ오니 다시 누ᄅᆞᆯ 의지ᄒᆞ오며 만분 다ᄒᆡᆼ으로 ᄌᆞ식이 잇ᄉᆞ오ᄆᆡ 다시 바랄 거시 업ᄂᆞᆫ지라. 이밧 다ᄒᆡᆼ이 업ᄂᆞᆫ가 ᄒᆞ엿더니 ᄉᆞᄅᆞᆷ을 참ᄋᆞ 결박ᄒᆞ여 농의 너허 길ᄒᆡ 바리오니, 이런 분한이 뉘게 도라가리잇고. 쳡이 홀노 군ᄌᆞᄅᆞᆯ 탓하미 아니라. 쳡의 팔ᄌᆡ 괴이ᄒᆞ여 군ᄌᆞ와 화락ᄒᆞ미 업셔야 잔명을 보젼ᄒᆞ올지라. 원컨ᄃᆡ 군ᄌᆞᄂᆞᆫ 타문 슉녀ᄅᆞᆯ 췌ᄒᆞ시고 쳡으란 영결ᄒᆞ소셔. ᄯᅩᄒᆞᆫ ᄌᆞ식됴ᄎᆞ 허치 아니실진ᄃᆡ 다려가시고 쳡의 뉴무ᄅᆞᆯ ᄉᆡᆼ각지 마쇼셔. 〔…〕"[23]

이소저가 花家에서 쫓겨나 친정에 머물 때에 화경이 찾아가 이소저에게 용서를 구하지만, 이소저는 이처럼 완강히 거부한다. 三從之託을 좇아 남편에게 의지하려는 자신을 박대하니, 자신은 "군ᄌᆞ와 화락ᄒᆞ미 업셔야 잔명을 보젼"할 수 있을 것이라고 한다.

중세 시대에 여러 아내가 공존하는 가정 내의 갈등의 근본 문제는 남편에게 있을 따름이며, 惡行을 행하는 여인도 또한 시대와 제도의

---

23 장서각본, 권4 ; 양서각, 하권, pp.63-64 ; 정문연, pp.84-85.

희생물이라는 인식이 이소저의 言明을 통해 드러난다. 그리고 그러한 인식이 궁극적으로 작가의 인식의 基底에 깔려 있는 것이 아닌가 한다.

맺음말

〈화문록〉은 7책 분량의 유일본이 전하는, 비교적 편폭이 작은 가문소설의 한 작품이다. 〈화문록〉은 중세의 閥閱家인 花家에서 벌어지는 妻妻갈등을 축으로 하여 다양한 사건이 전개된다. 그런데 〈화문록〉의 진정한 가치는 두 여주인공의 인물형상을 통해 드러나며, 여기에 작품의 주제 및 작가의식의 요체가 있다.

〈화문록〉에서 특히 주목되는 것은 惡女 이소저의 형상이다. 正室인 이소저를 끊임없이 질투하고 모해하는 副室 호소저는 妻妻間 혹은 妻妾間 갈등을 그린 爭寵型 소설에 흔히 나오는 惡人型 인물의 하나로 일견 보일 수 있겠으나, 〈화문록〉에서의 호소저를 바라보는 시각에는 조금 다른 관점이 필요하다.

화경과 호소저는 첫 만남을 우연히 가진 이후 서로 애틋하게 戀慕하여 기어코 결혼에 이른다. 화경의 寵愛 속에서 威勢를 더해가는 호소저는 이소저를 제거하려다가 거듭된 謀害가 탄로난 후 급기야 黜去된다. 자신의 惡行으로 인해 결국 처량한 신세로 전락하지만, 호소저의 이 모든 행위의 밑바탕에는 화경의 愛情을 독점하고자 하는 女人의 所望이 깔려 있다. 특히 호소저는 남편인 화경을 직접 해치려 하지 않는다는 특이점이 있다. 호소저는 축출되었다가 다시 花家로 돌아오는데, 그것은 화경에 대한 호소저의 순연한 애정에 따른 결과이다. 호소저는 兇漢에 의한 겁탈의 위기에 처했을 때 주저 없이 강물에 投身하여 貞節을 지키려 한다. 호소저의 가문 복귀는 이소저에 의해 실현되는데, 그 가문 복귀의 중요한 근거는 호소저의 '失節하지 않음'에 있다. 화경을 향한 호소저의 변함없는 愛情과 貞節은 자기를 지키는 명분이 되는 동시에 가문 복귀의 확실한 근거가 되는 것이다. 용서를 받은 호소저는 돌아와, 화경이 이소저에게 하는 말을 夾室에서 듣다가 자신을 妖女로 취급하는 데에 분노하여, 자신이 그런 지경에까지 이른 것이 齊家를 제대로 하지 못한 화경의 탓이라고 외치며 자결하고자 한다.

작가는 이 작품을 통해 중세 여성의 가문 내에서의 惡行의 所以然을 제시하며, 궁극적으로 齊家를 제대로 하지 못한 男性의 문제를 제기하는 것이라 할 수 있다.

이소저는 호소저보다 훨씬 빼어난 外貌와 品性을 지니고 있지만, 화경은 호소저에 대한 생각 때문에 첫날밤에 이소저를 외면한 채 홀로 잠들고, 이소저도 이러한 신랑의 행동을 다행하게 여긴다. 화경은 이후 이소저의 美貌에 마음이 끌려 同寢하려고 시도하지만, 이소저는 냉담하게 거절한다. 화경과 호소저에게 있어 애정의 실현 그 자체가 至高의 理想이라 한다면, 이소저에게 있어 至高의 理想은 부부간의 貞潔한 관계, 그리고 온전한 齊家에 따른 가문의 발전이라 할 것이다. 성정이 방탕하여 齊家를 못한 남편 화경에게 이소저는 지속적으로 냉담히 굴고 단엄하게 꾸짖지만, 누차에 걸쳐 구체적인 피해를 끼친 호소저에게는 거듭 자비를 베푼다. 이소저는 결국 호소저를 花家로 복귀시키는데, 그것은 이소저 본연의 '선한 품성' 때문이라고도 볼 수 있겠지만, 이 모든 불행의 근원이 남성의 잘못된 齊家에 있다고 보는 이소저의 認識 때문이 아닌가 한다.

중세 시대에 여러 아내가 공존하는 가정 내의 갈등의 근본 문제는 남편에게 있을 따름이며, 악행을 행하는 여인도 또한 시대와 제도의 희생물이라는 인식이 작가의 인식의 基底에 깔려 있는 것이라 할 수 있다.

〈화문록〉은 이처럼 화소저와 이소저의 인물형상에 대한 섬세한 彫塑를 통해, 중세 시대에 노출시키기 쉽지 않은 강렬한 애정관을 담아내는 동시에, 중세 시대 가정 내에서의 여성의 존재와 남성의 문제를 여성 중심적 시각에서 다룬 작품으로 높이 평가될 수 있을 것이다.

—《장서각 낙선재본 고전소설 연구》, 태학사, 2005.

제4부

〈玉樹記〉의 작품세계와 沈能淑의 세계관
—仙家 志向을 중심으로

머리말

한문 장편소설 〈옥수기〉는 심능숙(1782-1840)이 1835-1840년 사이에 창작한 것으로, 한문본 4권으로 지어졌다가 심능숙의 외손자 藕堂 閔應植(1844-1903)에게 전해지고, 그 후 붕해 남윤원에 의해 1888년에 9권의 분량으로 한글로 번역되었다.[1]

〈옥수기〉는 嘉有晋을 비롯한 주요 인물의 結緣을 중심으로 이야기가 전개되고, 여기에 다양한 사건들이 결합하면서 이야기가 확장된다. 남녀의 결연담은 嘉·花·汪·晉의 네 가문이 배경을 이루는바, 이런 점에서

1 한글본은 한문본을 직역하는 수준에서 축자번역을 했는데, 남윤원이 번역 경위를 한글본 〈옥수기〉의 跋에 기록하고 있다. 김종철 편, 〈옥수기〉, 1(서울대학교 도서관 소장 국문본), 고려서림, 1988, pp.762-763 : 션싱 문ᄶᆞ를 다시 감동ᄒᆞ야 일통을 언번ᄒᆞ야시나 즁초ᄒᆞ지 못ᄒᆞ다가 합하의 명ᄒᆞ오심을 밧ᄌᆞ와 금즁직소의 삼동필연을 허비ᄒᆞ오나 〔…〕 무ᄌᆞ 상원 소싱 붕히 남윤원 근셔.

〈옥수기〉는 작품의 큰 틀에 있어 家門小說의 성격을 띤다고 하겠다.

모든 문학작품은 그것을 산출한 작가의 경험 세계와 세계관을 일정하게 반영한다. 〈옥수기〉에도 작가 심능숙의 경험 세계와 세계관이 나타나는바, 이 글에서는 심능숙의 仙家 志向에 초점을 맞추어 이 문제를 살펴보고자 한다.

앞선 연구에서 심능숙의 道仙的 傾向性과 〈옥수기〉에 나타난 神仙 관련 모티프에 대하여는 언급된 바 있었다. 그러나 그것이 "소재적 차원에서 미학적으로 활용"[2]되었고 "소재나 배경으로 존재할 뿐"[3]이라고 보거나, "사대부적 세계관과 도선적 세계관의 조화"[4]로 설명되는 관점은 정곡을 얻지 못한 것이 아닌가 한다. 또한 道家(老莊) 및 道敎와 구별되는 우리 민족 고유의 仙家에 대한 심능숙의 관심에 주목하지 않고, 이를 뭉뚱그려 '도선적 요소' 혹은 '도선적 세계관'으로 설명하는 데에는 분별의 시각이 필요할 것이다.

1. 〈옥수기〉에 나타난 심능숙의 경험세계

〈옥수기〉에는 작가 심능숙의 경험 세계가 폭넓게 반영되어 있다.

심능숙의 본관은 靑松이고, 字는 英叟, 號는 小楠이다. 明宗의 장인이었던 靑綾府院君 沈鋼이 그의 10대조로서, 심능숙이 자신의 호를 小楠

2 이병직, 〈옥수기에 반영된 심능숙의 세계관 검토〉, 《국어국문학》, 35, 부산대, 1998, p.199.

3 김경미, 〈옥수기 연구—이념적 소재에 대한 해석과 새로운 모색을 중심으로〉, 《고소설연구》, 17, 한국고소설학회, 2004, p.293.

4 김종철, 〈19세기 중반기 장편영웅소설의 한 양상—옥수기·옥루몽·육미당기를 중심으로〉, 《한국학보》, 40, 일지사, 1985, p.105.

이라고 한 데에는 오랜 연유가 있었다. 10대조 청릉부원군의 懸轎의 나무가 大軒의 石階 위에 있는 楠樹였음으로 해서 대헌을 楠軒이라 칭해 왔는데, 심능숙이 小山書室을 완성한 후 그 이름을 小楠軒이라고 칭했다 한다.[5] 〈옥수기〉에 보면, 주인공 가유진의 아버지의 이름도 '楠'으로 되어 있는데, 겨울에 楠樹에서 새 잎이 피어난 것을 보고 周 南方을 德化로 다스린 周公의 의미를 새겨, 이름을 '楠'으로 지었다고 한다. 심능숙이 자신의 호를 小楠으로 칭한 것에 얽힌, 선대의 조상에 대한 긍지와 자신의 빼어남에 대한 자긍심을 엿볼 수 있다.

> 한 아들을 두었으되 이름은 楠이요 자는 춘경이니, 집 앞에 楠나무 한 그루가 있어 옛 조상들이 서로 전하여 수백 년이 되었으나 가지와 잎이 무성하였다. 춘경이 날 때에 마침 겨울인데, 남나무 한 가지에 새 잎이 나오니, 처사가 크게 이상히 여겨 드디어 楠이라 이름지어 말하길, "또한 우리 선군 周子 南君의 뜻이요. 이 아이 마땅히 우리 문호를 重建하리라" 하여 천상에서 내려 온 기린같이 보았다.[6]

이처럼 작가 심능숙은 선대의 조상에 대한 긍지와 자신의 빼어남에 대한 자긍심을 드러내면서 〈옥수기〉를 시작하고 있고, 자신이 직접 지은 시를 가유진이 지은 것으로 활용하고 있다.

〈옥수기〉의 주인공인 嘉有晋의 가문은 심능숙처럼 전통 있는 名門이

---

5 《後吾知可》, 2, 小楠叢玉, 序 : 大軒石階上有楠焉, 丹皮翠葉, 楂木牙奇古, 卽我十世祖靑綾府院君縣轎之樹也. 世稱縣轎木載在國史, 故大軒稱楠軒, 以誌舊也. 今小山書室旣成, 堂號揭以小楠軒.

6 김종철 편, 〈옥수기〉, 2 (후손가장 한문본), 고려서림, p.3 : 有一子, 名楠, 字春卿, 其所居地有楠樹一株, 古老相傳, 數百年, 枝葉蒼茂. 方其解娩也, 適値冬月, 楠樹一枝, 挺出新葉, 處士大異之, 遂以楠命名曰, "亦吾先君周子南君之意也. 是兒當重建吾門." 視若天上下來的玉麒麟.

지만 淸貧한 가문으로 설정되어 있다. 문장과 덕행이 높았지만 청빈한 상태였고, 國子博士에 제수되었지만 벼슬살이는 하지 않았다. 명문이지만 현실적 권세나 영달과 거리가 멀었던 가문이다.

> 처사의 성은 嘉요 이름은 運이며 자는 泰始이다. 그 선대는 嬉씨인데, 周나라 成王의 후예이다. 漢 武帝 때에 이르러 文을 숭상하는 다스림이 크게 펼쳐져, 文王과 武王의 성덕을 추모하여 그 후손인 嬉嘉를 방문하여 周子 南君으로 봉하고 대대로 작위를 세습하게 하였다. 후손 基亨이 宇文氏의 시대를 맞아 국호를 정하여 '周'라 함에, 기형이 그 姓이 서로 비슷한 것을 꺼려 '嘉'로 성을 삼아 근본을 잊지 않음을 보이니, 이름으로 성씨를 삼은 것 또한 周의 遺制이다. 嘉씨가 드디어 기형을 시조로 삼고 南昌에서 仙居로 옮겼다. 집안이 본래 청빈하나 문장과 덕행으로 울연히 동남에서 빼어나니, 조정에서 특별히 國子博士를 제수하여 여러 차례 불렀으나 나아가지 않았다.[7]

이러한 가문에서 태어난 가유진이 지은 글에는, 심능숙 자신이 이전에 지었던 글이 이용되어 있고, 작품 내에서 문장에 대한 자부심이 강하게 드러난다. 그것이 〈西州曲〉이다.[8]

〈서주곡〉(일명 〈把把詞〉)은 심능숙이 19세 되던 해인 1800년 3월 17일에 이패랭이(李平凉子)로 불리는 인물 李巘이 관동으로부터 海西로 가려할 때에 전송하며 지은 것으로, 이패랭이를 만난 자리에서 기생이 들려준 勸酒歌를 듣고 그것을 번안한 작품이다. 그는 권주가에 나오는 "잡으

---

7 〈옥수기〉, p.3 : 其處士, 姓嘉, 單諱運, 字泰始. 其先姬姓, 周成王之後, 及漢武帝, 大張右文之治, 追感文武之盛德, 訪其後孫姬嘉, 封周子南君, 世世襲爵. 其後孫基亨, 當宇文氏之世, 定國號曰周, 基亨, 嫌其姓之相似, 因以嘉爲姓, 示不忘本, 而以名爲氏, 亦周之遺制也. 嘉遂以基亨爲始祖, 因系南昌, 移居仙居, 家素淸貧. 運, 以文章德行, 菀爲東南之秀, 朝廷特除國子博士, 累徵不起.

8 《후오지가》, 1, 松史內篇, 권1, 〈西州曲一名把把詞 幷序〉.

시오 잡으시오"(把把)의 노랫말을 취하여 俚褻한 가사를 없애고 몇 구를 변용하여 〈서주곡〉을 지었다.

落紅滿地水東流	낙화는 땅에 가득하고 강물은 동으로 흐르는데
白馬送客古西州	백마 탄 나그네를 옛 서주에서 떠나 보내네.
西州女兒歌把把	서주의 여인이 권주가를 부르고는
笑却黃金扶上樓	황금을 비웃으며 누대에 부축해 오르네.
〔…〕	
把把把斯酒二盃	잡으시오 잡으시오 두 번째 잔을 잡으시오.
〔…〕	
願君風流莫相負	그대여 풍류를 저버리지 마오.
仙人亦愛麴社友	仙人도 술 친구를 좋아한다오.
香孩天子祝酒量	천자도 주량을 축원하였고
荷鍤劉郞贈醉侯	劉伶도 醉侯에 추증되었으니
感君憶君君不知	그대 생각, 그리는 마음, 그대는 모르니
努力飮此壽千秋	이 술 드시고 千壽를 누리소서.

심능숙이 들었던 新聲의 권주가는 사설시조로서, "잡으시오 잡으시오 이 술 한 잔 잡으시오"로 시작하는 노래를 번안해 한시로 짓고, 〈옥수기〉를 지을 때 다시 삽입시로 활용한 것이다.

〈옥수기〉에 삽입된 〈서주곡〉은 설강운과 두홍앵의 대화를 통해 그 평가가 잘 드러난다.

미인이 드디어 일편을 낭송하고 말하길, "이 시는 곧 李白과 한 가지이니, 杜甫 이하는 말할 것도 없다오. 首句는 높고 원대하면서도 호기롭고 건장하니, 풍부하고 아름다운 한 기운이 문득 이루어졌구려. 중간의 八九는 일절이 더할수록 일절이 깊어져, 말이 더욱 새로워지고 기운이 여유가 있으니, 옛것에 감동하고 지금을 생각하여, 彈絃이 급할수록 애잔하니, 광경이 천만이라오. 落句에 이르러서는 깊이 風人의 體를 얻어, 참으로 고금의 절조이니, 〈襄陽歌〉의 末句로도 충분하다 할 수 없을 것이오." 낭자가 말하길, "그렇다면 옛적의 누구와 비기리오?" 하니, 미인이 "한 사람에게만 비할 수 있는 것이 아니오. 曹子建의 神韻과 李太白의 風骨과 白樂天의 情思와 李龜年의 음률이니, 이 네 사람을 합한 연후에야 이 노래를 지을 수 있을 것이오. 내가 별도로 두 사람의 위에 비유하리니, 郭子儀의 完福과 裵度의 晩節에도 오히려 남음이 있을 것이오" 하였다.[9]

〈서주곡〉이 문학적으로 높은 수준에 있을 뿐 아니라, 〈서주곡〉을 지을 만한 사람은 功名을 날릴 사람이라는 평가가 수반된다. 이러한 평가는 여러 번에 걸쳐 나오는데, 〈서주곡〉을 지은 사람은 모두 將相이 될 재능이 있다고 평가한다. 이를 통해 심능숙은 자신의 문학적 재능에 대한 자부심을 드러내고 있는 것이다.

미인이 말하기를, "그렇지 않다. 사람이 이 같은 재주가 있으면서 어찌 功名을 이루지 못할 것을 근심하겠는가? 또한 기량이 이와 같으니 반드시 큰 포부가 있을 것이다. 옛적에 裵度가 용모로 드날리지 않았는데 몸이 將相이 되었겠는가?"[10]

---

9 〈옥수기〉, pp.91-92 : 美人遂朗讀一篇曰, "此詩, 卽青蓮一流人. 子美以下道不得, 首句高遠而豪健富麗, 一氣呵成, 中間八九疊, 一節深一節, 語益新, 而氣有餘, 感古念今, 絃急絲哀, 光景萬千, 至於落句深得風人之體, 眞古今絶調, 襄陽歌末句, 不足多云." 娘子曰, "然則可方古之何人?" 美人曰, "非一人所可擬. 子建神韻, 太白風骨, 樂天情思, 李龜年音律. 合此四人, 然后可作此曲. 吾欲別比二人之上, 郭汾陽之完福, 裵晋公之晩節, 比却有餘."

10 〈옥수기〉, p.92 : 美人曰, "不然. 人有如此才, 何憂不功名? 且氣量如此, 必有大抱負, 昔裵度皃不揚, 而身都將相者乎?"

심능숙이 23세 때인 1804년에 지은 琴曲 〈十二闋〉도 嘉楠이 지은 것으로 하여 〈옥수기〉에 그대로 수록하고 있는데, 여기서도 그의 문학적 재능에 대한 자부심이 드러난다.

> 소저가 웃으며 말하길, "아닙니다. 이는 成連과 鍾子期의 무리이니, 律學에 정통하지 않으면 지을 수 있겠습니까? 위의 疊자는 나뉘어 六律이 되고, 아래의 重자는 이어져 六呂가 되어, 합하면 십이 결이 되고, 연주하면 이십사 곡이 됩니다. 또 '文如嘆野李垂, 鬱鬱遲遲' 등의 글자는 本宮에서 나와 곡조의 套가 되니, 음에 따라 뜻이 생겨나고 소리를 따라 율이 합하는 것입니다. 그 나머지 십칠 자는 모두 本宮 命絃의 뜻을 품으니, 높고 낮음도 또한 바꾸어 사용할 수 없으되 자연히 婉叶하니, 읽으면 비파소리를 듣는 것과 같습니다. 이는 태어나면서부터 아는 것이니, 어찌 배워서 할 수 있는 것이겠습니까?"[11]

이는 〈십이결〉에 대한 경맹임의 평가로, 그 내용은 심능숙의 문집 《후오지가》 松史內篇에 실린 〈십이결〉의 幷序를 그대로 인용한 것이다. 작품 속의 嘉楠은 律學에 정통했다고 하고, 그 재능에 '生而知之'의 의미를 부여한다. 곧 가남이 지은 것으로 설정된 琴曲 〈十二闋〉을 통해 심능숙 자신의 모습과 재능을 투사시키는 것이다.

이처럼 〈옥수기〉의 주인공인 嘉씨 가문은 심능숙처럼 전통 있는 名門이지만 淸貧한 가문으로 설정되어 있고, 가유진의 아버지 이름도 심능숙의 호 小楠을 따라 '楠'으로 되어 있으며, 가유진과 가남이 지은 글에는 자신이 지은 글 〈西州曲〉과 〈十二闋〉이 이용되면서 작품 내에서 문장에

---

11 〈옥수기〉, p.7 : 小姐笑曰, "非也. 此實成連子期之流, 非精通律學爲能製. 此上疊字分而爲六律, 下重字承而爲六呂, 合而爲十二闋, 演而爲二十四曲. 且'文如嘆野李垂鬱鬱遲遲'等字, 演出本宮因爲曲套, 音遂義生, 聲隨律合, 其餘十七字, 皆含本宮命絃之意, 高低亦不可換用, 而自然婉叶, 讀之如聞琴聲, 此非生知, 豈可學爲?"

대한 자부심을 강하게 드러내는 등, 〈옥수기〉에는 작가 심능숙의 경험 세계가 뚜렷하게 반영되어 있다. 나아가 〈옥수기〉에는 심능숙의 仙家志向의 관심이 폭넓게 나타나고 있는바, 이제 이 점에 대하여 살펴보기로 한다.

2. 심능숙의 삶과 仙家 志向

심능숙은 사상적으로 매우 자유로운 脫俗의 태도를 보이면서, 특히 우리 민족 고유의 사상으로서 맥을 이어 온 仙家에 지대한 관심을 기울였다. 九月山의 凌虛大師와 가까웠고 그를 통해 불경 20여 권을 읽었다고도 할 정도로 佛敎에 대한 관심 또한 적지 않았다.

심능숙은 상당한 양의 詩와 散文을 남기고 있으며, 그 가운데 많은 시와 산문에서 仙家에 대한 관심을 표출하고 있다. 19세 때인 1800년에는 친구인 西溪 李栢, 浩汝 成養默과 더불어 西海의 鵲島에서 仙界의 환상적인 蜃樓를 보고 나서, 〈遊鵲島日記〉, 〈蜃樓記〉, 〈蜃樓記後序〉, 〈蜃樓記小傳〉 등의 글을 거듭 짓는다.

> 내가 이미 蜃樓를 보았으나 신루가 참인지 알지 못한다. 세계도 또한 이 세계가 하나의 신루임을 알지 못한다. 신루와 내가 서로 잊은 것이 오래 되었다. 탄식하기를, "내가 망령되도다. 저 신루는 氣이다. 氣로서 이루어지니 마치 그림을 그리거나 음식을 요리하는 것과 같다. 뭇 사물이 이루어짐에 그 형체의 변화가 얼마나 빠른가? 기가 이르러 이루어지고 기가 사라져 변화하는 것이 사물의 이치이다. 신루는 세상에서 진실로 마치 먼저 깨달은 자와 같다. 기이하도다! 저 신루는 어찌 조화의 칼자루를 훔쳐 하늘 밖에 한 세계를 꾸며 놓았는가? 또한 세계에 城市와 樓臺가 있는 것을 어찌 알고서, 배워서

그것을 그려 놓았는가? 이미 배워서 그렇게 한 것이면, 상고의 시대에도 신루는 진실로 있었을 것이니, 어찌 띠풀 궁전과 흙 계단을 배우지 않고, 옥 누대와 구슬 궁궐을 배웠는가? 이로써 말하건대, 蜃이 진실로 먼저 한 것이니, 夏나라 桀만이 어찌 홀로 죄 있다 하겠는가? 세상이 시대를 내려오면서 모두 궁궐을 구슬로 꾸미고 누대를 옥으로 치장하였으니, 사람의 공교로움이 반드시 있을 것을 알고서, 蜃도 어쩔 수 없이 그것을 열어 보여, 寓意하여 경계한 것인가? 숨을 토해 만들어 내고 들이마셔 흩어서, 마치 만든 자의 노력을 거듭 슬퍼하고 후인의 탄식을 일으키는 것 같으니, 蜃이 진실로 이 세상을 경계한 것이 크다. 슬프도다! 예로부터 현인과 성인, 영웅과 호걸로 이미 죽은 자가 몇인가? 재자와 가인으로 이미 죽은 자가 몇인가? 성시와 누대로 이미 사라진 것이 몇 인가? 바야흐로 그것이 올 때에 기는 얼마나 아름다우며, 바야흐로 그것이 갈 때에 기는 어찌 사라져 버리는가? 恩德과 義理에 눈물 흘리며 울고, 멀리 헤어짐에 안타까워하면서도, 제 몸이 장차 크게 이별할 것은 알지 못한다. 하늘이 거칠어지고 땅이 쇠해짐에 情은 끊어지고 혼은 사라지며, 바다가 육지가 되고 돌이 재가 됨에 이름은 남으나 자취는 없어진다. 높은 누대가 기울고 저녁 시장이 비는 것은 예로부터 그러했으니, 한 폭 그림을 빌려 떠올리고자 하나, 또한 어려운 일이다. 그런즉 세상의 인물이나 누대는 어찌 蜃의 하는 것을 배우지 않는가? 내가 세상에서 19년을 살았지만 이미 千古를 둘러보았으니, 무엇을 오래 하고 무엇을 속히 할 것이며, 누구를 기뻐하고 누구를 슬퍼할 것인가? 하물며 띠풀 집, 골목길에 칩거하면서 살기를 꾀하고 죽을 것을 걱정하는 자가 들판의 대합조개만 같겠는가? 내가 신기루에게서 세상을 배우고 깨달았다.[12]

---

12 《후오지가》, 5, 송사외편 2, 〈蜃樓記後序〉: 余旣觀蜃, 已不知蜃之爲眞, 世界亦不知此世之爲一蜃樓也. 蜃吾相忘者久之, 嘆曰, "吾妄矣. 彼蜃者, 氣也. 氣以成之, 若畵廚之. 衆物旣成, 其形化何速耶? 氣至而成, 氣消而化, 物之理也. 蜃於世固若先悟者. 異哉, 彼安能竊造化之欛, 粧一世於空外耶? 又安知世之有城市樓臺而學爲之畵耶. 旣學而爲, 則上古之世, 蜃固有矣. 何不學茅宮土階, 而學瑤臺瓊宮之爲歟? 由斯言之, 蜃固先之, 夏桀奚獨罪? 世降以來, 皆瓊其宮瑤其臺, 則知人巧之所必有, 而蜃亦

위의 글 〈蜃樓記後序〉에서 심능숙은 蜃樓를 본 후에 깨달은 바를 적고 있다. 이 세상 또한 신루와 같다는 것이다. 신루는 세상의 부귀를 먼저 보여 주고 그것이 순식간에 사라진다는 것을 보여 줌으로써 세상을 寓意하여 警戒한 것이라고 보았다. 그리고 자신은 "띠풀 집, 골목길에 칩거하면서 살기를 꾀하고 죽을 것을 걱정하는" 존재이니 "들판의 대합조개만 같겠는가?"라고 세속적 존재로서의 자신의 왜소함을 말하고 있다.

심능숙은 劍仙으로 불린 金光澤 이후 최고의 검객이었다는 卓文漢에 대한 기록도 남기고 있으며,[13] 한때 이패랭이(李平凉子)라고 불리는 인물 李巘을 추종해 그에 관한 기록을 〈이은전〉으로 남기고 있다.

이은은 異人 申翁에게서 도를 전수받았던 異人으로서, 李書九·李翊模도 추종한 바 있는 인물이다. 심능숙의 立傳에 의해 그 形象이 온전히 드러나게 된 이은은 신라 시대 㑋永 이래의 우리 仙家의 맥을 잇는 異人이라 할 수 있다. 그의 존재는 심능숙의 傳과, 그에 附載된 李翊模·李年秀의 記聞을 통해 드러나 있듯이, 당대에는 天地間의 범사에 대하여 無不通知하는 인물로 숭앙되었던 듯하다. 심능숙은 이러한 인물 이은을 전통적 장르인 傳을 통해 묘사하면서, 상당히 입체적인 구도를 사용하고 있다. 司馬遷의 《史記》 列傳의 〈伯夷傳〉의 형식을 본받아, 㑋永의 고사와 諸葛武侯의 고사로써 首尾相應의 형식을 만들고, 그 내부에 이

不得不啓之, 而寓之警耶? 噓而成之, 噏而散之, 若重愛作者之勞 而起後人之嘆, 則蜃固警斯世也, 大矣. 悲夫! 古來賢聖英豪已化者幾? 才子佳人已化者幾? 城市樓臺已化者幾? 方其來, 氣何艶也, 方其去, 氣何消也. 恩淚義涕, 傷離恨往, 不知身之將大別焉. 天荒地老, 情斷魂消, 海塵石灰, 名存影沒, 高臺傾, 夕市空, 自古而然, 欲借一幅畵而想之, 亦難矣. 然則世之人物樓臺, 安知不學蜃之爲歟? 余知世十九闋已千古, 則何久何速? 誰喜誰慽? 況茅處巷蟄, 營生憂死者, 曾野蛤之不如也? 吾於蜃, 學而悟夫世也.

13 《후오지가》, 6, 〈卓文漢紀實〉.

은의 출생과 사망을, 다시 그 심층 내부에 이은의 여러 神異談을 병렬적으로 나열하는 형식을 택하고 있다. 심능숙은 또한 자신의 〈이은전〉에, 이은의 면모를 소상히 적고 있는 李翊模의 〈山寺記聞〉과 李年秀의 記聞을 덧붙임으로써 本傳과의 상호보충적인 설명을 꾀하고 있다.[14]

심능숙의 仙家에 대한 깊은 관심과 지향은 梅山 洪直弼에게 보낸 서신에서 뚜렷이 드러난다.

> 무릇 사람이 나매, 그 본연으로써 그 본연을 기르면, 무엇이든 가하지 않음이 없다. 〔…〕 三敎는 그 유래가 오래 되었으되, 그 學이 서로 같지 않았다. 오직 이 (仙家의) 導養之方이 비록 異法에 가까운 듯하나, 그 本然을 기르는 데에 지나치지 않다. 孔子의 무리들이 배운다 해도 儒家의 도를 잃지 않을 것이요, 老子의 무리들이 배운다 해도 道家에 해롭지 않을 것이며, 釋迦의 무리들이 배운다 해도 佛道에 해롭지 않을 것이다. 이것을 일러 一理로서 三敎를 타(乘) 같아져 합칠 수 있는 것이다. 이것이 우리 동방의 靑霞子가 또한 三敎를 합하여 그것을 풀이한 까닭이다. 〔…〕 또 알지 못하는 자들이 망령되이 丹學을 老子에게 부회하나 이것이 어찌 족히 말할 만한 것이겠는가? 靑霞子의 《參同契》 註는 그 道가 극히 자세하고 극히 아름답다. 朱子의 《參同契》 註解는 심히 수고한 것이지만 註의 註에 지나지 않는다.[15]

심능숙은 아버지가 古阜의 수령으로 있을 때에 그 境內에 있던 靑霞

---

14 《후오지가》, 5, 〈이은전〉. 〈전〉에 대한 자세한 고찰은, 장효현, 〈소남 심능숙의 산문문학 연구 — 이은전을 중심으로〉, 《동양학》, 31, 단국대, 2001 참조.

15 《후오지가》, 5, 〈答洪伯應書〉: 凡人之生也, 以其本然, 養其本然, 無適而不可. 〔…〕 三敎其來久矣, 而三者不同其學, 惟此導養之方, 雖似異法, 不過養其本然. 孔氏之道, 學而不失焉孔氏之道, 老氏之道, 學而不妨焉老氏之道, 釋氏之道, 學而不害焉釋氏之道, 此謂一理而乘三敎, 可同而契也. 是以吾東靑霞子, 亦合三敎而解之, 且毋論名之彼此, 索其理之本然. 〔…〕 且不知者, 妄以丹學付老氏, 此奚足語哉? 自靑霞之註參同也, 其道盡精盡美矣. 朱文公雖註解甚勤, 乃註其註也.

子 權克中의 후손으로부터 그의 유적을 살펴볼 수 있었다 하며, 그 후에도 그때에 얻은 권극중의《參同契註解》와 印刊된 遺集 3권을 아껴 잘 보관해 두었다 한다.[16]《참동계》는 東漢 桓帝(147-167) 때에 魏伯陽에 의하여《易經》에 포함되어 있는 象數學을 바탕으로 하여 저술된 丹學 경전인데, 우리나라에서 맨 처음《참동계》에 대하여 주석을 낸 것이 권극중의《참동계주해》이다.[17] 권극중은 참동계를 주해함으로써 안으로 청정무욕한 삶과 金丹術을 神仙術에 이르는 길로 제시하고, 밖으로 易의 사상과의 회통을 도모하는 것으로 仙家思想을 정비했는바, 심능숙은 권극중의 이러한 입장을 수용하고 있는 것이다.

이 洪直弼과의 서신에 나타난 입장을 보면, 심능숙은 儒·佛·道 三教 모두에 통하는 우리 민족 고유의 仙家의 독특한 위치를 강조하고 있음을 알 수 있다. "알지 못하는 자들이 망령되이 丹學을 老子에게 부회하나 이것이 어찌 족히 말할 만한 것이겠는가?"의 언급에서 보듯, 우리 민족 고유의 仙家를 老子에게 부회하는 것을 경계하고 있다.

이처럼 심능숙은 道家(老莊) 및 道教와는 그 脈을 달리하는 우리 민족 고유의 仙家에 관심을 두고 있다. 심능숙의 입장은《青鶴集》계열의, 중국의 道教가 정식으로 도입되기 이전부터 이미 존재하고 있었던 고유의 仙家의 맥을 중시하는 입장임을 알 수 있다. 우리나라의 仙家는 대체로 양분하여 구별 지을 수 있는바, 하나는 중국의 道教가 정식으로 도입되기 이전부터 이미 존재하고 있었던 仙家로, 단군신화를 비롯한 부족국가들의 시조신화의 주인공이 仙人의 모습으로 나타나 있으며, 《青鶴集》에 이러한 仙人의 계보가 상고 시대로부터 조선조에 이르기

---

16 위의 글 : 家君守南郡時, 青霞後孫權某者, 尙居境內, 時時招要, 略見遺蹟矣. 〔…〕 愚其前得見青霞註, 愛而藏置, 又印遺集三卷, 同在弊篋.

17 최삼룡 외,《이재 황윤석》, 민음사, 1994, pp.140-142.

까지 나열되어 있다. 다른 하나는 통일신라 시대 唐의 鍾離權·呂純陽의 仙流가 留唐新羅人에 의해서 들여온 一脈이 한국에 유전하여 내려온 자취를 엿볼 수 있으니, 이 계보는 대체로《海東傳道錄》에 소재되어 있다.[18]

"권극중은 古阜 사람으로 호는 靑霞. 秘術이 있어, 세상에서 칭해지길 신선이 되어 갔다 한다. 참동계가 세상에 전해진다"[19]라는 註를 적은 시〈到泰山縣〉에 보면, 태산 태수가 보내준 권극중의《참동계주해》를 보기 위해 기쁜 마음으로 달려가는 심능숙의 심경이 잘 묘사되어 있다.

泰山太守送銀魚	태산의 태수가 은어를 보내면서
兼寄靑霞袖裏書	함께 靑霞子의 책을 부쳤다 하네.
千里趨庭心更急	천리 길 달려오느라 마음이 급한데
斗升山出故人如[20]	두승산이 故人처럼 솟아 있구나.

심능숙은 30세 되던 1811년부터 수년 동안 維楊(지금의 楊州)의 靑蘿洞과 八賢洞에 은거하면서 仙家에 침잠했는데,[21] 여기에 이웃하는 掛蘿洞은 靑霞子 權克中이 약초를 캐며 仙道에 몰두했던 곳이기도 하다.

1811년 심능숙은 아내가 죽고 난 뒤 청라동으로 땅을 사서 들어가 살았다. 청라동은 팔현동과 언덕을 이어 통해 있는 동구로, 산과 골짜기가 깊고 샘물이 달고 땅이 비옥한 곳이었다. 그는 청라동 서쪽 絡巖 언덕에

---

18 최삼룡,〈仙人說話로 본 한국 고유의 仙家에 대한 연구〉,《도교와 한국사상》, 범양사, 1987. p.373.

19《후오지가》, 1, 松史內篇, 권1,〈到泰山縣〉: 權克中, 古阜人, 號 靑霞, 有秘術. 世稱仙去, 有參同契行于世.

20 위의 글.

21《후오지가》, 2, 八賢逸錄, 序 : 常愛維楊靑蘿之洞, 以三百買之, 疊障環溪, 百轉千回, 近景絶峽, 峽而可居, 遂營舍於八賢之洞, 與掛蘿之洞, 緣崖相通, 山深谷幽, 泉甘土沃, 可饒其趣.

아내를 묻고, 양친을 모시고 어린 딸을 데리고 八賢新第에 우거하였다. 서울의 동료들이 찾아와 외로움을 위로하면 그들과 더불어 詩會를 열었으니, 이 시기의 시를 모은 시고가 '八賢逸錄'이다. 이 시기에 지은 다음 시에서 보면, 팔현동과 청라동의 勝景 속에서 약초를 캐고 仙書를 읽는 한적한 생활이 묘사되어 있다.

八賢之北絡巖前	팔현동의 북쪽 絡巖의 앞
岸掛青蘿不記年	언덕에 얽힌 青蘿는 햇수를 알 수 없다.
杖頭百尺鮫龍霧	百尺 竿頭에 蛟龍이 토한 안개 서려 있고
山乳獨垂鸝鵡泉	山의 鍾乳石은 홀로 鸝鵡泉에 드리웠다.
托意果尋黃石下	뜻을 부치려 누런 바위 아래 찾아가고
聳身高坐白雲邊	몸을 솟구쳐 흰 구름 가에 앉아 본다.
採芝歸去春光滿	봄빛 가득한 날 약초 캐어 돌아와
讀罷仙書第一篇[22]	仙書 제일편 읽기를 끝마친다.

심능숙은 이처럼 삶의 과정 속에서, 또 다수의 詩와 散文 속에 仙家에 대한 자신의 관심을 드러내고 있다. 이제 그러한 관심이 그의 장편소설 〈옥수기〉에는 어떻게 반영되어 나타나는지 살펴보기로 한다.

3. 〈옥수기〉의 작품세계와 仙家 志向

仙家에 대한 심능숙의 관심은 소설 〈옥수기〉에 그대로 나타난다. 天台山 廖道士의 존재, 요도사의 스승인 南岳仙姑 林道姑의 존재, 嘉楠과

22 《후오지가》, 2, 八賢逸錄, 〈李惟肅根中來尋, 因示山中勝景〉.

晋皜의 羽化登仙, 丹藥에 대한 관심 등, 작품의 전편에 걸쳐 나타나고 있다.

〈옥수기〉에 나타나는 이러한 요소들에 대하여는 앞선 논의에서도 언급된 바 있다. 그러나 이를 심능숙의 삶에서의 仙家 志向과 연결 짓지 않음으로써 그러한 요소들이 다만 '소재적 차원에서 미학적으로 활용' 되었고 '소재나 배경으로 존재할 뿐'이라고 보거나, 道家 및 道敎와 구분되는 仙家의 독특성을 고려하지 않은 채 뭉뚱그려 '道仙的 요소' 혹은 '道仙的 세계관'으로 거론해 온 문제점이 있었다.

천태산 요도사는 〈옥수기〉의 주인공인 가유진의 가문과 가까운 인물인데, 가유진 형제의 앞날을 예언해 주고 가유진의 집안일에 지속적으로 간여하고 있다. 가유진의 아버지 嘉楠은 천태산 요도사와 깊은 교분을 갖는데, 천태산 요도사가 가남의 네 아들을 보고서 天人이 하강한 것이라 하면서, 특히 가유진은 곽분양보다 나은 부귀공명을 이루고 세 여인과 아름다운 인연을 맺을 것이라 한다. 천태산 요도사는 작품 후반부에서 任雲이 위기에 처했을 때에 秘傳의 검술로 그를 구해 주기도 한다.

> 이때에 한림(嘉楠 — 필자 주)과 천태산 요도사가 서로 매우 가까웠다. 도사는 風鑑과 知人과 길흉을 잘 보았는데, 남악에서 십여 년을 노닐다가 돌아와 학사를 방문하였다. 학사(嘉楠 — 필자 주)가 네 아들을 그에게 보이니, 도사가 놀라며 축하하여 말하길, "네 공자는 비범한 인물이니 天人이 하강한 것이오. 훗날의 부귀를 측량할 수 없소. 큰 공자는 훗날의 부귀공명이 곽분양의 위에 있을 것이오." 하고서, 이윽고 웃으며 말하길, "세 곳에 좋은 인연이 있을 것이오" 하였다.[23]

---

23 〈옥수기〉, p.13 : 時, 翰林與天台山廖道士, 相親有密契. 道士善風鑑 · 知人 · 吉凶,

요도사의 스승인 남악선고 임도고 역시 異人으로서, 평소 丹藥을 복용해 소녀의 용모를 지니고 있는데, 임소저에게 검술을 가르쳐 아버지의 원수를 갚게 하고 혼인이 이루어지게 해 준다. 임소저의 아버지 任雲이 위기에 처하자, 임소저는 자신에게 검술을 가르친 남악선고에게 도움을 청하고, 선고는 제자인 천태산 요도사를 보낸다. 요도사는 임운을 죽이려는 자들의 혼을 빼앗는다.

> 이때에 任소저가 남악 林仙姑에게 사람을 보내어 그간의 소식을 자세히 알렸다. 선고의 이십代 스승은 唐나라 때의 劍仙인 韋十一娘으로서 林仙姑에게까지 검술이 전수되었다. 오로지 탐관오리를 징계하고 충신효자를 곡진히 두호한 고로, 당초에 任御史의 원통함을 불쌍히 여겨 소저에게 검술을 가르쳐 아버지의 원수를 갚게 하고 혼인을 이루게 하였다.[24]

임소저의 아버지 임운은 작품의 전반에 梁芳에게 무고를 입어 유배되었다가 후반부에 다시 등장하여 정치적 수난을 받는데, 그도 또한 세속에서 멀리 떠나 신선의 세계를 갈망하는 인물로 묘사되어 있다.

> 孔目이 웃으며 말하길, "이곳에서 얼마 떨어진 安寧縣에 太華山이 있는데, 〔…〕 그 가장 높은 봉우리는 항상 구름에 가려져 있고, 십여 호의 거민들은 모두 經을 읽고 齋를 지내니, 肉食을 하는 이는 감히 살 수 없다 하오. 땅에 오곡이 풍성하고 한 해에 두 번 추수하며, 官人輩들이 이르면 큰 비가 쏟아져

遊南岳十餘年而歸, 來訪學士, 學士出其四子示之, 道士驚賀曰, "四公子非凡胎, 而天人下降也. 他日富貴不可量, 而且大公子異時事業勳名, 當在汾陽之上." 已而, 笑曰, "好箇三處結緣.

24 〈옥수기〉, pp.392-393 : 時, 任小姐送人於南岳 林仙姑, 細報其消息. 仙姑二十代祖師, 卽唐時劒仙韋十一娘, 而傳受至仙姑, 專司貪官汚吏, 曲護忠臣孝子, 故當初憐任御史之寃, 敎小姐劒技, 使得報仇結緣.

감히 한 걸음도 오를 수 없다 하오. 그러므로 羽流 仙客이 때때로 방문하여 여러 해 머물고 돌아가지 않는다 하오. 그대는 평소 글에 익숙하니 만약 道經을 베낀다면 거민들이 반드시 받들어 믿을 것이니, 이로써 몸을 맡길 곳으로 삼음이 어떠하오?" 공이 기뻐하며 말하길, "내가 한갓 害를 피하고자 함이 아니오. 만약 仙靈의 洞府를 얻어 티끌 세상의 풍파를 물리친다면, 비록 죽기까지 세상에 나오지 않더라도 무엇이 해로우리오?"[25]

딸 晋月兒가 가유진과 혼인함으로써 嘉楠과 사돈을 맺게 되는 處士 晋皜 역시 青澗坂 天女洞에 거하는 神仙의 면모를 갖춘 인물이다. 晋月兒는 가유진에게 十二陰陽陣을 가르쳐 妖術을 행하는 李五의 亂을 평정하도록 한다. 嘉楠과 진호 처사 그리고 천태산 요도사는 宿世 因緣을 지닌 인물이고, 이들은 궁극적으로 神仙의 세계로 회귀한다. 가남과 진처사는 병 없이 죽어 羽化登仙하게 되고, 요도사는 계속 金丹의 세계를 추구한다.

이때에 승상(嘉楠 — 필자 주)이 靖虛선생(晋皜 — 필자 주)과 더불어 날마다 산수간에 노닐며 詩酒와 음악으로 지냈다. 또 천태산 요도사를 위하여 도관을 동호 곁에 배설하고 도사를 청하여 머물게 하고 그리하여 物外의 벗을 삼았다. 하루는 요도사가 승상과 처사에게 말하길, "상공이 功名을 이루시고 이름을 세우셨으며 자녀들이 모두 혼인하여 인간의 즐거운 일을 극진히 보고 계시니 큰 운이 이르렀습니다. 두 상공은 본래 宿緣으로 혼인의 인연을 맺고 함께 산수간의 즐거움을 누리니, 동시에 羽化登仙하여 죽어

25 〈옥수기〉, p.379 : 孔目笑曰, "此去安寧縣, 有山曰太華. 〔…〕 其最高峰, 常入雲宵, 有居人十餘家, 皆誦經·長齋, 若肉食, 則不敢居. 地宜五穀, 一歲再秋, 官人輩若到, 則大雨飜盆, 不敢移上一步, 故羽流仙客, 種種尋訪, 或留數歲不歸. 公素善於書, 若寫道經時, 居人必尊信, 以爲安身之地, 何如?" 公喜曰, "吾非徒爲避害也. 若得仙靈洞府, 謝却塵世風波, 雖沒身不出, 何傷乎?"

서도 이별하지 않을 것입니다. 그러나 저는 남은 劫運이 아직 있고 金丹의 화롯불을 이루지 못하였으니, 훗날에 神仙의 궁궐에서 못 다한 交遊를 가지십시다."[26]

〈옥수기〉에는 丹藥에 대한 관심이 뚜렷이 나타난다. 작품의 마지막 부분에 단약에 대해 가유진과 그 부인들이 대화를 나누는 다음의 장면도 단약 및 신선에 대한 관심을 단적으로 보여 준다.

汪부인이 "저 道姑는 어떤 사람인고?" 하니, 紅兒가 말하길, "道姑는 본래 어떠한 사람인지 알지 못하나, 南岳에 집이 있어 이미 60세에 가까우나 모습은 마치 십오륙 세 처녀와 같으니, 항상 丹藥을 복용하십니다. 저와 소저도 일찍이 단약을 세 개 복용하여 보았는데, 도고께서 말씀하시길, '너희들은 이로부터 백년이 지나도 늙지 아니하고 한결같이 십오 세 때와 같으리라' 하시니, 대개 異人입니다. 천태산 요도사도 또한 도고의 제자입니다. 도고가 丹法을 요도사에게 전하고, 劍術을 임소저에게 전해, 아버지의 원수를 갚게 하고 혼인을 이루게 하니, 대개 이미 알고서 그렇게 한 것입니다." 北平王(가유진 — 필자 주)이 크게 놀라며 말하길, "요도사께서 늘 남악에 가신다고 하더니, 선생님이 그곳에 계셨구려. 우리도 이 단약을 복용하면 늙음을 물리칠 수 있을까?" 홍아가 "어찌 그렇지 않겠습니까?" 하니 杜紅鶯이 말하길, "저 또한 요도사를 뵈었는데, 연세가 육십이 넘어도 스무 살 청년 같으니, 생각건대 이 단약을 복용하여 그런 것이니, 상공께서는 어찌 구하지 않으십니까?" 북평왕이 웃으며 말하길, "만약 丹藥을 얻게 되면 마땅히 낭자와 더불어 먼저

---

26 〈옥수기〉, pp.339-340 : 時, 丞相與靖虛先生, 日遊湖山, 詩酒笙歌, 殆無虛日. 又爲天台寥道士, 設道觀於東湖之側, 請道士留住, 以爲物外之友. 一日, 寥道士, 謂丞相及處士曰, "相公, 功成名立, 嫁女婚男, 極人間之樂事. 大運將至, 兩相公, 本以宿緣, 結朱陳之契, 同享林泉之樂, 亦同時觀化, 死亦不離. 貧道餘劫尙在, 丹爐未成. 他日, 芝宮桂闕, 踵作未盡之遊."

복용할 것이오."[27]

後孫家에 보존되어 있는 〈옥수기〉 草稿의 제12회의 章回 제목은, '服丹藥百年不老, 敍青雲一門幷貴'로 되어 있는데, 심능숙은 이 章回를 완결하지 못한 채로 작품을 끝내고 있다.[28] '青雲의 뜻을 펴서 一門이 모두 귀하게 된다'는 제목이 나란히 제시된 것에서 보듯이 家門의 부귀라는 현세적 지향과 더불어, 주인공이 丹藥을 먹고 長生不老하는 것 또한 작가 심능숙이 작품을 통해 구현해 보고 싶은 궁극적 지향이었음을 확인할 수 있다.

〈옥수기〉는 嘉有晋을 비롯한 주요 인물의 結緣을 중심으로 이야기가 전개되며 그 결연담은 嘉·花·汪·晉의 네 가문을 배경으로 하여 이루어지는 家門小說의 성격을 띤 작품이다. 특히 애정의 성취와 出將入相으로 표상되는 주인공의 영웅 형상을 통해 우리는 그 儒家的 면모를 살필 수 있으며,[29] 놀이와 웃음을 전면화시킨 디테일을 통해 개인의 욕망과 일상이 부각되는 측면[30]을 흥미롭게 대할 수 있다. 그럼에도 〈옥수기〉

27 〈옥수기〉, pp.409-410 : 汪夫人曰, "彼道姑何人?" 紅兒曰, "道姑本不知何人, 而結廬南岳已近六十年, 皃若十五六歲處子. 嘗服丹藥, 妾與小姐嘗服此丹三粒, 道姑云, '爾輩從今百年不老, 一如十五歲,' 盖異人也. 天台廖道士亦道姑弟子也. 道姑傳丹法於廖道士, 傳劒技於任小姐, 使之報仇成婚, 盖前知而然也." 北平王大驚曰, "廖道士每言往南岳, 有是師也. 吾輩亦服此丹能却老耶?" 紅兒曰, "安得不然?" 杜娘子紅鶯曰, "妾亦見廖道士, 年過六旬, 若二十青春人, 意者, 服此丹而然. 相公何不求之?" 北平王笑曰, "若得丹藥, 當與娘子先服矣."

28 김종철, 〈옥수기 연구〉, 서울대학교 석사학위논문, 1985. pp.15-16.

29 조광국, 〈옥수기에 나타난 중국인식〉, 《한국문학논총》, 31, 한국문학회, 2002 ; 조광국, 〈옥수기의 閥閱的 성향—작품세계 · 향유층을 중심으로〉, 《한국문화》, 30, 서울대학교, 2002 ; 조광국, 〈19세기 고소설에 구현된 정치이념의 성향—옥루몽 · 옥수기 · 난학몽을 중심으로〉, 《고소설연구》, 16, 한국고소설학회, 2003.

30 김경미, 〈옥수기 연구—이념적 소재에 대한 해석과 새로운 모색을 중심으로〉, 《고

작품에는 앞서 살핀 것처럼 '道仙的' 요소들이 인물 설정과 사건 전개에 중요한 基底를 이루고 있는바, 이에 대한 설명을 '소재적 차원에서의 미학적 활용' 또는 '소재나 배경으로서의 존재'로만 얘기하고 말 수는 없을 것이다. 그것은 심능숙의 삶 속에서 폭 넓게 나타났던 仙家 志向의 관심이 소설 〈옥수기〉에도 또한 반영된 것으로 이해해야 옳을 것이다.

맺음말

〈옥수기〉가 작가 심능숙의 경험세계 특히 仙家 志向의 관심을 뚜렷이 반영해 주고 있는 데에 초점을 맞추어 진행된 이상의 논의를 요약하고 쟁점을 마무리하기로 한다.

〈옥수기〉의 주인공인 嘉씨 가문은 심능숙처럼 전통 있는 名門이지만 淸貧한 가문으로 설정되어 있고, 가유진의 아버지 이름도 심능숙의 호 小楠을 따라 '楠'으로 되어 있으며, 가유진이 지은 글에는 심능숙 자신이 지었던 글 〈西州曲〉과 〈十二關〉이 이용되면서 작품 내에서 문장에 대한 자부심을 강하게 드러내는 등, 〈옥수기〉에는 작가 심능숙의 경험 세계가 뚜렷하게 반영되어 있다.

심능숙은 사상적으로 매우 자유로운 脫俗의 태도를 보이면서, 특히 우리 민족 고유의 사상으로서 맥을 이어 온 仙家에 지대한 관심을 기울여 많은 詩와 散文에서 仙家에 대한 관심을 표출했는데, 洪直弼에게 보낸 서신에서 보면, 심능숙은 儒·佛·道 三教 모두에 통하는 우리 민족

소설연구》, 17, 한국고소설학회, 2004 ; 탁원정, 〈옥수기에 형상화된 異國, 中國〉, 《한국고전연구》, 17, 한국고전연구학회, 2008.

고유의 仙家의 독특한 위치를 강조하고 있음을 알 수 있다. 심능숙은 1811년부터 수년 동안 維楊의 青蘿洞과 八賢洞에 은거하면서 仙家에 침잠하기도 했는데, 勝景 속에서 약초를 캐고 仙書를 읽는 한적한 생활이 그의 시 속에 묘사되어 있다.

심능숙의 仙家에 대한 관심은 소설 〈옥수기〉에 그대로 나타난다. 天台山 廖道士는 가유진 형제의 앞날을 예언해 주고 가유진의 집안일에 지속적으로 간여하고 있으며, 작품 후반부에서 任雲이 위기에 처했을 때에 秘傳의 검술로 그를 구해 주기도 한다. 요도사의 스승인 南岳仙姑 林道姑 역시 異人으로서, 평소 丹藥을 복용해 소녀의 용모를 지니고 있는데, 임소저에게 검술을 가르쳐 아버지의 원수를 갚게 하고 혼인이 이루어지게 해 준다. 임소저의 아버지 任雲도 세속에서 멀리 떠나 신선의 세계를 갈망하는 인물로 묘사되어 있다. 嘉楠과 사돈을 맺는 處士 晋皜 역시 青澗坂 天女洞에 거하는 神仙의 면모를 갖춘 인물로서, 딸 晋月兒는 가유진에게 十二陰陽陣을 가르쳐 妖術을 행하는 李五의 亂을 평정하도록 한다. 嘉楠과 진호 그리고 천태산 요도사는 宿世 因緣을 지닌 인물로, 가남과 진처사는 병 없이 죽어 羽化登仙하게 되고, 요도사는 계속 金丹의 세계를 추구한다. 작품의 마지막 부분에서 丹藥에 대해 가유진과 그 부인들이 대화를 나누는 장면도 단약 및 신선에 대한 관심을 단적으로 보여 준다.

후손가에 보존되어 있는 〈옥수기〉 草稿의 제12회의 章回 제목은, '服丹藥百年不老, 敍青雲一門幷貴'로 되어 있는데, 주인공이 丹藥을 먹고 長生不老하는 것이 작가 심능숙이 작품을 통해 구현해 보고 싶은 궁극적 지향이었음을 확인할 수 있다.

앞선 연구에서 심능숙의 道仙的 傾向性과 〈옥수기〉에 나타난 神仙 관련 모티프에 대하여 지적된 바 있었다. 그러나 그것이 '소재적 차원에서 미학적으로 활용'[31]되었고 '소재나 배경으로 존재할 뿐'[32]이라고 본 견해의 의문점은 이상의 논의를 통해 해소되었으리라 여겨진다. 한편 김종철은 '사대부적 세계관과 도선적 세계관의 조화'[33]로 설명하면서, 〈옥수기〉에는 道仙的 세계가 현세적 공명 성취의 수평적 연장선상에 존재하는데, 이것은 處士的 삶으로서의 현실과 大夫로서의 삶이 분열되지 않은 상층 사대부의 세계관이 반영된 결과라고 했다. 그러나 〈옥수기〉에 수용된 道仙的 세계의 존재 양상을 그의 사대부로서의 계급적 세계관의 표상으로 이해하는 것은 지나친 것으로 생각된다. 심능숙은 평소 仙家에 지대한 관심을 기울였고 그런 관심이 仙家에 관련된 소재들을 소설 〈옥수기〉에도 수용하게 된 것으로 이해된다. 심능숙의 仙家에 대한 관심의 근거는, 심능숙에 대한 홍한주의 인물평을 빌리자면 '豪爽不羈'한 氣象의 표출이거나 혹은 '濩落無聊'로부터의 逸脫[34]로 볼 수 있지 않을까 한다. 이에 대하여는 심능숙의 삶에 대한 다각도의 천착을 거쳐 조금 더 명확한 결론을 이끌어낼 수 있을 것이다.

—《한국한문학연구》, 44집, 한국한문학회, 2009.

---

31 이병직, 〈옥수기에 반영된 심능숙의 세계관 검토〉, 《국어국문학》, 35, 부산대학교, 1998, p.199.

32 김경미, 〈옥수기 연구—이념적 소재에 대한 해석과 새로운 모색을 중심으로〉, 《고소설연구》, 17, 한국고소설학회, 2004. p.293.

33 김종철, 〈19세기 중반기 장편영웅소설의 한 양상—옥수기·옥루몽·육미당기를 중심으로〉, 《한국학보》, 40, 일지사, 1985, p.105.

34 洪翰周, 《智水拈筆》, 아세아문화사, 1984. p.446 : 其豪爽不羈類此, 然往往有酒間失言誕延浮夸, 故朋知稍稍厭之, 且少日徵逐之名士, 後多貴顯位公卿, 而不顧, 小楠之名日蹙, 晩益濩落無聊, 中歲始蔭仕監役, 官止泰仁縣監, 竟敗歸家, 食悒悒而卒.

沈能淑의 詩世界와 仙家 志向

머리말

심능숙(1782-1840)은 한문 장편소설 〈玉樹記〉의 작자이면서 아울러 詩文集《後吾知可》,[1] 백과전서적 雜錄《文時》를 남긴, 18세기 후반에서 19세기 전반에 걸쳐 활동한 문인이다.

그동안 소설 〈玉樹記〉에 대한 연구는 학계에 상당히 축적된 편이지만, 작가 심능숙에 대한 전반적 연구, 그리고 그의 詩와 散文에 대한 精細한 연구는 아직 미진한 상태이다.

이 글에서는 그동안 강혜선의 논문[2] 외에는 다루어진 바 없던 심능숙

1 後孫家에 보존되어 있는 심능숙의 시문집《後吾知可》는 모두 7권 6책으로 이루어져 있다.《후오지가》1책은 詩稿인 松史內篇 1권이,《후오지가》2책은 시고인 송사내편 2권이,《후오지가》3책은 시고인 송사내편 3권이 담겨 있고,《후오지가》4책은 시고인 송사내편 4권과 散文稿인 松史外篇 1권이 함께 담겨 있다.《후오지가》5책은 산문고인 송사외편 2권이,《후오지가》6책은 산문고인 송사외편 3권이 담겨 있다.

2 강혜선,〈심능숙 한시 연구〉,《한국한시연구》, 11, 한국한시학회, 2003.

의 시세계에 대하여 살펴보고자 한다. 강혜선은 심능숙의 시세계에 대하여, ① 문화적 취향과 심미적·탈속적 시세계, ② 음악의 애호와 악부가행체의 시세계, ③ 야담에 대한 관심과 서사지향의 시세계, 이렇게 세 부분으로 나누어 검토하였다. 그러면서 심능숙 시의 전체적 경향에 대해서는, '도시의 소비적 문화를 배경으로 문사의 개인적 취향과 기호를 전면에 내세우는' '以文自娛'의 행위, '현실에 대한 전망을 상실한 한시의 퇴영화'[3]에 머무른 것으로 파악하였다.

심능숙의 시세계, 나아가 심능숙 문학의 전체적 성격에 대한 필자의 시각은 강혜선의 그것과는 상당히 차이가 난다. 특히 '현실에 대한 전망을 상실한 퇴영화'로 보는 시각은 재고의 여지가 많이 있다고 생각된다. 심능숙 문학의 전반적 양상과 지향에 대하여 필자는 앞으로 일련의 연구를 통해 세심하게 드러내고자 하며, 이 글에서는 우선 심능숙의 시세계의 한 특색을 이루는 仙家 志向의 시에 초점을 맞추어 살펴보기로 한다.

필자는 〈옥수기〉에 나타난 도선적 모티프를 심능숙의 仙家 志向의 연장선상에서 고찰한 바 있으며,[4] 이 글에서는 심능숙의 시세계를 통해 그 仙家 志向의 면모와 특징을 구체적으로 살핌으로써 심능숙 연구를 보다 심화시키고자 한다.

---

3 위의 논문, p.357.

4 장효현, 〈옥수기의 작품세계와 심능숙의 세계관 — 仙家 志向을 중심으로〉, 《한국한문학연구》, 44, 한국한문학회, 2009.

1. 詩人으로서의 小楠 沈能淑

심능숙은 古阜군수를 지낸 부친 沈允之와 모친 延安 金氏 사이에서 태어나, 伯父 亨之에게 출계했다. 본관은 靑松이고, 字는 英叟, 號는 小楠이다.

심능숙의 집안은 후대에 계속 지방 수령을 했고, 明宗의 처가임으로 해서 내려진 세습 봉토가 경기도 김포 지역에 있어, 상층 사대부로서의 신분적 지위를 유지해 왔다. 1829년의 監役을 거쳐 1830년의 監察, 判官, 1832년 1월부터 1835년 8월까지의 泰仁縣監이 심능숙의 관직생활의 전부이며, 그는 청년기와 장년기의 대부분을 호방한 文士로서 지냈다. 심능숙의 평소의 意趣에 대해 젊은 시절의 한 벗은 "조용하면서도 적막하지 않고, 호탕하면서도 疎放하지 않다"(靜而不寂, 豪而不放)[5]라고 평한 바 있는데, 그의 문학과 사상의 지향에 대한 적절한 표현이 아닌가 한다.

洪翰周는 심능숙의 雋才와 博學을 높이 평가하면서, 당시 심능숙의 집이 서울에서 文名이 있는 사람들이 모두 모여드는 장소였다고 하며 심능숙을 근세의 孔文擧라 할 만하다고 적고 있다.

> 소남 심능숙의 字는 英叟이다. 雋才와 博學이 있어, 노래와 시를 잘하고 고금의 일을 잘 변론하였다. 수십 잔의 술을 마시고 나서는 문득 經史百家를 이끌어 이야기하는데 유창하기 그지없어 항상 좌중의 사람들을 압도하였다. 이러므로 장안에 文名이 있는 자들이 그 집으로 몰려들어 집안에 신발이 가득하였고 술잔이 오갔으니 또한 근세의 孔文擧였다. 소남은 어릴 적부터 신동으로 불렸으며 어려서는 과거공부를 해 功令 각 체에 뛰어났다. 다만 古文은 법도를 다하지 못했기 때문에 다른 글에 비해 떨어졌다.[6]

---

5 《후오지가》, 1. '冠帶篇', 54, 〈登挹淸樓感聖恩〉.

심능숙은 어려서부터 재능을 드러내 7세에 이미 詩를 지었다. 그때 지은 시가 문집의 처음 부분 '字集篇'에 수록되어 있고, 約軒病夫라고 자신을 밝힌 이가 題를 쓰고 있다. 이 글에서, 심능숙이 자신에게 全稿를 보여 주었는데, 어렸을 때 지은 것이라 하여 이 〈詠馬〉시를 뺀 것을 보고는, 다른 사람들의 입에 전해지는 작품이 유독 작자의 책에 빠져서야 되겠느냐며 권하여 첫머리에 넣게 했다 한다. 다음의 시가 심능숙이 7세 때인 1788년에 지은 시 〈詠馬〉이다.

駿馬如豪士	駿馬는 호걸스런 선비와 같아
年多才不老	나이 들어도 재능은 늙지 않네.
騎人出高門	말 탄 사람이 高門을 나서면
嘶風涉大道	바람에 우짖으며 大道를 건너네.
見者隨其後	보는 사람들이 그 뒤를 따르고
歸家食青草[7]	집에 돌아와선 푸른 꼴을 먹네.

14세 때인 1795년작의 시 〈寄同社友〉에서 처음 詩社에 대해 언급하고 있는 것으로 보아, 심능숙이 이때부터 詩社활동을 한 것이 아닌가 싶다. 같은 해에 지은 시의 註에서 '南洞詩社'에 모이는 이가 모두 29인이라고 적고 있다.[8] 정확한 年代가 적혀 있지 않으나, 15-18세 때인 1796-1799년 사이에 지어진 시 〈南社詩令〉의 洪澔가 쓴 題에 보면, 老少文蔭 14인이

---

6 洪翰周,《智水拈筆》, 아세아문화사, 1984, p.446 : 沈小楠能淑, 字英叟, 有儁才博學, 善歌詩, 好談辨古今事, 飲酒數十盃, 輒援引經史百家, 滾滾不窮, 常屈四座, 以是洛下名能文者, 多輻湊其門, 故戶屨恒滿, 觥籌交錯, 亦近世之孔文擧也. 小楠兒時神童稱, 少工擧業, 長於功令各體, 但古文未盡繩墨, 故遜於他文.

7《후오지가》, 1, '字集篇', 1, 〈詠馬〉.

8《후오지가》, 1, '冠帶篇', 4, 〈與金聖思(載善 — 原註), 分人牌, 得楚伯王唐玄宗賦之(南洞詩社, 會者, 凡二十九人 — 原註)〉.

모여 '南社'를 결성하고 일명 '七七會'라 했으며, 여기에 燕菴 朴趾源(1737-1805)도 참여하였는데, 심능숙이 최연소로 참여하였다고 적고 있다.[9] 이로 보면, 심능숙은 7세에 처음 시를 짓기 시작해 14세에 南洞詩社에 가입해 활동하였고, 그 후 15-18세의 기간에 박지원도 참여한 南社(일명 七七會)에 가입하여 활동하였음을 알 수 있다.[10]

南社에서 詩才를 과시하던 심능숙의 모습을 다음 글에서 대할 수 있다.

> 칠월 칠석에 이르러 다시 七七會를 열었다. 술과 안주를 간략히 준비해 밤에 이야기를 나누다가, 늦게 오는 자는 벌을 내리기로 글로써 약속했다. 벗 西溪 李公(李鍾弼 ― 필자 주)이 시간을 맞춰 왔고, 朴燕菴 어른과 任彦道 어른이 함께 모였는데, 英叟(심능숙 ― 필자 주)가 가까이 살면서 늦게 왔다. 내가(洪漪 ― 필자 주) 벌을 내리려 하자 연암이 令을 내리기를, "어른과 약속을 해 놓고 늦게 오니, 그에 대한 律은《대명률》에도 실려 있지 않다. 그러니 또한 법률 중에 없는 벌로써 적용하리라. 대개 律은 詩보다 엄격한 것이 없고, 罰은 詩보다 奇異한 것이 없다. 지금 詩律에 의거해 다스리고자 하는데, 저 자는 본래 律學에 능함이 교묘한 춤, 수놓은 혀와 같아, 錦囊에 감추고서는 그른 것을 가리켜 옳은 것이라 하며 쉽게 詩案을 세우니 참으로 두려워할 만하다. 이제 다시금 칠언절구 3편을 벌로 내리니, 매 편의 末句에 聯對를 써야 하며 隻扇[11]을 허용하지 마라. 즉각 지어 바치면, 이것에 의거해서 맞대어 보아 徵驗하겠다" 하였다. 西溪가 바로 韻을 부르니 英叟가 즉석에서 지어

9 《후오지가》, 1, '冠帶篇', 14, 〈南社詩令〉: (合老少文蔭爲十四人 ― 原註) 沈英叟, 年最少而詩最著, 取二七十四之義, 名其會曰七七會, 〔…〕 西溪李友適到, 朴燕菴(趾源 ― 原註)丈, 與任丈彦道同會.

10 김종철, 〈옥수기연구〉(서울대학교 석사학위논문, 1985), p.22에는 심능숙이 7세에 노소문음 14인이 모여 만든 南洞詩社에 최연소로 가입하여 詩作을 시작한 것으로 서술되어 있으나, 이는 착오라 하겠다.

11 隻扇 : 제1구와 제3구, 제2구와 제4구 가운데 한쪽만 對를 이루는 것.

바쳤다.[12]

1811년에 지은 시에는 '東社가 새로 열렸다'[13]고 언급되어 있으며, 1834년 이후의 한 시에서는 '北社'에 대한 언급이 또한 있다.[14]

《후오지가》 3책의 맨 앞 장에 수록되어 있는 趙鍾永의 序文에 보면, 심능숙의 詩作 경향에 대해 다음과 같이 적고 있다.

> 小楠이 어찌하여 詩人인가? 詩가 소남을 통해 發하여졌으니, 무슨 연고인가? 근성이 비범하고 역량이 광대하여, 40년간 갈고 닦은 솜씨가 옛 사람의 골수를 꿰뚫었다. 평생 만난 바의 기이함이나 울울함, 石筍이나 바위 소나무 같은 것을 보는 것마다 토로하면 시가 되었으니, 어려서부터 장성하기까지 다만 한결같은 기운일 따름이었다. 사물을 그리고 情을 묘사하는 것이 정밀하여 조금도 다른 시인의 境域에 떨어지지 않았다. 얼핏 본 사람은 혹 그의 시가 玉川子(盧同 — 필자 주)의 괴기함이나 江西詩派의 생경함인가 의심하지만 그 본 모습이 아니다. 달을 노래하고 꽃을 품평하고 술을 논하고 칼을 보고 물을 마주하고 산을 오르는 그 모든 것이 손에 닿는 대로 잡아내어 眞實되고 的實하니, 곧바로 가슴 속에서 끄집어내어도 스스로 규범에 맞았다.[15]

---

12 《후오지가》, 1, '冠帶篇', 14, 〈南社詩令〉: 至七月七夕, 復設七七會, 略備酒饌夜話, 書所約以後到者, 有罰. 西溪李友適到, 朴燕菴(趾源 — 原註)丈, 與任丈彦道同會. 而英叟居近來後. 余欲施罰, 燕菴令曰, "與長者期而後之, 律旣不載於大明律, 則亦以律中所無之罰擬之, 凡律莫嚴於詩, 罰莫奇於詩, 今欲依律治之, 而彼本善治律學, 巧舞繡舌, 藏賄錦囊, 指非爲是, 容易立案, 可痛可怕. 今更以七絶三篇施罰, 而每篇末句, 竝用聯對, 勿許隻扇. 卽刻題進, 憑此照驗事." 西溪子直呼韻, 英叟卽席書進.

13 《후오지가》, 2, '小楠叢玉', 31, 〈追和東社軸中韻〉.

14 《후오지가》, 4, 111 : 余方修理楠樓, 殊覺煩冗, 石居愚山適至, 誦傳夜來北社詩篇, 氣健意壯, 可無一賞, 〔…〕.

15 《후오지가》, 3. 序 : 小楠豈詩人? 詩因小楠而發, 何以故? 根性超凡, 力量廣大, 四十年磨杵, 洞見古人骨髓, 平生所値, 離奇鬱結, 如石筍巖松, 無處發見, 吐而爲韻語, 從幼至壯, 直一氣耳. 體物寫情, 出自機杼, 一毫不落他家藩障, 驟見者或疑其玉川怪奇

조종영은 심능숙의 시적 재능에 대해 '보는 것마다 토로하면 시가 되고', '손에 닿는 대로 잡아내어 眞實되고 的實하다'고 讚評하고 있다.

심능숙은 근체시에 능한 시인으로 이름이 있었듯이 聲韻에 상당히 조예가 깊었으며, 音律에도 상당한 관심과 식견이 있었던 듯하다. 그가 지은 〈舞賦〉의 서문에서, 자신의 賦는 춤의 體를 그려내고, 始終을 갖추어 서술하고, 宮商角徵의 進退의 형상을 차례대로 기술하여 하나도 빠뜨림이 없이 해, 훗날 음률에 밝은 자를 기다리겠노라고[16] 자신감을 피력하였다. 그리고 梨園 樂人 출신인 집의 종 明仁祥에게서 琴曲을 배워 〈十二闋〉을 짓기도 하였다. 어려서 명인상에게 여러 곡을 배웠었는데, 오래 되매 訛謬가 있어 음률에 맞지 않게 되었으나, 자신이 聲韻의 學을 알아 마침내 6장을 짓고, 이름하여 〈십이결〉이라 한다고 하였다.[17] 심능숙은 성운에 능한 까닭에 〈憶秦娥〉, 〈長相思〉, 〈菩薩蠻〉 등의 詞曲에 맞추어 여러 편의 詞를 지었고, 또 〈擬古樂府呈灣府〉를 비롯해 〈征婦四時歌〉, 〈安陵行〉, 〈去婦辭〉 등 여러 편의 樂府를 지었다.

심능숙은 사상적으로 매우 자유로운 脫俗의 태도를 보였으며, 특히 우리 민족 고유의 사상으로서 맥을 이어 온 仙家에 지대한 관심을 기울였다. 그리하여 심능숙은 많은 詩와 散文에서 仙家에 대한 관심을 표출하고 있다.

江西硬拗, 幷非本狀, 調月品花論酒看劍對水登山, 信手拈來, 眞眞的的, 直推胸臆, 而自中規度.

16 《후오지가》, 4, 〈舞賦〉, 序 : 使客抽文選, 讀傳毅舞賦, 殊不解古人旨, 惜其名存而實無創爲之賦, 凡辭賦之家, 多極意泛論, 每涉夸詡, 少一切象物之語. 今此賦, 象其舞體, 備陳終始, 蹲宮泛商旋羽張徵進退之狀, 次第之節, 無或一遺, 以俟曉律者.

17 《후오지가》, 1, '算韻新集', 63, 〈十二闋〉, 原註 : 家傔明仁祥卽梨園樂人, 善彈琴, 余兒時學數曲, 久而審聲, 卽琴手訛而傳訛, 多不合於律. 余略解聲韻之學, 故遂製六章, 名曰十二闋, 又曰二十四闋, 〔…〕.

19세 때인 1800년에 친구인 李栢, 成養默과 더불어 西海의 鵲島에서 仙界의 환상적인 蜃樓를 보고 나서, 〈遊鵲島日記〉, 〈蜃樓記〉, 〈蜃樓記後序〉, 〈蜃樓記小傳〉 등의 글을 거듭 짓는다. 〈西州曲〉(일명 〈把把詞〉)은 심능숙이 1800년 3월 17일 이은이 관동으로부터 海西로 가려 할 때에 전송하며 지은 것인데, 이패랭이(李平凉子)라고 불리는 인물 이은은 異人 申翁에게서 도를 전수받았던 異人으로서, 李書九도 추종한 바 있었던 인물이다. 심능숙은 한때 이은을 추종해 그에 관한 기록을 〈이은전〉으로 남기고 있다.[18] 劍仙으로 불린 金光澤 이후 최고의 검객이었다는 卓文漢에 대한 기록도 심능숙은 남기고 있다.[19]

그의 仙家에 대한 깊은 관심과 지향은 梅山 洪直弼에게 보낸 서신에서 뚜렷이 드러난다.

> 무릇 사람이 나매, 그 본연으로써 그 본연을 기르면, 무엇이든 가하지 않음이 없다. 〔…〕 三敎는 그 유래가 오래 되었으되, 그 學이 서로 같지 않았다. 오직 이 (仙家의) 導養之方이 비록 異法에 가까운 듯하나, 그 本然을 기르는 데에 지나치지 않다. 孔子의 무리들이 배운다 해도 儒家의 도를 잃지 않을 것이요, 老子의 무리들이 배운다 해도 道家에 해롭지 않을 것이며, 釋迦의 무리들이 배운다 해도 佛道에 해롭지 않을 것이다. 이것을 일러 一理로서 三敎를 타(乘) 같아져 합칠 수 있는 것이다. 이것이 우리 동방의 靑霞子가 또한 三敎를 합하여 그것을 풀이한 까닭이다. 〔…〕 또 알지 못하는 자들이 망령되이 丹學을 老子에게 부회하나 이것이 어찌 족히 말할 만한 것이겠는가? 靑霞子의 《參同契》 註는 그 道가 극히 자세하고 극히 아름답다. 朱子의

18 《후오지가》, 5, 〈이은전〉. 〈이은전〉에 대한 자세한 고찰은, 장효현, 〈소남 심능숙의 산문문학 연구 — 이은전을 중심으로〉, 《동양학》, 31, 단국대, 2001(장효현, 〈심능숙의 생애와 문학〉, 《한국고전소설사연구》, 고려대학교출판부, 2002 재수록).

19 《후오지가》, 6, 〈卓文漢紀實〉.

《參同契》註解는 심히 수고한 것이지만 註의 註에 지나지 않는다.[20]

심능숙은 부친 沈允之가 古阜의 수령으로 있을 때에 靑霞子 權克中의 후손으로부터 그의 유적을 살펴볼 수 있었고 그때에 얻은 권극중의 《參同契註解》와 印刊된 遺集 3권을 아껴 잘 보관해 두었다 한다.[21] 《참동계》는 東漢 桓帝(147-167) 때에 魏伯陽에 의하여 저술된 丹學 경전인데, 우리나라에서 맨처음 《참동계》에 대하여 주석을 낸 것이 권극중의 《참동계주해》이다.[22] 권극중은 《참동계》를 주해함으로써 안으로 청정무욕한 삶과 金丹術을 神仙術에 이르는 길로 제시하고, 밖으로 易의 사상과의 회통을 도모하는 것으로 仙家思想을 정비했는바, 심능숙은 권극중의 이러한 입장을 수용하고 있는 것이다.

이 洪直弼과의 서신에 나타난 입장을 보면, 심능숙은 儒·佛·道 三敎 모두에 통하는 우리 민족 고유의 仙家의 독특한 위치를 강조하고 있다. 심능숙의 입장은 《靑鶴集》 계열의, 중국의 道敎가 정식으로 도입되기 이전부터 이미 존재하고 있었던 고유의 仙家의 맥을 중시하는 입장임을 알 수 있다.[23]

---

20 《후오지가》, 5, 〈答洪伯應書〉: 凡人之生也, 以其本然, 養其本然, 無適而不可. 〔…〕 三敎其來久矣, 而三者不同其學, 惟此導養之方, 雖似異法, 不過養其本然. 孔氏之道, 學而不失焉孔氏之道, 老氏之道, 學而不妨焉老氏之道, 釋氏之道, 學而不害焉釋氏之道, 此謂一理而乘三敎, 可同而契也. 是以吾東靑霞子, 亦合三敎而解之, 且毋論名之彼此, 索其理之本然. 〔…〕 且不知者, 妄以丹學付老氏, 此奚足語哉? 自靑霞之註參同也, 其道盡精盡美矣. 朱文公雖註解甚勤, 乃註其註也.

21 위의 글 : 家君守南郡時, 靑霞後孫權某者, 尙居境內, 時時招要, 略見遺蹟矣. 〔…〕 愚其前得見靑霞註, 愛而藏置, 又印遺集三卷, 同在弊篋.

22 최삼룡 외, 《이재 황윤석》, 민음사, 1994, pp.140-142.

23 최삼룡, 〈仙人說話로 본 한국 고유의 仙家에 대한 연구〉, 《도교와 한국사상》, 범양사, 1987, p.373 : 우리나라의 仙家는 대체로 양분하여 구별 지을 수 있는바, 하나는 중국의 道敎가 정식으로 도입되기 이전부터 이미 존재하고 있었던 仙家로, 단군신

2. 青年期의 시세계와 仙書의 追求

仙家에 대한 심능숙의 관심은 일생에 걸쳐 일관된 것이었다. 그러나 특히 20세 전후의 시기로부터 30세 전후에 이르는 청년의 시기에 심능숙은 仙書에 대한 탐구를 통해 논리적 차원에서 仙界와 仙境에 도달하고자 하는 소망을 가졌던 것으로 여겨진다.

앞서 심능숙이 19세 때인 1800년에 친구들과 더불어 西海의 鵲島에서 仙界의 환상적인 蜃樓를 보고 나서, 〈遊鵲島日記〉, 〈蜃樓記〉, 〈蜃樓記後序〉, 〈蜃樓記小傳〉 등의 글을 거듭 지었으며, 李書九도 추종한 바 있었던 異人인 이은을 추종하여 그에 관한 기록을 〈이은전〉으로 남겼음을 지적한 바 있다.

〈이은전〉은 다음에서 볼 수 있는 것처럼 신라 때의 三郎, 즉 偰永·崔逑·南石行의 고사로부터 이야기를 시작하고 있으며,

> 偰永은 옛 신라인인데, 어려서부터 타고난 지혜가 있어 선덕여왕이 조정에 등용하고자 하니, 사례하길, "내가 때를 안다는 것은 어찌 할 바를 아는 것이다." 드디어 崔逑과 隱君 南石行과 더불어 세상을 피해 사라졌다. 異蹟이 많고 《升門三編》을 지어 비밀히 세상에 전해졌다. 내가 일찍이 서쪽에 노닐어 河郎浦를 건너 鶴林에 들어가니 하늘 높이 우뚝 서 있어 '三郎碑'라 적혀 있었다. 지금 천여 년이 지나며 모래가 채워지고 닳아서 읊조리기가 불가능하였다. 지난 날 지은이가 없으니 그 實狀을 전할 수 없음이

화를 비롯한 부족국가들의 시조신화의 주인공이 仙人의 모습으로 나타나 있으며, 《靑鶴集》에 이러한 仙人의 계보가 상고 시대로부터 조선조에 이르기까지 나열되어 있다. 다른 하나는 통일신라 시대 唐의 鍾離權·呂純陽의 仙流가 留唐新羅人에 의해서 들여온 一脈이 한국에 유전하여 내려온 자취를 엿볼 수 있으니, 이 계보는 대체로 《海東傳道錄》에 소재되어 있다.

한스럽다.[24]

심능숙의 〈이은전〉에 附載되어 있는 이익모의 〈山寺記聞〉에도 이은이 직접 말했다는 三郎에 대한 이야기가 들어 있어,[25] 이은이 계승하고 있

24 《후오지가》, 5, 〈이은전〉: 偰永, 古新羅人, 幼有生知, 善德主欲用於朝, 謝曰, "吾知時者 旣知寧爲." 遂與崔述及南隱君石行, 避世而去. 多異蹟, 著升門三編, 秘傳于世. 余嘗西遊, 渡河郞浦, 入鶴林, 有穹然而立曰, 三郞碑云. 今千餘歲, 塡砂渥然, 乃謳吟不能. 去時無作者, 恨不傳其狀.

25 이익모, 〈山寺記聞〉: 신라 때의 偰永·崔述·南石行 세 사람이 가장 뛰어나다. 설영은 홀로 無始의 妙함을 보여 《升門三篇》을 지어 九宮八門을 서술하였는데, 계산을 펴는 데에 神明하였고, 易爻 兩儀의 사이, 하나하나의 사물에 어긋남이 없었다. 그리하여 旁門諸法에 통하였으나 다만 문자로 표현함이 없었을 따름이다. 무릇 八門이라는 것은 곧 星辰 五氣가 출입하는 門戶이다. 옛적의 眞人이 名物에서 법칙을 취해 세상에서 사용되었다. 세상에 나가면 제왕을 보좌하여 나라를 평안히 할 수 있고, 은거하여서는 바다와 산악을 넘고 바람과 구름을 부릴 수 있다. 옛적에 陳希夷는 五代의 말엽에 태어나 몸을 旁門의 法에 맡겼는데도 오히려 神明 易爻의 수를 말하지 않았다. 후에 우리나라의 崔孤雲이 《升門衍會》上下를 거듭 저술하였는데 篇의 끝에 旁門尸解와 步虛飛劒의 술법을 덧붙였다. 八門에 나누었으니 生死 開杜 休景 傷驚의 數가 갖추어졌다. 그러나 이를 좇아 그것이 旁門術數의 書가 된 것이 애석하다. 孤雲으로부터 시작되었고, 偰公은 알면서도 말하지 않았다. 三篇에 뜻함이 거기에 있다. 梁나라의 승려 鳩摩가 바다를 건너와 偰永을 만나 뵙고 절하여 말하길, "금성이 下降하여 땅을 울림이니, 세상에 나아가면 이로움이 없을 것이다"라 하였다. 이는 嶺의 밖 平頂菴 偰永畵像贊에 들어 있다. 申翁의 才器가 비록 뛰어나나, 旁門의 법을 단순히 배운 것에 불과하고, 全門의 數에는 성글다.(先生與我言東國人物, 曰, 羅時, 偰永, 崔述, 南石行, 三人, 當爲最, 偰永獨見無始之妙, 著升門三篇, 叙九宮八門, 排算爲神明, 易爻兩儀之間, 一事一物, 莫敢或違, 以通旁門諸法, 而特不言於文字耳. 夫八門者, 卽星辰五氣出入之門戶, 古之眞人, 取則於名物, 而用於世, 出可以佐帝王而安邦國, 隱可以凌海岳而御風雲, 在昔陳希夷, 生五季之末, 托身旁門之法, 而猶不言神明易爻之數, 後來我東崔孤雲, 重述升門衍會上下, 篇末附旁門尸解, 與步虛飛劒之術, 配於八門, 生死開杜休景傷驚之數, 備矣. 然, 從此, 惜其爲旁門術數之書, 自孤雲始, 偰公知而不言, 於三篇, 意有在也. 梁僧鳩摩, 航海而來見偰永, 拜曰, "金星來降震地, 出則不利." 此在嶺外平頂菴偰永畵像贊. 申翁才器雖超邁, 不過單習旁門之法, 踈於全門之數.)

는 仙家의 淵源으로서 三郎에 대한 심능숙의 깊은 관심을 엿볼 수 있는데, 심능숙은 三郎의 유적을 직접 探訪한 후 시를 남기고 있다.[26]

紅流洞外草如烟	紅流洞 밖의 풀은 안개와 같고
名區信宿事千年	名勝地에서 이틀을 묵었는데 千年을 섬긴 것 같다.
松月[27]鶴樓雲片片	松月山 鶴樓에 구름은 조각조각 떠 있고
金春[28]仙去水涓涓	仙去하여 간 金春臺에 물은 졸졸 흐른다.
斷碑尙記三韓字	깨어진 碑石에 아직 三韓 글자가 적혀 있고
舊塔謾傳七佛錢	옛 塔은 거짓 전해지길 七佛의 錢이라 한다.
出谷無人幽思動	골짜기를 나오매 인적 없어 그윽한 생각 일어나고
獨留花鳥夕陽前	꽃과 새들만 저녁노을 앞에 남겨져 있다.

21세 때인 1802년에 지은 시 〈夜讀淸淨經懷三淙大隱〉[29]에서는 註를 통해 仙書인 《淸淨經》을 潛心해 읽고 나서 꿈속에서나 三淙大隱을 만날까 하는 간절한 마음을 적어 놓았다.[30]

寒濤百尺撼孤松	百尺 竿頭의 寒波는 孤松을 흔드는데
千里懷人不可從	千里에 사람 그리워하나 좇을 수가 없네.
屋角雨晴風在磬	비 개인 용마루에 바람은 風磬을 울리고
山腰雲過月窺峯	산허리에 구름 지나고, 달은 봉우리를 엿본다.

《淸淨經》은 중국 삼국 시대 吳나라의 道士였던 葛玄(164-244)의 저서

26 《후오지가》, 1, '冠帶篇', 49, 〈出鶴林寺訪三郎遺跡〉.

27 松月 : 山名—原註.

28 金春 : 臺名—原註.

29 《후오지가》, 1, '冠帶篇', 55, 〈夜讀淸淨經懷三淙大隱〉.

30 "意濃讀罷仙書, 因倚枕, 心隨歸夢, 入三淙."

로서, 丹學의 철학적 측면과 道의 本質的 世界를 담고 있다. 갈현은《抱樸子》와《神仙傳》의 저자로 유명한 東晋 시대의 煉丹術師인 葛洪의 증조부이다.

21세 때인 1802년에 지어진 〈和竹翁韻題萬山樓〉[31]에서도 仙書를 斗室에 간직해 놓은 심능숙의 모습이 그려져 있다.

谷口樓臺近碧山	골짜기 어귀의 樓臺는 碧山에 가까운데
踈簾不捲見孱顏[32]	성근 珠簾 걷지 않아도 險峻한 山勢가 드러난다.
松風散入千村裏	솔잎 바람 온 마을로 스산히 날아들고
楓葉浮來萬壑間	단풍잎은 온 골짜기에 흘러 떠내려 온다.
囊置仙書藏斗室	仙書는 보따리에 담아 斗室에 간직해 놓고
身隨沽客到邊關	몸은 술장수를 따라 邊關에 이르렀다.
樽前眼力逢秋健	가을녘 술동이 앞에서 眼力 더욱 강건한데
十里平沙數鳥還	십 리 펼쳐진 모랫벌에 새들 점점이 날아온다.

심능숙은 22세 때인 1803년에 부친 沈允之를 따라 臨地인 古阜에 내려간다. 이 시기에 邊山 來蘇寺를 비롯한 많은 승경을 유람하면서 淸新한 기풍의 시를 많이 남겼는데, 심능숙은 이때에 그 境內에 있던 權克中의 유적을 살펴볼 수 있었고, 그 후에도 그때 얻은 권극중의《參同契註解》와 印刊된 遺集 3권을 아껴 잘 보관해 두었다 한다.[33] 1804년 古阜에 있던 시기에 지어진, 다섯 수로 이루어진 〈步塵詞〉[34]에 보면 그의 仙家

31《후오지가》, 1, '冠帶篇', 58, 〈和竹翁韻題萬山樓〉.

32 孱顏 : 산이 險峻한 모양.

33《후오지가》, 5, 〈答洪伯應書〉: 家君守南郡時, 靑霞後孫權某者, 尙居境內, 時時招要, 略見遺蹟矣. 〔…〕 愚其前得見靑霞註, 愛而藏置, 又印遺集三卷, 同在獘篋.

34《후오지가》, 1, '算韻新集', 66, 〈步塵詞〉.

취향이 뚜렷이 드러난다. 그중 제3수와 4수를 살펴보면,

玉鏡生香問幾時	玉거울에서 향기 일어나 어느 때인가 물으니
尋常烏兎[35]感頻移	尋常한 歲月이 자주 바뀌는 것을 알겠다.
莫言丹藥無生死	丹藥으로 生死를 넘는다 말하지 마라.
誤草黃寧[36]泣仳離	脾臟에 약초 잘못 쓰면 울면서 떠나리니.
雙鳥啣書雲一路	짝을 이룬 새는 편지 물어 구름길로 날아가고
孤鸞罷舞月千枝	외로운 鸞새는 춤 그치니 온 가지에 달빛이라.
淸遊已換三塵隔	仙界에 노니는 것 이미 바뀌어 三生을 隔하였으니
可奈仙娥昔日期	어찌 仙娥와의 옛적을 기약할 수 있으리.

聞說人歸白玉城	사람이 白玉城으로 돌아왔단 말 듣노니
浮埃淨盡保虛明	티끌세상 맑아져 虛明을 보존하겠네.
玄珠抱月懷中照	검은 옥구슬은 달빛 품어 마음속을 비추고
素羽當風腋下生	흰 날개깃이 바람을 맞아 겨드랑이 아래 생겨난다.
不復東西分世路	다시금 東西로 세상 길을 나누지 말 것이며
何用貴賤見時情	어찌 貴賤으로써 時俗의 情을 보겠는가.
我來一笑紅塵裏	내가 티끌세상에 와 한번 웃노니
綠水靑山夜有聲	綠水靑山에 이 한밤 웃음소리라.

1804년에 지어진 〈到泰山縣〉[37]의 제목 아래에는 "권극중은 古阜 사람으로 호는 靑霞. 秘術이 있어, 세상에서 칭해지길 신선이 되어 갔다 한다. 참동계가 세상에 전해진다"[38]라 註記되어 있다. 이 시에는 태산 태수

35 烏兎 : 세월. 해 속에는 세 발이 돋친 까마귀가 살고 달 속에는 토끼가 산다는 전설에서 유래하여, 해와 달을 아울러 이르는 말.

36 黃寧 : 脾臟. 黃庭.

37 《후오지가》, 1, '算韻新集', 31, 〈到泰山縣〉.

가 보내 준 권극중의 《참동계주해》를 보기 위해 기쁜 마음으로 달려가는 심능숙의 심경이 묘사되어 있다.

泰山太守送銀魚	태산의 태수가 은어를 보내면서
兼寄靑霞袖裏書	함께 靑霞子의 책을 부쳤다 하네.
千里趨庭心更急	천리 길 달려오느라 마음이 급한데
斗升山出故人如	斗升山이 故人처럼 솟아 있구나.

29세 때인 1810년에 지어진 〈贈南友士貞還山〉39에는 "郭生이 땅을 파다가 丹訣을 얻어 삼년간 丹藥을 만들었으나, 이루지 못했다"라는 註가 적혀 있다.40 仙書를 통해 丹藥을 추구했으나 실패한 郭生과 대비시키면서, 삼 년 만에 仙書를 해득한 지인 南士貞을 부각시키고 있다.

袖裏金鱗卷	소매 속에 넣고 다니던 金鱗卷을
三年始解看	삼 년 만에 비로소 해득하였네.
雖然非俗士	비록 그러하나 세속의 선비가 아니니
何似郭生丹	어찌 郭生의 丹藥과 같겠는가?

29세 때인 1810년에 심능숙은 경기도 김포의 私邸에 小山書室을 완성한 후 이를 小楠軒이라고 이름 지었다. 10대조 靑綾府院君 沈鋼의 懸轎의 나무가 大軒의 石階 위에 있는 楠樹였음으로 해서 대헌을 '楠軒'이라 해 왔는데, 이를 기리며 본뜬 것이다. 이때에 지어진 시가 《후오지가》

38 《후오지가》, 1, '算韻新集', 31, 〈到泰山縣〉: 權克中, 古阜人, 號 靑霞, 有秘術. 世稱仙去, 有參同契行于世.

39 《후오지가》, 2, '竹七樓筆餘 下', 53, 〈贈南友士貞還山〉.

40 "郭生嵬掘地, 得丹訣, 三年製丹, 不能成."

2책의 '小楠叢玉'에 수록되어 있다. 이 시기의 시 가운데에는, 평소에 易學을 잘 하였던 선배가 關西지방에 수령이 되어 나아갈 때에《周易參同契》를 지니고 감에, 심능숙과 더불어 5, 6명이 그를 따른 일화를 읊은 것이 있다.[41]

심능숙은 아내가 죽고 난 뒤 30세 때인 1811년부터 수년 동안 維楊(지금의 楊州)의 青蘿洞과 八賢洞에 은거하면서 仙家에 침잠했다.[42] 이 青蘿洞과 八賢洞에 이웃하는 掛蘿洞은 權克中이 약초를 캐며 仙道에 몰두했던 곳이기도 하다.

청라동은 팔현동과 언덕을 이어 통해 있는 동구로, 산과 골짜기가 깊고 샘물이 달고 땅이 비옥한 곳이었다. 그는 청라동 서쪽 絡巖 언덕에 아내를 묻고, 양친을 모시고 어린 딸을 데리고 八賢新第에 우거하였다. 서울의 동료들이 찾아와 외로움을 위로하면, 그들과 더불어 詩會를 열었다. 이 시기의 시를 모은 시고가 '八賢逸錄'이다.

八賢之北絡巖前	팔현동의 북쪽 絡巖의 앞
岸掛青蘿不記年	언덕에 얽힌 青蘿는 햇수를 알 수 없다.
杖頭百尺鮫龍霧	百尺 竿頭에 蛟龍이 토한 안개 서려 있고
山乳獨垂鸜鵒泉	山의 鍾乳石은 홀로 鸜鵒泉에 드리웠다.
托意果尋黃石下	뜻을 부치려 누런 바위 아래 찾아가고
聳身高坐白雲邊	몸을 솟구쳐 흰 구름 가에 앉아 본다.
採芝歸去春光滿	봄빛 가득한 날 약초 캐어 돌아와

41 《후오지가》, 2. '竹七樓筆餘' 下, 34 : 景平素善易學, 始作宰於江西, 携周易參同契而去, 故五六及之.

42 《후오지가》, 2, '八賢逸錄', 序 : 常愛維楊青蘿之洞, 以三百買之, 疊障環溪, 百轉千回, 近景絶峽, 峽而可居, 遂營舍於八賢之洞, 與掛蘿之洞, 緣崖相通, 山深谷幽, 泉甘土沃, 可饒其趣.

讀罷仙書第一篇[43]　　仙書 제일편 읽기를 끝마친다.

이 시 속에는 팔현동과 청라동의 勝景 속에서, 약초를 캐고 仙書를 잠심하여 읽는 심능숙의 생활이 잘 묘사되어 있다.

仙家에 대한 심능숙의 관심은 일생에 걸쳐 일관된 것이었으나, 이처럼 20세 전후의 시기로부터 30세 전후에 이르는 청년의 시기에 심능숙은 仙書에 대한 탐구를 통해 논리적 차원에서 仙界와 仙境에 도달하고자 하는 소망을 가졌던 것으로 여겨진다.

3. 壯年期의 시세계와 仙界의 希求

이제 청년기를 지나 40세 전후의 壯年期에 접어들면서, 심능숙의 仙家 志向은 주변의 사물과 사건 속에서 어렴풋이 仙界를 떠올리는 양상으로 전개된다.

1829-1830년에 지어진 다섯 수로 이루어진 〈蕉竹篇〉[44]의 제3수에서는, 밤이슬에 젖은 대나무와 파초를 아련하게 묘사한 후[45] 이로부터 연상하여 仙界를 그려본다.

眞訣多從心上解　　眞訣은 대부분 마음속으로부터 풀리니
故人忽憶夢中招　　옛 벗이 문득 그리워 꿈속에서 부르네.

---

43 《후오지가》, 2, '八賢逸錄', 2 : 李惟肅(原註 ; 根中)來尋, 因示山中勝景.

44 《후오지가》, 3, '碧筒夜史', 60 : 雨霽秋夜, 露臥庭除, 左蕉右竹, 淸意滿眼, 夏卿睡老石下, 成元老削菼, 鄭海叟把壺, 余得焦竹聯對五句, 名曰蕉竹篇.

45 "안개 서린 대나무에 이슬이 맺히고, 푸른 빛 가득한 파초에 밤빛이 흐릿하네"(露華浮動烟凝竹, 夜色迷離碧渾蕉).

青牛[46]留我雲間約	푸른 소가 나를 머물게 해 구름 속을 기약하니
何日丹成白汞橋	어느날 白汞橋에서 內丹을 완성할까.

1834년 이후의 시기에 심능숙은 일본에서 수입한 국화 '白雲朶'를 감상하는 '白雲第一會'를 열었으며, 산문과 시로써 '백운타'에 대한 감상을 남겼는데,[47] 시 〈白雲朶〉에서는 '서리 같은 자태로 멀리 바다 仙樓에서 건너오고'(霜姿遙涉海仙樓), '구름 치마와 노을 노리개로 瓊樓에서 하강한'(雲裳霞珮降瓊樓)[48] 仙女에 비유하여 일본산 국화의 자태를 신비롭게 묘사한다.

심능숙이 세상을 떠나기 3년 전, 즉 57세인 1838년에 지어진 시 〈楊州崔雅士眞…〉[49]은 시를 짓게 된 긴 사연이 제목으로 적혀 있는데, 여기서 심능숙은 은연중 자신을 仙界의 인물로 그려 보이고 있다. 楊州에 사는 崔士眞이 꿈속에서 宋代의 시인으로 神仙이 되었다는 石曼卿을 만났는데, 그는 丸藥을 갖고 道峯山 萬丈峰으로 와서 최사진이 꽃을 넣어 빚은 農酒와 바꾸길 원하면서, 단오날 그곳에서 儀仙과 만나기 원한다는 말을 심능숙에게 전한다. 그러면서 儀仙이 곧 심능숙을 가리킨다는 주위 사람의 말을 함께 전한다.[50] 심능숙은 前生에 자신이 儀仙임을 시 속에 담아낸다.

---

46 青牛 : 老子가 푸른 빛의 소가 끄는 수레를 타고 函谷關을 지나 西域으로 들어간 고사.

47 《후오지가》, 5. 〈白雲第一會序〉; 《후오지가》, 4(송사외편, 1), 〈白雲朶記〉; 《후오지가》, 4(松史內篇. 4), 76, 〈白雲朶〉.

48 《후오지가》, 4(松史內篇, 4), 76. 〈白雲朶〉.

49 《후오지가〉, 4(松史內篇, 4), 124.

50 자세한 설명은, 강혜선, 〈심능숙 한시 연구〉, pp.372-374 참조.

釀得花醪菜滿槃　　꽃을 넣어 빚은 막걸리와 나물반찬을
先生何事換金丹　　石선생은 무슨 일로 金丹과 바꾸시나?
昫山石室紅衣散　　昫山의 石室에 붉은 옷 사라지고
鐵馬氷車寶瑟寒　　鐵馬가 끄는 얼음 수레에 寶瑟소리 차갑다.
鱉飮猶餘孤客夢　　鱉飮의 풍류는 나그네의 꿈에 남아 있고
鸎聲留取俗人看　　꾀꼬리 소리는 俗人을 보아 머물게 한다.
前身無乃儀仙是　　나의 前身이 곧 儀仙 아니겠는가?
蒲葉端陽酒欲瀾　　단오날 부들잎 자리에서 술로 취하고자 하네.

심능숙은 이어서 石曼卿을 생각하며 仙界를 희구하는 한 편의 시를 더 남긴다.

筆落詩成泣鬼神　　붓을 내리니 詩가 이루어져 귀신도 울게 하고
豪襟曠韻自天眞　　호탕한 心襟, 豁達한 韻은 스스로 天眞을 드러냈다.
宦遊墮馬携身隱　　벼슬에 노닐다 落馬해 은둔해 있으면서
仙去乘騾到世頻　　나귀 타고 仙去하려더니 세속으로 자주 오네.
碧海芙蓉城似錦　　푸른 바다의 芙蓉城은 비단과 같고
黃泥桃李樹生塵　　누런 진흙 티끌에서 桃李 나무는 자라난다.
君王莫問長時醉　　군왕께 오래도록 취했는지 묻지 마소.
猶勝當年不醉人[51]　　그때 취하지 않은 이보다 오히려 나을 것이니.

심능숙은 泰仁縣監에서 물러난 1835년(54세)부터 세상을 떠나는 1840년 사이에 世居地 김포에 은거하면서 장편 한문소설 〈玉樹記〉를 짓는데, 仙界를 희구하는 심능숙의 관심이 그대로 나타난다. 天台山 廖道士의 존재, 요도사의 스승인 南岳仙姑 林道姑의 존재, 嘉楠과 晋皜의 羽化登

51 《후오지가》, 4(松史內篇, 4), 125, 〈又次士眞從叔希瑞懷石曼卿韻〉.

仙, 丹藥에 대한 관심 등, '道仙的' 요소들이 〈옥수기〉의 인물 설정과 사건 전개에 중요한 基底를 이루는바, 이는 심능숙의 삶 속에서 폭넓게 나타났던 仙家 志向의 관심이 소설 〈옥수기〉에도 반영된 것으로 이해된다.[52]

이처럼 40세 전후의 장년기를 지나면서, 청년기에 보다 구체적으로 仙書의 탐구를 통해 仙界를 추구했던 것으로부터 바뀌어, 주변의 사물과 사건 속에서 어렴풋이 仙界를 떠올리는 양상으로 전개됨을 볼 수 있다. 그것은 인생의 閱歷을 거치면서, 만족스럽지 못한 現世를 벗어나 仙界를 희구하고자 하는 생각은 보다 간절하지만, 世俗的 존재로서 자신의 한계를 벗어나기 어렵다는 것을 인식하게 된 결과가 아닌가 여겨진다.

맺음말

그동안 한문 장편소설 〈玉樹記〉에 대한 연구는 학계에 상당히 축적된 편이지만, 작가 심능숙에 대한 전반적 연구, 그리고 그의 詩와 散文에 대한 精細한 연구는 미진한 상태였다. 이 글에서는 심능숙의 시세계에 대하여, 특히 仙家 志向의 시에 초점을 맞추어 살펴보았다.

심능숙은 어려서부터 재능을 드러내 7세에 이미 詩를 지었고, 14세 때부터 詩社활동을 하여 朴趾源도 참여하고 老少文蔭 14인이 모여 결성한 '南社' 등의 詩社에 참여하였다.

심능숙은 사상적으로 매우 자유로운 脫俗의 태도를 보였는데, 특히 우리 민족 고유의 사상으로서 맥을 이어 온 仙家에 지대한 관심을 기울

---

52 장효현, 〈옥수기의 작품세계와 심능숙의 세계관 — 仙家 志向을 중심으로〉, 《한국한문학연구》, 44, 한국한문학회, 2009 참조.

였다. 그의 仙家에 대한 깊은 관심과 지향은 洪直弼에게 보낸 서신에서 뚜렷이 드러나는바, 《참동계》를 주해함으로써 仙家思想을 정비한 권극중의 입장을 수용하여, 儒·佛·道 三敎 모두에 통하는 우리 민족 고유의 仙家의 독특한 위치를 강조하고 있음을 알 수 있다.

仙家에 대한 심능숙의 관심은 일생에 걸쳐 일관된 것이었지만, 특히 청년기에 심능숙은 仙書에 대한 탐구를 통해 논리적 차원에서 仙界와 仙境에 도달하고자 하는 소망을 가졌던 것으로 여겨진다.

심능숙은 19세 때인 1800년에 仙界의 蜃樓를 보고 나서 여러 편의 산문을 짓고 異人 이은을 추종하여 〈이은전〉을 지음으로써 仙家에 대한 관심을 본격적으로 드러내기 시작했다. 1802년에 지은 시에서는 仙書인 《淸淨經》을 潛心해 읽는 모습이 나타나 있다. 1803년에 부친 沈允之를 따라 臨地인 古阜에 내려가 있을 때에 權克中의 유적을 살펴볼 수 있었고, 그때 얻은 권극중의 《參同契註解》와 印刊된 遺集 3권을 아껴 잘 보관했다 하는데, 〈到泰山縣〉 시에는 태산 태수가 보내 준 권극중의 《참동계주해》를 보기 위해 기쁜 마음으로 달려가는 심능숙의 심경이 묘사되어 있다. 〈贈南友士貞還山〉(1810)에서는 삼 년 만에 仙書를 해득한 지인 南士貞을 부각시키고 있다. 1810년 심능숙이 경기도 김포의 私邸에 小楠軒을 짓고 기거할 때에, 선배가 關西지방 수령이 되어 가면서 《周易參同契》를 지니고 감에 그를 따른 일화를 읊은 시가 있다. 심능숙은 아내가 죽고 난 뒤 30세 때인 1811년부터 수년 동안 維楊의 靑蘿洞과 八賢洞에 은거하면서 仙家에 침잠했는데, 이곳에 이웃하는 掛蘿洞은 權克中이 仙道에 몰두했던 곳으로서, 약초 캐고 仙書를 잠심하여 읽는 심능숙의 생활이 시 속에 묘사되어 있다.

그러나 청년기를 지나 40세 전후의 壯年期에 접어들면서, 심능숙의 仙家 志向은 주변의 사물과 사건 속에서 어렴풋이 仙界를 떠올리는 양상으로 전개된다. 〈蕉竹篇〉에서는 대나무와 파초를 보면서 仙界를 연상해 보고, 〈白雲朶〉에서는 일본에서 수입한 국화를 仙女에 비유하여 신비롭게 묘사한다. 1838년에 지어진 시 〈楊州崔雅士眞… 〉에서 심능숙은 자신을 仙界의 인물 儀仙으로 그려 보이며 선계를 희구한다. 심능숙은 말년에 장편 한문소설 〈玉樹記〉를 짓는데, 仙界를 희구하는 그의 관심이 그대로 나타난다.

이처럼 청년기에 보다 구체적으로 仙書의 탐구를 통해 仙界를 추구했던 것으로부터 바뀌어, 40세 전후의 장년기를 지나면서 심능숙의 선가 지향이 주변의 사물과 사건 속에서 어렴풋이 仙界를 떠올리는 양상으로 전개되는 것은, 現世를 벗어나 仙界를 희구하고자 하는 생각은 간절하지만, 世俗的 존재로의 한계를 벗어나기 어려움을 인식하게 된 결과가 아닌가 여겨진다.

심능숙의 일생에 걸친 仙家에 대한 관심의 근거는, 홍한주의 인물평을 빌리자면 '豪爽不羈한 氣象의 표출'이거나 혹은 '濩落無聊로부터의 逸脫'[53]로 볼 수 있지 않을까 한다. 그러나 이에 대하여는 심능숙의 삶에 대한 다각도의 천착을 거쳐 조금 더 명확한 결론을 이끌어내야 할 것이다. 아울러 한국 漢詩史의 전개에서 우리 민족 고유의 仙家 志向을 드러낸 일련의 흐름을 파악하는 것과, 근대로 전환되어 가는 19세기의 시기에 보이는 사대부 지식인의 仙家 志向의 움직임이 어떤 의미를 지니는지에 대한 고찰도 후속되어야 할 과제이다.

—《우리문학연구》, 29집, 우리문학회, 2010.

---

53 洪翰周, 《智水拈筆》, 아세아문화사, 1984, p.446 : 其豪爽不羈類此, 然往往有酒間失言誕延浮夸, 故朋知稍稍厭之, 且少日徵逐之名士, 後多貴顯位公卿, 而不顧, 小楠之名日蹙, 晩益濩落無聊, 中歲始蔭仕監役, 官止泰仁縣監, 竟敗歸家, 食悒悒而卒.

〈玉樓夢〉和中國小說的比較
—以〈三國志演義〉的影響爲中心

1. 〈玉樓夢〉的作品特征

被評价爲在朝鮮古典小說發展過程中形成的最优秀的成果之一的〈玉樓夢〉, 是潭樵南永魯(1810-1857)著的64章回的中文長篇小說. 作者南永魯起初只寫了51章回〈玉蓮夢〉, 后來經過大幅修改, 才完成64章回的作品. 〈玉蓮夢〉和〈玉樓夢〉后來都被譯成韓國語, 在讀者中引起了强烈反響, 成爲朝鮮讀書界風糜一時的优秀作品.[1]

〈玉樓夢〉的作者南永魯出身于士大夫家, 居住在京畿道龍仁, 雖然他同時又作爲畫家留名于世, 但是未能盡顯其才, 是一位怀才不遇的文人. 南永魯在世的48年間, 恰逢朝鮮後期社會政治矛盾极端深化的時期, 由于安東金氏和豊壤趙氏統治的60年的勢道政治, 使權力集中到少數家

1 對〈玉樓夢〉文獻學問題的論議參考張孝鉉, 〈玉樓夢的文獻學研究〉, 高麗大 碩士學位論文, 1991.

門, 造成中央的地方的行政嚴重腐敗. 因此很多士大夫們被冷落在權利之外, 社會經濟走向蕭條.

南永魯也不例外, 同樣遭受到政治權利的冷落, 因此, 他從落魄文人的角度寫了〈玉樓夢〉. 在整部〈玉樓夢〉作品中, 不僅体現了南永魯非凡的文學才質, 而且處處流露着其世界觀的治國經綸及人倫規範.

〈玉樓夢〉是南永魯在他23-33歲時, 卽1832-1842年著的作品, 根据記彔他的〈玉蓮夢〉的跋文, 可以看出在无法寄托他那无聊胸襟的几間破屋里, 他開始了寫作. 由此我們也可以看出作者把感慨封閉現實作爲展現自己經綸的机會, 同時通過作品創作來安慰自己抑郁的心情.

〈玉樓夢〉的基本結構 – 文昌星君和帝傍玉女, 諸天仙女, 紅鸞星, 天妖星, 桃花星五位仙女在天上的白玉樓里相遇, 飮酒作詩助興, 在不知不覺睡着的一霎間, 玉皇大帝和釋迦世尊利用法力, 將他們下將到人間. 几經周折, 他們各自投胎于人間, 便出生了楊昌曲和尹小姐, 黃小姐, 江南紅, 碧城仙, 一枝蓮等人. 經過波瀾起伏的結緣和試鍊, 他們最后終于從党爭和戰亂的苦楚中逃脫出來.

對〈玉樓夢〉作品的基本構造, 下面從四个對抗大戰的結構角度來談一下.

(1) 這部作品中最引人注目的部分是主人公楊昌曲和盧均的政治性大戰. 雖然出身低微, 但具有优秀資質和滿腹經國之才的楊昌曲, 通過科擧考試參与了中央政治, 当時朝廷內淸党和濁党勾心斗角, 矛盾不斷深化. 置國家和百姓于不顧, 只求自身榮華富貴的封建官僚形象盧均, 董弘, 黃丞相, 再加上只傾听這些小人讒言, 軟弱无能的皇上, 使楊昌曲倍受痛苦曲折的考驗. 由于小人的存在使政治混亂狀態持續不斷, 到最后盧均和北匈奴聯手, 做了左賢王, 成了大逆謀叛朝廷的罪人. 楊昌曲曆經磨難与建官僚們不斷斗爭, 直到最后, 打敗了濁党, 說服皇上, 救了國家. 楊昌曲的清党与盧均濁党的分裂以及在朝廷內展開的党爭, 正是朝鮮王朝党派分爭的投影. 同時也可以看出, 預謀對出身低微, 投入政界的楊昌曲施以勒婚的黃丞相以及把謀略政治当作正事的盧均的形象正是朝鮮后期獨握政治權利, 威風凜凜的閥閱形象的縮影. 我們可以說這些都反映了南永魯的政治意識.

(2) 男主人公楊昌曲展開的与南蛮國的哪咤, 紅桃國的祝融間的波瀾万丈的大戰, 也帶有津津有味的軍談色彩. 与置國家的安危于不顧, 只求自身及家門的榮華富貴, 以政治謀略爲正事的封建官僚們截然相反, 楊昌曲在毫无人烟的邊疆, 經曆各种痛苦与考驗, 与侵略軍搏斗爲了國家和百姓的安宁而獻身一切的主人公形象被刻畫得栩栩如生. 特別是帮助主人公楊昌曲的江南紅和一枝蓮, 雖然出身微賤, 但發揮楊昌曲理想的智略和武藝, 樹立了拯救國家和百姓的'女性英雄'的形象, 尤其是其特有的个性被描畫的淋漓盡致. 這部小說和朝鮮后期出現的一系列的女英雄小說一脉相成, 這反映了在朝鮮後期女性地位及意識有所提高的社會趨勢及社會變化.

(3) 在楊昌曲和五位女子結緣的故事情節中, 最吸引人心的是和江南紅的結緣. 出身寒微的書生楊昌曲爲了赶考科擧, 在進京過程中与妓女江南紅的結緣, 是不受无論身分, 家門規范還是礼法的拘束, 以一种純洁的愛情的形態展現給我們. 妓女身分的江南紅直接确認了楊昌曲的容貌風采, 考驗了他的作文吟詩之才, 打听了他的情操和信義后, 才允許把自己的身心許給楊昌曲的. 之后, 江南紅對黃刺史的糾纏脇迫, 以投江自殺以示反抗. 被救援的江南紅后來精通武藝以超人的智略和高强的武功, 不僅將楊昌曲從危机中救出來, 還挽救了國家危亡. 從這儿可以看出作者對人物的身分問題和女性問題進展的關心与支持.

(4) 碧城仙和黃小姐的大戰与以家庭小說爲中心而形成的故事相

通, 即使如此, 此次大戰无論其程度, 還是克敵過程都比較深刻, 豐富精彩. 妓女出身的碧城仙, 由于她的身世倍受歧視, 待, 几經苦難, 但凭自身优秀的音樂才能敢于諷諫天子, 使其回心轉意, 被任命爲御史, 代替被包圍在北單于的皇太后, 置自己性命与外, 裝做俘虜, 她通過這樣的活動提高了自己的身份地位, 同時相應地得到了應有的寵愛和幸福.

如上所述, 〈玉樓夢〉的四种形態大戰的構造成了本作品的基本骨格框架. 龐大的篇幅, 由多种多樣的細節構成, 接受前代作品的影響. 首先下將天上仙官和五位仙女于人間, 使他們投胎于人間, 出生了楊昌曲和五位美人, 并使他們結緣, 這樣的內容安排与17世紀后半期金万重所著的〈九云夢〉的內容結構相似. 還有碧城仙和黃小姐的爭寵談及楊昌曲与江南紅和碧城仙的良好結緣過程都分別在某种程度上受到了前代家庭小說和前代愛情小說的影響. 還有在南蛮國和紅桃國間展開的軍談中, 可以發現其接受了中國小說〈三國志演義〉的影響.

2. 〈三國志演義〉在朝鮮的傳來及影響

在元朝的《全相平話三國志》的基础上, 依据羅貫中(1328-1398)而具備完美的小說形態的〈三國志演義〉, 后來經過明代的李贄(字卓吾, 1527-1602)的《李卓吾先生批評三國志》(120回本), 演變到清初的《毛宗崗批評本 第一才子書 繡像三國志演義》, 以后這部毛宗崗本被推广到讀書界.

〈三國志演義〉傳到韓國, 第一次成爲我們讀書材料的鮮明記載可以追溯到朝鮮王朝宣祖年間. 在宣祖2年(1569年)6月20日, 對國王讀〈三國志演義〉, 曾有侍讀官奇大升(1527-1572)爲此事上書, 對此進行批判過.

奇大升進啓曰,‘頃日張弼武引見時,傳敎內,張飛一聲走万軍之語,未見正史,聞在三國志衍義云.此書出來未久,小臣未見之,而或因朋輩間,聞之,則甚多妄誕.〔…〕三國志衍義則怪誕如是,而至於印出,其時之人,豈不无識,觀其文字,亦皆常談,只見怪僻而已.’[2]

作爲朝鮮後期小說史主流的歷史軍談小說.英雄小說在形成`展開的過程中也存在着中國演義小說的影響,其中〈三國志演義〉在讀書界引起的影響最大.

〈壬辰彔〉〈林慶業傳〉〈朴氏傳〉等歷史軍談小說是16世紀末17世紀初壬丙兩亂以后不長時間內,把与壬丙兩亂有關的說法經過添加‘修改’加工改編而成的.刻畫了回顧在戰爭中經曆的失敗,反過來取得戰爭胜利的過程及典型的民衆英雄形象,從民衆英雄和軍談的描寫上 可以看出〈三國志演義〉的影響之大.

如果談它所具備的另一个類型,便是在18世紀后半期出現的〈蘇大成傳〉〈張風云傳〉等通俗英雄小說大体都以1冊爲單元的坊刻本形態流通,不負于大衆化的要求,在英雄小說中起中堅作用的軍談部分,可以說〈三國志演義〉的影響最大.[3]

現在在韓國傳來多种〈三國志演義〉,這其中最早版本的是周曰校刊的《新刊校正古本大字音釋三國志通俗演義》便是典型的一例. 它是

---

2 《宣祖實錄》,卷3, 24-25面,宣祖 2年 6月 壬辰.

3 對〈三國志演義〉影響的考察,以丁奎福〈韓國古代軍談小說 -三國志演義的影響爲中心〉(高麗大 碩士學位論文, 1958)爲首,以后也出現許多篇論考;崔英珠,〈三國志演義對韓國古代小說的影響-以九云夢和玉樓夢爲中心〉, 延世大 碩士學位論文, 1973;吳秀美,〈三國志演義的演變及比較文學研究〉漢城大 碩士學位論文, 1974;李相翊,〈軍談類小說和三國志演義〉,文教部 學術研究報告書, 1974;徐大錫,〈軍談小說的結構與背景〉,梨花大出版部, 1985;李慶善,〈三國志演義的比較文學研究〉,一志社, 1976.

壬亂之前丁卯年在耽羅改版刊行的. 但是這个版本后來在肅宗年間被覆刻的毛宗崗本所代替.[4] 翻譯本大多主張以樂善齋本〈三國志通俗演義〉(39卷 39冊)爲始.

僅從産生最多樣類似作品的〈三國志演義〉這一点來看, 我們不難推測出〈三國志演義〉在我們國家的影響力. 作爲坊刻本的有〈三國志〉, 〈桃園結義录〉, 〈諸馬武傳〉(〈夢決楚漢訟〉), 〈華容道〉(〈三國風塵〉)等, 作爲筆寫本的有〈孔明先生實記〉, 〈魏王別傳〉, 〈趙子龍實記〉等, 1910年以后以活字本刊行的有〈鷄鳴山〉, 〈關云長實記〉, 〈山陽大戰〉, 〈三國大戰〉, 〈張飛馬超實記〉, 〈赤壁大戰〉, 〈諸葛亮傳〉, 〈黃夫人傳〉, 〈姜維實記〉, 〈漢水大戰〉, 〈五關斬將記〉等作品.

3. 〈玉樓夢〉中体現的〈三國志演義〉的影響

〈三國志演義〉對〈玉樓夢〉的影響体現得最明顯的部分是男主人公楊昌曲展開的与南蛮國的哪咤和紅桃國的祝融之間的大戰. 按章回來看, 卽第11回〈元帥大捷黑風山, 臥龍顯圣盤蛇谷〉和第12回〈失洞壑哪咤請軍, 荐道士云龍還山〉的部分. 楊昌曲討伐南蛮的一幕從〈三國志演義〉諸葛孔明討伐南蛮王孟獲的一幕中受到了很大的影響.

(1) 楊昌曲在討伐南蛮時, 我們与其說他用武力平定了叛亂, 不如說他利用說服人心而使其服從. 楊昌曲雖然活捉了南蛮酋長哪咤, 但是

4 朴在淵, 〈朝鮮時代中國通俗小說翻譯本的硏究〉, 韓國外大 博士學位論文, 1993, pp70-81.

還是把他給放了. 楊昌曲以擧諸葛孔明七縱七擒的事實爲例, 才得以說服了部下及將帥們. 這是以〈三國志演義〉中 諸葛孔明討伐孟獲時的態度爲榜樣的.

> 元帥笑曰, '吾欲服南蛮之心, 方今初戰, 故縱哪咤, 使盡其才, 將軍豈不聞諸葛武侯, 七縱七擒之意乎.'(玉, 11回)

(2) 楊昌曲追擊戰敗的哪咤到達盤蛇谷的時候, 由于突然刮起狂風及傳來的鬼哭聲, 兵士們被惊嚇地生了怪病. 盤蛇谷在〈三國志演義〉中是諸葛孔明用火攻殲滅藤甲軍的地方. 這時楊昌曲走出陣門進行巡察, 發現享祀諸葛孔明的古廟, 于是便進去許愿.

> 數間古廟, 在於山下, 至廟前, 青蘿絡於頹墻, 野鶴巢於古木, 可知其年久神廟, 開門視之, 一位塑像, 坐於榻上, 〔…〕不問可知爲臥龍先生, 元帥大喜進前, 恭敬再拜.(玉, 11回)

這一点也是在〈三國志演義〉中諸葛孔明在五溪毒泉, 兵士們中毒, 就坐着小車走出來 調查了毒泉, 并發現了祭祀西漢時討伐平定南蛮的伏波將軍馬援的古廟, 進去還許了愿的一幕极其類似.

> 一見古屋之中, 塑一將軍端坐, 傍有石碑, 乃是伏波將軍馬援之廟, 〔…〕孔明再拜.(三, 89回)

對着古廟的塑像祈愿后出來的楊昌曲在夢中從諸葛孔明那儿得到通過盤蛇谷方法的指教. 這是因爲過去諸葛孔明南征的時候, 戰死的藤甲軍的冤魂才使盤蛇谷變怪的. 在〈三國志演義〉中諸葛孔明是從伏波將軍派送的神人那得知通過五溪的方法的.

一位先生, 綸巾鶴氅, 手執白羽扇, 淸秀眉目, 幽雅風采, 不問可知爲臥龍先生, 元帥慌忙起身, 禮畢坐定, 元帥恭問, (玉, 12回)

隱隱望見村山, 一老叟扶杖而來, 形容甚异, 孔明請老叟入廟, 禮畢坐於石上, 孔明問, (三, 89回)

楊昌曲得到諸葛孔明的指敎, 馬上便在盤蛇谷立壇做了慰灵之祭, 這樣狂風才下去, 鬼神們才謝禮消失. 這与〈三國志演義〉中諸葛孔明平定南蛮返回的路上到達瀘水時, 突然刮起狂風, 傳來鬼哭聲, 最后得知這个地方原來是過去戰歿的屬兵和蛮兵的冤鬼的所爲, 并祭祀了慰灵祭的這一点類似.

筑壇於盤蛇谷口, 祭戰亡藤甲軍祭文, 〔…〕此時董馬兩將, 讀畢祭文, 埋酒牲於壇下, 慘淡之云, 散於洞中, 陰濕之風, 走於谷口, 林下岸上, 焦頭爛額之无數鬼卒, 叩頭百拜, 隱隱歸去.(玉, 12回)

当夜於瀘水岸上, 設香案鋪祭物, 列灯四十九盞, 揚反旛招魂, 將饅頭等物, 陳設於地三更時分, 孔明金冠鶴氅, 親自臨祭, 令董厥讀祭文, 〔…〕讀畢祭文, 孔明放聲大哭, 极其痛切, 情動三軍, 无不下泪, 孟獲等衆盡皆哭泣, 只見愁云怨霧之中, 隱隱有數千鬼魂, 皆隨風而散.(三, 91回)

(3) 哪吒降服了楊昌曲, 楊昌曲在率軍返回的途中, 又遭到紅桃國的侵犯, 于是進擊紅桃國, 在五溪洞士兵們因飮用毒水而中毒. 這与〈三國志演義〉中諸葛孔明追擊孟獲時, 偶然遇到禿龍洞的四个毒泉, 兵士們都中毒的一幕是類似的.

都督又問曰,'五溪洞此距几里.'對曰,'四百餘里, 其間有五溪, 一黃溪, 二鐵溪, 三桃花溪, 四啞溪, 五湯溪, 渡黃溪, 則人身黃而瘡疾起, 溺於鐵溪, 則金鐵自溶爲水, 桃花溪三春花發, 則水波自紅, 毒气連流十里, 啞溪不知而飮水, 則爲啞, 不通言語, 湯溪水常湯熱, 人不能入, 故雖强兵猛將, 至於此處, 則束手无策.'(玉, 21回)

此處更有四个毒泉, 一名啞泉, 其水坡甛, 人若飮之, 則不能言, 過旬日必死, 二曰滅泉, 此水与湯无异, 人若沐浴, 則皮肉皆爛, 見骨而死, 三曰黑泉, 其水微淸, 人若濺之在身, 則手足皆黑而死, 四曰柔泉, 其水如氷, 人若飮之, 咽喉无暖气, 身軀軟弱如綿而死.(三, 89回)

(4)〈玉樓夢〉中軍談在展開的過程中, 動員多樣兵法和陣法及使用各种武器. 在〈玉樓夢〉中登場的方天戟, 開山大斧, 偃月刀等武器, 在〈三國志演義〉中也使用過. 雖然不一定完全一樣但是在軍談展開的過程中和〈三國志演義〉中的內容大多類似.

在〈玉樓夢〉中哪吒和楊昌曲大戰中, 由于呼風引起沙塵, 当要襲擊明陣之時, 正好由于刮起的大風而使自己受害, 這在〈三國志演義〉中·接受孟獲的請愿的木鹿大王, 刮起狂風, 正想掩襲諸葛孔明的一幕也是類似的.

哪吒大怒, 左手一揮手旗, 忽然一陣狂風, 起於陣中, 卷起黑風山之沙, 黑塵飛入明陣中, 不辨咫尺, 軍士不能開眼, 〔…〕果然午末未初, 西北風大作, 折木拔屋, 揚沙飛石, 黑風山之沙返向蛮陣, (玉, 11回)

木鹿大王, 口中念咒, 手搖蒂鍾, 傾刻之間, 狂風大作, 猛獸突出, 孔明將羽

扇一搖，其風便回吹彼陣中去了.(三, 90回)

楊昌曲脫离險境后，在和脫解的大龍江戰爭中用火攻將敵軍打敗. 這与〈三國志演義〉中諸葛孔明和周瑜合力在赤壁江用火攻擊破曹操的八十万大兵的內容類似.

連日南風大作，脫解菩薩，隨風鳴鼓而行軍，至中流，忽然明陣中，一聲炮響，无限之火，起於蛮船，〔…〕元來黑面漁父孫夜叉，一人鐵木塔 領元帥將令，藏硫黃焰硝引火之物船中，應明陣炮響，衝火而走，風助火勢，火因風勢，傾刻之間，延燒於江北蛮船百餘只.(玉, 24回)

南船距操寨止隔二里水面，黃盖用刀一招，前船一齊火發，火?風威，風助火勢，船如箭發，烟焰漲，二十只火船，撞入水寨，〔…〕隔江破響，四下火船齊到，但見三江面上，火逐風飛，一派通江，漫天徹地.(三, 49回)

〈玉樓夢〉在64章回這樣龐大的容量內，精巧地在里面安排多种多樣的細節描寫，這当然受到前代作品的影響. 以四种形態的大戰結構安排，構成作品基本骨骼的〈玉樓夢〉里，主人公楊昌曲和南蛮國的哪咤，紅桃國的祝融間的波瀾万丈的對戰帶有濃厚的軍談小說的色彩，這里受到了〈三國志演義〉的很大的影響. 但是作家南永魯恰当地吸收前代小說組成的精華部分，通過完美的文章結構，人物的形象化，及豐富多彩的細節的有机連結，而創作出來了這樣一部优秀的作品.

— 第二屆 中國古代小說國際硏討會, 中國社會科學院·上海師範大, 2002. 11. 15-17.

〈玉樓夢〉 연구사

머리말

19세기 前半에 潭樵 南永魯(1810-1857)에 의해 창작된 장편소설 〈옥루몽〉은 그 이후의 소설 독서계를 풍미하였던 傑作이다. 따라서 〈옥루몽〉에 대한 학계의 관심도 끊임없이 이어져 많은 연구성과를 갖게 되었다. 〈옥루몽〉에 대한 종합적인 연구 저서인 차용주[1]와 심치열[2]의 성과는 그 같은 학계의 관심을 대변하는 것이다.

〈옥루몽〉에 대한 그간의 연구를 돌이켜 보면, 두 갈래의 큰 흐름이 있어 왔음을 살필 수 있다. 하나는 연구 초기로부터 1980년대 초반까지의 것으로서, 〈옥루몽〉의 작자 및 표기 문제, 이본의 계통관계 등을 파악하고자 하는 文獻學的 연구의 흐름이며, 다른 하나는 1980년대 중반 이

---

1 차용주, 《옥루몽연구》, 형설출판사, 1981.

2 심치열, 〈옥루몽연구〉, 성신여자대학교 박사학위논문, 1994 ; 심치열 · 설성경, 《옥루몽의 작품세계》, 개문사, 1994.

후 최근까지의 것으로서, 〈옥루몽〉 작품의 소설미학적 특성을 보다 정밀하게 설명하고자 하는 分析的 연구의 흐름이다.

이 글에서는 이러한 두 흐름의 연구사를 되짚어 보고자 하나, 〈옥루몽〉에 대한 허다한 論考를 일일이 枚擧하는 것은 어려운 일이므로, 주요한 성과를 통해 대체적 윤곽을 살피고자 한다.

1. 〈옥루몽〉의 文獻學

먼저 〈옥루몽〉의 작자 및 표기 문제, 이본의 계통관계 등을 파악하고자 하는 文獻學的 연구의 흐름을 살펴보기로 하자.

연구 초기에 〈옥루몽〉의 문헌학적인 문제에 대한 언급을 남긴 이로는 김태준, 이병기, 구자균이 있다.

〈옥루몽〉에 대한 학문적 논의는 김태준의 《조선소설사》로부터 비롯된다.

> 〈九雲夢〉을 始祖로 하고 그의 飜案이 英祖·正祖 시대까지 성행해서 〈玉麟夢〉, 〈玉蓮夢〉, 〈玉樓夢〉 등의 저작이 배출하였으나 모다 漢字로 기록되었고 〔…〕 〈옥루몽〉의 작자에 대하야도 일정치 못하니, 1. 南益薰의 작이라고 전하는 말, 2. 洪進士 某의 작이라고 전하는 말, 만일 남익훈의 작이라고 하면 그 생존시 顯宗·肅宗 때에 되었을 것 〔…〕 그런데 〈옥루몽〉의 序文에 '快讀我玉蓮子之玉樓夢一篇하라'라 하였으니, 옥련자는 어떠한 사람인가? 〈옥련몽〉의 劈頭에 있는 南廷懿의 序에 '祖父 潭樵公의 遺稿라'라고 하였는데, 南潭樵는 藥泉 南九萬의 5代孫 南永魯의 號이다. 玉蓮子는 〈옥루몽〉의 작자도 아닌가. 〔…〕 옥련자와 남담초와 동일한 사람인지 알 수 없고, 그는 또 〈옥련몽〉, 〈옥루몽〉의 작자인지는 알 수 없다. 〈옥루몽〉은 〈옥련몽〉의 後身인 동시에 〈옥련〉의 저자가 〈옥루〉로 개작하였는지 알 수 없으며 혹은 근거 없는 전설이

지만은 홍진사 모가 이 개작에 干參하였는지도 알 수 없다.[3]

김태준이 제시한 이런 여러 뚜렷하지 않은 가능성은 이후 상당 기간 문학사 記述에 그대로 수용되었다.

그 후 이병기는 증거를 제시하지 않은 채 "또 〈옥루몽〉은 南永魯(호 潭初, 居水原 혹은 居龍仁琵琶潭邊)의 所作인데 一云 〈옥련몽〉이라기도 한다"[4]라고 기술하였다.

〈옥루몽〉의 문헌학적인 의문점에 대하여 처음으로 시도된 개별적인 論考는 구자균의 것이다.

> 玉蓮子가 17세기경에 지은 한문본 〈옥루몽〉을 그대로 국문으로 번역한 국문본 〈옥루몽〉도 그 뒤에 나왔고 〔…〕 1840년대에 남영로가 〈옥루몽〉을 국역할 때에 약간 간략화한 것을 그 손자 남정의가 얻어서 1913년에 고대소설 〈옥년몽〉이란 제호를 붙여서 간행한 것이 아닌가.[5]

그러나 이 견해는 자료 검토가 부족한 상태에서 이루어진 推斷이며, 김태준의 견해에서 크게 벗어나지 않는다.

이후 〈옥루몽〉의 문헌학적인 문제에 대한 본격적인 연구성과가 차용주, 성현경, 장효현에 의해 이루어졌다.

차용주는 남영로의 한문 〈옥련몽〉 저작설을 주장하였다. 〈옥루몽〉과 〈옥련몽〉의 내용이 큰 차이가 없음을 주목하고, 〈옥련몽〉에 있는 南廷懿 序의 내용 가운데에서 "이 칙의 원본은 ᄂᆞ의 본생 션됴부 담초공의

---

3 김태준, 《조선소설사》, 증보판, 학예사, 1939, pp.121-122.

4 이병기 · 백철, 《국문학전사》, 신구문화사, 1960, p.172

5 구자균, 〈옥루몽을 통해서 본 소설사의 문제점〉, 《민족문화연구》, 1, 고려대학교 민족문화연구원, 1964, pp.215-216.

져슐ᄒᆞ신 바ㅣ니"라는 구절에 주목하여 남정의의 가족을 찾아서 딸인 성희와 그의 남편인 김정준으로부터 〈옥루몽〉 저작에 관한 口述을 얻었는바, 그 구술에 근거하여, 원작자는 남영로로서 처음 지은 것은 한문 〈옥련몽〉이며, 그 저작 연대는 철종 8년을 약간 하향할 듯하고, 저작 동기는 小室의 慰釋 때문이며, 國譯은 그 소실에 의해 이루어졌고, 〈옥루몽〉으로의 개작은 한문 〈옥련몽〉을 대본으로 하여 朝鮮光文會 회원들에 의해 이루어져 新文館에서 발행한 것[6]으로 추론하였다.

한문 원작설의 근거로, ① 國文回題가 漢文回題의 번역투인 점, ② 漢詩의 빈번한 삽입, 詩歌, 表文, 書簡, 심지어 童謠까지도 한문으로부터의 번역체인 점, ③ 문장이 語濫하고 고사숙어가 많은 점, ④ 金春東 교수가 사십여 년 전에 필사본 한문 〈옥련몽〉을 보았다고 진술한 점 등을 들었으며,[7] 〈옥련몽〉 선행의 근거로, ① 回題名에 있어 세창서관본 〈옥루몽〉보다 신문관본 〈옥루몽〉이 박학서원본 〈옥련몽〉과 같은 것이 많음에 비추어, 초기의 洋活字本인 양본(신문관본과 박학서원본)의 중심본이 〈옥련몽〉이었으리라는 점, ② 후행작품이 번안일 경우, 선행작품의 간단한 문장에 追衍하는 것이 용이하리라는 점, ③ 〈옥련몽〉에 없는 羊毫筆과 自鳴鐘이 〈옥루몽〉에 등장하는 점 등을 들었다.[8] 이상과 같은 견해는 상당한 진척을 이룬 성과이긴 하지만, 충분한 자료의 검토가 수반되지 않은 탓으로[9] 여전히 論據의 疏略함을 면하지 못한다.

성현경은 남영로의 저작설을 보다 견고히 하고, 〈옥루몽〉이 〈옥련몽〉에 비해 많은 삽화가 부연되었으며 보다 해학적이고 기교적인 요소가

---

6 차용주, 〈옥루몽연구〉, 고려대학교 석사학위논문, pp.96-109.

7 차용주, 〈옥련몽의 작자 및 저작연대고〉, 《어문논집》, 10, 민족어문학회, pp.41-42.

8 위의 논문, pp.44-45.

9 筆寫本에 대한 탐색을 缺하고 있으며, 신문관본도 제1권만을 구득한 상태에서 추론한 것이다.

가해졌음을 근거로 하여 〈옥련몽〉 선행설을 내세웠다. 또한 국문 삽입 가요의 존재와 德興書林 발행 〈유충렬전〉(1918) 뒤표지의 〈옥루몽〉 광고 문안에 있는 "字字히 漢文으로 譯述 校正ᄒᆞ야"의 기록을 증좌로 '국문본 옥련몽 → 국문본 옥루몽 → 한문현토본 옥루몽'의 계통을 추정하였다.[10] 성현경의 논지를 요약하면 다음과 같다.

1. 원작자는 남영로로서 그가 처음 지은 것은 국문 〈옥련몽〉이며 〈옥루몽〉으로의 개작도 남영로에 의해 이루어졌다.
2. 그 저작연대는 1840년 전후(헌종조)이며
3. 저작 동기는 科擧에서의 落榜으로 인한 보상, 또는 소실의 慰釋에 따른 것이다.

장효현은 〈옥루몽〉 이본으로서 奎章閣本을 비롯한 국문 필사본 20종, 新文館本을 비롯한 국문 활자본 8종, 匯東書館本을 비롯한 한문현토 활자본 6종, 현대역본 6종, 〈옥련몽〉 이본으로서 이대도서관본(丁酉本)을 비롯한 국문 필사본 14종, 博學書院本을 비롯한 국문 활자본 5종, 〈江南紅傳〉의 이본으로서 국문 활자본 3종, 〈碧城僊〉의 이본으로서 국문 활자본 2종을 검토·소개한 후, 異本 對較와 分析을 통해 다음과 같은 결론을 이끌어냈다.[11]

1. 〈옥루몽〉과 〈옥련몽〉 양편의 디테일을 비교하여 보면, 양편의 전반과 후반은 대체로 일치하지만, 중반의 상당 부분은 전혀 다른 이야기로 전개됨을 알 수 있다. 옥루몽은 사건전개상 많은 부분에서 모순이 드러나는데, 이는

10 성현경, 〈옥련몽연구〉, 서울대학교 석사학위논문, 1969 ; 성현경, 〈이조 몽자류소설 연구〉, 《국어국문학》, 54, 국어국문학회, 1971.

11 장효현, 〈옥루몽의 문헌학적 연구〉, 고려대학교 석사학위논문, 1981.

〈옥루몽〉이 〈옥련몽〉을 개작하는 과정에서 중반의 대폭적인 개변에 이어 후반에 다시 〈옥련몽〉으로 선회하느라 파생된 흔적으로 여겨지며, 이로부터 〈옥루몽〉이 〈옥련몽〉의 개작본이라는 사실을 확인할 수 있다.

2. 양편의 디테일이 일치하는 부분에서 그 문체를 비교하여 보면, 체언과 용언의 어간, 즉 基語는 동일한 반면, 조사나 용언의 어미, 즉 末語는 현저하게 다름을 알 수 있다. 또한 양편에 나타나는 한문구나 번역구는 한 편이 다른 편의 번역이라는 판정이 어려울 정도로 상호적인 현상을 보인다. 이로부터 양편의 공통 祖本으로서 한문본이 존재하였으리라는 심증을 얻을 수 있다. 또한 이대본(정유본)의 말미에 작자(혹은 최초의 번역자)의 辯說로 보이는 "그러헌 고로 언문으로 번역ᄒᆞ여 부인녀ᄌᆞ와 여ᄃᆡ하천거지 다 보게 ᄒᆞ노라"의 기록이 있는 것도 한문본 존재에 대한 한 傍證이 될 것이다.

3. 국문 〈옥루몽〉의 두 善本 계열로 여겨지는 규장각본계열과 甲辰本계열은 어느 한 본이 다른 본의 계통을 밟았다고 보기 어려운 상호적인 모순을 지니고 있다. 이 두 본은 각각 그 母本이 된 것에서 分岐한 것으로 여겨진다. 또한 한문현토본계열은 규장각본계열과 대부분의 내용이 일치하면서 〈옥련몽〉, 규장각본 〈옥루몽〉엔 없이 갑진본에만 존재하는 '대승사 보조국사에게 보리주를 전하라는 백운도사의 얘기'가 삽입되어 있다. 이런 사실들로부터 갑진본, 규장각본, 한문현토본은 각각 한문 〈옥루몽〉으로부터 분기한 異本群임을 짐작케 된다. 한문 필사본이 현존하고 있지는 않지만 〈옥련몽〉, 〈옥루몽〉 양편이 국문으로 저작되었으리라는 뚜렷한 근거 역시 존재하지 않는다.[12] 남영로의 친구인 斗山이 〈六美堂記〉 後尾의 評

12 성현경의 국문 〈옥련몽〉 선행설의 근거인 국문 삽입가요의 존재와 덕흥서림본 〈유충렬전〉(1918) 광고 문안에 대하여, 장효현은 "한문으로 저작하면서 국문시가를 삽입해 작품의 효과를 높이고자" 한 것으로 보아야 하며, 덕흥서림보다 3년 앞서 1915년에 이미 회동서관본에서 漢文諺吐本이 나왔고, "당시 각종 활자본 소설이 簇出하여 판매 경쟁이 치열하던 상황에서 광고 문안의 美辭麗句는 모든 활자본 소설에 공통적인 현상"이기 때문에 신빙성이 없는 것으로 보았다(장효현, 위의 논문,

文 속에서 "吾友南潭樵玉樓夢"이라고 언급한 것도 한문본이 아닐까 추측된다.

4. 이상으로부터, 원작 한문 〈옥련몽〉에서 국역 〈옥련몽〉과 한문 〈옥루몽〉이 파생했고, 한문 〈옥루몽〉은 한문현토본으로 계통이 연결되면서 규장각본 계열과 갑진본계열로 각각 國譯·改刪되었음을 알 수 있다. 남영로가 〈옥련몽〉을 처음 지은 것은 1832-1842년이고, 그 國譯도 작자인 남영로에 의해 이루어진 것으로 보인다. 이후 남영로 자신이 한문 〈옥련몽〉으로부터 한문 〈옥루몽〉으로의 개작을 수행한 것으로 보인다.
5. 국문 〈옥련몽〉은 戊申本계열(51회본)이 그 主宗을 이루며, 〈옥루몽〉과의 부분적인 혼합본도 나타나고 있다. 국문 〈옥루몽〉은 규장각본계열이 주종을 이루며 이로부터는 縮約本의 一群이 파생했고, 활자본으로 출간된 이후 〈강남홍전〉, 〈벽성선〉의 발췌개작본이 파생했다. 갑진본 계열의 이본으로는 羅孫本 갑진본이 유일하다. 한문현토본 계열에서는 회동서관본이 모든 후속 이본의 대본이 되었으며, 초반의 일부 내용을 국문본에 의거, 漢譯한 덕흥서림본이 이에서 分岐해 있다.

장효현은 이러한 연구 결과를 제시한 후, 〈옥루몽〉과 〈옥련몽〉은 그 내용의 현격한 차이로 해서 각기 개별적인 연구대상이 되어야 하며, 〈옥루몽〉의 작품 분석에 있어서도 갑진본, 규장각본, 한문현토본은 각기 일정한 구획을 고려하며 연구되어야 할 것으로 주장하였다.

북한의 최장섭에 의한 〈옥루몽〉 연구는 이본과 함께 작가 연구에도 많은 노력이 기울여진 것이다. 그러나 상당한 문제점이 있으며, 이는 남북한의 학문 교류가 단절된 데 따른 안타까운 결과이다. 〈옥루몽〉 이본에 대하여 최장섭은 다음과 같이 소개한다.

---

pp.91-95).

〈옥루몽〉은 원래 국문 필사본으로 창작되고 그 이후 국문본, 언토 및 현토본, 한문본으로 각각 출판 전승되었다.

우선 국문본을 보면 17세기 말엽에 나온 필사본이 전해지고 있으며 활판본으로 1917년 3월 회동서관의 초판본, 1920년 1월과 1925년 11월의 재판본이 있으며 1926년 12월 박문서관의 발행으로 된 전 3권과 1934년 1월 1942년 7월에 각각 전 4책으로 출판된 것이 전해지고 있다. […] 다음으로 언토 및 현토본 출판관계자료를 보면 1924년에 언토본이 전 3권으로 출판되었고 1932년에 역시 3권으로 다시 나왔으며 그 밖에도 1936년 8월 영창서관 발행으로 언토본이 출판된 것을 비롯하여 적문서관판 〈옥루몽〉 언토본 상·하권, 덕흥서림판 현토본 〈옥루몽〉, 성문당서점판 현토본 〈옥루몽〉 등이 출판되어 오늘까지 전해지고 있다. 또한 한문본 출판관계자료를 보면 18세기 말엽에 발행된 회동서관판 한문본이 전 3권으로 전해지고 있다. 끝으로 〈옥루몽〉에서 갈라져 나온 이본들의 출판전승관계를 보면 다음과 같다. 한문본 〈옥련몽〉 전 2책 20권이 1836년경에 필사본으로 나왔고 1912년 4월에 발행된 전 3책 20권으로 된 국문본 〈옥련몽〉이 있는데 이것은 남정의가 편집한 것으로 되어 있다. 그리고 박문서관 발행으로 1916년 5월 12일 국문본 〈강남홍전〉(1책 105페이지)이, 1922년 12월 15일 국문본 〈만고충의 벽성선〉(1책 114페이지)이 출판되었다.13

그런데 여기서 17세기 말엽에 나온 〈옥루몽〉 국문본 필사본, 1836년경에 나온 〈옥련몽〉 한문본 필사본은 實物이 존재하는 것이 아니며 최장섭의 추정에 따라 있었던 것으로 본 것이다. 회동서관판 한문본 〈옥루몽〉 전 3권이 18세기 말엽에 발행되었다는 것 역시 오류이다.

나아가 최장섭은 〈옥루몽〉의 작가를 남구만으로 추정하면서, 그 계

---

13 최장섭, 〈고전소설 옥루몽 연구〉, 《문예론문집》, 4, 과학백과사전종합출판사, 1988, p.246.

통관계를 '국문본 〈옥루몽〉→ 한문본 〈옥루몽〉→ 한문본 〈옥련몽〉→ 국문본 〈옥련몽〉'으로 파악하였다.

> 이 작품 원본의 작가는 남구만이고 그의 아들 남학명이나 손자 남극관도 문필활동 흔적과 글재간이 있었다는 문헌적 근거가 있는 것으로 보아 그들에 의하여 이 원본이 보존되어 오다가 남구만의 5대손 남영로대에 와서 〈옥루몽〉을 한문본으로 고쳐 쓰고 또 그에 기초하여 〈옥련몽〉을 만들었으며 남구만의 7대손인 남정의가 남영로의 〈옥련몽〉을 국문본으로 다시 개작했다고 할 수 있다.[14]

특히 〈옥루몽〉의 작가를 남구만으로 추정한 것은, 소설사 자료에 대한 충분한 정보가 부족한 상태에서 지나친 추론을 밀고 나간 데 따른 결과이다. 최장섭은 남구만을 작가로 보는 근거를 다음의 세 가지로 들었다.

> 1. 이 작품의 주인공 양창곡의 곡절 많은 정계 생활과 일대기가 지금까지 알려진 의령 남씨 8대 중 남구만의 풍파 많은 생애와 제일 가깝다.
> 2. 그가 의령 남씨 8대 중에서 가장 다방면적인 학식의 소유자였고 일정한 수준의 문학예술창작적 기량을 가진 사람이었다는 점이다.
> 3. 그에게 이 작품을 창작할 수 있었던 직접적 동기와 충분한 시간적 조건이 주어져 있었다는 점이다.

이러한 최장섭의 논증은, 〈옥루몽〉의 작가는 남영로로서[15] 그가 한문

---

14 위의 논문, p.255.

15 차용주, 〈옥루몽 연구〉, 고려대학교 석사학위논문, 1965 ; 성현경, 〈옥련몽 연구〉, 서울대학교 석사학위논문, 1969 ; 장효현, 〈옥루몽의 문헌학적 연구〉, 고려대학교

〈옥련몽〉을 지었고 이를 다시 한문 〈옥루몽〉으로 스스로 개작하였으며, 이후 이에 대한 국문본이 각각 나와 유전된 것으로 보는[16] 남한 학계의 시각과 큰 차이를 보이는 것이다.

2. 〈옥루몽〉의 小說美學

이러한 문헌학적인 연구의 흐름을 이어, 〈옥루몽〉 작품의 소설미학적 특성을 보다 면밀하게 설명하고자 하는 연구의 흐름이 나타났다.

〈옥루몽〉에 대한 전반적 작품론은 서대석, 김종철, 신재홍의 논의가 주목된다.

서대석은 〈옥루몽〉의 주인공들의 세 가지 갈등양상을 분석하였는바, 먼저 양창곡과 노균의 정치적 갈등에서, 양창곡은 주자학적 윤리도덕의 대변자로, 노균은 인간적 욕구를 긍정하는 입장으로 설명하고, 이것이 이조 당쟁을 반영한 형태로 나타난다고 하였다. 그리고 이러한 두 인물의 갈등은 천자의 내부적 갈등과 대응되며, 표면적으로는 주자학적 윤리관을 준수하고 있지만, 이면에는 인간성의 긍정이라는 면을 배태하고 있다고 보았다. 또 황의병·노균은 閥閱層, 양창곡은 士類의 성격을 지니며, 두 세력의 충돌은 사류와 벌열층의 대결이라는 시대적 의미를 갖는데, 결국 사류의 승리로 결말 지어지는 것은 벌열의 도태를 바라는 작가의식의 소산이라고 보았다. 아울러 벽성선과 황소저의 가정적 갈등, 강남홍과 황여옥의 사회적 갈등을 분석한 후, 〈옥루몽〉의

석사학위논문, 1981.

16 장효현, 위의 논문.

이 세 가지 갈등은 결국 상층과 하층의 대결을 그려 보이면서 하층이 승리하는 것으로 귀결되며, 상층은 유교윤리로부터 이탈된 의식을, 하층은 유교윤리의 수호를 주장한다고 보았다.[17] 서대석은 또한 〈옥루몽〉 작품 전체에 걸쳐 '봉건성'과 '근대성'의 이원성이 '갈등'으로서가 아니라 '자연스러운 혼융'으로 짜여 있다고 보았다. '공명주의와 주자학적 정치경륜'의 봉건성과 '천명사상의 부정'의 근대성, '일부다처의 합리화'의 봉건성과 '자유연애사상'의 근대성이 그것인데, 이는 근대 전환기의 시대적 고민을 반영한 것이라고 보았다.[18]

김종철은 〈玉樹記〉, 〈玉樓夢〉, 〈六美堂記〉의 19세기 중반에 창작된 장편 영웅소설을 한데 묶어, 이들 소설에 드러나는 사대부 작가들의 보수주의적 이념의 측면을 살폈다. 이들 소설에서 펼쳐지는 세계는 '주관(개인)이 국가라는 실체성에 몰입되어 있고, 대립은 국가의 질서 외부에서만 자의적으로 주어지는' 형태의 '지속의 나라'의 성격을 지니고 있으며, 작품 내에서의 주인공의 행위 및 갈등을 운명적 예정에 결부시키는 '운명의 형식'을 택함으로써, 근대로 추동되어 가는 당대의 객관적 현실을 순환론적 구조를 지닌 '지속의 나라'에 몰입시켜 지속시키고 있다고 보았다. 초월적 전망으로서 설정되는 '도선적 세계' 또한 사대부의 계층의식의 테두리를 벗어나지 못함으로써 전망의 역할을 하지 못한다고 보았다.[19] 김종철은 한편 〈옥루몽〉의 특성을 '대중성'과 '진지성'이라는 각도에서 고찰하였다.[20] 구조의 측면에서 환몽구조, 영웅의 일대

17 서대석, 〈옥루몽의 갈등구조〉, 《한국학논집》, 1, 계명대학교, 1973.
18 서대석, 〈옥루몽의 양면성〉, 《고전문학연구》, 2, 한국고전문학회, 1974.
19 김종철, 〈19세기 중반기 장편 영웅소설의 한 양상 — 옥수기 · 옥루몽 · 육미당기를 중심으로〉, 《한국학보》, 40, 일지사, 1985 가을.
20 김종철, 〈옥루몽의 대중성과 진지성〉, 《한국학보》, 61, 일지사, 1990 겨울.

기, 여성영웅소설의 변형, 처첩갈등 등 기존 소설의 다양한 틀을 수용한 점, 군담을 통해 소설적 흥미를 제고한 점, 전원에서 즐기는 풍류와 時調를 활용하여 유흥적 분위기를 조성한 점 등을 '대중성'의 요소로 들었다. '진지성'은 통속성 속에 내포된 진실성을 의미하는데, 치밀한 구성, 세련된 기법에서 보이는 작가의식, 기강의 해이와 科擧制의 문란 및 재정문제 등에 대한 비판의식, 적극적 현실참여와 능력에 대한 신뢰, 知己로서의 남녀결연, 진취적 여성상, 백과사전적 지식 등을 '진지성'의 요소로 들었다. 그리고 대중성과 진지성이 작품 내에서 통합되는 양상을 환몽구조의 변형과 그 세계관적 기반을 통해 살폈다. 그런데 흥미로운 것은, 〈구운몽〉과의 여러 유사점에도 불구하고 〈옥루몽〉의 지배적 사상은 유가사상이라고 본 것이 일반적이었던 데 비하여, 김종철은 〈옥루몽〉의 세계관적 기반으로서 妙法蓮華經과의 관련에 주목한 점이다. 법화경의 사상이 궁극적으로 현실 긍정이라는 점에서, '유가적 삶의 질서를 대승불교의 이중 부정의 논리로써 합리화한 것'이라고 보았다. 작품의 서두와 후반부에 묘법연화경과 관련되거나 그 내용을 강론하는 부분이 있지만, 〈옥루몽〉 전체의 내용 전개에 있어 이는 근간이 되는 부분일 수 없어 〈구운몽〉의 경우와는 크게 다르다고 여겨짐에도 불구하고, 이러한 관심은 〈옥루몽〉의 사상을 깊이 이해하는 데에 유익할 것으로 여겨진다.

신재홍은 선행작인 〈옥련몽〉과 그 개작본인 〈옥루몽〉을 비교하여, 〈옥련몽〉에서의 가족 중심의 이야기가 〈옥루몽〉에 와서는 정치적·사회적 문제가 부각됨으로써, 〈옥루몽〉의 개작의 의도가 당대의 정치적·사회적 문제에 대한 비판과 질정에 있다고 보았다. 지속적이고도 치열한 갈등의 이야기를 통해서 당쟁이나 외척의 세도정치를 비판하고, 당대의 문란한 과거제도의 개선을 강조하는 것이라 하였다. 또 사건 전개가 더욱 치밀해지고 갈등이 극대화되며 인물의 성격이 보다 영웅화되는 양상과 다양하고 풍부한 군담 서술을 통해 독자의 흥미를 한껏 고조시킨 점이 〈옥루몽〉이 대중성을 획득하는 데 중요한 요인으로 작용했다고 설명하였다.[21]

북한의 최장섭이 쓴 〈옥루몽〉에 대한 논문[22]은 북한에서의 장편소설 분석의 한 전범을 보여 준다고 할 수 있다. 주제사상·성격형상·언어형상 등에 걸친 최장섭의 분석은 매우 치밀한데, 특히 '구성형식'을 논한 부분이 주목된다.

"〈옥루몽〉의 작가는 자기의 창작의도를 효과적으로 실현하여 이야기를 흥미 있게 끌고나갈 목적으로 그에 알맞은 형식을 탐구이용하였는데 그것이 곧 장회체소설구성 형식"이라고 전제하고, 작가는 64회 장회의 "매개회들이 노는 기능과 역할을 줄거리 조직과 밀접히 통일시켰다"고 하였다. 이어 줄거리 조직, 인물 관계, 갈등 설정, 갈등 해결의 제반 특성을 상세하게 논증하였는바, 그것을 정리해 보면 다음과 같다.

> 1) 줄거리 조직의 특성 : ① 다주제적 작품의 구성상 요구에 따라 주선과 부선이 뚜렷하게 구별되면서 그것들이 유기적으로 결합되어 구성 전반의 립체성이 잘 보장되는 데 있다. ② 주인공들의 운명선을 부각하는 데로 지향되게끔 장회체의 '회'들을 그 형상의 몫에 따라 할당한 것이다. ③ 줄거리 면에서 탄력성과 긴장성이 계속 유지되도록 한 것이다.
>
> 2) 인물관계의 특성 : ① 주인공 선을 일관되게 살려나가도록 하는 방향에서 인물관계를 설정하였다. ② 매 인물들이 자기의 뚜렷한 형상의 몫을 가지

21 신재홍, 〈옥련몽과 옥루몽의 비교 검토〉, 《고전문학연구》, 7, 한국고전문학회, 1991.

22 최장섭, 〈고전소설 옥루몽 연구〉, 《문예론문집》, 4, 과학백과사전종합출판사, 1988.

고 작품의 주제사상을 밝히는 데로 지향되도록 인간관계를 맺어 주었다. ③대립과 충돌관계에 놓이는 인물들 간의 관계를 명백하게 맺어 주었다.

3) 갈등 설정의 특성 : ①봉건사회의 기본모순이 아니라 통치계급 내부모순에 기초하여 기본 갈등을 설정한 것이다. ②나라의 자주권을 지키기 위한 인민들과 외래 침략자들 간의 첨예한 민족적 모순에 기초한 적대적 갈등을 작품의 기본 갈등과 밀착시켜 설정한 것이다. ③봉건사회에서 사회적 모순들을 옳게 포착하여 부차적 갈등으로 설정하고 그것을 기본 갈등과 밀착시킨 것이다.

4) 갈등 해결의 특성 : ①기본 갈등을 처음부터 첨예하게 조성하고 결렬에로 이끌어 나가다가 갈등일방의 승리와 타방의 멸망으로 결속지은 것이다. ②부차적 갈등 해결에서 처음부터 대립과 충돌을 예리하게 조성하고 발전시켜 나가다가 결말에 가서는 갈등 쌍방간의 화의로 결속지은 것이다.

한편 〈옥루몽〉에 나타난 작가의식을 보다 깊이 있게 살핀 성과로 강상순, 구본기, 이승수의 논의가 주목된다.

강상순은 〈옥루몽〉에서의 교술적이고 이념적인 층위를 분석하였다.[23] 정치적 논설문에 나타난 남영로의 정치적 주의주장은 크게 세 가지로 나타나는데, 첫째, 왕권의 강화를 통한 기강의 확립, 둘째, 科擧制의 釐正을 통한 士氣의 회복, 셋째, 보수원칙적 정책과 大同의 治民論이다. 왕권의 강화를 통한 기강의 확립이라는 작자의 치국관은 당대의 정치 현실, 특히 집권 세도가문에 대한 비판의식의 소산이며, 세도정권에 대한 비판적 평가와 그 대안으로서의 왕권강화론이 당대의 近畿 지역 사대부들의 일반적 공감을 바탕으로 한 것으로 추정하였다. 또한 과거제에 대한 지적은 당대의 역사적 상황의 직접적 반영이며, 과거제

23 강상순, 〈옥루몽에 나타난 남영로의 정치의식〉, 《송암 정교환박사 화갑기념논문집》, 창원대학교, 1995.

의 문제점을 사회적 위기의 근원으로 파악하고 있는 것은 士의 正體性이 심각하게 위협받던 시대 인식에 기인한 것으로 분석하였다. 그러나 소외되어 가는 계층의 강렬한 비판의식에도 불구하고 작자의 해결 전망은 복고적이고 원론적인 수준에 그치고 있으며, 전망이 부재한 상황은 초월적 세계로의 몰입을 촉진하였는바, 이것이 與民同樂, 즉 六經을 중심으로 한 원시유교의 경전에서 당대 사회적 모순의 해결책을 찾고자 하는 형태로 표출된 것으로 보았다. 구양수와 주자의 朋黨論은 송시열에게서 '군자소인변'으로 강화되어, 노론의 붕당론과 의리론의 뿌리가 되고 왕권제한론·신권강화론과 연계되는 반면, 양창곡을 통해 표현된 작자의 붕당론은 구양수의 붕당론보다는 '皇極蕩平論'에 기초하고 있다고 보았다. '皇極蕩平論'이란 黨色에 관계없이 進賢退邪를 해야 한다는 것으로, 그 인물 변별이나 시비판정을 군주에게 귀속시키는 입장이다. 그러나 작품 속에서 군자당·소인당으로 나뉘는 것은 붕당론과 붕당의 형상 간의 모순이라 할 수 있는데, 이는 이미 양립 가능한 붕당의 존재를 형상화할 수 없을 만큼 붕당이 제대로 기능할 수 없게 된 시대의 반영인 것으로 설명하고 있다.

구본기는 明哲保身의 개념에서부터 조선조 儒家 諸人의 出處觀에 대한 검토를 통해 進退意識의 이념적 기반을 살폈으며, 이어 科文에 나타난 양창곡의 정치사상을 통해 〈옥루몽〉의 정치의식을 분석하였다. 즉 王覇竝用을 주장한 것과 風流之弊를 둘러싼 논란에서 잘 나타난 臣道論的 정치의식, 科擧制의 개혁안 등은 16세기 士林정치의 역사적 현실을 모델로 삼아 그것에 담긴 도학정치관의 이상주의적 면모를 구현하려는 것으로 추정하였다. 또 양창곡이 유배를 당하면서까지 諫言을 계속함으로써 臣道를 다하려는 의지를 보인 것은 명철보신을 도모한 결과라 하고, 이를 16세기 도학정치가들이 進仕했을 당시 벌어졌던 정치역학적 문제들을 형상화한 것으로 보았다. 〈옥루몽〉은 실제 존재했던 士林政治의 이상주의를 모델로 삼아, 禮樂논쟁·朋黨대립 등 구체적인 사건 속에서 이러한 논리를 형상화하기도 하고 表文 등 직접적인 논설의 형태로 드러내기도 하면서, 매우 구체적이고 진지하게 서사화하고 있다고 하였다.[24]

이승수는 중국에서의 王覇竝用論의 진행 경과와 조선에서의 수용 양상을 개괄적으로 살핀 후, 〈옥루몽〉에서 제기된 왕패병용론의 의미를 깊이있게 분석하였다.[25] 孟子에 의해 확립되고 宋代 朱熹에 의해 유지된 仁義王道論이 程朱學을 신봉하였던 조선의 사대부들에게 확고하게 견지되었다면, 荀子에 의해 제기되고 宋代 陳亮에 의해 유지된 왕패병용론은 조선의 사대부들에게 수용되기 어려웠으나, 조성기에게서 상당한 인식을 찾을 수 있고, 이익과 박지원에게서도 단초를 엿볼 수 있다고 하였다. 정주학이 天理/人慾, 未發/已發, 三代/漢唐, 義/利의 이원 구조에서 전자만을 인정했다면, 왕패병용론은 원칙적으로 전자를 앞세우면서도 실제로는 후자의 중요성을 강조했다. 이러한 왕패병용론이 〈옥루몽〉에서 제기된 것은 양창곡이 科場에서 지은 對策文에 드러나는데, 황제가 양창곡을 장원으로 급제시키고 한림학사에 제수하자, 황의병·노균 등 勳舊 貴族들이 일제히 반발하여 양창곡이 覇道를 말한 것을 문제 삼는바, 이러한 상황 설정은 한나라 초기의 정치상황을 모델로 한 것으로서, 황제가 양창곡을 발탁하는 과정은 武帝가 董重舒 얻는 과정과, 양창곡의 對策은 동중서의 〈賢良對策〉과 그 성격이 유사하다

24 구본기, 〈고전소설에 나타난 선비의 진퇴의식—옥루몽과 만하몽유록을 중심으로〉, 《고전문학연구》, 11, 한국고전문학회, 1996.

25 이승수, 〈옥루몽에 나타난 왕패병용론의 역사적 맥락과 사상적 함의〉, 《한국학논집》, 35, 한양대학교, 2001.

고 보았다. 그런데 한나라 때는 현량들이 德治를 내세운 반면, 양창곡은 반대로 覇道를 주장하는데, 이는 〈옥루몽〉이 한나라의 정치를 모델로 삼으면서도 19세기 조선의 정치 현실을 배경으로 하기 때문에 나타난 현상으로서, 19세기 조선의 閥閱은 仁義와 王道를 명분으로 확보하고 있었기에, 양창곡은 현실주의 세계관으로 무장하여 권신들의 假仁義를 공격한 것이라 하였다. 왕패병용은 군주의 절대권을 바탕으로 한 정치원리로서, 내적으로는 신민에 대한 군주의 통치권의 확립을, 국제적으로는 주변국들에 대한 지배권의 행사로 나타나는바, 〈옥루몽〉의 군담에는 임진·병자의 역사적 기억이 담겨 있으며, 외세의 핍박에 직면한 19세기 조선의 현실도 굴절되어 나타난다고 하였다. 〈옥루몽〉의 왕패병용론은 19세기 주자주의의 붕괴, 소외 사족층의 벌열에 대한 비판의식과 울분을 반영하는 것이지만, 쉽게 낭만·환상과 제휴하였다고 그 한계를 지적하기도 하였다.

맺음말

〈옥루몽〉에 대한 그간의 학계의 연구를 돌이켜 보면, 〈옥루몽〉의 작자 및 표기 문제, 이본의 계통관계 등을 파악하고자 하는 文獻學的 연구의 흐름과, 〈옥루몽〉 작품의 소설미학적 특성을 정밀하게 설명하고자 하는 分析的 연구의 흐름이 있어 왔고, 이 글에서는 이 두 흐름의 연구사를 주요 성과를 통해 되짚어 보았다.

〈옥루몽〉 연구는 아직 하나의 '學'을 이룰 만큼 축적이 쌓인 것은 아니지만, 진지한 연구성과를 축적시켜 왔다. 그러나 장효현의 검토 이후에 많은 이본이 새로 확인되었는바, 이에 대한 종합적인 비교 검토가 있어야 할 것이며, 작자 남영로에 대한 자료 추적도 더 노력해야 할 작업이다. 작품에 대한 연구도 〈옥련몽〉과 〈옥루몽〉을 개별적 대상으로 하여 그 미학적 특성을 보다 정밀하게 분석하는 작업이 수행되어야 할 것이다. 또한 연구자와 일반 독자를 위한 정확한 譯註書의 발행도 요청되는 과제라 할 것이다.

—《고소설연구사》, 월인, 2002.

19세기 漢文長篇小說의 한 異本

1. 계명대본 〈玉蓮夢〉

(1) 계명대본 〈玉蓮夢〉의 書誌

책의 겉표지에는 한문으로 '玉樓夢'이라고 적혀 있으나, 본문이 시작되는 처음 부분에는 한글로 '옥연몽' 혹은 '옥년몽'이라고 적혀 있다. 실제의 작품 내용은 '玉蓮夢'의 그것이다.

한글 필사본 총 23책의 完帙.

제20책까지는 책 표지에 바르게 권수가 적혀 있으나, 제21책은 '二十二'로, 22책은 '第二十三'으로, 23책은 '第二十四'로 적혀 있다. 제21책은 136면으로 분량 면에서 다른 책의 두 배 정도 되므로, 21권과 22권이 합쳐진 형태라고 보면, 총 24권 23책이 되는 셈이다.

본문만을 계산했을 때에 제1책은 70면, 제2책은 78면, 제3책은 72면, 제4책은 78면, 제5책은 93면, 제6책은 81면, 제7책은 91면, 제8책은 77면, 제9책은 88면, 제10책은 68면, 제11책은 78면, 제12책은 87면, 제13책은

72면, 제14책은 68면, 제15책은 80면, 제16책은 68면, 제17책은 70면, 제18책은 55면, 제19책은 88면, 제20책은 85면, 제21책은 136면, 제22책은 66면, 제23책은 77면이다. 모두 합하면 1826면이다.

매 면 10행, 매 행 22-24자 내외.

필사자에 대한 정보는 알 수 없으며, 필사 시기는 乙巳(1905), 丙午(1906), 丁未年(1907)에 걸쳐서 필사되었음을 각 책 말미의 필사기를 통해 알 수 있다. 제12책의 말미에는 '歲在壬寅上朔洒失件補充'이라 하여 壬寅年(1902)에 洒失된 것을 보충한다는 기록이 적혀 있다.

〈옥련몽〉은 대장편의 고전소설로서 章回소설의 형태로 되어 있다. 계명대본은 모두 48회의 回題로 구성되어 있는데, 51회의 回題로 구성되어 있는 博學書院 간행(1913) 〈옥련몽〉과 비교해 보면, 계명대본은 박학서원본의 38회 회제와 46회 회제가 빠져 각각 37회와 45회의 내용에 통합되어 있고, 박학서원본의 49회와 50회가 하나의 회제로 통합되어 있어, 모두 48회의 회제가 된 것이다. 계명대본 〈옥련몽〉의 체제는 필자가 검토한 이본 가운데 羅孫 김동욱본 丁未本의 체제와 近似하다.

계명대본 〈옥련몽〉의 전체 구성을 살피기 편리하게끔 각 책별로 回題를 제시하기로 한다. 본문에는 회제가 한글로 적혀 있으나 책의 겉표지에 한문 회제가 적혀 있으므로, 괄호 안에 한문 회제를 병기하였다. 다만 제16책의 39회, 제17책의 40회, 제18책의 41회, 제19책의 42, 43회, 제20책의 44회, 제21책의 46회는 겉표지에 한문 회제가 적혀 있지 않다. 그 부분은 박학서원본 〈옥련몽〉의 한문 회제를 참고하여 적어 넣었으며, 제19책 43회 회제는 박학서원본 〈옥련몽〉과 달라서 한문 회제를 병기하지 않았다.

■ 제1책

· 제1회 : 문창완월빅옥누 관음산화남천문(文昌玩月白玉樓 觀音散花南天門)

· 제2회 : 허부인이춘류옥년봉ᄒᆞ고 양공ᄌᆞ노봉녹임긱ᄒᆞ다(許夫人春遊玉蓮峯 楊公子路逢綠林客)

· 제3회 : 연강정ᄌᆞᄉᆡ회문ᄉᆞᄒᆞ고 기시장가닌우ᄌᆡᄌᆞᄒᆞ다(宴江亭刺史會文士 開詩場佳人遇才子)

· 제4회 : 양공ᄌᆞ탈신ᄒᆞ강누ᄒᆞ고 강남홍이변복쥬항쥬ᄒᆞ다(楊公子脫身下江樓 江南紅變服走杭州)

■ 제2책

· 제5회 : 항쥐셩슈ᄌᆡ방청누ᄒᆞ고 소쥬도ᄌᆞᄉᆡ우홍낭ᄒᆞ다(杭州城秀才訪靑樓 蘇州道刺史遇紅娘)

· 제6회 : 강남홍격장영초은ᄒᆞ고 양공ᄌᆞ월ᄒᆞ의봉슈ᄌᆡᄒᆞ다(江南紅隔墻詠招隱 楊公子月下逢秀才)

· 제7회 : 원앙침상몽운우 연로정젼절양뉴(鴛鴦枕上夢雲雨 鷰鷺亭前折楊柳)

· 제8회 : 도황셩창두회보공ᄌᆞ셔 망장안홍낭암긔ᄉᆞ싱셔(到皇城蒼頭回報公子書 望長安紅娘暗寄死生書)

■ 제3책

· 제9회 : 경도회탕ᄌᆞ긔풍파 젼당호졔기읍낙화(競渡會蕩子起風波 錢塘湖諸妓泣落花)

· 제10회 : 야치부시절강구 홍낭이탁신빅운동(孫三娘負尸浙江口 江南紅托身白雲洞)

· 제11회 : 공지긱관경악몽 연옥강두초고혼(公子客館驚惡夢 蓮玉江頭招孤魂)

· 제12회 : 양한림ᄉ칙천문 는상셰의졍여혼(楊翰林射策天門 尹尙書議定女婚)

■ 제4책

· 제13회 : 양학식망월심양졍 벽셩션츄야탄비파(楊翰林望月潯陽亭 碧城仙秋夜彈琵琶)

· 제14회 : 옥경벽셩취옥젹 십년청누경홍졈(玉京碧城吹玉笛 十年青樓驚紅點)

· 제15회 : 졍환혼쳔지쥬미파 영옥인동ᄌᄒ강쥬(定黃婚天子主媒婆 迎玉人童子下江州)

■ 제5책

· 제16회 : 소슌무치젹보급경 양도독자쳔위원융(蘇巡撫致適報急驚 楊都督自薦爲元帥)

· 제17회 : 봉원슈션낭젼옥젹 힝흉계츈월이요별당(逢元帥仙娘傳玉笛 行凶計春月鬧別堂)

· 제18회 : 노픠미약입별당 투부음독경노친(老婆賣藥入別堂 妬婦飮毒驚老親)

· 제19회 : 양원쉬더쳡흑풍산 남만왕쥬입오록동(楊元帥大捷黑風山 南蠻王走入烏鹿洞)

■ 제6책

· 제20회 : 가낙탁복병미후동 명원쉬지취화과동(假哪咤伏兵獼猴洞 明元

帥智取花果洞)

· 제21회 : 천도사운룡귀본동 구만왕홍낭초하산(薦道士雲龍歸本洞 救蠻王紅娘初下山)

· 제22회 : 투진법홍낭이퇴명병 젼만왕원쉬봉고인(鬪陣法紅娘退明兵 戰蠻王元帥逢故人)

■ 제7책

· 제23회 : 홍사미계탈티을동 남만왕깅청츅융병(紅司馬計奪太乙洞 南蠻王更請祝融兵)

· 제24회 : 홍혼탈변진파만병 일지연단긔투명진(紅渾脫變陣破蠻兵 一枝蓮單騎投明陣)

· 제25회 : 남만부험수동학 홍ᄉᆞ미검슐취증ᄌᆞ(南蠻負險守洞壑 洪司馬劍術取金曾子)

■ 제8책

· 제26회 : 항만왕원슈봉쳡셔 산황금츈월직용계(降蠻王元帥封捷書 散黃金春月再用計)

· 제27회 : 양도독교지이쳔병 홍원쉬황계슈뉴셔(楊都督交趾移天兵 紅元帥黃溪受遺書)

■ 제9책

· 제28회 : 명병무양과오계 원쉬휴쥬청ᄌᆞ규(明兵無恙過五溪 元帥携酒聽子規)

· 제29회 : 홍도왕오입솔연진 손냐치알젼호빅구(洪都王誤入率然陣 孫夜叉暗傳狐白裘)

· 제30회 : 보살이작법강마왕 홍낭이단긔구도독(菩薩作法降魔王 紅娘單騎救都督)

■ 제10책

· 제31회 : 용타션항탈히 도상님도독봉ᄌᆞᄀᆡᆨ(用鼉船元帥破脫解 到桑林都督逢刺客)

■ 제11책

· 제32회 : 평남적도독회군 획간인츈월피형(平南賊都督回軍 獲奸人春月被刑)

■ 제12책

· 제33회 : 참츈월노랑ᄉᆞ의긔 소별당슉인시군ᄌᆞ(斬春月老娘死義氣 掃別堂淑人侍君子)

· 제34회 : 황소졔몽뉴상청궁ᄒᆞ고 홍난셩이잉탄ᄒᆞ괴셩ᄒᆞ다(黃小姐夢遊上淸宮 紅鸞星孕誕河魁星)

· 제35회 : 노틱믜츈뉴상츈원ᄒᆞ고 홍난셩이암천일지연ᄒᆞ다(老太孀春遊賞春園 紅鸞星暗薦一枝蓮)

■ 제13책

· 제36회 : 의봉젼천ᄌᆡ청악 황교졈연낭중독(儀鳳殿天子聽樂 黃橋店蓮娘中毒)

■ 제14책

· 제37회 : 방도ᄉᆞ연왕야입옥청관 간천ᄌᆞ션낭탄금명기졍(訪道士燕王

夜入玉淸觀 諫天子仙娘彈琴命虁亭)

■ 제15책

· 제38회 : 파니원텬지용현신 음믹연왕회제낭(罷梨園天子用賢臣 飮梅酒燕王會諸娘)

■ 제16책

· 제39회 : 텬지헌슈영츈젼 양왕회렵상님원(天子獻壽迎春殿 兩王會獵上林苑)

■ 제17책

· 제40회 : 홍난셩친격신문고 션슉인암츅남악묘(紅鸞星親擊申聞鼓 仙淑人暗祝南嶽廟)

■ 제18책

· 제41회 : 곽도위기과회군 홍난셩귀로봉친(郭都尉改過回軍 紅鸞星歸路逢親)

■ 제19책

· 제42회 : 연왕귀젼취셩동 졔낭위션자기봉(燕王歸田聚星洞 諸娘爲仙紫盖峯)

· 제43회 : ᄌ기봉상농션ᄌ 디승ᄉ즁션낭봉친(박학서원본 회제와 다름)

■ 제20책

· 제44회 : 등용문양싱연벽 구초왕상셰츌젼(登龍門楊生聯璧 救楚王尙書

出戰)

■ 제21책

· 제45회 : 양상셔격구참도흥ᄒᆞ고 손션싱동싱연가셔(楊尙書擊毬斬董興 孫先生東床延佳婿)

· 제46회 : 셜즁미젼춘회옥낭ᄒᆞ고 곽상셔셩취타청누ᄒᆞ다(雪中梅餞春會玉郎 郭尙書乘醉破靑樓)

■ 제22책

· 제47회 : 양싱년즁삼장시ᄒᆞ고 텬직친졍북션우ᄒᆞ다(楊生連中三壯詩 天子親征北單于)

■ 제23책

· 제48회 : 회만왕쳔ᄌᆞᄉᆞ연ᄒᆞ시고 뉴옥누보살셜몽ᄒᆞ다(會蠻王天子賜宴 遊玉樓菩薩說夢)

본문이 모두 끝난 뒤에 연속하여 "ᄎᆞ회라 ᄉᆞ람이 셰상의 나미" 운운의 긴 跋文이 적혀 있다. 이 발문은 작자에 의한 것으로 추정되는데, 〈옥련몽〉과 그 개작본인 〈옥루몽〉의 모든 이본에 첨부되어 있는 것이다.

(2) 〈玉蓮夢〉의 내용과 특성

〈옥련몽〉의 기본적인 결구는 天上界의 白玉樓에서 文昌星君과 帝傍玉女·諸天仙女·紅鸞星·天妖星·桃花星의 다섯 선녀가 만나 詩와 술로써 즐기다 잠깐 잠이 든 사이 옥황상제와 석가세존의 법력으로 모두 인간계에 적강하여 윤회를 겪게 되어, 각기 楊昌曲과 尹소저·黃소저

·江南紅·碧城僊·一枝蓮으로 태어나 파란만장한 삶을 겪어 나가는 것으로 되어 있다.

〈옥련몽〉의 대체적인 줄거리는 다음과 같다.

지상계는 중국 明나라 때로서 옥련봉 밑에 사는 처사 楊賢이 마흔이 넘도록 자식을 두지 못하다가, 관음보살의 석상 앞에 기원한 뒤 창곡을 낳는다.

양창곡이 16세가 되어 과거에 응시차 상경하던 길에 활달한 성격의 기녀 강남홍을 만나 인연을 맺는데, 강남홍은 양창곡에게 杭州刺史의 딸 윤소저를 배필로 추천한다. 蘇州刺史 황여옥이 강남홍의 미모를 탐해 연회를 베풀고 그녀를 겁탈하려 하자 강남홍은 강물에 투신한다. 그러나 윤소저가 이 일을 미리 짐작하고 孫三娘을 잠복시켜 비밀리에 강남홍을 구출한다. 목숨을 건진 강남홍은 남쪽 나탁해를 표류하다가 백운도사에게 몸을 의탁한다.

양창곡이 장원급제하여 한림학사가 되니, 황각로가 자기의 딸과 혼인시키기 위해 구혼한다. 그러나 창곡이 이를 거절하고 윤상서의 딸 윤소저와 혼인하자, 양창곡은 황각로의 딸과 혼인하라는 천자의 명을 어긴 죄로 강주로 유배된다. 양창곡은 이곳에서 음률에 능한 기녀 벽성선을 만나 佳緣을 맺는다. 이후 반 년 만에 유배생활에서 풀려나 예부시랑을 제수받고는 천자의 명에 따라 황각로의 딸과 혼인한다.

이때 南蠻이 중국을 침공하여 창곡은 대원수로 출정하고, 백운도사에게서 무예와 술법을 전수받은 강남홍은 남만왕 나탁을 도와 출전함으로써 서로 대치한다. 그러나 강남홍은 상대편 장수가 명나라의 양창곡임을 알고 明陣으로 도망하여 창곡과 상봉하고 明軍의 부원수가 된다. 한편 남만을 돕기 위해 출전한 祝融國의 공주 일지련은 강남홍과 접전하다가 생포되어 명진으로 오게 된다. 명나라 진영에서 양원수를 본 일지련은 연모의 정이 생겨, 蠻陣으로 돌아가 부왕을 움직여 명나라에 항복하게 한다. 나탁은 투항했으나 홍도국이 다시 침노하는데, 홍도국왕 탈해는 용맹하고 그 아내 소보살은 술법에 능하나 강남홍의 활약으로 이들을 퇴치하고, 축융왕이 홍도국왕을 섭행하도록 한다.

> 이때 楊府에서는 황부인이 벽성선을 투기하여 모함을 거듭하니 벽성선은 후원의 행각에 갇혀 죄인으로 자처한다. 양창곡이 개선하니 천자는 양창곡을 燕王에 봉하고, 강남홍을 鸞城侯에 봉한다. 황부인의 죄악상이 밝혀지고, 황부인은 상계에서 투기한 여인들이 上界에서 治罪당하는 꿈을 꾼 후 개과천선한다.
>
> 부마도위 곽우진이 총애하는 석형이 음률에 밝아, 천자에게까지 총애를 입어 천자를 풍류에 빠져들게 하며 정사를 어지럽힌다. 이에 양창곡이 석형을 논죄하니, 천자가 노하여 양창곡을 운남 땅에 유배시킨다. 벽성선이 석형의 무리인 육길에게 잡혀갔다가 기회를 얻어 천자께 음률로써 諷諫하니, 천자가 깨달아 양창곡을 용서하고 석형은 유배시키고 벽성선을 女御使에 제수한다.
>
> 연왕 양창곡과 천자의 친동생인 楚王이 황태후의 壽宴을 맞아 처첩을 거느리고 상림원에서 성대한 놀이를 한다. 이에 부마도위 곽우진이 시기하여 연왕과 초왕이 합세하여 모반을 꾀한다고 무고하자, 천자는 양창곡을 하옥시키고, 곽도위로 하여금 군사를 조발하여 초왕을 치도록 한다. 그러나 강남홍과 벽성선의 활약으로 모든 문제가 해결된다.
>
> 양창곡은 벼슬을 하직하고 취성동으로 내려와 윤부인·황부인과 강남홍·벽성선·일지련과 함께 많은 자녀를 낳고 온갖 영화를 누리다가 마침내 천상계로 돌아간다.

〈옥련몽〉의 작자는 潭樵 南永魯(1810-1857)로서 경기도 龍仁에 살았던 사대부의 한 사람이다.

박학서원본 〈옥련몽〉의 앞부분에 담겨 있는 1912년에 작성된 서문에 따르면, 南廷懿가 그의 조부 남영로가 지은 원본을 70년 만에 출간한다고 적고 있다. 또 서울대 가람문고본 〈六美堂記〉의 卷末에는 모두 14명의 文士에 의한 評文이 적혀 있는데, 그 가운데 斗山 徐惇輔(1808-1876)가 적은 평문 가운데에 "吾友南潭樵玉樓夢"의 문구가 들어 있다. 〈옥련몽〉과 〈옥루몽〉

모두 세간에서는 한글 번역본이 널리 유통되었으나, 남영로는 애초에 한문으로 〈옥련몽〉을 짓고 그것을 개작하여 한문 〈옥루몽〉을 지었던 것으로 여겨진다.

남영로는 정치권력으로부터 소외된 19세기 사대부 문인의 입장에서 이 시기 〈옥련몽〉과 그 개작본인 〈옥루몽〉을 짓게 되는데, 작품 속에는 그의 다채로운 문학적 재질뿐 아니라 治國의 經綸이나 人倫의 規範이 도처에 제시되고 있다. 〈옥련몽〉에서 보면, 한미한 신분이면서도 뛰어난 자질과 경륜을 지닌 양창곡이 科擧를 통해 중앙 정치질서에 참여하게 되면서 조정에서 대결의 양상이 전개되는데, 양창곡에 대해 勒婚을 강요하는 황각로나, 천자를 풍류에 빠지게 하고 정치적 모략을 일삼는 석형, 부귀영화를 시기하여 양창곡과 초왕을 무고하는 부마도위 곽우진의 형상은 조선 후기에 정치권력을 장악하여 위세를 부린 閥閱의 성격을 투영한 것으로 볼 수 있다.

남영로가 〈옥련몽〉을 지은 것은 그의 23-33세 때인 1832-1842년의 일인데, 그의 기록으로 여겨지는 〈玉蓮夢〉 跋文에 의거해 보면,

> 슈간파옥에 소슬이 안ᄌᆞ 셕귄 울타리에 츄풍이 삽삽ᄒᆞ고 ᄶᅠ른 쳠하의 비소릐 소소ᄒᆞ니 무료ᄒᆞᆫ 흉금을 어ᄂᆡ곳의 부치리요 〔…〕 심의라 나의 소견 무료ᄒᆞ미여

자신의 경륜을 펼 기회가 봉쇄된 현실 속에서, 작품 창작을 통해 자신의 怫鬱한 심정을 달래려 했던 것을 엿볼 수 있다.

〈옥련몽〉은 〈구운몽〉으로부터 많은 영향을 입은 것이 느껴진다. 〈옥련몽〉에서 문창성군과 다섯 선녀가 천상의 白玉樓에서 술에 취해 꾸는 꿈이 곧 그들의 化身인 양창곡과 강남홍 등 여주인공의 지상세계에서의 삶이 되는 셈이다. 이는 〈구운몽〉에서의 성진과 팔선녀, 그리고 그

化身인 양소유와 2처 6첩의 관계와 대응된다고 할 수 있다. 그런데, 〈옥련몽〉의 끝부분은 〈구운몽〉에서처럼 양소유가 꿈에서 깨어나 성진의 삶으로 돌아가는, 이른바 覺夢의 과정이 결구되어 있지 않다. 〈구운몽〉에서는 육관대사가 성진에게 '인간계의 삶'이라는 하룻밤 꿈을 꾸게 하고 나아가 진정한 깨달음을 얻게 함으로써 輪廻의 苦를 덜어 주려 한 것인 반면, 〈옥련몽〉에서는 실제로 '인간계의 삶'을 輪廻에 의하여 겪고 죽고 난 후에 다시 천상계로 돌아가는 결구로 되어 있는 것이다.

남영로는 〈옥련몽〉을 지은 후 이를 토대로 개작본인 〈옥루몽〉을 지으면서 몇 가지 변화를 꾀하였다. 〈옥련몽〉에서의 가족 중심의 이야기가 〈옥루몽〉에 와서는 정치적·사회적 문제가 부각되는 방향으로 변화되었다. 〈옥루몽〉에서는 보다 지속적이고도 치열한 갈등의 이야기가 전개되면서, 당쟁이나 외척의 세도정치, 당대의 문란한 과거제도에 대한 문제 제기가 강화되어 나타난다. 또 〈옥루몽〉에서는 〈옥련몽〉보다 사건 전개가 더욱 치밀해지고 갈등이 극대화되며, 인물의 성격이 보다 영웅화되고 풍부한 군담이 들어감으로써 독자의 흥미를 한껏 고조시켜 준다.[1]

---

1 이 글의 주요 참고문헌은, 성현경, 〈옥련몽 연구〉, 서울대학교 석사학위논문, 1969 ; 장효현, 〈옥루몽의 문헌학적 연구〉, 고려대학교 석사학위논문, 1981 ; 차용주, 《옥루몽연구》, 형설출판사, 1981 ; 김종철, 〈옥루몽의 대중성과 진지성〉, 《한국학보》, 61, 일지사, 1990 ; 신재홍, 〈옥련몽과 옥루몽의 비교 검토〉, 《고전문학연구》, 7, 한국고전문학회, 1991.

2. 이명선본 〈金太子傳〉

(1) 이명선본 〈金太子傳〉의 書誌

한글 필사본 〈金太子傳(김틱즈젼)〉은 본래 李明善이 소장하였던 이본으로서 현재 국립중앙박물관에 소장되어 있다.

모두 아홉 책으로 이루어져 있다. 권1은 107면, 권2는 103면, 권3은 112면, 권4는 107면, 권5는 115면, 권6은 120면, 권7은 109면, 권8은 123면, 권9는 63면의 분량이다. 권9의 본문은 57면으로 끝나지만, 곧이어 '讀金太子傳'과 필사 후기가 이어져 있다. 가로 22cm, 세로 18. 5cm, 매 면 9-10행, 매 행 17-18자 내외의 체재로 되어 있다.

〈김태자전〉은 雲皐 徐有英(1801-1874?)이 지은 한문 장편소설 〈六美堂記〉의 한글 번역본의 하나이다.

〈육미당기〉의 이본은, 지은이가 처음 한문으로 지은 원본을 옮겨 적은 한문본 〈육미당기〉와, 한문본 〈육미당기〉를 그대로 한글로 번역한 〈육미당기〉, 그리고 한글 번역본이되 후반부의 日本征伐談이 削去된 〈김태자전〉의 세 부류로 크게 나누어진다. 한글 번역본으로서 후반부의 일본정벌담이 削去된 〈김태자전〉은 1914-1915년에 每日申報에 연재된 〈김태자전〉을 始源으로 하여 이를 傳寫한 여러 종의 이본이 존재한다. 이명선본 〈김태자전〉도 이 매일신보본 〈김태자전〉을 傳寫한 것 가운데 하나이다.

〈육미당기〉와 〈김태자전〉의 대부분의 이본은 16회의 章回로 이루어져 있으나, 이명선본 〈김태자전〉은 서울대 古圖書本 〈김태자전〉과 더불어 章回와 回題가 없다.

〈육미당기〉 異本에 있어 差異가 현저히 나타나는 것은 〈육미당기〉의 縮約本인 〈김태자전〉이며, 〈육미당기〉의 여러 異本, 〈김태자전〉의 여러

異本 간에는 미세한 文句상의 차이를 볼 수 있을 따름이다.

〈육미당기〉의 이본 가운데 가장 중요한 것은 서울대도서관 가람문고본 한문필사본 〈육미당기〉이다. 3권 3책으로, 丁丑년(1877)에 '駱居'라고 자신을 밝힌 인물이 필사한 것으로, 작자의 '小序'가 앞부분에 적혀 있고, 각 권의 끝에 筆寫記가 적혀 있다. 제3권의 끝에는 〈普陀奇聞〉이라는 별도의 題名이 적혀 있고, '附 批評'이라 하여 14명의 文士의 評文이 적혀 있다. 현재 확인할 수 있는 이본으로서 가장 앞선 것이며, 서유영이 지은 原本이 그대로 再寫된 것이 아닌가 여겨진다.

그 밖의 〈육미당기〉 이본으로는 梁在淵 所藏 한문필사본 〈普陀奇聞〉, 金東旭 소장 국문필사본 〈육미당기〉 A(3권 3책), 김동욱 소장 국문필사본 〈육미당기〉 B(落帙. 권2의 1책만이 남아 있음) 柳龜相 소장 국문필사본 〈육미당기〉(전 8책 중 제 4권이 빠져 모두 7권이 남아 있음), 金起東 소장본 국문필사본 〈육미당기〉(3권 3책) 등이 있다.

〈김태자전〉은 〈육미당기〉의 한글 번역본이되 후반부의 일본정벌담이 削去된 것으로서, 가장 중요한 이본은 每日申報 연재본 〈김태자전〉이다.

매일신보본은 신문 연재 한글 활자본으로 표제명은 '金太子傳(김티ᄌᆞ뎐)'이다. 작자는 綠東으로 되어 있다. 綠東은 1910-1920년대에 활동했던 인물로서, 〈매일신보〉에 시, 소설, 희곡과 사설 등을 게재했던 崔演澤이다. 연재 시기는 1914년 6월 10일(수)부터 1914년 11월 14일(토)까지로, 다섯 달 동안 총 113회분이 연재되었다. 본문 내용에는 인명, 장소명, 관직명 등의 고유명사와 삽입시 등에 한자가 병기되어 있다. 매일신보본은 한문본 〈육미당기〉를 직접 번역했을 것으로 보인다. 〈김태자전〉도 16회의 章回로 되어 있으나, '일본정벌담' 부분이 削去되면서 제15회와 제16회의 回題가 한문본과 차이를 보인다. 〈김태자전〉의 연재가 끝난 다음날인 1914년 11월 15일에는 何夢生이라는 필명을 사용한 李相協이 매일신보에 〈讀金太子傳〉을 게재한다.

이 밖의 〈김태자전〉 이본으로는, 서울대도서관 가람문고 소장 국문필사본 〈김태자전〉(4권 4책), 서울대도서관 古圖書本 국문필사본 〈김태자전〉(3권 3책), 朴順浩 소장 국문필사본 〈김태자전〉(낙질. 권4의 1책만이 남아 있음), 唯一書館 간행 국문 活字本 〈김태자전〉(상권 132면, 하권 127면의 초판이 1915년 6월 30일에 간행), 京城書籍業組合版本 국문 활자본 〈김태자전〉(상권 124면, 하권 119면으로 1926년 12월 18일에 간행) 등이 있다. 이들은 모두 매일신보 연재본 〈김태자전〉을 그대로 옮기거나 활자로 간행한 것이다.

이명선본 〈김태자전〉도 문구상의 약간의 생략은 있으나 매일신보 연재본을 전사한 것으로서, 권9의 끝부분에 '讀金太子傳'의 앞부분 3분의 2 정도가 옮겨 적혀 있다. 그리고 "을묘(1915) 삼월의 심심ᄒᆞ기 륙십일셰 옹이 이 책을 번력ᄒᆞ엿스ᄂᆞ 눈이 어둡고 정신이 혼미ᄒᆞ야 오ᄌᆞ락셔가 마흐ᄂᆞ 졍이 두고 보고 비러보는 이도 졍ᄒᆞ게 보고 즉시 젼ᄒᆞ는 것이 올코 칙쥬에게 말도 아니ᄒᆞ고 쳔단이 젼ᄎᆞᄒᆞ지 말지어다"의 필사 후기가 적혀 있다.

(2) 〈金太子傳〉의 내용과 특성

〈김태자전〉의 원본이 되는 〈육미당기〉는 新羅 昭聖王의 아들 簫仙太子가 父王의 病을 고치고자 險海를 건너 靈筍을 구해 오다가 邪惡한 異腹兄 世徵에게 영순을 빼앗기고 그가 뿌린 독약에 눈이 머는 등 온갖 逆境을 겪으면서 마침내는 중국에 들어가 唐나라 德宗의 駙馬가 되고 吐番을 征伐하여 功을 쌓고 公主를 비롯한 三妻三妾과 結緣하여 신라로 귀국하며, 倭賊을 근절키 위해 張保皐 등의 장수를 거느리고 日本을

征伐, 江戶를 陷落시키고 日本 王의 降伏을 받는, 강한 民族 主體性을 구현한 작품이다. 소설 〈翟成義傳〉과 줄거리에 유사한 점이 있으며, 〈九雲夢〉, 〈玉樓夢〉의 영향이 뚜렷이 나타난다.

〈육미당기〉의 대체적인 줄거리는 다음과 같다.

> 신라 太子 金簫仙은 周 靈王의 태자 晉의 精靈이 化하여 昭聖王의 아들로 태어난 것인데, 부모에 대한 효성이 지극하였다. 소성왕이 불치의 병을 얻게 되자, 소선은 어린 나이에 普陀山 道人의 말을 좇아 자진하여 靈筍을 구하기 위해 보타산으로 배를 타고 떠난다. 그의 庶兄 世徵은 평소부터 태자의 자리를 탐내고 있던 차에 소선을 보호한다는 핑계로 배를 타고 그의 뒤를 따라가 소선의 눈에 독약을 바르고 물에 빠뜨린 후 영순을 빼앗아 돌아온다.
>
> 장님이 된 채 물에 빠진 소선은 이전에 어부들이 구해 준 거북의 도움으로 목숨을 건지고 섬에 漂着하여 대나무를 꺾어 퉁소를 만들어 불다가, 외국의 사신으로 갔다가 돌아오는 白文賢에게 구출되어 唐으로 들어간다. 소선은 백문현의 집요한 질문에 자신의 신분을 밝히고 그의 딸 雲英과 定婚을 한다. 그러나 간신 裴延齡의 아들 得良의 모함으로 백문현은 귀양을 가고, 소선은 운영의 어미 石氏에 의해 백문현의 집에서 쫓겨나 유리걸식하게 된다. 운영은 소선이 쫓겨난 후 득량의 聘幣를 석씨가 받았다는 소식을 듣고 칼로 목을 찔러 자살을 기도하고, 석씨는 이러한 딸의 행동에 놀라 江州로 가솔들을 이끌고 길을 떠난다. 그러나 뒤쫓아 오는 득량의 하수인들에게 쫓겨 운영과 그의 侍婢 秋香은 물에 떨어지고 석씨만 강주로 떠난다. 운영과 추향은 水月庵 女冠에게 구출되었다가 男服을 하고 길을 떠나던 중 도적을 만난다. 그러나 이때 刺史 薛賢의 도움으로 구출되고 운영은 그의 딸 瑞蘭과 정혼한다. 운영은 아버지를 찾으러 떠나다가 폭풍으로 인하여 보타산에 표착하여 도인으로부터 道術을 배우게 된다.
>
> 소선은 떠돌아다니다가 梨園弟子인 李謨를 만나 그의 추천으로 궁중에 들어가고 퉁소를 인연하여 玉星公主와 만난다. 어느 날 소선이 신라에 있을 때 기르던 赤雁이 母后 昔氏의 서간을 가지고 날아오니 소선이 통곡을 하다

가 눈을 뜬다. 황제가 그의 신분과 학식을 알고 한림학사를 제수한다.

운영은 보타산에서 도술을 배우던 중 도인의 분부에 따라 唐으로 돌아와 男裝을 한 상태에서 소선을 만나 소선의 권유로 과거에 응시하여 한림학사를 제수받는다.

소선은 부마가 되고, 唐을 침략한 吐番을 치기 위해 전장에 나아간다. 전장에서 토번에 생포되지만 운영의 도움으로 구출되고 전쟁에 이겨 개선한다. 이때 운영은 전장에서 소선에게 자신의 신분이 노출된 것을 알고 황제에게 표를 올리고 물러나 보타산으로 들어가 세상에 나오지 않으려 하나, 소선이 운영을 그리워하다가 병이 들어 거의 죽게 되고 황후가 모함을 받아 낭패하게 되었다는 소식을 듣고는, 도인의 분부를 받아 다시 唐으로 돌아온다. 모든 일을 처리하고 난 운영은 황제의 양해로 소선과 혼인하고 金星公主라는 칭호를 받는다.

서란은 아버지 설현과 어머니가 죽고 집에 불이 나 이웃의 錢婆의 집에서 지내다가 색주가의 주인인 王婆의 흉계로 고난을 겪는다. 男裝을 하고 탈출하여 강에 빠져 죽은 것처럼 속이고 달아나던 중 여승의 도움을 받아 살아나고, 다시 난봉꾼들의 행패를 만나나 侍郎 李勉의 도움을 받고 장안으로 가던 중 玉泉庵에서 소선을 만난다. 벼슬길로 나오라는 권유를 받으나, 운영이 이미 소선과 혼인을 하였다는 것을 알고 그를 피해 다른 곳으로 가려 하다가 우연히 소선을 다시 만나 궁으로 따라간다. 운영은 춘앵이 가지고 있던 편지를 통해 서란의 신분을 확인하고 그녀를 소선의 삼부인으로 삼을 것을 황제께 아뢰어 윤허를 받는다.

소선은 이어 세 부인의 侍婢인 추향 설향 춘앵을 첩으로 삼고 화락하게 지낸다. 황제에게 신라로 돌아갈 것을 간청하지만 허락을 얻지 못하다가 황제와 황후가 죽은 후 신라로 돌아온다.

소선이 신라로 돌아온다는 소식을 들은 세징은 그를 죽이기 위해 자객을 보내지만, 운영의 도움으로 위기를 넘기고 父王·母后와 해후한다. 변경을 침략한 倭賊을 근절하기 위해 운영과 함께 장보고 등의 장수를 이끌고 일본 본토까지 쳐들어가 日本 王에게 조공을 바치게 하고 돌아온다.

소선은 귀인 박씨와 세징을 용서하고 부왕을 이어 왕위에 올라 나라를 잘 다스리다가 태자 禮謙에게 왕위를 물려주고 보타산으로 들어간다.

〈김태자전〉은 이러한 〈육미당기〉의 축약본이다. 가장 큰 특징은 日本征伐談이 빠져 있는 것이며, 전편에 걸쳐 漢詩와 난삽한 典故·文句가 전부 생략되거나 간소화되어 있다.

〈金太子傳〉을 〈육미당기〉와 비교해 보면, 그 變異樣相은 부정적인 면과 긍정적인 면이 교차하는 것을 볼 수 있다.

첫째, 民族意識이 드러난 부분이 削去되었다. 〈육미당기〉 서두에서 민족의 淵源을 설명하는 대목이 국문본 〈김태자전〉에는 축약되어 있다. 특히 작품의 末尾에서 주인공 金簫仙이 新羅의 太子로서 日本을 征伐하여 日本王의 항복을 받는 대목은 전적으로 삭제되었다. 이는 일본의 식민지 지배를 받던 상황에서 빚어진 檢閱의 결과일 터이다.

둘째, 좀더 점잖은 내용으로 바뀌었다.

여주인공 白雲英이 男裝으로 從軍한 사실을 알게 된 김소선이 失色하여 痴人같이 된 모습으로 묘사된 원본의 표현이 〈김태자전〉에서는 완화되어 있으며,

(육) 時樂浪王侍天子在側, 見此表文, 不覺驚惶失色, 雙淚被面, 瞠然如痴人.

(김) 잇ᄯᅵ에 락랑왕이 텬ᄌᆞ를 뫼시고 겻혜 잇다가 이 표문을 보고 크게 놀나여 얼골빗이 변ᄒᆞ며 눈물이 방타히 흘으거ᄂᆞᆯ

仙界로 떠나간 백운영(여릉왕)을 그리워하여 김소선(낙랑왕)이 깊은 병에 걸리매, 백운영이 찾아와 還魂丹으로써 살리는 대목에서는, 원본에는 환혼단을 깨물어 자신의 침과 함께 김소선의 입 안에 흘려 넣는 것으로 표현되

어 있으나, 〈김태자전〉에서는 다만 물에 풀어 입에 흘려 넣는 것으로 바뀌어 있다.

> (육) 自囊中出還魂丹, 自嚼竝玉津流入口中
> (김) 주먼이 속에셔 환혼단을 닉여 물에 풀어 입에 흘녀 넛코

또 玉星公主와 결혼한 김소선이, 황제가 義女로 맞아 金星公主 직첩을 내린 백운영을 다시 맞아 결혼식을 올리자, 그 친구들이 신랑 신부에 얽힌 지난 이야기를 들추어 희롱하는 장황한 서술이 〈김태자전〉에는 완전히 생략되어 있다.

이는 원본에서 표현된 발랄한 의식이 국문본에 와서 오히려 후퇴된 것이라 하겠다.

셋째, 15회에 나오는, 주인공들에 의한 일곱 수의 漢詩가 〈김태자전〉에는 時調의 형태로 바뀌어 있다. 본보기로서 백운영의 작품을 비교해 보면,

> (육) 何來亦雁坐簷頭, 秖爲塵緣得暫留. 好待錦帆歸海日, 天風高擧到瀛洲.
> (김) 너도 진연이 미진ᄒᆞ야 인간ᄉᆞ에 참례트냐
> 금풍에 돗을 달고 녕주 봉릭 드러가니
> 월명ᄒᆞ야 슴경ᄉᆞ오경에 옹옹한 긴 소릭 연화 소식은 도시 꿈 밧그로

원본의 漢詩가 지닌 大義를 살리면서 번역자는 새롭게 時調의 형태로 창안해 내었는바, 이는 국문본에 부합하는 번역의 妙味를 살린 것이라 하겠다.

넷째, 金簫仙이 金星公主에게 우리나라의 神異한 음률로서 萬波息笛, 玉寶高의 거문고에 대해 애기하는 부분에, 저를 잘 불었던 仙人 永郎

·述郞·安石·南詳과 仙人 金可紀·大世仇柒을 첨가하고 百結先生의 가야금에 대해 얘기하는 부분에 그것이 碓樂임을 설명하는 내용이 첨가된 것도 〈김태자전〉의 특징이다.[2]

—《善本古書解題集 2》, 계명대학교출판부, 2009 / 《고소설해제》, 국립중앙박물관, 2007.

2 이 글의 주요 참고문헌은, 장효현, 〈육미당기의 작자 재론〉, 《고전소설 연구의 방향》, 새문사, 1985 ; 장효현, 《서유영 문학의 연구》, 아세아문화사, 1988 ; 장효현 역주, 《육미당기》, 고려대학교 민족문화연구원, 1995 ; 이현숙, 〈김태자전 이본 연구〉, 《한민족문화연구》, 5, 한민족문화학회, 1999.

제 5 부

李能和의 國學

머리말

한글의 근대적 연구가 周時經(1876-1914)과 민족의 상고사 발굴에 정열을 다한 申采浩(1880-1936)와 함께 韓末의 三大 國學者로 꼽힌다는[1] 인물인 李能和(1868-1944)는 그에 상응하는 만큼의 평가나 조명에서 멀어져 있는 느낌이다. 그가 남기고 있는 방대한 물량의 저술에 비추어 볼 때에도 이 점은 의아스럽지 않을 수 없다. 더구나 그의 저작에 대한 전체적인 정리나 개별적 언급은 아직도 나타나지 않은 채 역사학이나 민속학의 一隅를 차지하는 데 머물고 있을 뿐이다. 그 이유로서 그의 연구방법뿐만 아니라 문제의식과 실천적 지향이 일정한 한계를 지녔기 때문인 것으로 일단 짐작해 볼 수 있겠는데, 이 글에서는 이러한 문제

---

1 김성균, 〈이능화〉, 《한국의 歷史像》, 신구문화사, 1965, p.521 ; 김상억, 〈조선여속고 해설〉, 《朝鮮女俗考》, 대양서적, 1978, p.9.

까지를 포함해서 그의 생애와 학문 영역, 연구 방법 등을 개괄해 보기로 한다.

아울러 李能和의 文學觀 즉 국문학에 대한 인식에 대해서도 살펴보려고 한다. 李能和는 엄밀히 말해 사학자이며, 그의 연구는 思想史·風俗史에 치중해 있다. 국문학에 대해 조예가 깊었다는 것은 그가 역사 서술을 위해 인용한 국문학 자료의 다양함과 폭으로도 알 수 있지만 그는 결코 문학을 연구한 적은 없었다. 따라서 그의 문학 연구 방법은 애당초 云謂키 어려우며 다만 단편적인 언급들을 통해 그가 문학에 대해 어떠한 인식을 가지고 있었는가 하는 것을 살펴보는 데에 만족하기로 한다.

1. 李能和의 생애와 학문적 路程

李能和는 고종 5년(1868) 1월 19일, 충청북도 槐山郡 二道面 水津里에서 후에 法部協辦·北青郡守 등을 역임한 李源兢의 3남매 중 맏아들로 태어났다. 그의 집안은 조선왕조 제2대 왕 定宗과 임진왜란 때 憤死한 영의정 李陽元의 직계 자손인 王室의 후예였다. 字는 子賢, 호는 侃亭·尙玄居士를 초기에 쓰다가 후에는 無無·無能居士를 주로 썼다. 본관은 全州. 그의 修學 및 학문 활동은 다음의 세 시기로 나누어 볼 수 있다.

① 漢學修業 시기(1877~1887): 국내외적으로 격동의 시대라 할 수 있는데, 그는 儒家 가문의 자제로서 科擧시험 준비를 위해 어려서부터 漢學을 공부하게 된다.

② 外國語修業 및 敎育 시기(1887~1910): 列强의 간섭과 침입이 본격화

된 시기인데, 그는 한학 공부를 중지하고 20년에 걸쳐 외국어 연마와 교수 활동을 하게 된다. 1887-1889년 貞洞 英語學堂에서의 英語 修學, 1892-1894년 漢語學校에서의 중국어 수학, 1895-1896년 官立法語學校에서의 佛語 수학, 1905-1906년 私立日語夜學舍에서의 일본어 수학을 통해 그는 4개 국어에 능통하게 된다. 1895년 잠시 農商工部 主事로 근무한 이외엔, 1897년부터 官立漢城外國語學校 교관, 1906년에 관립한성외국어학교 교장, 1908년에 관립한성외국어학교 學監으로 외국어 교육에 힘쓰게 된다. 1906년엔 議政府의 특명으로 일본에 가서 각 관청을 시찰하고 돌아왔으며, 이 해에 國文硏究所 위원에 임명되었다.

③ 國學硏究 시기(1911-1944) : 1910년 일본에 의한 조선 합병이 있고 뒤이어 1911년 한성외국어학교가 폐교당한 후 그는 비로소 학문의 길로 들어선다. 이듬해 能仁普通學校의 교장으로 취임하여 1915년 사임 때까지 재직했으며 이 기간에 佛敎振興會에서 간사로 있으면서 月報 편집을 맡기도 하였으나, 역사 연구라는 그의 생애에서의 큰 방향 전환의 계기가 된 사건이 바로 庚戌 合邦이었음은 다음과 같은 자신의 述懷로써 알 수 있다.

> 拙者는 去庚戌年 秋間부터 學校의 敎鞭잡기를 쉬고 其時부터 우리 朝鮮의 宗敎方面과 社會事情을 좀 硏究하여 보기로 心算을 定하야[2]

이후 그는 정열적인 학문열로써 분야에 구애됨이 없이 방대한 분량의 저술을 남기게 된다. 그가 불교진흥회의 간사가 된 것은 1914년 11월 同會의 설립과 함께인데, 이듬해 이사로 선임되어 1921년까지 《佛敎振

2 이능화, 〈불교와 조선문화〉, 《別乾坤》, 12 · 13호, 개벽사, 1928. 5, p.79.

興會月報》·《朝鮮佛教界》·《朝鮮佛教叢報》 등을 발간하면서 불교 진흥에 전력하는 한편 많은 불교 관계의 글을 발표하게 된다. 1921년 朝鮮總督府 朝鮮史編修委員會의 編修官, 이어 編修委員이 되면서, 그 이전의 불교 중심의 사상사 연구로부터 풍속사·사회사 연구로 선회하게 된다.

2. 李能和의 역사연구 방법

李能和는 사학자로서 一般史보다는 思想史 및 風俗史 등의 특수사 분야를 개척한 인물이다.

> 우리 朝鮮의 宗教方面과 社會事情을 좀 硏究하야 보기로 心算을 定하야 十年의 積功을 들이여 無價値하나마 朝鮮佛教通史를 著述하고 硏究를 계속하야 朝鮮道教史 一冊(未出版), 朝鮮神事誌 一冊(未出版), 朝鮮祖先教 一冊(未出版), 朝鮮迷信思想史 一冊(未出版), 朝鮮佛教分類史(有材料 未編纂), 朝鮮儒學思想史, 朝鮮基督教及外交史 上下編(五號活字 五百頁假量方在出版中)(이상은 宗教部), 朝鮮女俗考 一冊(已出版), 朝鮮解語花史 一冊(已出版), 朝鮮巫俗考 一冊(已發表)(이상은 社會史의 女子部)를 저술하고 現今은 朝鮮社會史(一般社會史)의 起草에 착수하야[3]

> 余는 正音연구를 중지하고 宗教 及 社會 등의 歷史의 연구로 방면을 전환하고 周委員은 최초의 목적을 관철하야 正音講習會 같은 사업을 많이 하였다.[4]

---

3 위의 글, p.79.

4 이능화, 〈舊韓國시대의 國文硏究會를 회고하면서〉, 《新生》, 2권 9호, 1929. 9, p.7. 이

이러한 자신의 진술에서도 볼 수 있듯이, 그의 주요 관심사는 종교·사상·풍속 등이었다.

그의 역사연구방법은 흔히 '知識主義的 啓蒙史學'이라 불린다. 舊韓末, 역사적 사실에 대한 깊은 연구나 혹은 이론적인 탐구보다도 당시의 對外的 위기 속에서 민족을 구하여 보려는 정신적 구국운동의 일환으로, 대중을 계몽하기 위한 일단의 愛國的 啓蒙史學이 일어난 바 있었다. 과거의 위대한 인물에 대한 소개나 다른 나라 역사에서의 민족중흥이나 亡國의 사실을 소개함으로써 국민들의 마음을 깨우치려 한 것이 그 주요 목적이며 관심사였다. 이러한 흐름이 1910년의 韓日合邦을 거치면서, 이 일을 담당했던 志士들이 해외로 망명하여 역사에 대한 생각을 가다듬어 '민족주의사학'으로 발전시키게 되는 한편, 국내에서는 독립을 표면에 내걸지 못하는 관계로 한국의 옛 역사에 관한 지식을 널리 펴려는 '지식주의적 계몽사학'으로 변하게 된다. 李能和는 張志淵·安廓과 함께 이러한 지식주의적 계몽사학의 입장에 서는 것이다.[5] 《百敎會通》에 이은 두 번째의 저서인 《조선불교통사》(1918) 自序에서

> 이름은 비록 歷史의 체재를 빌었으나 실은 布敎의 소용을 겸하게 하였다. 천둥·벼락은 모든 귀머거리가 장벽을 제치고 허공에 통하게 하고, 해·달은 모든 장님이 구덩이에서 나와 大道에 오르게 하나니, 사람들은 스스로 택해야 한다. 이것이 내가 바라는 바이다.[6]

시기의 국문연구소에 대해서는, 박병채, 〈국어학〉, 《한국현대문화사대계 II — 학술·종교·사상사》, 고려대학교 민족문화연구원, 1976, p.34 참조.

5 이기백, 〈국사학〉, 《한국현대문화사대계 II — 학술·종교·사상사》, 고려대학교 민족문화연구원, 1976, pp.157-162.

6 이능화, 《조선불교통사》, 상, 윤재영 역, 박영사, 1980, p.28.

라 하여 이 저술이 歷史의 體裁를 빌었지만 실은 布敎의 소용으로 쓰이기를 의도했다고 밝히고 있다. 《조선불교통사》에 序文을 붙이고 있는 猊雲山人 惠勤이 이 책의 저술이 갖는 당위성 내지 필요성을 얘기하면서, 천하의 모든 책은 결국 經과 史로 나눌 수 있는데, 經은 載道, 史는 紀事가 목적이라 하면서, 經은 더 보탤 수 없는 것이지만, 史는 日異月新하여 千態萬狀이므로 진실로 날로 부연하지 않으면 안 된다고 하고,

> 하물며 오늘날 佛運의 개혁이 매우 급박하여, 옛 책을 상고하고 前轍을 돌아보아 慈悲를 닦아 밝히고 성인의 교화를 도와서 백성의 본성을 배양하고 문명의 꽃을 촉진시켜야 함에랴! 7

라 이야기한 것도 당면한 시대의 민중고취라는 목적을 띤 그러한 계몽사학의 성격을 지적한 것이다. 같은 지식주의적 계몽사학에 들면서도 安廓의 경우 참신한 연구방법을 도입하여 그 서술방식도 새로운 반면, 李能和나 張志淵은 동양의 전통적 역사서술방식을 그대로 추종하고 있다. 즉 古代·中世·近代와 같은 시대구분법을 사용한 역사서술이 아니라, 왕조의 흥망에 따른 紀年體의 通史식 서술을 따르고 있다.

李能和의 경우도 다른 國學派처럼 實學에서 싹튼 국학적 경향을 계승하고 있으며, 民族主義에 입각해 있다고 볼 수 있다. 이 경우의 민족주의라 함은 식민지적 상황의 극복이나 대치가 기존의 사회구조적 질서를 유지하면서 단순히 민족의 독립을 추구하려 했던 특징을 지닌 것으

7 위의 책, p.24.

로, 엄밀히 말하면 민족의 독립이 식민지적 상황의 사회구조의 변혁까지도 의미한다고 생각한 '진보파적 민족주의'와는 그 성격을 달리하는 '보수우파적 민족주의'의 성향을 말한다.[8] 식민지 시대의 이데올로기를 일단 민족주의와 사회주의로 구분하고, 민족주의를 다시 보수우파와 진보파로 나눌 경우 李能和는 前者에 속한다고 할 수 있다. 물론 史觀의 입장에서 얘기할 때, 李能和가 속한다고 할 實證史學과, 民族主義史學 내지 新民族主義史學과의 괴리 내지 분열도 이러한 맥락의 연속선에서 파악될 수 있을 것이다. 이에 대해선 李能和의 실천적 한계를 지적하면서 다시 언급될 것이다.

李能和의 민족주의 내지 국학적 경향의 고수는 그가 꾸준히 견지하였던 신념이면서 지향이었다. 그가 주로 관심을 가진 民俗·女俗·巫俗 등, 지배층 중심의 문화가 아닌 이른바 '풍속문화' 내지 '저급문화'에 대한 가치인식, 神敎·불교·도교·유교 등 '우리 것'의 사상적 전개와 源流를 찾으려는 일련의 작업 등에서 그것은 분명해진다. 특히 檀君王儉을 사상의 始源·頂點으로 정립하려는 입장,[9] 事大主義,[10] 黨爭,[11] 신분계급의식[12]에 대한 신랄한 비판 등에서도 그의 입장이 일관된 것임을 알 수

8 진덕규, 〈식민지 지식인의 사회구조적 성격과 이데오로기적 연관성에 대한 분석논리(1)〉, 《현상과 인식》, 13호, 1980.

9 〈朝鮮神敎源流考〉, 〈古朝鮮 檀君〉, 《조선무속고》, 《조선여속고》 등의 글에서 거듭 강조된다. 특히 檀君말살론을 배격하고(《조선여속고》, p.31), 箕子遺習說을 비판하는(《조선여속고》, p.54) 데에서도 그의 주체적 민족주의의 바탕이 드러난다.

10 훈민정음을 도외시한 '事大奴隷派의 漢學者 及 儒學者'에 대한 비난이나(〈구한국시대의 국문연구회를 회고하면서〉), 鄕札의 유래가 事大사상에서 비롯되었다는 비난(〈內鮮 古代文化의 관계〉, 《半島史話와 樂土滿洲》, 朝鮮學海社, 1942) 등이 그러하다.

11 《朝鮮基督敎及外交史》 序에도 보이며, 본문 중에 거듭 나타난다.

12 庶孼禁錮에 대한 비난(《조선여속고》, p.194)이나, 노비제의 신분계급질서에 대한 비난(《조선여속고》, p.214)에 나타난다.

있다.

그의 이념적 기반이 갖는 이러한 특징과 아울러 지적될 수 있는 것은 역사서술방법상의 傳統 답습이라는 측면이다. 그는《조선의약발달사》에서《朝鮮基督教及外交史》에 이르기까지 건드리지 않은 분야가 없을 정도로 그 관심의 폭이 넓은데, 이는 '實學의 博學的, 百科全書的 특징의 영향'[13]으로 볼 수 있다. 광범한 문헌 섭렵을 바탕으로 한 文獻集成式의 역사서술이 그것이다. 猊雲山人이《조선불교통사》序에서

> 혹은 編年綱目의 書法을 쓰고, 혹은 傳記를 서술하는 서법을 쓰기도 하고, 혹은 稗官을 演義하는 서법을 쓴다.[14]

라고 그의 역사서술 방식을 지적한 바 있는데, 이 지적과 같이 그가 저술한 모든 史書에서의 역사서술은 전통적 역사서술 방식인 編年體, 紀事體, 演義體가 적절히 혼합되어 있다.

3. 李能和의 文學觀

앞서 언급한 바 있듯이 李能和는 史學者이며, 文學에 대해선 일체 연구한 바가 없었다. 과거의 문학유산에 대한 이해의 폭이 상당하였음은 그의 저술에 引據된 물량으로도 알 수 있지만, 문학을 따로 연구하지는 않았으며 그의 문헌집성적 전통적 역사서술에 필요한 보조 자료의

---

13 인권환,《한국민속학사》, 열화당, 1978, p.61.

14 이능화,《조선불교통사》, 상, p.25. 번역 과정에서 빠진 부분은 원문에 의거해 보충하였다.

역할을 수행하고 있을 뿐이다.

李能和의 저작 중 문학에 관한 것은 판소리 〈춘향가〉의 漢譯인《春夢緣》(文化書林, 1929. 10)과 두 面짜리 短文인 〈文藝의 계통과 변천〉(《文章》, 22호, 1941. 1)이 있을 뿐이며, 비교적 문학 자료가 많이 다루어진 저술이 《조선여속고》와《조선해어화사》이다. 이 글에서는 다소 군색한 감이 있지만 그의 문학관을 여러 단편적 기록을 통해 살펴보기로 한다.

〈문예의 계통과 변천〉에선 우리나라 문학의 계통을 지극히 단순한 도식으로써 설명하고 있다. 우리나라 수필의 원조를 李齊賢으로 보고 그의 亂藁·樂府·詞曲의 세 특징적 서술이 이후 우리 문학의 세 부류에 영향을 주었다고 했다. 즉 亂藁는 수필체로서 일반 詩話·稗史·小說에로, 樂府는 가사·시조·판소리 등 시가의 漢譯에로, 詞曲은 近世 雲養 金允植이 지은 정도로 계통을 잡았으며, 그 밖에 別體인 蔡濟恭의 俗體詩가 있어 자신이 그것을 본떠 無能俗體詩라는 서명으로 짓기 시작했다고 하였다. 이 글 자체가 극히 짧은 短文이고 漫筆類의 글이기는 하나, 우리나라 모든 문학 양식의 원조를 李齊賢에 귀속시키는 이런 식의 還元主義는 긍정하기 어렵다.

우리 문학에 대한 李能和의 인식의 큰 줄기를 결론부터 얘기하자면, 전통의 儒家的 문학관의 연장이라고 해야 할 것이다. 漢文學에 대하여 그리고 詩에 대하여 높이 평가하는 반면, 국문으로 된 小說類에 대해선 경시하는 입장이 그것이다. 먼저 국문소설에 대한 경시의 태도를 보면,

> 우리나라 풍습에서 부녀가 읽는 것은 언문이다. 언문으로 된 책에는 허구로 꾸민 小說·稗談이 많았다. 그러므로 閭巷間에 언문소설이 있어 사람들에게 빌려 주고 돈을 받았으니, 소위 貰冊이다. 〔…〕 언문소설은 천 백 가지나

되어 번거로워 다 적지 못하거니와, 다만 여자들이 애독하던 소설을 그 이름만 적으면 다음과 같다. (…) 무릇 이 책들은 그 내용을 말하건대, 혹은 孝烈忠義와 有關하고, 혹은 가정 및 사회와 유관하고, 혹은 탐관오리들의 악행을 매도하고, 혹은 영웅호걸들의 쾌사를 상찬하기는 하였으나, 卑劣虛誕한 類가 많아 文敎에 助益되는 바가 적은 것들이다.[15]

대체로 卑劣虛誕하여 文敎에 도움을 줄 수 없다고 했다. 이러한 입장은 판소리 〈춘향가〉를 漢譯하면서 그 序說 격으로 〈춘향가〉의 始源과 廣大의 유래를 논한 總引 부분에서도 보인다.

廣大의 노래는 다만 그 音聲의 아름다움을 들려주긴 하나 그 詞說의 우아함을 베풀진 못하는 고로 아쉬움이 있다.[16]

예전에도 춘향전을 漢譯한 것이 있었다. 그러나 諺文本은 지나치게 비루하고 외설하며 한문본은 지나치게 典雅하여 모두 일반 時俗에 적합지 못한 고로 내가 그 詞說을 참작하여 그 詩歌를 改撰한다.[17]

춘향전 諺文本은 예전에 방각본이 있었는데 詞說이 매우 비루하고 외설하여[18]

등의 기록에서 볼 수 있듯 국문 판소리 〈춘향가〉 사설이 지나치게 비루

15 《조선여속고》, p.364.

16 《春夢緣》總引, 중앙대학교 한국학연구소 영인본, p.128 : 廣大歌, 但聽其音聲之美, 而不講其詞說之雅, 故有缺憾耳.

17 위의 책, p.129 : 舊有春香傳之漢譯者, 然而, 諺文本則過於俚褻, 漢文本則過於文典, 俱不適於通俗, 故余參酌其詞說, 而改撰其詩歌.

18 위의 책, p.130 : 春香傳諺文本, 則舊有坊刻, 而詞甚俚褻.

하고 외설함을 탓하고 있다. 언문 즉 훈민정음에 대해 옹호·긍정하는 입장을 李能和는 여러 글에서 보이고는 있다. 예를 들면,

> 세종대왕 28년 丙寅에 훈민정음을 발표한 이래로 조선 여자가 눈뜨기 시작하여, 사물을 기록하고 서적을 繙讀하였으니, 이렇듯 日用이 편리하게 되었다. 正音이 쓰이기 전에는 어떤 방법으로 어리석은 백성을 가르쳤을까?[19]

> 우리 조선의 훈민정음은 李朝 第四代 세종대왕 二十八年 丙寅에 창조되어 일반국민의 안목으로 日用上에 그 편리한 문자됨은 이루 말할 수 없다. 그러나 훈민정음 창조 당시에 頑冥無知한 事大奴隸派의 漢學者 及 儒學者 등은 이를 극도로 반대하였다. (…) 훈민정음이 李朝 先王의 손에 창조됨에 불구하고 이를 行用하는 자를 不敬이라 한 朝官이야말로 國賊이 아니면 무엇인가?[20]

그가 言表로써 강조하고 있는 것과 因襲化된 고루한 인식과는 실상 결합되지 못한 채로 그에게 共存하는 듯이 보인다. 그의 저작의 대부분이 漢文으로 되어 있다는 점이 우선 이를 반증해 준다.

李能和에게서 보이는 또 다른 주목되는 입장은 妓女들의 詩詞에 대한 평가이다.

> 만약 詩詞의 우열을 논평한다면, 교방기녀의 시가 士族 첩실의 시사보다 낫고, 사족 첩실의 시사가 사족 부녀의 시사보다 나으니, 그 처한 경지에 따라 情興과 感發이 달랐기 때문이다.[21]

---

19 《조선여속고》, p.358.

20 이능화, 〈舊韓國時代의 國文硏究會를 회고하면서〉, 《신생》, 2권 9호, 1929. 9, p.7.

妓女들의 詩詞를 높이 평가하는 입장이 그대로 반영된 것이 그의《조선해어화사》이다. 이른바 '妓女의 社會史'라 할 이 저작에선 우리나라 기녀의 기원으로부터 시작해서 역대 名妓들의 逸話를 문헌집성식으로 引據 수록해 놓고 있다. 아울러 그들 기녀 중 詩詞에 능했던 이들을 따로 모아 수록하고 있다.

> 今我收聚百千年之名花ᄒᆞ야 編纂三十五章之歷史ᄒᆞ니 其中離合悲歡之情은 無不載於妓俗이오 貞淫邪正之性은 亦可驗於國風이라 旣是社會相之一部니 豈非史學界之參考아[22]

> 余從各方面ᄒᆞ야 蒐輯妓之詩歌若干篇章ᄒᆞ야 以供世人之觀感ᄒᆞ야 使知我朝鮮妓界에 亦不乏詩人이 足矣로다[23]

이처럼 사회적으로 천대받는 계층인 기녀들에 대해 지대한 관심과 애정을 보이고, 그들의 詩詞에 대해서도 높이 평가하는 것은, 李能和에게서 일관되게 보이는, 이른바 지배층에겐 '저급문화'로 인식되었던 민중문화에 대한 가치인식의 연속된 한 차원이다. 훈민정음에 대한 경우에도 그러했지만, 국문소설에의 경시와 기녀문학에의 평가라는 다소 통일되지 못한 듯한 인식의 공존은, 역사적으로나 思潮的으로 급격한 전환기를 겪어 나와야 했던 지식인의 이념적 갈등·혼돈의 한 모습일 수 있겠다.

21《조선여속고》, p.281.

22 이능화,《조선해어화사》, 序, 중앙대학교 한국학연구소 영인본, p.12.

23 위의 책, p.231.

맺음말

앞서 살펴본 李能和의 학문영역과 연구방법을 다시 정리함과 아울러 그의 학문 및 실천이 갖는 한계에 대해서도 간략히 살펴보겠다.

李能和는 史學者로서, 주로 一般史보다는 思想史·風俗史 등의 특수사를 개척한 인물이다. 그의 역사연구방법은 '知識主義的 啓蒙史學'이라고 불릴 수 있는데, 實學의 國學的 경향을 이어받으면서 위기에 처한 시대에 있어서의 민중계몽이라는 목적을 띤 민족주의(보수우파적)의 基底를 깔고 있었다. 그 역사서술방법에 있어서는 전통적 文獻集成的 방식을 취하면서, 編年體·紀事體·演義體의 방식을 적절히 이용하였다. 문학에 대한 연구를 따로 수행하지는 않았으나 단편적 기록을 통해 그의 문학관은 전통의 儒家的 문학관의 연장선상에 놓여 있음을 알 수 있다.

李能和는 그와 동시대의 국학자들이 사상가이면서 운동가이면서 학자였던 것과는 달리, 철저히 학자의 길만을 걸은 듯이 보인다. 그의 학문적 성취에 분명히 애국계몽, 즉 민족주의적 기저가 깔려있는 것은 사실이지만, 그것이 원대하게 구현된 바는 찾아볼 수 없다. 더욱이 1921년 이래 朝鮮總督府 朝鮮史編修官, 編修委員으로 참여하고 총독부 학무국에도 관여한 사실은, 史料 수집의 용이함 때문에 취해진 부득이한 일이었다는 변호로 합리화될 수 있을지 의문스럽다. '민족주의사학자들의 눈으로 볼 때는 日帝 官學者에게 동조한 親日派로 간주될 수밖에 없었다.'[24] 內鮮文化의 뿌리의 동일함을 찾으려 한 작업이나, 일본의 선진문화를 받아들이길 주장한 世宗 때의 朴瑞生을 높이 평가하는 식

---

24 김정배, 〈일제하의 한국고대사 연구가〉, 《현상과 인식》, 13호, 1980 봄, p.36.

의 글에서,[25] 당시의 민족적 현실에 대한 뼈아픈 깨달음과 그 실천을 유보하고 있는 무기력한 식민지 지식인의 모습이 드러나며, 이 점이 그를 近代 歷史家의 한 줄기로 떠오를 수 없게 만드는 결정적 원인이라고 하겠다.

—《어문논집》, 26집, 민족어문학회, 1985.

25 이능화, 〈內鮮 古代文化의 관계〉, 《半島史話와 樂土滿洲》, 朝鮮學海社, 1942.

安廓의 國學과 學問精神
—《自山 安廓 國學論著集》서평

1.《自山 安廓 國學論著集》의 개요

自山 安廓(1886-1946)은 참으로 방대한 저술을 남긴, 식민지 시대 국학자의 대표적인 인물이다. 그 같은 인물이 그 생애에 있어서나 저술 활동의 전체적 면모에 있어서나, 학계에서 충분한 정리의 기회를 갖지 못했던 것은 매우 안타깝고 아쉬운 일이었다. 한동안 生歿年이 모두 불명확했을 정도로, 안확의 생애에 대하여는 그 전모가 알려져 있지 못했다.

안확의 국학에 관심을 가져 온 몇 분이 나서서, 여러 문헌에 흩어져 있는 단편적인 내용들을 모으고, 족보를 찾고, 안확과 교류가 있었던 분의 口述을 통해 재구성하는 작업을 계기적으로 축적함에 의해서, 안확의 생애는 비로소 그 윤곽이 드러나게 되었다.

안확 국학에 대한 개별적 논고를 통해 안확의 생애와 그 국학의 성격을 다른 각도에서 탐구해 왔고, 안확의 저서를 역주해 일반에 소개하기도 했던 崔元植, 李泰鎭, 權五聖 세 분의 노력에 의해, 이제 안확의 저술이 일목요연하게 정리되어 영인된 사실은 국학 연구 분야에 몸담고 있는 모든 이들의 기쁨이 되고 또한 자랑이 될 듯하다. 《自山安廓國學論著集》[1]이 그것이다.

안확이 남긴 글들은 《조선문법》, 《조선무사영웅전》, 《조선문학사》, 《조선문명사》, 《시조시학》 등의 대표적 저서를 비롯해, 학술지·교양지·신문 등에 게재된 대소의 글들이 도합 160편을 상회하는 것으로 현재까지 확인되고 있다.[2] 《논저집》은 이들 저술의 대부분을 망라해 영인한 다섯 권과, 안확에 대한 연구논문을 모은 한 권의, 모두 여섯 권으로 구성되어 있다.

제1권에서 제3권에 걸쳐 안확의 저서가 모아져 있는바, 제1권에 《朝鮮文法》(滙東書館, 1917)과 《朝鮮武士英雄傳》(明星출판사, 1919)과 《自覺論》(회동서관, 1920)이, 제2권에 《朝鮮文學史》(韓一書店, 1922)와 《朝鮮文明史》(회동서관, 1923)가, 제3권에 안확의 마지막 저서인 1940년에 간행된 《時調詩學》(朝光社)과 원고 상태 그대로인 《漢詩學》이 수록되었다. 제4권과 5권에 여러 학술지와 신문 등에 실린 논문·논설·시문류의 글들이 모아져 있는데, 4권에 역사·철학과 문학 분야의 글이, 5권에 어학과 음악·미술 분야의 글이 수록되어 있다.

2. 안확 국학에 대한 연구사

그동안 국학의 연구사를 정리하는 자리에서 간간히 그 대체적 성격이 운위되는 데에 머물렀던 안확의 국학에 대해, 본격적인 평가가 이루

1 전6권, 여강출판사, 1994. 이하 《논저집》으로 略함.

2 金倉圭, 〈안자산의 국문학 연구 성과에 대한 고찰〉, 《논저집》, 6권, p.191.

어진 것은 1981년 최원식에 의해서였다.[3] 논문 〈안자산의 국학 — 조선문학사를 중심으로〉[4]가 그것인데, 이 글에서 최원식은 "안확은 그가 남긴 업적에 비할 때 지나치게 소홀하게 다루어진 느낌이 든다. 그의 전기는 물론 생몰연대조차 모르고 있는 실정이다"라는 문제의식을 바탕으로 안확의 생애를 재구성하고, 저서 《조선문학사》의 특성을 조감했다.

이 논문을 통해 안확이 1895년에 창립된 우리나라 최초의 소학교인 水下洞소학교에 재학하였고, 이 시기에 독립협회의 애국운동에도 참가하였으며, 그 후 애국계몽기에는 서북지방을 주유하며 교육구국운동에 참여하였고, 합방 후 일본 유학을 떠나 《學之光》에 국학에 관한 논고와 논설을 발표했던 사실, 1916년경 귀국하여 조선국권회복단에 참여하는 한편, 1918년에는 友堂 李會榮의 高宗 망명계획에도 동참했고, 3·1운동 후 상경하여 조선청년연합회의 기관지 《我聲》의 편집인으로 활동했던 사실, 이후 국학 연구에 몰두하여 《조선문학사》와 《조선문명사》를 비롯한 방대한 저술을 남긴 사실 등을 정리하여 안확의 전반적 생애를 살펴볼 수 있게 되었다. 최원식은 이후 《조선문학사》를 정밀히 역주하여(을유문고 252, 1984) 안확 연구를 위한 자료를 제공해 준 바 있다.

그 뒤를 이어 안확 연구의 중요한 초석을 놓은 분이 이태진이었다. 그는 《조선문명사》를 역주하여(중앙신서 109, 1983) 간행하였고, 그 해설에서 李殷相의 〈잊을 수 없는 스승〉이라는 글을 통해 안확이 國恥 후 마산의 창신학교 교원에 부임한 사실을 확인해 주었다. 그리고 논문 〈안확의 생애와 국학세계〉[5]를 통해, 안확의 생애를 조금 더 소상하게 재구성

---

3 이보다 앞선 안확에 대한 연구로는, 李東英, 〈안자산 연구〉, 《청구공전논문집》, 2, 1965 ; 徐俊燮, 〈안자산의 조선문학사에 대하여〉, 《국어교육》, 35, 1979.

4 《心象》, 1981. 8(《민족문학의 논리》(창작과비평사, 1982)와 《논저집》, 6권에 재수록).

5 《역사와 인간의 대응》, 고병익박사회갑기념논문집, 한울, 1984(《논저집》, 6권에 재

하였는바, 특히 안확이 서울의 우대 사람 즉 中人 신분임을 밝혔다.

그 후 권오성은 國樂 분야에서 안확의 국학을 살피면서, 順興安氏族譜를 찾아 안확의 생몰연대를 확정하였다.[6] 안확의 국학에 대한 연구는 국어학 분야에 대한 崔範勳[7]과 李基文[8]의 연구, 국문학 분야에 대한 金倉圭[9]의 연구, 국학사상과 문학사관을 전반적으로 살핀 柳浚弼[10]의 연구가 후속되었다. 그러나 안확 국학의 방대한 폭과 깊이에 비겨 볼 때, 분야별 영역에 대한 세밀한 검토로부터 시작해, 안확 국학의 전체적 성격, 동시대 국학자들과의 연구방법과 사상 면에서의 비교, 전대와 후대에 걸친 학술사상의 위치에 대한 검토 등이 보다 심화되어야 할 것으로 생각된다.

3. 안확 국학의 성격

여기에서, 앞서 안확에 대해 연구한 분들의 성과를 참조하여, 안확 국학의 대체적인 성격을 정리해 보면 다음과 같다.

서울의 속칭 우대마을의 順興 安氏 집안 태생으로서 中人 신분에 속했던 안확의 신분상의 특성은, 그의 저작 속에 일관되게 民衆을 중시하

수록).

6 권오성, 〈자산 안확 국악연구에 대한 고찰〉, 《논저집》, 6권, pp.173-190.

7 최범훈, 〈자산 안확의 국어학사상의 위치〉, 《한국어학과 알타이어학》, 朴恩用박사회갑기념논총, 1987.

8 이기문, 〈안자산의 국어 연구—특히 그의 周時經 비판에 대하여〉, 《주시경학보》, 2, 주시경연구소, 1988(《논저집》, 6권에 재수록).

9 김창규, 〈안자산의 국문학연구 성과에 대한 고찰〉, 《논저집》, 6권, pp.191-248.

10 류준필, 〈자산 안확의 국학사상과 문학사관〉, 《국문학연구》, 102, 서울대학교, 1991(《논저집》, 6권에 재수록).

는 관점이 나타나게 한 바탕이 되었다. 그리고 성장기의 안확에게 가장 큰 영향을 준 것은 兪吉濬의 《西遊見聞》과 梁啓超의 《飮氷室文集》과 같은 저술이었는바, 《서유견문》을 통해서는 개화주의를, 《음빙실문집》을 통해서는 자유민주주의사상을 체득하게 되었다. 정치학에 처음 뜻을 두었던 안확이 국학, 특히 문학에 관심을 돌린 것은, 민족의 수난을 타개해 나가기 위해 우리 민족 스스로의 자신감을 고양하기 위한 것이었다. "文學과 政治와 比見하면 政治는 人民의 外形을 支配하는 者오, 文學은 人民의 內情을 支配하는 者이라"[11] 하였고, "文學은 가장 敏活靈妙하게 心的 現像의 全部를 表明함으로 其國民의 眞正한 發達 變遷을 알고자 하면 此보다 더 大한 것이 없"[12]다 하였다. 그래서 《조선문학사》는 "문학을 통한 국민사상사"[13]라고도 얘기될 수 있는 저작이다. 안확은 우리 민족 고유의 역사와 문화의 전통 속에서 스스로의 개선 진화의 과정이 있어 왔음을 입증하여, 그것으로써 現今에 있어서 민족의 개선 진화의 정신적 바탕을 삼고자 하였다. 1917년에 안확의 첫 저서로 출간된, 우리 어문에 관한 연구인 《조선문법》, 그리고 1919년에 간행된 《조선무사영웅전》, 1920년에 소책자로 간행된 《자각론》, 그리고 1922년에 간행된 《조선문학사》에서 안확이 국학에 관심을 기울이게 되기까지의 초기의 정신적 편력을 엿볼 수 있다.

3·1운동 이후 국학에 몰입하면서, 가장 큰 뜻을 두었던 저서가 정치사인 《조선문명사》이다. 1920년 여름에 시작하여 1922년 정월에 탈고한 이 저서는 민중의 의지에 입각하는 역사상을 추구한 것으로, 자유주의적 민중사관에 기초하고 있다. 특히 민중사상의 결집체로서의 自治制

---

11 안확, 〈조선의 문학〉, 《學之光》, 6호, 1915. 7(《논저집》, 4권, p.219).
12 안확, 《조선문학사》, 한일서점, 1922, p.2(《논저집》, 2권, p.12).
13 최원식, 〈안자산의 국학〉, 《논저집》, 6권, p.70.

가 우리 역사에서 뚜렷이 발달하여 왔다고 보았다.

안확이 1926년부터 6년간 李王職 雅樂部의 囑託으로 들어가 국악 연구에 몰두한 것은, 민족 고유의 문화가 외래의 그것과 접촉하며 새롭게 발전해 나온 양상을 음악사를 통해 살피고자 한 것이다. 안확은 이를 계기로 詩歌 연구를 개척하여 상당한 자료의 발굴과 정리, 그리고 평가의 작업을 이룩하게 된다. 우리 역사상의 歌詩의 종류를 ① 三代目體, ② 井邑體, ③ 疊聲體, ④ 景幾體, ⑤ 長篇, ⑥ 時調로 나누어 살핀 것은, 그 이후의 시가 연구에 일정한 示唆를 남겨 준 것이다.

1940년에 최후로 출간된 저서 《시조시학》은 안확이 詩歌 연구의 귀결점으로 찾은 소산이라 하겠다. 1931년 일본이 군국주의 길로 들어서고 9월에 만주사변을 일으키면서 국내의 제반 민족운동도 제약받게 되면서, 안확은 문필활동을 멈추고 5년간 유랑생활을 하기도 하는데, 안확은 이 무렵 시조 연구를 통해 시조의 형식과 내용 속에서 민족의 자기동일성과 보편성을 찾고자 하였다.

4. 안확과 동시대 국학자와의 비교

안확 국학의 위치를 가늠해 보는 데에 있어서, 동시대의 국학자인 李能和와의 비교, 그리고 京城帝大學派와의 비교가 하나의 유효한 示唆를 줄 것으로 생각된다.

李能和(1868-1944)는 안확과 함께 동시대를 살면서 百科全書的 博學을 기초로 해 다대한 저술활동을 했던 國學者이다. 한글의 근대적 연구가 周時經(1876-1914)과 민족의 상고사 발굴에 정열을 다한 申采浩(1880-1936)와 함께 근대 여명기의 삼대 국학자로 꼽힌다는 인물인 이능화는 저작의 분량에 있어서도 안확과 견주어 우열을 가리기 어렵다. 이능화 역시 그의 저작이 훗날 학계에서 주요한 참고의 대상이 되긴 했어도, 학문의 전체적 면모에 대한 평가는 소홀했던 감이 있다. 그가 남긴 방대한 물량의 저술에 비추어 볼 때에도 이 점은 의아스럽다. 안확이 다양한 섭렵 속에서도 언어문학사와 예술사 방면에 보다 경도했다면, 이능화는 사회사와 풍속사에 보다 경도했는데, 안확과 이능화의 국학은 함께 '知識主義的 啓蒙史學'으로 불려 왔다. 구한말의 민족적 위기 속에서, 역사적 사실에 대한 깊은 연구나 이론적 탐구보다도 하나의 정신적 구국운동으로서, 대중을 계몽키 위한 일단의 '애국적 계몽사학'이 일어난 바 있었는데, 이러한 흐름이 1910년의 國恥를 거치면서, 해외로 망명한 이들에 의해서는 '민족주의사학'으로 발전하게 되는 한편, 국내에서는 독립을 표면에 내걸지 못하는 관계로 한국의 옛 역사에 관한 지식을 널리 펴려는 '지식주의적 계몽사학'으로 변하게 되는바, 안확과 이능화는 張志淵 등과 함께 이러한 '지식주의적 계몽사학의 입장'에 놓인다.[14] 그런데 같은 지식주의적 계몽사학에 들면서도, 이능화나 장지연이 편년체의 통사식 서술로서 동양의 전통적 역사 서술 방식을 추종한 반면, 안확은 참신한 연구 방법을 도입하여 그 서술 방식이 새로웠다고 할 수 있다.

안확과 이능화 모두 다른 국학자와 마찬가지로, 實學에서 싹튼 국학적 경향을 계승하고 있으며 또한 민족주의에 입각해 있었다. 이 경우의 민족주의라 함은 식민지적 상황의 극복이나 대치에 있어 기존의 사회구조적 질서를 유지하면서 단순히 민족의 독립을 추구하려 했던 특징

14 이기백, 〈국사학〉, 《한국현대문화사대계 II — 학술 · 종교 · 사상사》, 고려대학교 민족문화연구원, 1976, pp.157-162.

을 지닌 것으로, 엄밀히 말하면 민족의 독립이 식민지적 상황의 사회구조적 변혁까지도 의미한다고 생각한 '진보파적 민족주의'와는 그 성격을 달리하는 '보수우파적 민족주의'의 성향을 말한다.[15]

그런데, 안확과 이능화의 국학이 보여 주는 이러한 동일한 성향이 그 실천과 귀결점에 있어서는 다른 결과를 갖게 된다. 이능화의 학문적 성취에도 민족주의의 기저가 깔려 있는 것은 사실이지만, 그것이 원대하게 구현된 바는 찾아 볼 수 없다. 1921년 이래 조선총독부 조선사편수관, 편수위원으로 참여하고 총독부 학무국에도 관여한 사실은, 사료수집의 용이함 때문에 취해진 부득이한 일이었다는 변호로 합리화될 수 있을지 의문스럽다. 식민지 시대 말기《半島史話와 樂土滿洲》와 같은 책에 이병도·최남선 등과 함께 內鮮文化의 일체를 밝히려는 글을 싣고 있는 데에서 이능화의 한계가 단적으로 드러난다.[16] 안확이 "식민지 시대 민족주의 국학파의 최고격으로 인정되던 신채호의 한계를 뛰어넘어 가장 앞선 위치에 서는"[17] 것으로 평가될 수 있는 반면, 이능화는 문제의식과 실천적 지향에 있어서 한계를 보여 주는 것이다.

한편, 안확 국학의 성과에 대한 평가가 지연된 문제와 관련하여 요청되는 것이 京城帝大 출신 학자들과의 비교일 것이다. 안확의 국학에 대한 정당한 평가는 식민지 시대의 기간은 물론이고, 해방 후 오랜 기간 잊혀져 있었으며, 80년대에 들어 비로소 평가가 이루어졌고 아직 一隅에 머물고 있는 실정이다. 그런데, 안확의 국학에 대한 평가가 이토록

---

15 진덕규,〈식민지 지식인의 사회구조적 성격과 이데오로기적 연관성에 대한 분석논리(1)〉,《현상과 인식》, 13호, 1980.

16 이능화에 대한 서술은, 장효현,〈이능화의 국학〉,《어문논집》, 25, 민족어문학회, 1985.

17 류준필, 앞의 논문,《논저집》, 6권, p.151.

오랫동안 묻혀 있었던 것은, 김창규의 올바른 지적[18]처럼, 경성제대 출신 학자들에 의한 의도적 무관심과 貶下에 그 원인의 일단이 있었던 것으로 보인다.

1920년대 말부터 등장한 경성제대 출신의 학자들—조윤제, 김태준, 김재철, 이희승, 방종현, 이명선 등—은 일본인 학자들에 의해 교육받은 一世代로서 일본인 학자들을 통해 전수받은 近代 文獻學의 실증주의 방법론을 정착시켰다.[19] 이들이 식민지의 어려운 여건 속에서 국학에 뜻을 두었다는 사실 자체가 의미 깊은 것이고, 실제 이들이 '과학적 학문연구'를 통해 국학의 제 방면에 다대한 성과를 거둔 것이 사실이다.[20] 이들의 학문의 방법에 있어서도 서로 다른 층위가 있기에 일률적으로 말하기는 어려운 것이겠으나, 이들은 이른바 '과학적 학문연구'라는 자부심을 피력하면서 국학파의 성과에 대하여는 무관심하거나 그에 대한 평가에 인색하였다. 국학파의 성과에 대해 무관심을 표시한 것과는 달리, 이들이 다룬 실증적 자료의 많은 부분이 안확과 같은 국학자의 발굴 작업에 기초하였음이 드러나고 있는 사실은 무엇을 말해 주는가? 이는 방법론의 차이로 설명될 문제가 아니라 학문정신의 문제이며, 現今의 학계의 상황에서도 음미할 필요가 있는 문제일 것이다.

안확과 조윤제의 연구방법이 '민족해방과 관련된 정신사관적 방법

18 김창규, 앞의 논문, 《논저집》, 6권, p.243.

19 정병욱, 〈고전문학 연구의 어제와 오늘—정지 끝낸 국문학 연구〉, 《한국고전의 재인식》, 홍성사, 1979 ; 조동일, 〈국문학 연구 30년의 자취〉, 《우리 문학과의 만남》, 홍성사, 1980 ; 김흥규, 〈국문학연구방법론과 그 이념기반의 재검토〉, 《문학과 지성》, 38, 1979 가을.

20 이들의 연구사적 의의를 논한 주요 성과로는, 김명호, 〈조윤제의 민족사관에 대한 신고찰〉, 《한국학보》, 10, 일지사, 1978 ; 고미숙, 〈이명선의 국문학연구방법론과 유물사관〉, 《어문논집》, 28, 민족어문학회, 1989 ; 박희병, 〈천태산인의 국문학 연구〉, 《민족문학사연구》, 3 · 4, 창작과비평사, 1993.

론'과 '경성제대의 실증주의 방법론'의 차이를 보인다는 지적처럼, 안확과 같은 국학자와 경성제대 출신 학자들 사이에는 방법론에 있어서 차이를 보여 주었다. 안확과 같은 식민지 시대 국학자에게서 우리가 평가할 부분은, "그들의 관념론적인 정신사관 자체가 아니라, 그 속에 내재된 현실적 운동성"[21]일 터이다. 그런데, 이에서 나아가 연구방법과 실천에 있어서, 식민지 시대의 이 두 입장의 상호보완과 변증법적 통일의 定向이 現今의 학계의 상황에서도 필요한 과제임을 반성하게 된다.

이상, 식민지 시대 국학자의 대표적 인물인 안확의 저술이 일목요연하게 정리된《自山 安廓 國學論著集》의 간행을 기뻐하면서, 안확 국학에 대한 그간 학계의 연구의 경위와 그 성과, 안확 국학의 학술사적 의의에 대하여 간략하게 살펴보았다.

—《민족문학사연구》, 6호, 민족문학사학회, 1994.

21 류준필, 앞의 논문, 《논저집》, 6권, pp.168-169.

金台俊의《朝鮮小說史》, 그 意義와 限界

머리말

김태준의《조선소설사》(淸進書館, 1933. 증보판 : 學藝社, 1939)가 출간된 후, 1950년에 周王山의《조선고대소설사》, 1958년에 朴晟義의《한국고대소설사》, 1960년에 申基亨의《한국소설발달사》가 출간되었다. 그 이후 학계에서 고전소설 전반에 걸쳐 개별적인 문제에 대한 연구는 비약적으로 확대되었으나, 아직 고전소설의 通史는 나오지 못하고 있다. 그 이유는 방대한 고전소설 작품의 수량과 다양한 유형에 대한 거시적 洞察이 결코 만만치 않은 일이기 때문일 것이다.

고전소설은 匿名으로 된 작품이 많아서 작자와 형성 시기를 알 수 없는 작품이 대부분이고, 〈춘향전〉 같은 작품의 경우 수백 종의 이본이 있어 이본의 계통을 파악하고 변별하는 작업 또한 至難한 일이다. 필사본 180책에 달하는 〈玩月會盟宴〉을 비롯하여 수십 책에 달하는 장편소설이 백여 종에 이르고 있어, 이들을 읽어내고 분석 평가하는 일은 상당한 노력을 필요로 한다. 이러한 개별 작품에 대한 고증과 분석을 거친 후에, 정치·사회·사상·문화의 흐름 속에서 소설사를 파악해 내기까지는 많은 穿鑿이 요구되기 때문이다.

그런 점에서 우리 학문의 초창기에 이루어진 김태준의《조선소설사》는 참으로 驚異的인 업적이라 아니할 수 없다.

김태준의 학문적 성과에 대한 검토는 그간 학계에서 비교적 풍성하게 이루어졌다. 정상균은《조선소설사》를 검토하여 이에 대한 개괄적인 평을 시도하였다.[1] 노꽃분이는 처음으로《조선소설사》의 체제 및 특징을 전반적으로 고찰하였다. 고전소설이 근대소설의 원천이 되었음을 보여 주었고, 소설 장르가 민중문학의 가치를 가진다는 점을 인식했으며, 민족문학의 독자성을 인정하고 중국문학의 영향이 민족문학의 발전에 이바지한 점을 밝힌 것이《조선소설사》의 특징이라고 노꽃분이는 지적하였다.[2] 박희병은 김태준의 생애와 학문 및 사상을 깊이 있게 검토함으로써 김태준 연구의 토대를 마련해 주었다. 김태준의 연구 방법과 경향을 세밀하게 지적하였는바, 특히 몇 가지를 꼽는다면, 유물변증법적 연구방법에 의거하고 있다, 합리주의 및 계몽주의적 면모가 강하다, 역사주의적 관점과 현실주의적 관점에 충실했다, 민중적 입장과 대중점 관점을 견지했다는 점 등이다. 김태준이 의도한 것은 '계급적'인 것을 통해 '민족적'인 것에 접근하는 것이었다고 박희병은 결론 지었다.[3] 박일용은《조선소설사》의 시대구분, 서술단위, 사관과 방법론에 걸쳐 그 장단점을 지적한 후, 그 보완의 방향으로서 장르적 논의의 심화,

1 정상균,〈김태준론〉,《국어교육》, 38, 국어교육학회, 1981.

2 노꽃분이,〈김태준의 조선소설사 연구〉, 이화여자대학교 석사학위논문, 1993.

3 박희병,〈천태산인의 국문학 연구〉,《민족문학사연구》, 3·4, 민족문학사연구소, 1993.

조선 시대 소설과 애국계몽기 소설의 전통과 변이에 대한 설명, 소설 유형 및 하위 양식의 내적 연관에 대한 탐구, 소설사 서술의 기본 단위 설정 등을 과제로 제시하였다.[4] 전성운은 김태준의 문학사관을 살폈는바, 실증주의와는 구별되는, 문학연구방법의 실증성을 추구한 과학적 사회주의 문학사관을 지향한 인물로서 김태준을 규정하였다.[5]

그러나 김태준에 대한 이러한 연구는 대체로 文學史論 연구라는 거시적 담론에 치우치면서, 《조선소설사》를 미시적으로 살펴 그 내용이 담고 있는 의의와 한계를 摘示하는 작업에는 소홀했던 감이 있다. 이 글에서는 이러한 문제의식의 바탕 위에서 그 의의와 한계를 짚어 보기로 한다.

1. 김태준의 생애와 《조선소설사》 저술

김태준(1905-1949)은 평안북도 雲山에서 태어나 운산공립보통학교와 이리공립농림학교를 졸업하고, 1926년 京城帝國大學에 입학하여 法文學部 支那文學科에 진학해 1931년 3월에 졸업했다.

중국문학을 전공했지만, 김태준의 학문적 관심은 한국 고전문학에 기울어졌다. 그는 경성제대 출신이 중심이 된 잡지 《新興》(1929.7-1937.1)에 참여하고, 경성제대 출신 국문학자들과 함께 朝鮮語文學會를 결성하고(1931), 《조선어문학회보》(1931.7-1933.7)와 총서를 내었다. 그 총서

4 박일용, 〈김태준의 조선소설사 서술방법과 그 문제점〉, 《연거재 신동익박사 정년기념논총》, 경인문화사, 1995.

5 전성운, 〈김태준 — 문학의 과학화와 사회주의 문학 사관〉, 《우리어문연구》, 23, 우리어문학회, 2004.

중에 《조선한문학사》(1931), 《조선소설사》(1933)가 김태준의 저작이다. 《조선소설사》는 출간은 1933년에 되었지만, 1930년 10월 31일부터 이듬해 2월 14일까지 68회에 걸쳐 東亞日報에 연재되었던바, 《조선한문학사》보다 먼저 집필되었다. 《조선소설사》의 집필로 시작된 김태준의 국문학 연구는 1935-6년경에 절정에 달한다.

《조선소설사》의 自序에서 김태준은 다음과 같이 적었다.

> 돌아보건대 벌써 3년 전 朝鮮의 것을 한번 보리라는 마음으로 六堂 崔南善 선생과 故 학우 金在喆 형의 懇篤한 지도와 계발을 받아서 본고를 草하였었다. 그 후 본고의 연구태도와 矛盾錯誤된 점이 하도 많아서 버리자니 鷄肋이라 前功이 可惜하다. 그래 염치없이 上梓는 하였으나 여러 君子의 교정을 기다린다.

《조선소설사》에 존재하는 이 '矛盾錯誤'를 보완하기 위해 소설에 대한 후속연구가 이루어졌다. 近現代 소설을 주로 다룬 〈조선소설발달사〉(1935, 1936), 〈九雲夢 연구〉(1936), 〈洪吉童傳 연구〉(1936), 〈薔花紅蓮傳 연구〉(1937) 등의 성과가 모두 《增補朝鮮小說史》(1939)에 수용되었다.

1939년 이후 김태준은 국문학에 관한 새로운 연구는 거의 포기하고, 공산주의 활동가로서의 삶을 살게 된다.6 따라서 김태준의 한국 고전문학에 대한 연구성과는 1930년대의 10년간에 집중되어 있다. 그럼에도 김태준은 한국소설과 한국한문학에 관한 최초의 체계적 통사를 저술

6 김태준은 1939년 이후 朴憲永을 지도자로 하는 京城콤그룹에 참여하여 공산주의 활동가로서의 삶을 살게 되며, 해방 후에는 조선공산당 및 南勞黨의 문화정책을 입안한 최고책임자였다. 1949년 7월 검거되어 대법원 법정의 공개 군법회의에서 死刑을 선고받고 총살형을 당한다. 김태준의 생애에 대한 자세한 고찰은, 박희병, 앞의 논문. 참조.

하는 업적을 이루었다. 《조선소설사》(1933)와 《조선한문학사》(1931)가 그것이다.

이하의 논의에서는 《조선소설사》를 증보한 《증보조선소설사》(1939)를 대상으로 하여 진행하도록 하겠다.[7]

2. 《조선소설사》의 體制와 記述方式

《조선소설사〉는 모두 일곱 편으로 구성되어 있다. 목차 순서에 따라 그 특징을 요약해 보면 다음과 같다.

1) 序論 : 소설에 대한 일반 이론을 서술하였다. 소설의 定義, 고전소설의 배경으로서의 中國에 대한 의미 해석, 조선 시대 儒學者들의 小說觀 문제를 다루었다.

2) 說話時代의 소설 : 《三國史記》·《三國遺事》 등의 歷史書 및 기타 문헌에 수록된 삼국 및 통일신라 시대의 설화와 고려 시대의 稗官文學 및 불교소설 〈王郎返魂傳〉·〈浮雪傳〉 등을 다루었다.

3) 傳奇소설과 한글 발생기 : 訓民正音 창제에서 壬辰倭亂 이전까지(1446-1592)를 다루었다. 이 시기를 한글소설의 黎明期로 파악하여 한글의 보급과 《列女傳》의 번역에 주목하였다. 그리고 《太平廣記》와 고려 시대 稗官文學의 영향에 의한 일련의 패관문학과 《滑稽傳》·《古今笑叢》 등의 笑話集을 주목하였다. 특히 《剪燈新話》의 영향으로 나타난 《金鰲

7 따라서 이하에서 《조선소설사》라고 지칭하였을 때에 그것은 《증보조선소설사》를 가리킨다. 《증보조선소설사》의 인용은 박희병 교주본(한길사, 1990)을 텍스트로 하였다.

新話》를 '傳奇文學의 白眉'로 평가해 詳論하였다.

4) 壬丙 兩亂 사이에 발흥된 新文藝 : 임병 양란 이후 肅宗 이전까지의 시기(1592-1674)를 다루었다. 전쟁을 겪으면서 '反抗과 理想鄕의 추구'(p.70)라는 사회적 潮流를 반영하여 〈壬辰錄〉 등의 軍談과《淸江雜著》 등의 隨筆小說, 〈柳淵傳〉 등의 個人傳記, 〈홍길동전〉 등의 사회소설이 나타난 것을 주목하였다. 특히 〈홍길동전〉의 社會意識을 높이 평가하고 그 작자 許筠에 대하여 상론하였으며, 林悌의 〈花史〉를 假傳의 수법을 발전시킨 '花史體 小說'의 源流로 주목해 다루었다. 한편 중국소설이 수입되고 수많은 飜案 작품들이 나타나면서 본격적인 소설 시대가 막을 연 것으로 보았다.

5) 一般化한 軟文學의 爛熟期 : 肅宗 시대(1674-1720)를 다루었다. 중국소설인 〈삼국지연의〉·〈薛仁貴傳〉의 영향과 丙子胡亂의 영향으로 인해 〈林慶業傳〉·〈朴氏傳〉 등의 軍談小說이 발흥한 것을 주목하였다. 〈九雲夢〉과 〈謝氏南征記〉, 그리고 그 작가 金萬重을 주목해 상세히 다루었고, 童話나 傳說에 바탕을 둔 소설로서 다양한 寓話小說과 世態小說 작품들을 다루었다.

6) 近代소설 일반 : 英祖-正祖 시대(1724-1801)를 다루었다. "實學의 풍이 크게 진흥"한 배경을 설명하고, 〈許生〉·〈虎叱〉 등 실학자 朴趾源의 작품을 주목하였다. 〈薔花紅蓮傳〉을 비롯한 公案類小說, 〈春香傳〉을 비롯한 艶情小說을 상세히 다루었다. 특히 〈춘향전〉을 新興階級의 승리를 대변하는 작품으로 높이 평가했다. 많은 중국소설이 수입되어 飜案과 창작이 이루어졌다고 보고 〈蘇雲傳〉 계통의 작품들을 詳論하였다.

7) 新文藝運動 후 40년간의 小說觀 : 甲午更張(1894) 이후 1930년대까지의 소설들을 다루었다. 갑오경장 이후 서구의 근대 文藝思潮에 영향을 받아 言文一致의 새로운 형식의 소설이 등장한 것을 주목하였다.

李人稙을 필두로 한 新小說의 작가들, 李光洙를 필두로 한 당대의 작가들을 개괄적으로 다루었다.

이처럼 《조선소설사》는 모두 일곱 편으로 구성되어 있는데, '서론' 부분을 제외하면 소설사의 전개는 모두 여섯 편에 나누어 서술되고 있다. 첫 시기인 '설화 시대의 소설'과 마지막 시기인 '신문예 운동 후 40년간의 소설관'을 제외하면, 15·16세기, 임란 이후 숙종 이전, 숙종 시대, 영조·정조 시대의 네 시기로 나누어 조선 시대의 소설이 중점적으로 다루어진 셈이다.[8]

《조선소설사》는 개별 작품의 성격에 따라 다양한 記述方式을 사용하고 있다.

첫째, 개별 작품을 제시하는 방식 : 〈화사〉, 〈삼한습유〉.

둘째, 작가의 생애와 관련지어 그 작가의 작품을 한데 묶어서 기술하는 방식 : 허균, 김만중, 박지원과 그의 작품들.

셋째, 대표적인 작품을 설명하고, 그 작품과 같은 유형의 작품들을 한데 묶어서 기술하는 방식 : 〈구운몽〉과 몽자류 소설, 〈장화홍련전〉과 公案類 소설, 〈춘향전〉과 염정소설.

넷째, 작품 유형을 설정하고 그 유형에 속하는 작품들을 설명하는 방식 : 군담소설, 동화·전설의 소설화.

다섯째, 飜案 과정을 거친 일련의 작품들을 계통을 파악해 설명하는 방식 : 〈석가여래십지행록〉이 〈금우태자전〉, 〈적성의전〉, 〈육미당기〉로 演變되는 양상, 〈전상평화본〉이 〈제마무전〉, 〈몽결초한송〉으로 연변되

8 시대구분에 대한 김태준의 이러한 의견은 일면의 타당성도 있으나 재론의 여지가 있다. 이에 대하여는 이 글의 3장 1항에서 언급된다.

는 양상, 〈양한연의〉가 〈서초패왕실기〉, 〈장자방전〉으로 연변되는 양상.

김태준이 《조선소설사》에서 취한 이러한 다양한 기술방식은 발생론적 배경을 달리하는 조선 시대의 소설들을 입체적으로 설명해 내는 데에 효과적인 기여를 하였다.[9] 그러나 한편 記述 體系의 일관성이라는 측면에서는 한계를 드러내 보였다고 할 수 있다.

3. 《조선소설사》의 意義

김태준의 《조선소설사》는 최초의 소설사 저술임에도 불구하고 방대한 문헌을 섭렵한 바탕 위에 適實한 고증과 설명을 곁들인 勞作이다. 김태준의 《조선소설사》에서 이루어진 학문적 성과는 많은 부분에서 지금껏 계승되고 있다. 소설에 대한 장르論的 認識이 결여되었고 작품 설명에 있어 부분적인 考證의 오류가 있음에도 불구하고, 《조선소설사》는 국문학계에서 古典으로서의 지위를 누리고 있다.

《조선소설사》의 내용이 갖는 의의를 몇 가지로 정리해 살펴보면 다음과 같다.

(1) 時代區分이 적절하며, 한글소설의 전개를 시대구분의 指標로 설정한 점

조선 시대 소설의 발달을 ① 15·16세기, ② 임병 양란 이후, ③ 숙종 시대, ④ 영정 시대, ⑤ 갑오경장 이후, 이렇게 다섯 시기로 나눈 것은 비교적 적절한 것으로 평가된다. 특히 '임병양란 이후'와 '숙종 시대'를 각각 하나의 시대구분으로 잡아 부각시킨 것은, 격동하는 시대배경 속

---

9 이에 대한 詳論은, 박일용, 앞의 논문, pp.488-489 참조.

에서 삶의 현실을 드러낸 名作들이 산출된 시기이기에 매우 정당하다고 하겠다.

다만, 많은 소설들을 영정 시대의 篇目에 포함시키고 있는데, 純祖 즉위(1801) 이후 갑오경장(1894)까지의 19세기를 하나의 편목으로 설정하는 것이 필요하다고 생각된다. 영정 시대 이후 文運이 쇠퇴한 것으로 보아(p.202), 19세기를 衰退期로 보는 견해는 수정이 필요하다. 19세기는 坊刻本 소설의 성행, 사대부에 의한 일련의 한문 장편소설의 출현, 鄕村社會와 市井世態를 반영한 우화소설과 세태소설의 발달 등, 소설의 발달이 극히 진전된 시기이기 때문이다.

특히 한글소설의 전개를 시대구분의 지표로 설정한 것은 穩當한 태도라 하겠다. 이에 대해 "소설사의 이해를 지배층과 한문, 피지배층과 한글이라는 二分法的인 圖式 속에서 파악하려는 시각"[10]이라고 비판하는 視線도 있으나, 다음과 같은 김태준의 언급은 결코 정당하지 않다고 할 수 없다.

> 그 文字는 반드시 그 나라의 고유한 문자로 기록된 것이 아니면 그 나라의 國民文學이 아니라는 歸結에 落着하게 된다. 이와 같이 보면 朝鮮小說은 조선의 문자-한글이 발생한 이조 이후에 淵源할 것이다.(p.31)

《조선소설사》의 실제 서술에 있어 '지배층과 한문, 피지배층과 한글이라는 이분법적인 도식'으로 서술된 것이 아니라,《금오신화》,〈花史〉,〈三韓拾遺〉,〈玉樓夢〉 등 걸작 한문소설이 한글소설이 중심을 이루는 전체 소설사의 흐름 속에서 적절한 聯關 속에 서술됨을 볼 수 있다.

---

10 박일용, 위의 논문, p.485.

(2) 많은 고전소설이 背景을 中國으로 설정한 것에 대한 적절한 해석이 이루어진 점

김태준은 고전소설이 중국을 배경으로 한 것의 이유를 네 가지로 들고 있다. 첫째, 중국문화의 도취에 빠져, 그를 모방하여 자기가 동경하며 이상화한 인물과 지명을 그대로 기록하였다. 둘째, 독자들이 중국의 人文과 地理에 익치 못하므로, 좀 疎粗한 곳이 있을지라도 부자연하며 착오라는 느낌이 적다. 셋째, 중국의 것이라면 異國風俗인 만큼 흥미와 주의를 끌 것이다. 이러한 세 가지 이유도 타당성이 없지 않으나, 넷째로 든 다음의 이유는 매우 적절한 지적이라 하겠다.

> 궁중생활과 귀족횡포의 진상과 그에 대한 풍자를 하기 위하여 정면으로 그대로 쓸 수가 없으므로 중국의 궁정과 貴族을 차용한 것이니 〔…〕 김만중이 지은 〈사씨남정기〉는 정히 이것을 대표하는 작품이다.(p.20)

조선 시대의 소설 가운데에서 중국을 배경으로 하는 작품들은 특히 家門小說 유형과 英雄小說 유형에 집중되어 있다. 이들 소설에는 君臣간의 정치적 갈등, 부자간·부부간의 가문내적 갈등이 주로 다루어진다. 이럴진대 이를 조선의 상황을 배경으로 하여 짓기는 쉽지 않았던 것이다. 중국의 역사에서 비근한 시대를 취하여 배경으로 삼고서 하고픈 말을 마음껏 하는 방식이 취해진 것이다. 17세기 후반에 지어진 〈사씨남정기〉에서 묘사된, 중국 明나라 嘉靖연간 유연수와 교채란·사정옥의 가정 내 갈등은 조선 肅宗과 張禧嬪·仁顯王后 간의 갈등을 寓意하여 드러낸 것이며, 〈彰善感義錄〉에서의 명나라 嘉靖연간 花氏 가문 내의 繼後 갈등은 17세기 후반 朝家의 宗統 문제를 둘러싸고 빚어진 禮訟논쟁을 우의하여 드러낸 것으로 분석되고 있다.

(3) 동아시아 문학의 전체 구도 속에서 넓은 시야를 확보한 점

김태준은 중국문학을 전공한 特長을 살려 매 시기마다, 주요 작품마다 중국소설과 폭넓게 대비하거나 혹은 영향관계를 따져 주고 있다. 또한 印度·蒙古·日本 문학과의 비교도 일부 이루어지고 있다. 그 가운데 특히 주목되는 몇 가지를 들면 다음과 같다.

첫째, 중국의 志怪·傳奇類와 삼국·통일신라 시대의 문헌과 견주었다. 金大問의《鷄林雜篇》과《花郞世紀》, 崔致遠의《新羅殊異傳》을 "당시에 유행하던 설화와 소설의 集錄"으로 보면서, 중국의 異聞奇談類 문헌들과 견주었고, "김대문과 최치원은 모두 唐 유학생"이었고 "唐代의 艷情傳奇"의 영향을 받아 "신라 고유의 풍부한 전설"을 작품화한 것으로 보았다(pp.33-34).

둘째, 번역소설의 선편으로서《列女傳》을 중시하였다. "번역은 창작의 전제이다"라고 선언하면서 "중국의 유명한 여류의 전기를 소설적으로 기록한 단편집"인 "《열녀전》의 번역은 조선소설 번역사업에 先鞭을 착수시킨 것이며 선조 이후의 창작계에 지대한 영향을 준 것"(p.66)으로 보았다.

셋째,〈花史〉를 논하면서, 중국·한국·일본의 假傳·寓意 계열의 작품을 비교하여 상론하였다. 明人 瓶仲尊의〈화사〉와는 체제와 내용이 판이하여 관계가 없다는 점,〈화사〉의 가전적 필법은 韓愈의〈毛穎傳〉을 비롯하여 중국의 문인들과 고려의 林椿·李奎報 등의 문인들이 襲用한 것이라는 점,〈화사〉의 假傳·幻想의 수법은 중국의〈封神演義〉와〈開闢演義〉, 일본의〈朝顔露宮〉과〈里見八犬傳〉의 寓意的 幻想과 비교할 만하다는 점을 들었다(pp.76-80).

넷째, 임병양란 이후 明代小說이 유입된 양상을 상론하였다.〈삼국지연의〉,〈水滸傳〉,〈西遊記〉,〈國色天香〉,〈平山冷燕〉,《今古奇觀》,〈太

上感應篇〉,〈隋唐연의〉,〈兩漢연의〉,〈唐書연의〉,〈西漢연의〉,〈東周列國志〉,〈孫龐연의〉,〈開闢연의〉,〈西湖佳話〉,〈好逑傳〉,〈平妖傳〉 등의 유입과 그에 의한 번안 및 영향작들을 거론하였는바(pp.92-100), 김태준의 이러한 先鞭을 잡은 언급은 이후 한중소설 비교 연구의 礎石이 되었다.

다섯째,〈토끼전〉과〈흥부전〉의 비교문학적 영향관계를 상론하였다. 〈토끼전〉의 경우, 인도의《本生經》(자타카경)과《鼈獼猴經》, 일본의〈水母と猿〉, 한국의〈兎龜설화〉를 대비하여 거론하였으며,〈흥부전〉의 경우, 일본의〈舌切雀〉,〈花咲爺〉, 몽골의〈박타는 처녀〉를 대비하였다(pp.132-134). 이러한 성과는 이후 학계에서 근원설화 연구로 확장되었다.[11]

여섯째,《太平廣記》소재의〈崔尉子傳〉을 연원으로 하여 이루어진 明代의〈蘇知縣羅衫再合〉, 清代의〈白羅衫〉으로부터 다시금 영향을 입어 나타난〈蘇雲傳〉계열(〈蘇學士傳〉,〈月峰山記〉,〈月峰記〉)과,〈玉簫傳〉계열(〈玉簫奇逢〉,〈江陵秋月〉,〈鳳凰琴〉)로의 연변 양상을 고구한 것(pp.210-213)은 비교문학 연구의 한 典範을 보여 주며, 이후의 연구에서 심화 확장되었다.[12]

(4) 작자와 형성시기, 표기 형태, 이본 계통에 대한 타당한 연구가 수행된 점

첫째,《금오신화》에 대하여 "原本 卷數가 未詳하며 권미에 '書甲集後'라고 하여 한 詩가 씌어 있는 것으로 보면 甲集에 대한 乙集, 丙集 등이

11 인권환,〈토끼전 근원설화 연구〉,《아세아연구》, 25, 고려대학교, 1967 ; 인권환,〈흥부전의 설화적 고찰〉,《어문논집》, 16, 민족어문학회, 1974.

12 서대석,〈소지현나삼재합계 번안소설 연구〉,《동서문화》, 5, 계명대학교, 1973 ; 이명구,〈월봉산기 연구〉,《논문집》, 29, 성균관대학교, 1981 ; 심재숙,〈소운전-월봉기계 작품군의 유형변이와 담당층에 대한 연구〉, 고려대학교 석사학위논문, 1990.

있는 모양이며 현존의 5편이 此書의 全貌가 아님을 알겠다"고 지적하였다(p.60).

둘째, 〈林慶業傳〉의 출현 시기에 대하여, "한문본《林忠愍公實記》는 正祖의 名篇이지만, 達川에 忠愍의 廟宇를 세운 것은 영조 2년의 일인즉 그의 극적 생애는 그보다 훨씬 먼저 국문본으로 傳讀되었을 것이다"(p.111)라 하여 이 작품을 肅宗 시대의 작으로 比定하였다. 〈임경업전〉의 창작 시기에 대하여 학계에 18세기 말로 내려잡는 견해도 있으나, 김태준의 견해는 正鵠을 얻은 것이라 하겠다.[13]

셋째, 〈남정기〉가 金萬重이 애초에 한글로 창작하고 金春澤이 한역한 것이라는 것은 문헌이 확실함으로 해서 異見이 없었으나, 〈구운몽〉의 원작 표기에 대하여는 상당한 이견이 학계에 존재해 왔다. 그런데 김태준은 일찍이 이에 대해 "〈구운몽〉과 〈남정기〉도 서포가 원작한 正音本과 春澤이 漢譯한 한문본의 두 종류가 이때부터 생겼다"(p.114)라 하여 〈구운몽〉도 김만중의 한글 창작이고 김춘택이 한역한 것이라고 기술하였다.[14]

넷째, 〈玉蓮夢〉·〈玉樓夢〉을 별개의 작품으로 지칭하고, 모두 한문 원작으로 보았다.[15] 또한 〈옥루몽〉의 작자 문제에 대하여도 "〈옥루몽〉

13 〈임경업전〉의 형성 시기를 18세기 말로 내려잡는 견해는 이윤석에 의해 제시되었다(이윤석, 《임경업전연구》, 정음사, 1985). 그러나 이에 대하여 반박하고 그 형성 시기를 숙종대로 본 견해는, 장효현, 〈박씨전의 제 특성과 형성배경〉, 《한국고전소설사연구》, 고려대학교출판부, 2002 참조.

14 〈구운몽〉의 한문원작설은 정규복에 의해 견지되었다. 그러나 한글원작설 또한 Daniel Bouchez와 지연숙에 의해 제시되었다. 〈구운몽〉의 원전비평에 대한 논쟁의 추이는, 장효현, 〈고전소설연구와 원전비평의 문제 — 구운몽을 중심으로〉, 《고전문학연구의 쟁점적 과제와 전망》, 월인, 2003 참조.

15 성현경은 〈옥련몽〉 한글 원작설을 주장하였으나, 장효현은 〈옥련몽〉과 〈옥루몽〉의 한문 원작설을 주장하였다(성현경, 〈옥련몽 연구〉, 서울대학교 석사학위논문,

의 작자에 대하여도 일정치 못하니 1. 南益薰의 작이라고 전하는 말. 2. 洪進士 某의 작이라고 전하는 말. 만일 남익훈의 작이라고 하면 그 생존시 顯宗·肅宗 때에 되었을 것 〔…〕 그런데 〈옥루몽〉의 序文에 '快讀我玉蓮子之玉樓夢一篇하라'라 하였으니, 옥련자는 어떠한 사람인가? 〈옥련몽〉의 劈頭에 있는 南廷懿의 序에 '祖父 潭樵公의 遺稿라'라고 하였는데, 南潭樵는 藥泉 南九萬의 5代孫 南永魯의 號이다. 玉蓮子는 〈옥루몽〉의 작자도 아닌가"(p.123)라 하여 여러 가능성을 제시하였는데, 이를 토대로 한 후속 연구에서 南永魯로 확정되었다.[16]

다섯째, 〈六美堂記〉가 〈狄成義傳〉으로부터 영향받았다는 사실과 〈金太子傳〉이 〈육미당기〉의 抄譯이라는 사실을 지적하였고, 본문에서 〈육미당기〉의 저자를 雲皐 金在堉으로 기록하면서, 卷末의 註를 통해 "雲皐가 徐有英인가 金在堉인가 當俟後考"라는 기록을 첨부하였다(pp.140-142). 〈육미당기〉의 작자 문제는 이후 오랫동안 김재육으로 간주되어 왔으나 근래에 徐有英으로 고증되었다.[17]

(5) 가치 있는 작품에 대한 적절한 평가가 이루어진 점

첫째, 〈花史〉는 "종래의 假傳的 수법에서 백 보를 나아가 개인을 擬人化한 傳奇體에서 다시 複稗로 장편에까지 延引하여 逞縱한 奇思幻想을 花卉에 擬하여 政治興亡을 논한 것은 본서 특유의 가치"(p.76)라고 높이 평가하였다.

1969 ; 장효현, 〈옥루몽의 문헌학적 연구〉, 고려대학교 석사학위논문, 1981).

16 차용주, 〈옥루몽 연구〉, 고려대학교 석사학위논문, 1965 ; 성현경, 위의 논문 ; 장효현, 위의 논문.

17 장효현, 〈육미당기의 작자 재론〉, 《고전소설연구의 방향》, 새문사, 1985 ; 장효현, 《서유영문학의 연구》, 아세아문화사, 1988.

둘째, 〈朴氏傳〉의 문학적 가치를 중시하였다. 박씨의 비범한 능력으로 병자호란의 危難을 설욕한 것에 대하여 "조선여성 고유의 義烈한 정신을 발휘"했다고 보고, 醜한 허물을 벗고 이시백과 琴瑟을 회복한 것에 대해 "당시의 이상적 여성이었고, 그 독특한 여주인공의 高踏的, 出世間的 로맨스"로, 또 한글소설로서 여성 독자에게 愛好된 측면을 "正音小說의 중요 독자인 閭巷間의 婦女를 즐겁게 하고자 한 古代作家의 관용수단"으로 적절히 평가하였다(pp.104-107).[18]

셋째, 〈南興記事〉를 비롯한 다수의 작품을 남긴 작가 愼後聃을 주목하였고, 〈남흥기사〉에 대하여는 "南宋 末의 망국적 비극을 顚倒한 것이니 즉 元軍에게 패하여 中原을 잃어버린 帝昺은 멀리 海上으로 도망하여 자유의 나라 南興國에 이르렀다", "조선 최초의 파라다이스 기록"이라고 적절히 지적하였다(pp.154-156). 〈남흥기사〉는 失傳된 작품으로서 아들 愼言에 의한 신후담의 年譜를 통해 그 대략을 살필 수 있는바, 중국 남송이 몽골군에게 점령당할 당시의 역사적 상황에서 출발하되, 그것에 부연하여 이미 망한 남송이 해상가상국 文宣國을 거점으로 다시 부활하는 과정을 그린 장편소설이다.[19]

넷째, 〈薔花紅蓮傳〉을 상고하여 작자 문제와 원본의 계통, 繼母小說로서의 성격을 고구하고 일련의 계모형 소설과 公案류 소설을 체계적으로 살핌으로써, 후대 家庭小說 연구의 礎石이 되었다.[20]

---

18 〈박씨전〉에 대한 진전된 논의는, 김기현, 〈박씨전 연구〉, 고려대학교 석사학위논문, 1964 ; 김미란, 〈박씨전 연구〉, 연세대학교 석사학위논문, 1977 ; 장효현, 〈박씨전의 제 특성과 형성배경〉, 《한국고전소설사연구》, 고려대학교출판부, 2002.

19 〈남흥기사〉와 그 작가 신후담에 대한 진전된 논의는, 양승민, 〈18세기 窮經실학자 河濱 신후담과 남흥기사〉, 《고전문학연구》, 21, 한국고전문학회, 2002.

20 전성탁, 〈장화홍련전 연구〉, 고려대학교 교육대학원 석사학위논문, 1975 ; 우쾌제, 《한국가정소설연구》, 고려대학교 민족문화연구원, 1988 ; 박태상, 〈조선조 가정소설

다섯째, 〈춘향전〉의 다양한 이본에 대한 소개, 작자와 연대 고증도 참조할 만하지만, 특히 〈춘향전〉의 '時代性'과 '思想'에 대한 분석이 뛰어나다. 그는 〈춘향전〉을 新興階級의 승리를 代辯하는 작품으로 파악하면서도 작품이 보여 주는 農民的 기초도 정당하게 인식하으며, 춘향과 변학도를 典型으로 파악하면서 작품 내적·작품 외적 의미를 균형있게 解讀하였다.[21] 또한 "춘향전의 작자는 〈서상기〉, 〈삼국연의〉를 암송할 뿐 아니라, 〈구운몽〉과 같은 조선 소설에도 정통하였고 기타 鄭松江이 지은 〈勸酒歌〉와 〈춘면곡〉, 〈상사별곡〉, 〈처사가〉, 〈황계타령〉 등 이조의 12가사 같은 것은 물론 숙달하였었다"(p.200)라 하여 〈춘향전〉이 前代문학의 성과를 잘 계승하고 있음을 지적하여 우리 문학의 내재적 발전의 맥락을 중시하였다.

4. 《조선소설사》의 限界

이상에서 살펴본 바와 같이 《조선소설사》가 방대한 문헌을 섭렵한 바탕 위에 適實한 고증과 설명을 곁들인 뚜렷한 의의를 가짐에도 불구하고, 국문학계에 체계적인 학문연구 방법이 도입된 草創期의 저작이라는 점에서 몇 가지 한계를 지님을 부인할 수 없다. 그 한계를 지적해 보면 다음과 같다.

연구〉, 연세대학교 박사학위논문, 1988.

21 〈춘향전〉의 작품 분석에 대한 진전된 논의는, 박희병, 〈춘향전의 역사적 성격 분석〉, 《전환기의 동아시아 문학》, 창작과비평사, 1985 ; 정출헌, 〈춘향전의 인물형상과 작중역할의 현실주의적 성격〉, 《판소리연구》, 4, 판소리학회, 1993.

(1) 소설에 대한 장르론적 認識이 缺如된 점

소설의 장르 개념을 명확히 규정하지 않고 流動的인 것으로 파악하여 그 對象 範疇를 넓게 확장하였다. 소설의 개념이 시대에 따라 변화되는 것으로 보면서, 다만 "평범한 인간생활의 실화를 高調한 情緖로서 말하되 창작 흥미를 波瀾과 冒險에 向치 않고 진실한 자연에 근거를 둔 談話的 著述"(p.18)이라는 기본 성격을 지닌 것으로 보았다. 따라서 삼국 시대의 문헌설화, 고려 시대의 稗官문학, 조선 시대의 滑稽集·野談集·實記類 등이 소설사 속에 편입되었다.

특히 김태준은《계림잡편》과《신라수이전》에 대하여 "고대 조선인의 소박한 환상과 신이괴기한 전설이었을 것이며 따라서 고대전설집이던 것이 분명하다"(p.34)고 보았고, 조선 시대《금오신화》에 대하여는 傳奇소설 혹은 傳奇문학으로 지칭하고 있는바, 傳說·志怪·傳奇·小說의 장르적 辨別이 필요할 것이다. 이에 대하여는 학계에서 오랫동안 논쟁이 지속된 바 있다.22

(2) 類型 설정의 일관된 근거를 찾기 어려운 점

《조선소설사》에서는 수필소설, 傳奇소설, 군담, 個人傳記, 사회소설, 花史體 소설, 夢字類 소설, 童話·傳說야 소설화된 것, 劇歌體, 公案類 소설, 계모형 소설, 艷情소설 등의 유형이 제시되어 있고, 많은 경우 개별 작품들을 이러한 유형 속에 포함시켜 서술하였다. 그러나 이런 유형의 개념이 일관된 근거를 갖고 제시된 것은 아니다.

게다가 상당 부분의 글들이 개별적인 작가론과 작품론의 시각에서

---

22 논쟁의 추이는, 장효현,〈傳奇小說의 장르 개념과 장르史의 문제〉,《한국고전소설사연구》, 고려대학교출판부, 2002 참조.

서술되었기 때문에 상위의 유형 개념 속에서 설명될 수 없었다.《조선소설사》는 일관된 서술 체제로 집필된 것이 아니라 당시의 연구 성과를 망라한 것이었기 때문이다.

(3) 평가가 과도하거나 오류를 보이는 부분이 있는 점

첫째, 중국소설과의 연계에 치중하여 조선소설을 明代 소설의 연장으로 보았다. "순 조선색을 띤 걸작도 없지 아니하나"라는 留保를 달았지만, "조선소설의 대다수를 점령하고 있는 중국을 무대로 한 소설 중에는 明代 소설의 번역이거나 혹은 조금 변개한 것이거나 그렇지 아니하면 순수한 모방이므로 작자의 창작의식을 보여 주는 것이 많지 않다"(p.21)는 평가는 우리 고전소설의 독창성에 대한 과도한 貶下라 하겠다.

둘째, 조선 시대 유학자들이 소설을 貶視한 사회적 분위기를 다루면서, "학자는 소설가에 대하여는 독특하고 어리석은 原道류의 필법으로 痛棒을 가하므로 소설의 진보는커녕 퇴보를 하려는 상태에 있었으며 이것이 조선소설 형식이 일정하여 있는 커다란 원인이라고 볼 수 있다"(pp.24-25)는 서술에서처럼, 소설 貶視에 논의의 초점이 맞추어져 있다. 그러나 근래에 자료 발굴과 연구의 심화로 인하여, 조선 후기에 상당한 수준의 小說肯定論이 대두된 사실을 조망할 수 있게 되었다.[23]

셋째, 임병양란 사이에 나타난 個人傳記로서 〈江都夢遊錄〉, 〈金角干實記〉, 〈桂旬傳〉, 〈柳淵傳〉, 〈雲英傳〉, 〈紅白花傳〉을 들고 있으나(pp.72-73) 〈강도몽유록〉과 〈운영전〉은 주인공이 꿈속에서 冥界의 인물들을 대하는 夢遊錄 유형의 작품이며, 〈계순전〉과 〈홍백화전〉은 異名同種의

---

23 장효현, 〈조선 후기의 소설론〉, 《어문논집》, 23집, 민족어문학회, 1982(《한국고전소설사연구》, 고려대학교출판부, 2002 보완 재수록) ; 오춘택, 〈한국고소설비평사연구〉, 고려대학교 박사학위논문, 1990 ; 김경미, 《소설의 매혹》, 월인, 2003.

작품으로서 애정소설의 범주에 들 작품이다.

넷째, "筠의 목표는 대중옹호와 사회혁명", "〈洪傳〉은 허균·서양갑 등의 자서전이요 홍길동은 筠의 理想的 인물"이라는 서술에서 보듯, 사회소설로서의 〈홍길동전〉과 혁명가로서의 허균에 대한 평가가 적절히 이루어졌으나, 〈홍길동전〉이 "章回小說의 始祖가 되었다"(p.90)는 의견은 긍정하기 어려우며, 〈田禹治傳〉, 〈徐花潭傳〉의 수법이 〈홍길동전〉과 비슷한 점을 들어 "이 3전의 작자는 허균이라고 臆斷하고 싶다"(p.92)는 견해는 정밀한 고증이 필요한 문제이다. 또한 홍길동의 實存性에 대하여 "南陽 洪氏의 족보에 洪逸童의 弟 吉童으로 적혀 있고 年代도 상당하나 그 이상 고찰할 수 없다"(p.88)는 서술은 이후 한 연구자에 의해 詳論되면서 牽强附會로 흐르게 되었다.[24]

다섯째, 군담소설의 출현 시기를 〈박씨전〉, 〈임경업전〉과 동시대인 肅宗代로 보았고, "〈蘇大成傳〉, 〈張翼成傳〉, 〈張豊雲傳〉과 같은 군담류가 많이 〈仁貴傳〉(薛仁貴傳 — 필자 주)의 坩堝에서 벗어나지 못한 것은 조선의 군담류가 〈인귀전〉 같은 원형에서 흘러나온 것이 아닌가 한다"(p.110)는 언급처럼 군담소설이 중국소설의 영향에 의해 형성된 것으로 보았다. 또 군담소설의 가치에 대하여도 "군담으로는 5, 60종을 不下하는 듯하나 그중의 백미는 또한 소대성·장국진·곽해룡·왕장군·조웅 등의 개인적 장군 전기에 지나지 못한다. 이 군담에 대해서는 그다지 문학적 취미와 가치를 인식하지 못하겠다"(p.111)라 하여 낮게 평가하였

---

24 홍길동을 洪逸童의 실재했던 庶弟로 본 견해는 설성경에 의해 제시되었다(설성경, 〈실존인물 홍길동의 생애 재구(1)〉, 《동방학지》, 96호, 연세대학교, 1997 ; 설성경, 《실존인물 홍길동》, 중앙M&B, 1998). 이러한 견해가 갖는 문제점에 대한 비판은, 장효현, 〈홍길동전의 생성과 유전에 대하여〉, 《국어국문학》, 129, 국어국문학회, 2001.

다. 그러나 군담소설은 임병양란 이후 숙종대에 걸쳐 나타난 〈임진록〉·〈임경업전〉·〈박씨전〉 등의 歷史軍談小說과, 18세기 후반 19세기에 걸쳐 나타난 일련의 영웅소설, 즉 창작군담소설로 나누어 살펴야 하며,[25] 내재적 形成 動因과 고유한 시대적 가치를 읽어낼 수 있는 것이다.[26]

여섯째, 〈河陳兩門錄〉, 〈劉氏兩門錄〉, 〈郭氏兩門錄〉, 〈尹河鄭三門聚錄〉, 〈林花鄭延〉을 "〈구운몽〉, 〈옥루몽〉의 亞流라고도 볼 수 있는 번안물"(p.158)로 취급하였으나, 이는 오류이다. 이들 작품은 18-19세기에 사대부 독자층을 대상으로 성행한 장편 가문소설의 대표작이다. 또 忠孝節義와 嘉言善行을 高唱하는 勸懲類가 많이 나타났다고 하여, 〈花氏忠孝錄〉, 〈楊門忠孝錄〉, 〈蘇氏名行忠義錄〉, 〈劉孝公善行錄〉, 〈河氏善行錄〉, 〈華鄭善行錄〉, 〈明行貞義錄〉, 〈李氏孝門錄〉, 〈聖賢公淑烈記〉, 〈彰善感義錄〉을 포함하여 24작품을 거론한 후, "취미가 단순하고 내용이 모두 歸一한 관계로 自然淘汰를 받아서 그 대부분은 독자를 잃어버리고 文苑에서 자취를 감추어 버리고 말았다"(pp.159-160)고 하면서 〈창선감의록〉만 殘存한 것으로 보았다. 그러나 이들 작품을 일괄해서 勸懲類로 취급할 수는 없으며, 남은 작품도 상당수 있어 근래에 長篇 家門小說의 전개 양상 속에서 깊이 있게 고찰되고 있다.[27]

---

25 장효현, 〈장편 가문소설의 성립과 존재양태〉, 《정신문화연구》, 44, 한국학중앙연구원, 1991 ; 강상순, 〈영웅소설의 형성과 변모양상 연구〉, 고려대학교 석사학위논문, 1992.

26 서대석, 《군담소설의 구조와 배경》, 이화여자대학교출판부, 1985 ; 진경환, 〈영웅소설의 통속성 재론〉, 《민족문학사연구》, 3, 창작과비평사, 1993 ; 박일용, 《영웅소설의 소설사적 변주》, 월인, 2003.

27 장효현, 〈장편 가문소설의 성립과 존재양태〉, 《정신문화연구》, 44, 한국학중앙연구원, 1991 ; 임치균, 《조선조 대장편소설 연구》, 태학사, 1996 ; 지연숙, 《장편소설과 여와전》, 보고사, 2003 ; 전성운, 《조선 후기 장편국문소설의 조망》, 보고사, 2002.

(4) 작자와 형성 시기, 표기 형태, 이본 계통에 있어 부분적으로 오류가 나타난 점

첫째, 작자 추정의 문제로서, 〈林虎隱傳〉은 "설화의 내용이 〈구운몽〉과 酷似하여"(p.121), 〈洞仙記〉는 "내용에 두 사람의 왕복서신이 많고 이 작자가 病母를 위로하여 하룻밤에 지었다고 전하는 말도 있는 것으로 보아"(p.125) 모두 김만중의 작으로 추정하였으나, 이는 단정키 어려운 문제이다. 또한 〈장풍운전〉을 "趙聖期의 작 ?"(p.182)으로 기술하였는데, 趙在三이 《松南雜識》에서 조성기의 작으로 〈창선감의록〉과 〈張丞相傳〉을 들었던바, 김태준은 〈장승상전〉과 〈장풍운전〉을 같은 작품으로 본 것이 아닌가 한다. 이는 앞으로 고증이 필요한 사안이다.

둘째, 형성 시기의 문제로서, "李朝 이전에 벌써 상당한 불교소설이 많이 漢文이나 吏讀文으로 씌어 유행하다가 한글이 제정된 후에 어느새 번역되어 버린 듯하다"고 하면서 고려 작품으로 〈浮雪居士傳〉과 〈王郎返魂傳〉을 거론하였다. 〈부설거사전〉은 김승호에 의해 16세기 映虛大師(1541-1609) 작으로 고증되었으므로,[28] 수정되어야 할 논의이다. 한편 김태준은 註를 통해 "왕랑반혼전을 고려편에서 논한 것은 망발이다. 후일의 수정을 約한다"라고 적었으나, 〈왕랑반혼전〉은 근래에 오히려 고려 때의 작품으로 고증되었다.[29]

〈구운몽〉의 창작 시기에 대하여는 "숙종 15년 西浦 被竄 직후에 그 어머니 尹大夫人이 歿하였으니 〈구운몽〉의 한글본(정음본)은 숙종 15년에 저작된 것이다"(p.115)라 하여 南海流配時 저작설을 주장했다. 학계에 한때 남해유배시 저작설이 있었으나, 근래에 《西浦年譜》가 발견되

---

28 김승호, 〈16세기 승려작가 映虛 및 浮雪傳의 소설사적 의의〉, 《고소설연구》, 11, 한국고소설학회, 2001.

29 정규복, 〈왕랑반혼전의 원전과 형성〉, 《고소설연구》, 2, 한국고소설학회, 1996.

어 宣川流配時 저작설이 정설로 확정되었다.[30] 〈淑香傳〉의 형성 시기도 '英正時代로서 〈춘향전〉 등장 이후의 시기'(pp.202-204)로 보았으나, 근래에 〈숙향전〉은 17세기 후반에 나타난 것으로 고증되었다.[31]

또한 김태준은 숙종 대의 작품으로서 '동화·전설의 소설화'의 篇目 속에 다양한 작품들을 거론하였다. 그러나 이 편목에서 거론된 일련의 動物寓話小說은 근래에 18·19세기의 작으로 논의가 수행되고 있다.[32]

셋째, 표기 형태의 문제로서, 〈選言篇〉과 〈罷睡錄〉을 正音소설로 기술한 것(p.158)은 오류이다. 또 "〈춘향전〉은 英正 연간에는 한 개의 한문소설, 그중의 艶情소설로서 봉건귀족의 오락물로서의 이야기책으로 존재하던 것이다"(p.201)라 하였으나 〈춘향전〉이 영정 시대에 한문소설로 존재했다고 적은 것은 오류이다. 晩華 柳振漢의 〈춘향가〉(1754), 梁周翊(1722-1802)의 〈春夢緣〉(1756, 失傳) 등 영정 시대에 〈춘향전〉의 漢譯本이 있기는 하였으나, 〈춘향전〉은 기본적으로 한글소설이다.

넷째, 이본 계통의 문제로서, 〈鼠獄說〉을 〈鼠同志傳〉과 異名同種의 작품으로 거명하였으나(p.129), 〈서옥설〉은 일명 〈鼠獄記〉로도 불리는 한문소설로 그 작가에 대하여 林悌라고 보는 견해도 있는, 〈서동지전〉과는 완전히 별개의 작품이다.

---

30 김병국, 〈구운몽 저작시기 변증〉, 《한국학보》, 51, 일지사, 1988.

31 〈淑香傳〉은 日人 雨森芳洲(1668-1755)가 1702년에 〈숙향전〉을 공부하였다는 기록이 있음으로 해서 1702년 이전, 즉 17세기 후반에 존재한 것으로 확인되었다(조희웅·松原孝俊, 〈숙향전 형성연대 재고〉, 《고전문학연구》, 12, 한국고전문학회, 1997).

32 정홍모, 〈송사형 우화소설의 인물형상과 조선 후기 향촌사회의 변모〉, 《고전문학연구》, 5, 한국고전문학회, 1990 ; 정출헌, 〈조선 후기 우화소설의 사회적 성격〉, 고려대학교 박사학위논문, 1993 ; 민찬, 《조선 후기 우화소설연구》, 태학사, 1995.

맺음말

경성제대에서 중국문학을 전공했지만 한국고전문학에 주된 관심을 기울인 김태준은 국문학계에 소중한 업적을 남겨 주었다. 공산주의 활동가로서의 삶을 살게 되면서, 그의 한국고전문학에 대한 성과는 1930년대의 10년간에 집중되어 있지만, 그는 한국소설과 한국한문학에 관한 최초의 체계적 통사를 저술하였다. 특히 《조선소설사》는 최초의 소설사 저술임에도 불구하고 방대한 문헌을 섭렵한 바탕 위에 適實한 고증과 설명을 곁들인 勞作이다.

《조선소설사》의 내용이 갖는 의의는, 時代區分이 적절하며, 한글소설의 전개를 시대구분의 指標로 설정한 점, 많은 고전소설이 背景을 中國으로 설정한 것에 대한 적절한 해석이 이루어진 점, 동아시아 문학의 전체 구도 속에서 넓은 시야를 확보한 점, 작자와 형성 시기, 표기 형태, 이본 계통에 대한 타당한 연구가 수행된 점, 가치 있는 작품에 대한 적절한 평가가 이루어진 점 등을 들 수 있다.

그럼에도 불구하고, 국문학계에 체계적인 학문연구방법이 도입된 草創期의 저작이라는 점에서, 소설에 대한 장르론적 認識이 缺如된 점, 類型 설정의 일관된 근거를 찾기 어려운 점, 평가가 과도하거나 오류를 보이는 부분이 있는 점, 작자와 형성 시기, 표기 형태, 이본 계통에 있어 부분적으로 오류가 나타난 점 등을 한계로 지적할 수 있다.

《조선소설사》는 기본적으로 실증적 태도에 입각한 저술이다. 그러나 한편 사회주의 문학관이 드러나 있는 저술이기도 하다. 사실을 나열적으로 제시하면서 그 정리를 꾀하는 점에서 실증적 저작이라 하겠지만, 도처에서 자신의 계급적 관점을 드러내 적극적 가치평가를 시도하고 있다. 경성제대에 입학한 후 발전시켜 간 그의 사회주의 문학관은

《조선소설사》(1931), 〈조선소설발달사〉(1935), 《증보조선소설사》(1939)의 과정에 잘 나타나 있다.

김태준의 《조선소설사》가 나온 이후 70년 넘게, 학계에서 고전소설 전반에 걸친 개별적인 연구는 비약적으로 확대되었으나, 아직 온전한 형태의 고전소설 通史는 나오지 못하고 있다. 김태준의 《조선소설사》가 지닌 의의와 한계를 정밀하게 짚어 봄으로써, 새로운 고전소설 통사의 서술을 위한 전망을 세워갈 필요가 있으며, 이 글이 작은 보탬이 되길 희망한다.

—《우리어문연구》, 33집, 우리어문학회, 2009.

具滋均의 국문학 연구

머리말

구자균은 1912년 개성에서 출생하여 1936년 경성제국대학 조선어문학과를 졸업하였고, 졸업과 동시에 대구사범학교 教諭로 취임하였다가, 1945년 해방 이후 보성전문학교 교수가 되었다. 1946년 보성전문학교가 대학으로 승격함으로써 고려대학교 문과대학 교수가 되었고, 이해에 창립된 '우리어문학회'와 '한글학회'의 회원으로 입회하였다. 1947년에 《朝鮮平民文學史》를 출간하였고, 공저로서 《國文學槪說》(우리어문학회), 《國文精選》, 《朝鮮文化叢說》 등을 출간하였으며, 많은 논문과 논설, 수필 등을 발표하였다. 그러나 1964년 11월 《파한집 · 용재총화》 역주본의 출간과 동시에 52세의 나이로 세상을 떠났다.

조지훈은 구자균을 추모하는 글에서 다음과 같이 언급한 바 있다.

> 구자균 선생은 초창기 國文學界 先驅者의 한 분이다. 저 日帝의 간악한

魔手가 民族文化를 송두리째 뽑으려던 세월에 國文學을 전공으로 택했다는 사실부터가 민족문화에 대한 선생의 남다른 정성의 所致였으니, 끝내는 교단에서 전공의 과목을 잃고 뜻 아닌 일어와 영어를 가르치게 된 비통한 세상을 겪었기에 해방을 맞자 선생은 남다른 정열로 국문학 교육의 앞장에서 심혈을 경주하셨던 것이다.[1]

일제 시대에 국문학을 택하여 전공한 구자균의 선구자적 정신과 민족문화에 대한 애정은, 조지훈의 이 글을 통해 우리가 하나의 前提로서 매김할 수 있을 것이다. 그러나 이른 나이에 세상을 떠남으로써 그의 선구자적 정신과 민족문화에 대한 애정은 풍성한 학문적 성과를 유보한 채, 후학들에게 하나의 碑銘으로서 남게 되었다.

이 글에서는 구자균의 국문학 연구를 一瞥하고 그 학술적 의의와 남긴 과제에 대하여 살펴보고자 한다.

1. 文學史 時代區分에 대한 시각

구자균은 축약된 형태의 〈국문학사요〉를 남기고 있을 뿐, 온전한 형태의 '한국문학사'를 남기지는 못하였다. 그러나 한국문학사 서술에 대한 구자균의 관심은 그의 학문적 생애에 일관된 것이 아니었던가 한다. 한국문학사 서술의 基底를 이루는 구자균의 두 개의 話頭는 '근대'와 '평민'이었던 것으로 여겨진다. 우리 民族의 近代로의 발전에 대한 '명확한 시선'이 구자균에게 있었음을 우리는 보게 된다.

구자균은 〈국문학의 근세화 과정〉에서, 국문학사의 시대구분과 그

1 조지훈, 〈발문〉(구자균, 《국문학논고》, 박영사, 1966, p.357).

근거에 대한 자신의 의견을 다음과 같이 개진했다.

1) 上古 시대 — 통일신라 시대 이전

"신라가 삼국을 통일함으로써 비로소 민족적 통일, 언어의 통일이 결정적으로 이루어졌고, 儒佛道 삼교가 완전히 들어오게 되었으며 문화사적·문학사적 통일을 이루게 되는 계기를 가져오게 한 까닭이다."

2) 中古 시대 — 통일신라 시대와 고려 광종 때까지

"향가문학의 마지막이라고 할 수 있는 〈보현십원가〉의 작자 균여대사가 입적한 것이 광종 때이고, 더욱 고려에 귀화해 온 중국 後周人 雙冀의 건의를 따라 科擧法을 실시한 것이 광종 9년이기 때문이다."

3) 近古 시대 — 고려 광종 때로부터 훈민정음 반포 때까지

이 시대 "한문학은 이조 때의 그것이 이른바 도문일치적인 도학파 문장이 범람하던 것과는 달라, 예문일치적인 사장파 문장이 우위성을 띠고 있어서 한문학사상에서 가장 뛰어난 시기라 할 것이다."

"세종의 훈민정음 창제에 이르러 비로소 획기적인 문학사적 대변모를 가져오게 했음은 贅言을 不要한다"

4) 中世 시대 — 훈민정음 반포로부터 17세기말 즉 숙종 25년까지

"연대기적인 분기점에 의해 1700년을 基點으로 하여 그 이후를 근대화의 정상적인 시기로 보는 것이 타당한 방법이라고 생각한 까닭이다."

"물론 임진란과 병자란의 두 난리로 말미암아 평민이 각성하고 평민문학이 움트기 시작했다" 하나 "이는 어디까지나 그 소지가 마련되었다 뿐이지 그것이 현상으로서 나타나기 시작한 것은 18세기 초에 들어와서부터라 하는 것이 합리적일 것이다."

5) 近世 시대 — 18세기 초부터 갑오경장(1894)까지

"천주교와 서양문물이 선조·광해군 때부터 들어왔다 하는데 1759년

(영조 34년) 경에는 황해도, 강원도 지방에 천주교가 만연했다고 한다. 이와 같은 정세 밑에서 숙종조를 계기로 하여 평민문학이 싹트고 영·정조를 계기로 하여 활짝 꽃이 핀 것이라고 보는 까닭이다."

구자균은 이 글을 통해 한국문학사 시대구분의 명료한 근거를 제시해 주고 있다. 삼국통일에 이르러 민족적 통일과 언어적 통일이 이루어진 것, 고려 광종 때에 과거법이 실시됨으로 해서 한문학이 발전하여 가장 뛰어나게 된 것, 세종이 훈민정음을 반포함에 따라 획기적인 문학사의 대변모가 이루어진 것, 18세기 초로부터 평민문학이 활짝 꽃이 핀 것. 구자균은 이렇게 우리 문학사 전개의 주요한 분기점을 네 시기로 잡고 있는 것이다. 삼국의 언어적 통일, 고려 광종 시기로부터 비롯된 한자의 보편적 사용, 세종의 훈민정음 반포, 18초 평민문학의 발흥. 구자균이 주목한 이 모든 기준이 왕조의 교체나 어떤 정치적·사회적 변환에 맞추어진 것이 아니라, 언어와 문학의 변화에 맞추어졌다는 점에서 주목되며, 이는 문학사 시대구분을 위한 유효한 관점으로서 현재적 의의를 갖는 것으로 평가될 것이다. 구자균이 제시한 문학사 시대구분의 뛰어난 시각은, 그러나 좀더 구체적인 문학사 서술이 뒷받침되지 못한 아쉬움을 남겨 준다.

구자균은 18세기 초부터 갑오경장까지를 近代로 이어지는 途程의 '近世 시대'로 보았는데, 특히 '素地'라는 표현을 사용하여 근대의 자생적 토양을 역설했다.

> 흔히 갑오 이후의 근대화가 자기 전통에서 우러난 새 출발이 아니라 외국의 근대문학의 영향을 일방적으로 받으면서 전혀 거기 대한 기계적 모방으로서만 시작된 사실이라고들 논하거니와 나는 여기 대하여 그렇지 않다고

생각한다는 점이다. 즉 우리 문학이 근세화 과정을 밟아 내려오던 터전과 素地가 있었기 때문에 근대문학은 그렇게나마 받아 들여와진 것이지[2]

> 우리의 현대문학은 전연 아무런 전통과 素地(Tradition)가 없는데 歐美문학이 들어왔고 그 모방에서만 이루어진 것이라고 하는 말하자면 우리의 전통을 전연 무시하려는 논자가 많은 듯하나 우리는 이에 반대한다. 어떠한 형태로서든지 고전문학과 현대문학은 관련되어 있는 것이다. 이 紐帶的 關聯性을 밝히는 데 우리는 앞으로 전력을 기울여야 할 것으로 믿는다.[3]

구자균은 18-19세기를 '근세화 과정'이라고 불렀다. 이 과정은 구자균에 따르면, 서구문명의 직접적인 영향이 없이 내적으로 준비된 과정, 이를테면 근대화의 先行期이다.

> 18세기 초부터 갑오경장(1894)까지의 대략 2세기 사이의 근대화의 선행기 즉 前近代化(pre-modernization)의 시기를 나는 근세화 과정의 시기라고 명명하고 그러한 현상의 성격을 근세적이라고 부르고자 하는 바이다.[4]

그가 말한 근대화의 선행기, 즉 근세화 과정은, 서구의 역사학자들이 기존 3분법을 극복하는 대안으로서 초기 근대(Early modern)를 제기한 바 있던 완충적 모형이며, 조동일의 문학사 서술에 설정된 '근대이행기'에 해당한다.[5]

---

2 구자균, 〈근세적 문인 장혼에 대하여〉, 《문리논집》, 7집, 고려대학교, 1963(《국문학논고》, p.41).

3 구자균, 〈고전연구의 방법과 태도〉, 《국문학》, 7집, 고려대학교. 1963(《국문학논고》, p.118).

4 구자균, 〈근세적 문인 장혼에 대하여〉, 《국문학논고》, p.28.

5 송희복, 《한국문학사론연구》, 문예출판사, 1995, p.103.

구자균은 18-19세기 근대화 과정을 촉진시킬 수 있었던 세 가지의 사회적 요인을, '실학정신의 융성', '천주교의 수입', '동학사상의 팽창'으로 들었다.

> 천주교의 만연은 양반들의 평민대중에 대한 중세기적 봉건억압에 대항하는 반항정신이 짙어지게 하는 결과를 가져오게 한 것이다. 천주교의 정신이 만민평등을 주장하여 양반 독재와는 단연코 상반되고 있는 까닭이다.

> 동학은 人乃天의 종지와 평민대중을 배경으로 한 그 운동의 모습이 발전될 때 이조말 양반지배계급과 전국의 유림들은 이를 가리켜 서학(천주교)에 유사한 이단으로 간주하여 마침내 제일세 교주 최제우는 참형에 처형당하고 말았음은 주지하는 바이다. 그러나 동학은 유·불·도 삼교와 기독교까지 합쳐서 이를 비판 종합함으로써 그 종지를 삼아 이 운동이 우리나라 근대화를 촉진하는 불멸의 요소의 하나가 되었음은 부정할 수 없을 것이다. 또한 우리 국문학의 근대화에도 직접적은 아니지만 간접적으로 이바지한 바 있음을 시인하지 않을 수 없을 것이다.

근대화 과정을 촉진한 하나의 사회적 요인으로 實學정신을 주목하는 것은 이제 보편화된 시각이기에 특별한 것이 아니라고 하겠다. 그러나 天主敎의 만민평등사상과 東學의 人乃天사상이 근대화에 끼친 영향에 대해 비중 있게 서술한 것은 특기할 만하다. 천주교는 18세기 후반에 南人 실학자들에게 받아들여져 신앙의 형태로 정립된 이후 19세기의 백 년간에 걸쳐 많은 순교자를 내면서 중인·평민·여성 등 소외된 계층에게 확산되어 갔다. 또 동학은 西學 즉 천주교에 대응되는 의미로서, 창시자인 최제우는 직접 천주님에게 계시를 받아 동학을 창시한다고 하였고 西敎徒 즉 천주교도라는 罪名으로 잡혀 죽임을 당했다. 만민

평등사상과 來世사상이라는 점에서 천주교와 동학은 상통하며, 바로 그런 이유로 인해 소외된 계층에게 널리 수용되어 그들을 각성하게 하였는바, 구자균은 천주교와 동학의 이러한 면을 주목하여 "우리 국문학의 근대화에도 직접적은 아니지만 간접적으로 이바지한 바 있음"을 포착하고 있는 것이다.

구자균은 고전문학의 각 장르에 걸쳐 나타난 근세화 운동이 "자연발생적이라고 할 형태로서 中世的 封建主義에 항거하고 인간성의 해방을 부르짖는 가운데 진화 또 발전하였다"고 하였다. "이러한 근세화의 현상은 갑오 이후의 근대화운동의 촉진제가 되었"는데, 특히 中人·庶孼·胥吏 등 委巷人의 문학이 큰 역할을 담당했던 것으로 파악하였다.[6]

이러한 관점은 근대화가 西歐文明의 영향 아래 이루어졌다고 보는 일련의 견해[7]에 대한 反論으로서의 성격을 갖는다. 이 같은 구자균의 시각이 '내재적 발전론'의 테두리에 머물고 있는 한계는 분명한 것이겠지만, 국문학 연구 초창기에 先鞭을 취한 논의라는 점에서 충분한 의의를 인정할 수 있을 것이다.

구자균은 현대문학사에 대한 서술에서도 자기 나름의 관점을 드러내주고 있다.

구자균은 조선교육연구회의 기관지 《조선교육》에 〈현대조선문학사강의〉를 1947년 10월에 시작해 1949년 5월까지 총 10회에 걸쳐 연재하였는데, 그가 저술한 우리어문학회 편 《국문학사》(1948)의 현대문학 부분과 서술 내용이 대체로 겹치나, 〈현대조선문학사강의〉의 그것이 한두 편씩 작품 줄거리를 요약하고 해설하는 등 서술 내용이 보다 풍부하다.

6 구자균, 〈국문학의 근세화 과정〉, 《국문학논고》. p.75.

7 이러한 견해는 일제의 식민사관, 임화의 이식문화론, 그리고 근래의 식민지근대화론에까지 견고하게 이어져온다.

연재 1회와 2회분에서는 현대문학사에 대한 개관과 고전문학과 대비되는 현대문학의 특징에 대해 서술하였고, 본격적인 현대문학사 기술은 3회 연재에서부터 시작된다.

> 현대문학은 자연을 상대로 하기보다는 우리 인간의 실생활과 긴밀한 관계를 맺고자 했고, 花朝月夕을 노래하기보다는 그날그날 싸우며 살아가고 있는 인생의 사회생활, 그것을 그려내고 탐구하랴고 하고 있는 것이다.[8]

구자균은 현대문학이 우리 인간의 실생활과 긴밀한 관계를 맺고 있고, 그날그날 싸우며 살아가고 있는 인생의 사회생활, 그것을 그려내고 탐구하고 있다고 하였다. 고전문학이 '낭만주의'에 경도된 문학이라면, 현대문학은 '현실주의'에 철저한 문학이라고 본 것이다.

구자균은 현대문학사의 시대구분을 다음의 여섯 시기로 하여 그 특징을 서술하였다.

· 제1기(1894-1910)
신문학 태동기 : 갑오경장의 의의와 한계, 식민지화의 과정을 기술하고, 신소설 작가로서 이인직을 중요하게 다루고 이해조 · 최찬식 · 김교제에 대해 언급하였다.

· 제2기(1910-1919)
신문학 발흥기 : 삼일운동에 이르는 민족적 각성에 대해 기술하고, 최남선의 신시와 이광수의 소설에 대하여 다루었다.

· 제3기(1920-1935)
기성문단과 신흥문단 대립기 : 카프 결성 전후로 전기와 후기로 나누어

8 구자균, 〈현대조선문학사강의〉, 제2회, 《조선교육》, 1947. 12, p.100.

상세히 기술하였다.

· 제4기(1936-1941)
순수문학기 : 《문장》지 추천을 통해 등장한 신인들을 중심으로 순수문학 경향이 나타났다고 하고 김동리의 작품을 예로 들었다.

· 제5기(1942-1945)
암흑기 : 일제의 억압상과 함께 문학사상의 친일문인 단체와 활동에 대해 언급하였다.

· 제6기(1946-현재)
신출발기 : 해방 이후 이념 대립과 문단이 양분되어 가는 과정에 대해 짧게 기술하였다.

이러한 전체적 서술 구도를 갖춘 구자균의 〈현대조선문학사강의〉는 제3기 '기성문단과 신흥문단 대립기'에 중점적 서술이 이루어져 6회에서부터 10회까지 이어진다. 1935년 카프 해산 무렵까지가 자세히 서술되고 있는바, 이 시기 문학사에 대한 서술이 실제 문학사 서술의 반 이상을 차지하는 셈이다. 그 이후 시기는 마지막 10회 연재에서 한꺼번에 간략하게 기술되는 형편이다.

즉 구자균이 카프 문학의 등장과 해산을 현대문학사에서 가장 중요한 사건으로 간주하고 있음을 알 수 있다. 1925년 카프의 결성을 기점으로 전기와 후기로 세분하여 기술하고 있는데, 前期에서는 《창조》 등의 동인지가 전 시기의 이광수의 낭만주의·이상주의를 떠나 현실적·회의적인 공통점을 지닌다고 지적하고,[9] 이어 김동인·염상섭·현진건·나도

9 구자균은 앞서 제2기 서술에서도 이광수의 〈무정〉, 〈개척자〉 등 초기 소설에는 의의를 부여하면서 후기 작품에는 〈무명〉 외에 좋은 작품이 없다고 평가하였고, 역사소설에 대해서는 그 봉건적 민족주의를 비판하고 그의 일제말 친일행위에 대해서도

향의 문학을 서술하였다.

> 이리하여《창조》·《폐허》·《백조》세 문예잡지를 싸들고 이른바 창조파·폐허파·백조파라는 세 파로 나누어지고 각각 특수한 이채를 나타내랴고 힘썼다. 이와 같이 분파는 되었으나 그들은 그 창작이념에 있어서 춘원 시대의 낭만주의·이상주의를 떠나서 현실적이요, 회의적인 점에서 공통적인 것을 가지고 있었다는 것은 말할 것도 없다.[10]

後期는 다시 여섯 개의 소항목으로 나누어지는데, 경향파, 카프파, 동반작가, 기성문단 개관, 아동문학, 여류문학 등으로 구성하여 알려진 문인 대부분을 기록하였다. 특히 아동문학을 별도의 항목으로 설정해 방정환을 비롯해 아동작가들에 대해 기술한 점, 근대문학사의 한 특징이라고 할 여성문인들의 등장을 문학사에 반영한 점은 문학사가로서의 구자균의 성실성을 보여 주는 것이다. 홍명희의 〈林巨正〉을 소개하면서 이광수의 〈무정〉, 이기영의 〈고향〉과 함께 근대문학사 장편 중의 雄篇이라고 기술하는 것처럼, 구자균은 자기 나름의 문학사적 가치평가를 적극적으로 제시한다.[11]

이처럼 구자균은 우리 문학사의 전개에 대한 예리한 시각을 보여 주었는바, 문학사 시대구분의 분기점이 왕조의 교체나 정치사회적 변환에 맞추어진 것이 아니라, 언어와 문학의 변화에 맞추어져 있다. 특히 18-19세기를 서구문명의 직접적인 영향이 없이 근대화가 내적으로 준비된 과정을 보여 준 '근세화 과정'으로 보면서, 그 요인으로 실학정신

언급한 바 있다.

10 구자균, 〈현대조선문학사강의〉, 제6회, 《조선교육》, 1948. 8, p.89.

11 전용호, 〈해방기 국문학 연구와 근대문학사 인식 — 조윤제와 구자균을 중심으로〉, 《한국문학연구》, 6, 고려대학교 민족문화연구원 한국문학연구소, 2005, pp.251-255.

·천주교·동학사상을 주목했고, 문학에서 中人·庶孼·胥吏 등 委巷人이 큰 역할을 담당했던 것으로 파악했다. 현대문학사의 전개에 있어서도 구자균은 카프 문학의 등장과 해산을 현대문학사에서 가장 중요한 사건으로 간주함으로써 평민 중심의 사관을 견지하고 있음이 확인된다.

2. 平民文學의 개념 정의와 자료의 정리

구자균이 이룬 가장 특기할 만한 학문적 성과는《조선평민문학사》이다. 이것은 본래 1936년 경성제국대학 졸업논문으로 제출한〈胥吏詩人을 중심으로 하여 본 近代委巷文學〉으로서, 이를 改題하여 文潮社(1948)에서 출판하였고, 이후 杏林書院(1955)에서 재판을 간행하였다.

구자균은 그 '序'에서 다음과 같이 밝히고 있다.

> 조선 정신문화 유산 특히 그 일영역인 조선고전문학 속에서 지금까지 전연 연구가 이루어지지 않은 미개척 분야에 대하여 그 초기적인 재료정리를 함과 함께 그 史的體系를 세움으로써 朝鮮文學史를 보다 완전한 것이 되게 하여 보고자 하는 의도 밑에서 근대 平民의 문학활동 특히 역사적 系列 위에서 볼 수 있는 漢文學을 대상으로 하여 史的 槪觀을 한 것이 이 小著이다.
>
> 문예현상은 결코 개인적인 자의의 산물이 아니고 일정한 사회생활을 지반으로 하여 생기고 발전하는 것이기 때문에 근대 평민의 문학활동을 살핌으로써 조선문학 全史를 보충할 수 있음은 물론 동시에 그들의 문학을 통해서 그 시대 그 사회를 밝힐 수도 있을 것이라고 생각한다. 이러한 견지에서 저자는 文藝社會學의 방법을 응용하여 근대평민문학을 李朝 사회사 정치사 및 문화사와의 관련성을 중요시해 가면서 考究하고자 했다.12

즉, 미개척 분야에 대한 자료 정리와 사적 체계를 꾀한 점, 문예사회학의 방법을 응용한 점을 강조하고 있다.

구자균은 일찍이 1935년 조선일보에 연재한 〈조선 고전문학의 계급적 관찰론〉(1935. 11. 16-27)이라는, 평민문학 연구의 원형이 되는 논문을 통해 평민문학의 개념을 규정한 바 있다.

> 필자가 胥吏문학, 庶流문학, 中人문학, 여류문학, 승려문학을 총괄하며 현대적 어구인 평민문학이란 것으로 대표함은 어폐가 많을 것이라고 생각하나, 그러나 그 외에 더 적절한 말을 얻지 못하였으므로 불가불 이에 평민문학이라고 호칭하기로 하였다. 물론 근세 사람들이 말한 위항문학이니 여항문학이니 하는 말이 있으나 우리들 현대인에게 적합치 못하다고 생각하므로 取치 않기로 하였다.[13]

이 글에서 구자균은 임진왜란과 병자호란 이후 봉건 귀족 문학에 대응하여 형성된 胥吏문학, 庶流문학, 中人문학, 여류문학, 승려문학을 아울러서 평민문학으로 불렀다.

그 후 《조선평민문학사》에서는 특히 中人·庶孼·胥吏 계급의 문학을 다루면서, 이들의 문학을 평민문학으로 불렀다.

> 中人·庶孼·胥吏 계급을 고문헌에서는 주로 委巷人이라 칭하였거니와, 그들은 물론 常民·賤民보다는 우월한 사회적 지위를 향수하고 있었다고는 하나 최하급 관리로서 양반귀족의 수족과 같이 움직이지 않으면 안 되었고 永世的 禁錮상태에 있었다는 점 등으로 보아 상민·천민과 더불어 平民이라 지칭하여도 좋을 것이다.[14]

---

12 구자균, 〈조선평민문학사 서〉, 송희복, 앞의 책, pp.99-100 재인용.

13 구자균, 〈조선고전문학의 계급적 관찰론(四)〉, 《조선일보》, 1935. 11. 21.

그리고 서리계급, 중인계급, 서류계급이 각각 어떻게 구성되었는지에 대한 역사적 개관[15]을 한 후, 평민문학이 발전하게 된 원인에 대하여, ① 그들의 職業에서 기인한 것, ② 숙종조 이후 문화보급에 따른 것, ③ 사대부 시인의 誘掖推輓의 세 가지를 들었다.

《조선평민문학사》의 중심부를 이루는 제3편 〈시인 각론〉에서는 모두 다섯 시기로 나누어 평민문학의 전개 양상을 서술하였다.

제1기 '요람시대'에서는 洪裕孫(1431-1529)을 필두로 하여, 朴枝華·徐起·宋翼弼의 閭巷三儒家詩人, 劉希慶·白大鵬 등의 風月香徒시인, 崔奇男·南應琛·金孝一·崔大立·鄭枏壽 등 六家雜詠시인들을 다루었다.

제2기 '대두시대'는 숙종조로부터 영조 중기까지(1675-1745)로 잡았으며, 林俊元·石希璞·崔承太 등 7인의 洛社시인, 《海東遺珠》를 편찬한 洪世泰, 《昭代風謠》를 편찬한 高時彦, 그리고 鄭來僑·鄭敏僑·鄭後僑의 三鄭과, 黃宅厚·李彦瑱·金尙彩 등을 다루었다.

제3기 '전성시대'(松石園詩社시대)는 영조 중기로부터 순조 초기에 이르는 시기(1746-1810)로서, 송석원시사를 중심으로 활동한 千壽慶·張混·趙秀三을 비롯하여 車佐一·朴允默·崔北 등등을 자세히 주목하였으며, 그 밖에 鄭樵夫와 몇몇 시인을 다루었다.

제4기 '小詩人群배출 시대'는 순조조로부터 철종조까지로서(1810-1870), 張混 문하의 시인 張之琬·張孝懋·金進洙 등과 '七松亭시사' 시인 池錫觀·金羲齡, 그리고 鄭芝潤·李尙迪과 稷下社시인으로서 劉在建·趙熙龍 등을 다루었다.

제5기 '쇠퇴시대'는 고종조 이후로서, 이 시기에 속칭 '만리장성집'이

---

14 구자균, 〈조선평민문학사〉, 《국문학논고》, p.195.

15 위의 글, pp.196-203.

라 불린 칠송정시사 2기 시인들과 崔瑆煥·崔漢綺, 그리고 일제 시대의 崔永年에 이르기까지 다루었다.

구자균의《조선평민문학사》는 4x6판 130쪽 남짓한 소책자에 불과한 저서여서, 그 논의가 깊이를 갖지는 못한 것으로 볼 수 있다. 따라서 "여러 시인들의 생애·일화, 작품의 몇 특징과 윤곽 정도를 서술하는 것으로 일관함으로써 문학의 실상을 효과적으로 전달하는 데 실패하였다"[16] 고도 말할 수 있다.

그러나 무엇보다도 "그가 수집 섭렵한 문헌만도 평민시인의 시문집 41종, 사대부 시인의 시문집 36종, 가요집 4종, 전기 및 사적류 14종, 수필 및 野乘류 15종, 그 외 일인의 저서 2종, 도합 117종에 달하며, 그중에는 전혀 알려져 있지 않던 자료를 처음 찾아내어서 햇빛을 보게 한 문헌도 있다"[17]는 지적처럼, 수다한 관련 문헌을 섭렵하고 평민문학의 대체적인 史的 구도를 제시한 점을 평가해야 할 것이다.

구자균은 평민문학의 문인 가운데 특히 而已广 張混에 관심을 가져, 별도의 논문 〈근세적 문인 장혼에 대하여〉[18]를 발표했다.

이 글에서 구자균은 장혼의 생애와 문학·학문에 대하여 매우 심도 있는 논의를 전개했다. 송석원시사를 이끌었고,《풍요속선》을 간행하였으며,《兒戱原覽》등을 저술 간행하여 아동교육의 필요성을 강조하고, 초연자약한 태도로 평민사상을 고취했던 장혼의 면모를 다각도에서 조명함으로써, 그가 일찍이《조선평민문학사》에서 세웠던 뼈대에 이제 그 섬세한 윤곽을 잡아 나가는 연구의 한 본보기를 제시하였다고

---

16 박노준,〈1930년대 시가문학사연구의 두 성과 — 조선시가사강과 조선평민문학사〉,《한국학논집》, 21 · 22, 한양대학교, 1992, p.83.

17 위의 글, pp.71-72.

18《문리논집》, 7집, 고려대학교, 1963.

할 것이다.

그러나 안타깝게도 이 논문을 발표한 지 1년 후 구자균은 세상을 떠남으로써, 《조선평민문학사》의 각론에 대한 보완작업은 오직 장혼에 관한 논문 한 편으로 그치고 말았다.

구자균은 이 논문의 결어 부분에서, 장혼의 문학사적 의의를 다음과 같이 피력하였다.

> 흔히 갑오 이후의 근대화가 자기 전통에서 우러난 새 출발이 아니라 외국의 근대문학의 영향을 일방적으로 받으면서 전혀 거기 대한 기계적 모방으로서만 시작된 사실이라고들 논하거니와 나는 여기 대하여 그렇지 않다고 생각한다는 점이다. 즉 우리 문학이 근세화 과정을 밟아 내려오던 터전과 素地가 있었기 때문에 근대문학은 그렇게나마 받아 들여와진 것이지 〔…〕 그렇기 때문에 우리 문학의 근대화는 일례를 들어 장혼과 같은 근세적 문인들의 釀成한 素地 위에서이기 때문에 가능했던 것이라고 믿고, 이에 대하여 앞으로 더욱 究明하려는 의도를 가지고 있다는 것을 밝혀 두는 바다. 우리의 근대화 과정은 국문학 근대화의 여명이었던 것이다. 근대화 초기의 두드러진 담당자인 육당 최남선이 중인 출신이요, 춘원 이광수가 不可赴擧의 대상이었던 西關 출신이란 점은 과연 우연한 일에 그칠 것인가. 그 무엇을 시사해 주는 것이나 아닐는지.[19]

즉, 우리 문학의 근대화는 외국의 근대문학의 영향을 일방적으로 받으면서 기계적 모방으로 시작된 것이 아니라, 장혼과 같은 근세적 문인들의 釀成한 素地 위에서 가능했던 것이라고 믿는다는 것이다. 이러한 신념은 〈국문학의 근세화 과정〉에서 그 논의의 外延을 넓혀 간다.

---

19 구자균, 〈근세적 문인 장혼에 대하여〉, 《국문학논고》, p.41.

구자균은 이처럼 평민문학에 대한 자료 정리와 사적 체계, 그리고 그 시인 각론에 대한 심화된 연구를 평생의 과제로 지켜 오면서도, 다음에서 보는 바와 같이 자신의 論旨가 갖는 허점에 대한 성찰 또한 가슴 깊이 간직하고 있었음을 볼 수 있다.

> 언제나 느끼는 일이지만 지난 학기의 내 강의들에 대한 불만과 반성이 또다시 가슴 속에 치밀어 오른다. 평민문학·서민문학이라고 하지만 평민이 쓴 문학이라는 것 곧 작자가 평민이란 점만을 가지고 평민문학이라고 규정해도 좋은 것일가. 귀족·양반이 쓴 문학도 평민적인 내용을 가질 수 있는 것이요, 그 반면에 평민이 쓴 문학 가운데도 귀족적인 성격을 띤 것이 있을 것이 아닌가. 내 강의의 根底부터가 뒤흔들리는 懷疑가 떠오른다. 〈평민문학론〉 강의 노오트를 들추며 오늘따라 불만과 부끄러움이 내 마음을 안절부절하지 못하게 한다.[20]

이처럼 구자균은 처음 胥吏문학, 庶流문학, 中人문학, 여류문학, 승려문학을 아울러서 평민문학으로 부르다가《조선평민문학사》에 이르러서는 중인·서얼·서리 계급의 문학으로 범위를 좁혀 평민문학으로 부르고 있다. 이들 계급의 구성에 대한 역사적 개관, 평민문학이 발전하게 된 원인, 시대별 시인 각론을 기술하면서, 구자균은 많은 관련문헌을 섭렵하여 평민문학의 史的 구도를 제시하였다. 특히 張混에 대한 깊이 있는 고찰을 통해, 우리 문학의 근대화가 장혼과 같은 근세적 문인들의 성장 위에서 가능했던 것임을 입증하고자 했다. 구자균이 수행한 평민문학 연구는 학계에서 한동안 한글문학 중심의 연구 풍토 속에서 가리워져 있다가 1970년대 이후 다시 재조명되기 시작했고 委巷문학(閭巷문학)

---

20 구자균, 〈교단일지〉, 《국문학논고》, pp.148-149.

혹은 中人문학 연구로 심화되었다.

3. 고전소설에 대한 몇 가지 탁견

구자균은 고전소설의 연원이 되는 이른바 稗官文學의 보고인《파한집·용재총화》와 고전소설《춘향전》의 역주서를 남기고 있기도 하거니와, 몇몇 論考에서 우리 고전소설에 관한 주요한 탁견을 제시해 주었다.

구자균은〈玉樓夢〉의 문헌학적인 문제에 대하여, 처음으로 개별적인 論考를 통해 의문을 제기한 바 있다.

> 현존 1913년(大正 2년) 박학서원판 南廷懿 저로 되어 있는 국문본 고대소설〈옥년몽〉(〈옥련몽〉 5책 20권)의〈셔언〉에는 다음과 같이 기록되어 있다. 〔…〕 따라서 남정의는 1913년에는 생존해 있어 고대소설〈옥련몽〉을 편찬한 사람이고, 그러니까 그 조부 되는 潭樵公이 天台山人의 설과 같이 南九萬의 오대손인 南永魯라면 남영로도 기껏해서 前記〈셔언〉에도 있듯이 70여 년 전인 1840년대를 더 올라가지는 못한다고 보는 것이 온당할 것이다. 그러하거늘 천태산인은 어찌해서《증보소설사》에서 남영로라 함을 인정하면서〈구운몽〉 직후의 작품으로 보았는지. 〔…〕 그 뒤의 소설사에서는 모두 이것을 그대로 답습하였을 뿐 아니라, 김기동 씨의《이조시대소설론》에 부록되어 있는 '이조소설일람표'와 신기형 씨의《한국소설발달사》에 부록되어 있는 '고대소설총람'에서는 한결같이〈옥루몽〉과〈옥련몽〉이 숙종대 남영로 작으로 되어 있는지 알 수 없는 일이다.[21]

21 구자균,〈옥루몽을 통해서 본 소설사의 문제점〉,《민족문화연구》, 1, 고려대학교 민족문화연구원, 1964(《국문학논고》, p.17).

> 한문본〈옥련몽〉은 도대체 보지도 못하였고 그 존재 여부도 확실히 모르고 있는 터인지라, 지금까지로는 (〈옥련몽〉 한문본은 없다고 가정한다면) 玉蓮子가 17세기경에 지은 한문본〈옥루몽〉을 그대로 국문으로 번역한 국문본〈옥루몽〉도 그 뒤에 나왔고, 또 19세기로 내려와서 前述한 바 있듯이 1840년대에 남영로가〈옥루몽〉을 국역할 때에 약간 간략화한 것을 그 손자 남정의가 얻어서 1913년에 고대소설〈옥년몽〉이란 제호를 붙여서 간행한 것이 아닌가 하고 추단하는 바이다.[22]

구자균은 활자본 한문본〈옥루몽〉을 읽고, 또 1913년간 박학서원본 한글본〈옥련몽〉의 서문을 확인한 토대 위에서,〈옥련몽〉과〈옥루몽〉을 숙종대 남영로의 작으로 기술한 기존의 설을 비판하고, 자신의 推見을 제시하였다. 물론 그 이후 일련의 문헌학적인 고증을 통해,[23] 구자균의 견해에도 착오가 있음이 확인되었으나,〈옥루몽〉의 문헌학적 연구를 촉발시킨 연구사적 의의는 충분히 인정된다. 또한 精細한 것은 아니지만,〈옥루몽〉과 한·중 소설 비교의 관점도 이 논문을 통해 단초가 제시되었다.

구자균은 또한〈춘향전고〉에서, 춘향과 이도령의 인물형상에 대하여 다음과 같이 그 선진적 의의를 강조한 바 있다. 특히 "이도령은 한낱 평범한 인물이었을까. 양반을 대표하는 하나의 연애지상주의자, 이른바 풍류 남아였을까"[24]라고 질문하면서 제기한 이도령에 대한 그의 새로운 관점은 근래의〈춘향전〉연구에서[25] 다시금 주목되어 재론되었다.

---

22 위의 글, p.20.

23 차용주,〈옥루몽연구〉, 고려대학교 석사학위논문, 1965 ; 성현경,〈옥련몽연구〉, 서울대학교 석사학위논문, 1969 ; 장효현,〈옥루몽의 문헌학적 연구〉, 고려대학교 석사학위논문, 1981.

24 구자균,〈춘향전고〉,《학술계》, 1권 1호(《국문학논고》, p.78).

> 양반은 처첩을 여럿 거느리는 것이 오히려 당연했고, 명예로 여겼던 당시 사회에서 천출 여인을 정실 부인으로 삼는 것은 큰 수치로 쳤고, 가정에서의 반역자시 당하였던 시대에 있어서, 吏曹參議大司成이 된 이도령은 천기 출신 춘향으로 하여금 정렬 부인을 삼고 백년 동락한다는 happy end로써 끝 막았으니 이도령 역시 새 시대를 창조하려는 진취적인 정신에 불탔던 사람이라 하지 않을 수 없지 않은가.[26]

구자균은 또한 〈계축일기〉, 〈인현왕후전〉, 〈한중록〉에 대한 장르 규정에 대해서도 의미 있는 견해를 제시해 주었다. 조윤제의 《한국문학사》에 대한 서평 가운데에서, 조윤제가 〈계축일기〉와 〈인현왕후전〉을 宮廷記事體로 본 후, 혜경궁 홍씨의 〈한중록〉도 이러한 궁정기사체의 계통을 받은 일기문의 범주 속에 넣는 견해에 대하여 의문을 제기하고 궁정소설 또는 內簡體小說로 보고자 하는 입장을 제시한다.

> 궁정기사체라는 것이 하나의 문학 genre로서 인정되기엔 모호하기 짝이 없고, 또 〈한중록〉 같은 것은 그 문장의 구성 등으로 보아서 궁정기사체나 일기문으로 보기에는 너무도 소설문학적임을 인정하지 않을 수 없을지니 《국문학전사》 등에서 궁정소설 또는 內簡體小說이란 genre로서 규정 지은 것이 타당하다고 생각한다. 또한 〈인현왕후전〉은 궁정기사체요, 〈한중록〉은 일기문이라고 규정한 한계성은 어디에 두었는지 불분명하다.[27]

---

25 정출헌, 〈춘향전의 인물형상과 작중역할의 현실주의적 성격〉, 《판소리연구》, 4, 판소리학회, 1993 ; 신동흔, 〈평민 독자의 입장에서 본 판소리의 주제〉, 《판소리연구》, 6, 판소리학회. 1995.

26 구자균, 〈춘향전고〉(《국문학논고》, pp.78-80).

27 구자균, 〈서평(조윤제, 한국문학사)〉, 《아세아연구》, 13호, 고려대학교, 1964(《국문학논고》, pp.130-131).

구자균은 稗官文學의 보고인《파한집·용재총화》와 고전소설《춘향전》의 역주서를 학계에 남기면서, 이처럼 우리 고전소설에 관한 몇 가지 탁견을 제시해 주기도 하였다. 〈옥루몽〉의 문헌학적 연구와 〈옥루몽〉과 한·중 소설 비교의 단초를 제시한 그의 관점은 이후 학계에서 활발한 후속 연구를 통해 괄목할 진전을 이루었으며, 〈춘향전〉에서의 이도령의 형상을 '진취적'인 인물로 해석한 그의 관점 또한 근래의 〈춘향전〉 연구에서 다시금 주목되어 재론되었다. 또 〈계축일기〉, 〈인현왕후전〉, 〈한중록〉를 宮廷記事體로 본 견해를 부정하고 궁정소설 또는 內簡體小說로 보고자 한 그의 관점은 현재 이 분야의 장르론 논의에서 유력한 한 축을 구성한다. 宮廷實記로 보느냐 宮廷小說로 보느냐 하는 것이 주요한 장르론적 쟁점이라 할 수 있다.

4. 연구방법론의 당대적 위상과 현재적 과제

1936년에 평민문학에 관한 논문으로 경성제대 조선어문학과를 졸업하고 해방 후에 본격적으로 국문학자로 활동하기 시작한 구자균의 학문적 위상을 살핌에 있어서, 동시대의 이능화·안확과 같은 국학파의 학자와 조윤제·김태준·이명선과 같은 경성제대 출신 학자들과의 대비가 필요할 것이다.

구자균은 조윤제의《한국문학사》를 평하는 자리에서, 自山 安廓의《조선문학사》에 대하여 "8·15 해방 전인 1922년 4월에 上梓되었으나 현재로서는 骨董品的 존재로 化해 버렸으니 論外로"[28] 한다고 언명하

28 위의 글, p.123.

였다. 구자균의 이러한 언급처럼 안확과 같은 국학파의 학자들은 이른바 '과학적 학문 연구'로 훈련된 경성제대 출신 학자들에 의해 경시되었다.

안확(1886-1946)과 李能和(1868-1944)의 국학은 함께 '지식주의적 계몽사학'으로 불린다.[29] 그런데 같은 지식주의적 계몽사학에 들면서도, 이능화가 편년체의 통사식 서술로서 동양의 전통적 역사서술방식을 추종한 반면, 안확은 참신한 연구방법을 도입하여 그 서술방식이 새로웠다고 할 수 있다. 한편 안확과 이능화는 다른 국학자와 마찬가지로, 實學에서 싹튼 국학적 경향을 계승하고 있으며 민족주의에 입각해 있었다. 그 민족주의는 민족의 독립이 식민지적 상황의 사회구조적 변혁까지도 의미한다고 생각한 '진보파적 민족주의'와는 그 성격을 달리하는 '보수우파적 민족주의'의 성향을 말한다.[30]

안확과 같은 국학자와 경성제대 출신 학자들 사이에는 방법론에 있어서 차이를 보여 주었다. 안확과 조윤제의 연구방법이 '민족해방과 관련된 정신사관적 방법론'과 '경성제대의 실증주의 방법론'의 차이를 보인다는 지적이 이를 잘 보여 준다.

1920년대 말부터 등장한 경성제대 출신의 학자들—조윤제, 김태준, 김재철, 이명선, 구자균 등—은 일본인 학자들에 의해 교육받은 일세대로서 일본인 학자들을 통해 전수받은 近代 文獻學의 실증주의 방법론을 정착시켰다.[31] 이들이 식민지의 어려운 여건 속에서 국학에 뜻을 두

---

29 이기백, 〈국사학〉, 《한국현대문화사대계 II — 학술 · 종교 · 사상사》, 고려대학교 민족문화연구원, 1976, pp. 157-162.

30 진덕규, 〈식민지 지식인의 사회구조적 성격과 이데오로기적 연관성에 대한 분석 논리(1)〉, 《현상과 인식》, 13호, 1980.

31 정병욱, 〈고전문학 연구의 어제와 오늘〉, 《한국고전의 재인식》, 홍성사, 1979 ; 조동일, 〈국문학 연구 30년의 자취〉, 《우리 문학과의 만남》, 홍성사, 1980 ; 김흥규, 〈국문학

었다는 사실 자체가 의미 깊은 것이고, 실제 이들이 '과학적 학문연구'를 통해 국학의 제 방면에 다대한 성과를 거둔 것이 사실이다. 이들의 학문의 방법에 있어서도 서로 다른 층위가 있기에 일률적으로 말하기는 어려운 것이겠으나, 이들은 이른바 '과학적 학문연구'라는 자부심을 피력하면서 국학파의 성과에 대하여는 무관심하거나 그에 대한 평가에 인색하였다. 그러나 국학파의 성과에 대해 무관심을 표시한 것과는 달리, 이들이 다룬 실증적 자료의 많은 부분이 안확과 같은 국학자의 발굴 작업에 기초하였음이 드러나고 있다.

한편 경성제대를 졸업한 국문학자들 사이에도 그 사관과 방법론은 일정한 차이를 보여 주었다.

조윤제가 '민족 전체의 균등한 행복'의 실현이라는 우파적 신민족주의를 지향함으로써, 계급적 관념, 심지어 민중의 개념까지도 경시했다면, 김태준·이명선·구자균은 계급적 관념에 입각하여 민중의 역사적 가치를 중시하였다. 그러면서도 김태준은 "계급적인 것을 통해 민족적인 것에 접근하는 것"[32]을 의도한 반면, 이명선은 유물사관에 투철하여 우리의 문학사를 "계급적 모순과 세계사적 보편성의 관점에서 이해하고자"[33] 했으며, 구자균은 근대 선행기의 평민문학의 역할에 주목하는 비급진적인 민중사관을 보여 주었다.

구자균은 특히 조윤제의 《한국문학사》(1963)에 대한 〈서평〉[34]을 쓴 일이 있어, 이를 통해 조윤제와 달리하는 구자균의 관점을 살펴볼 수 있다.

연구방법론과 그 이념기반의 재검토〉, 《문학과 지성》, 38, 1979.

32 박희병, 〈천태산인의 국문학연구(하)〉, 《민족문학사연구》, 4, 창작과비평사, 1993. p.218.

33 고미숙, 〈이명선의 국문학연구방법론과 유물사관〉, 《어문논집》, 28, 민족어문학회, 1989.

34 《아세아연구》, 13호, 1964.

구자균은 조윤제의《한국문학사》가 1949년간《국문학사》를 新增 改修한 것임을 구체적으로 지적하고 나서 "編史정신, 문학사의 방법론에 있어서 근본적으로 달라진 바는 거의 없다"[35]고 언급했다. 구자균에게 있어서 조윤제《한국문학사》의 장점은 "삶의 연속체로서 파악되었다는 점",[36] "일관성 없는 자료의 나열이 아닌 점"[37]으로 요약된다.

그럼에도 불구하고 구자균은 조윤제의《한국문학사》에 대해 상당한 비판을 제기하고 있다.

첫째, 문학사를 "애국적인 견지에서 서술"해 나감으로써 "각 시대에 발표된 여러 작품에 대해서 예리한 문학적 비판을 시도하지 않고 덮어놓고 최고봉이다 絶品이다 하고 찬양하기에 바빴다"는 점.

둘째, 문체에 있어서 "저자의 남달리 고집이 센 자신만만한 성격이 이 문체에도 나타나 있어 억세고 이론에 승하다"는 점.

셋째, 문학사를 하나의 생명체로서 파악하려고 하였는데, '潛動', '發展', '反省', '運動', '維新', '再建' 등의 용어가 섞여 "생명체의 발전과는 동떨어진" 느낌으로서 表題用語에 모호성을 노출한 점.

넷째, 사실의 나열이 중심이 되고 작품들에 대한 깊이 파고 들어간 가치평가가 결여되어 있어 國學的이라고 볼 수 있는 점. 따라서 敎養書로서는 우위에 있다고 볼 수 있으나 전문가에게 맞는 진일보한 저술은 못 된다는 점.

다섯째, 近世의 기점을 임병양란에 두고 있으나, 숙종조 18세기 초로 보아야 할 것이라는 점.

여섯째,《殊異傳》편자에 대한 견해에서 볼 수 있는 것처럼, 신진학자

---

35 구자균, 〈서평(조윤제, 한국문학사)〉,《국문학논고》, p.124.

36 위의 글, p.127.

37 위의 글, p.128.

의 새로운 설을 참고하지 않은 점.

일곱째, "8·15해방 이후의 감격을 말하여 '그리고 시들어 가던 국문학에도 다시 생명수가 드리워졌다. 그러면 그렇지'라고 하고서 자작의 '拙詩 一篇'을 싣고 있"는데, "이러한 지나친 정열은 科學하는 사람으로서는 忌諱하는바"라는 점.

즉 조윤제의 《한국문학사》가 엄정한 가치평가에 바탕을 둔 '과학적 학문연구'의 결실이기보다는, 곳곳에서 연구자의 애국심과 정열에 압도되고 있거나, 개념과 고증의 모호함을 드러내 보여 준다는 지적이다.

근래에 김명호는 조윤제의 학문에 대하여 "일정한 사관에 입각한 국문학사의 체계적 설명 및 시대구분에 있어서는 실증주의적 문학사류와 질적으로 다른 면모를 보여 주었으면서도 개별작가 및 작품에 있어서는 서지적 전기적 주석과 내용의 소개에 머물고 만"[38] 것이라고 그 의의와 한계를 지적한 바 있는데, 구자균의 비판은 그 선편을 취한 것이라고 하겠다. 구자균의 이러한 비판을 "조윤제에 대한 열등감과 자기 학문에 대한 자긍심"[39]으로 설명하는 것은 적절치 않다고 생각된다.

이상으로, 구자균의 학문적 위상을 살피기 위해 동시대의 국학파의 학자들과 경성제대 출신 학자들과 대비해 보았다. 구자균이 安廓의 《조선문학사》에 대해 '骨董品的 존재'라고 언급한 것처럼, 국학파의 학자들은 경성제대 출신 학자들에 의해 경시되었다. 안확과 조윤제의 연구방법이 '민족해방과 관련된 정신사관적 방법론'과 '경성제대의 실증주의 방법론'의 차이를 보인다는 지적처럼, 국학자와 경성제대 출신 학자들 사이에는 방법론에 있어서 차이를 보여 주었으며, 경성제대를 졸업한

---

38 김명호, 〈조윤제의 민족사관에 대한 신고찰〉, 《한국학보》, 10, 일지사, 1978, p.89.
39 송희복, 《한국문학사론연구》, 문예출판사, 1995, p.109.

국문학자들 사이에도 그 사관과 방법론은 차이를 보여 주었다.

안확과 같은 국학자에게서 '정신사관 속에 내재된 현실적 운동성'40을, 조윤제에게서 '일정한 사관에 입각한 국문학사의 체계적 설명'을, 김태준에게서 '계급적인 것을 통해 민족적인 것에 접근하는' 태도를 평가할 수 있다면, 구자균에게서는 '풍부한 문헌 섭렵과 역사적 실체에 대한 접근'의 '과학적 학문연구'의 태도를 평가할 수 있을 것이다. 식민지 시대와 해방공간을 거치면서 이루어진 국학파의 학자들과 경성제대 출신 국문학자들의 여러 입장의 상호보완 및 변증법적 발전의 定向이 현재의 학계의 상황에서도 필요한 과제임을 생각하게 된다.

맺음말

이상에서의 논의를 요약함으로써 결론에 대신하고자 한다.

구자균은 온전한 형태의 '한국문학사'를 남기지는 못하였으나, 한국문학사 서술에 대한 일관된 관심을 견지하고 있었고, 우리 문학사의 전개에 대한 날카로운 시각을 보여 주었다. 그의 문학사 시대구분의 분기점은 왕조의 교체나 정치사회적 변환에 맞추어진 것이 아니라, 언어와 문학의 변화에 맞추어져 있었다. 특히 18-19세기를 근대화가 내적으로 준비된 과정을 보여 준 '근세화 과정'으로 보면서, 委巷人이 큰 역할을 담당했던 것으로 파악했다. 현대문학사의 전개에 있어서도 카프 문학의 등장과 해산을 가장 중요한 사건으로 간주함으로써 평민 중심의 사관을 견지하고 있음이 확인된다.

40 류준필, 〈자산 안확의 국학사상과 문학사관〉, 《자산안확국학논저집》, 6권, 여강출판사, 1994, pp.168-169.

구자균은 평민문학의 개념을 정립하고, 많은 관련 문헌을 섭렵하여 평민문학의 史的 구도를 제시하였다. 특히 張混에 대한 깊이 있는 고찰을 통해, 우리 문학의 근대화가 장혼과 같은 근세적 문인들의 성장 위에서 가능했던 것임을 입증하고자 했다. 구자균은 稗官文學의 보고인《파한집 · 용재총화》와 고전소설《춘향전》의 역주서를 남겨 주었거니와, 우리 고전소설에 관한 몇 가지 탁견을 제시해 주었다.

구자균의 학문적 위상은 동시대의 학자들과 비교된다. 조윤제가 우파적 신민족주의를 지향함으로써 계급적 관념을 경시했다면, 김태준·이명선·구자균은 계급적 관념에 입각하여 민중의 역사적 가치를 중시하였다. 그러면서도 김태준은 "계급적인 것을 통해 민족적인 것에 접근하는 것"을 의도한 반면, 이명선은 유물사관에 투철하여 우리의 문학사를 "계급적 모순과 세계사적 보편성의 관점에서 이해하고자" 했으며, 구자균은 근대 선행기의 평민문학의 역할에 주목하는 비급진적인 민중사관을 보여 주었다.

안확과 같은 국학자에게서 '정신사관 속에 내재된 현실적 운동성'을, 조윤제에게서 '일정한 사관에 입각한 국문학사의 체계적 설명'을, 김태준에게서 '계급적인 것을 통해 민족적인 것에 접근하는' 태도를 평가할 수 있다면, 구자균에게서는 '풍부한 문헌 섭렵과 역사적 실체에 대한 접근'의 '과학적 학문연구'의 태도를 평가할 수 있을 것이다.

비록 52세라는 짧은 생애로 인해 보다 풍성한 결과를 남기지는 못하였으나, 구자균이 보여 준 선구자적 정신과 민족문화에 대한 애정, 광범한 자료의 섭렵과 선진적인 분석의 시각은 현재에도 여전히 유효한 학문적 태도임을 상기하게 된다.

—《한국문학논총》, 50집, 한국문학회, 2008.

찾아보기

인문사회과학총서 · 70

한국 고전문학의 시각

초판 발행 2010년 9월 15일
초판 1쇄 2010년 9월 15일
지은이 장효현
펴낸곳 고려대학교출판부
www.kupress.com
kupress@korea.ac.kr
136-701 서울특별시 성북구 안암동
02-3290-4230, 4232
Fax 923-6311
찍은곳 한국컴퓨터인쇄정보

ISBN 978-89-7641-720-6 94810
ISBN 978-89-7641-359-8 (세트)

값 26,000원
* 잘못 만들어진 책은 바꿔드립니다.